Effective Kotlin: Best Practices 2/E

코틀린 아카데미

이펙티브 코틀린

Effective Kotlin: Best Practices 2/E
by Marcin Moskała

코틀린 아카데미: 이펙티브 코틀린

초판 1쇄 발행 2025년 6월 9일 **지은이** 마르친 모스카와 **옮긴이** 강진혁, 김보경 **감수** 신성열 **펴낸이** 한기성 **펴낸곳** (주)도서출판인사이트 **편집** 백주옥 **영업마케팅** 김진불 **제작·관리** 이유현 **용지** 월드페이퍼 **인쇄·제본** 천광인쇄사 **등록번호** 제2002-000049호 **등록일자** 2002년 2월 19일 **주소** 서울특별시 마포구 연남로5길 19-5 **전화** 02-322-5143 **팩스** 02-3143-5579 **이메일** insight@insightbook.co.kr **ISBN** 978-89-6626-461-2 책값은 뒤표지에 있습니다. 잘못 만들어진 책은 바꾸어 드립니다. 이 책의 정오표는 https://blog.insightbook.co.kr에서 확인하실 수 있습니다.

※ **일러두기**: 이 책은 《Effective Kotlin: Best Practices 2/E》의 번역서로, 1판은 《이펙티브 코틀린》(윤인성 역, 2022, 인사이트)으로 발간되었습니다.

프로그래밍 인사이트

Kt. Academy

코틀린 아카데미

이펙티브 코틀린

마르친 모스카와 지음 | 강진혁 · 김보경 옮김 | 신성열 감수

인사이트

차례

2부   코드 설계   115

3장   재사용성   117

4장   추상화 설계   145

8장 효율적인 컬렉션 처리 373

옮긴이의 글

코틀린은 2011년 처음 공개되었고, 2016년 1.0 버전이 발표되었으며, 2017년 안드로이드와 스프링 프레임워크의 공식 지원 언어로 추가되면서 많은 개발자가 사용하기 시작하였습니다.

처음 시작이 코틀린/JVM이었던 만큼 코틀린을 접하는 대부분의 개발자는 기존에 자바 프로그래밍 경험이 있으며, 진행 중이던 프로젝트를 코틀린으로 마이그레이션하며 접하는 경우가 많을 것입니다.

또한 2019년 안드로이드의 공식 언어로 지정되면서 코틀린을 첫 언어로 접한 분들도 있을 것이며, 최근 코틀린 멀티플랫폼이 성장하며 다른 언어를 사용하다가 코틀린을 접한 경우도 있을 것입니다.

이렇게 다양한 사유로 코틀린을 사용하게 되었으나, 코틀린의 기능과 표준 라이브러리 정도만 알고 사용하는 경우도 많을 것입니다.

이 책은 코틀린의 장점을 제대로 살리면서 효과적으로 사용할 수 있는 여러 가지 방법들을 제시합니다. 또한 더 나은 코드를 작성하는 데 도움이 될 수 있도록 일반적인 프로그래밍 규칙들도 다루고 있습니다.

대표적으로 좋은 품질의 코드를 작성하기 위한 안전성과 관련된 방법 및 가독성에 관한 내용, 코드 설계를 위한 규약들과 고려해야 할 사항들, 적은 리소스를 사용해 효율적인 처리를 하는 방법 등을 다룹니다.

이 책은 기본적으로 코틀린 개발 지식이 있다는 가정하에 작성되었습니다. 따라서 코틀린을 접해 본 적이 없다면 《코틀린 아카데미: 핵심편》(인사이트, 2024)과 같은 기본서를 먼저 읽을 것을 추천합니다. 기본서가 아니다 보니 처음에는 어렵게 느껴질 수도 있습니다. 그러나 편하게 읽으면서 실제 코드에 적용해 보면 다양한 상황에 마주쳤을 때 이 책의 내용이 분명 도움이 될 것입니다.

이렇게 유명한 책을 번역할 수 있는 기회를 주시고 도움을 주신 (주)도서출판인사이트 관계자분들께 진심으로 감사의 말씀을 드립니다.

2025년 5월
강진혁, 김보경

지은이의 글

대개 유명한 프로그래밍 언어의 기원에 대한 이야기는 흥미롭습니다.

자바스크립트(JavaScript)의 프로토타입(모카(Mocha)라고 불릴 당시)은 단 10일 만에 만들어졌습니다. 자바스크립트 창시자들은 처음엔 자바(Java) 사용을 고려했지만, 웹 디자이너를 위한 더 간단한 언어를 만들고 싶었습니다.[1]

스칼라(Scala)는 과학자 마틴 오더스키(Martin Odersky)가 대학교에서 만든 언어입니다. 그는 함수형 프로그래밍의 콘셉트 일부를 자바 객체 지향 프로그래밍 개념에 적용하기를 원했고, 그 결과 함수형 개념과 자바의 객체 지향 개념이 결합할 수 있음을 확인하였습니다.[2]

자바(Java)는 90년대 썬마이크로시스템즈의 양방향 텔레비전과 셋톱박스를 만들고 있던 'The Green Team'이 초안을 설계하였습니다. 결과적으로 자바는 당시의 디지털 케이블 텔레비전 산업에 비해 너무 발전한 언어였습니다. 하지만 그 대신 일반 프로그래밍 분야에 혁신을 일으키게 되었습니다.[3]

오늘날 사용되는 많은 언어는 지금의 사용 목적과는 전혀 다른 목적으로 개발되었습니다. 많은 언어가 실험에서 시작되었고, 지금도 그 흔적을 엿볼 수 있습니다. 코틀린의 경우에는 다음과 같은 다른 점이 있습니다.

1. 처음부터 대규모 애플리케이션에 적합한 일반적인 목적의 프로그래밍 언어로 설계되고 개발되었습니다.

2. 코틀린 제작자들이 계속해서 코틀린 언어를 개선해 나가고 있습니다. 코

---

1 이와 관련된 내용은 *https://en.wikipedia.org/wiki/JavaScript*와 *https://2ality.com/2011/03/javascript-how-it-all-began.html*을 참고하세요.
2 이와 관련된 내용은 *https://www.artima.com/articles/the-origins-of-scala*를 참고하세요.
3 이와 관련된 내용은 *https://en.wikibooks.org/wiki/JavaProgramming/History*를 참고하세요.

틀린은 2010년에 개발이 시작되었고, 공식적인 첫 안정화 버전은 2016년 2월에 배포되었습니다. 이 기간 동안 많은 것이 변경되었습니다. 처음 제안되었던 몇몇 코드를 찾아보면 지금의 코틀린과 거의 같지 않음을 확인할 수 있습니다.

코틀린은 실용적인 애플리케이션을 만들기 위한 실용적인 언어로 설계되었습니다. 예를 들어 학술용 또는 취미용 언어와는 다르게 새로운 개념을 실험하지 않습니다. 코틀린은 (프로퍼티 위임과 같은) 몇 가지 새로운 개념들을 도입하였으나, 기존에 자리잡은 개념들이 다른 언어에서는 어떻게 협력하고 작동하는지 분석한 뒤 매우 조심스럽게 접근하는 방식을 선호했습니다. 코틀린 제작자들은 항상 다른 언어의 장점과 단점을 이해하려고 노력하고 이를 토대로 개발하였습니다. 이는 (코틀린의 제작사) 젯브레인(JetBrains)에게도 타당한 전략이라 할 수 있는데, 젯브레인은 통합 개발 환경(Integrated Development Environment, IDE)인 인텔리제이(IntelliJ)의 개발사이기도 하기 때문입니다. 그들은 다양한 언어가 어떻게 사용되는지에 대해 매우 많은 데이터와 지식을 가지고 있으며, 각 언어를 이해하고 있는 전문가를 보유하고 있습니다.

같은 이유로 코틀린은 다른 언어와 달리 IDE와 언어 간에 동반 상승 효과를 이끌어 내었습니다. 인텔리제이 또는 이클립스(Eclipse)의 코드 분석은 코드를 컴파일하는 데 사용된 것과 동일한 컴파일러를 사용하여 처리됩니다. 덕분에 코틀린은 IDE의 변경 없이도 더욱 발전된 스마트 캐스팅과 타입 추론을 자유롭게 도입할 수 있습니다. 코틀린 팀은 인텔리제이의 경고, 힌트, 린트(lint)를 지속적으로 개선하여 개발자를 지원합니다. 이 메커니즘으로 인해 필요한 곳에 정확하게 개별적인 경고를 제공하므로 대부분의 전형적인 최적화 힌트는 책이나 글로 습득할 필요가 없습니다.

코틀린의 철학

모든 프로그래밍 언어는 그들만의 설계를 결정하기 위한 고유한 철학을 가지고 있습니다. 코틀린 철학의 핵심 포인트는 실용주의입니다. 이는 결국 모든 선택이 다음과 같은 비즈니스 요구사항을 충족해야 함을 의미합니다.

- 생산성: 애플리케이션을 빠르게 제작합니다.
- 확장성: 애플리케이션의 규모가 커지더라도 개발 비용이 더 많이 들지 않으며, 더 저렴해질 수도 있습니다.
- 유지보수성: 유지보수가 쉽습니다.
- 신뢰성: 애플리케이션이 예상대로 동작하고 오류가 줄어듭니다.
- 효율성: 애플리케이션은 빠르게 실행되고 더 적은 리소스(메모리, 프로세서 등)만을 필요로 합니다.

프로그래밍 커뮤니티로서 우리는 이러한 요구사항을 충족시키기 위해 오랫동안 노력해 왔으며, 그동안의 경험을 바탕으로 다양한 도구와 기술들을 개발해 왔습니다. 예를 들어, 에러를 방지하기 위해 자동화된 테스트가 매우 중요하다는 것을 알게 되었는데, 누군가 기능을 수정할 때 뜻하지 않게 오류가 추가되기 때문입니다. 또한 따라야 할 규칙도 있습니다. 예를 들어, SOLID⁴의 단일 책임 원칙은 동일한 문제를 해결하는 데 도움이 됩니다. 이 책 전체에서 이러한 규칙들을 많이 언급할 것입니다.

프로그래밍 커뮤니티는 (프로그래머 관점에서) 덜 추상적인 일부 개념이 고수준의 비즈니스 요구사항을 더 잘 충족한다는것을 깨달았습니다. 코틀린 팀은 언어 설계 측면에서 이러한 중요한 개념들을 수집하여 모든 설계 결정의 기준점으로 삼았습니다. 다음은 코틀린 팀이 기준점으로 삼은 개념들입니다.

- 안전성
- 가독성
- 강력한 코드 재사용성
- 도구 친화성
- 다른 언어와의 상호운용성

---

4 SOLID는 로버트 C. 마틴(Robert C. Martin)이 소개하여 유명해진 객체 지향 프로그래밍의 인기 있는 원칙입니다.

일반적으로는 포함되지 않지만, 언어 설계의 기준점으로 또 다른 한 가지를 추가하고 싶습니다.

• 효율성

이러한 요구사항은 코틀린 초기에만 고려된 게 아닙니다. 코틀린은 현재도 이러한 가치들을 중요하게 생각하고 있으며, 각 변경 사항에 이를 반영하고 있습니다. 또한 이 모든 것이 코틀린 설계에 매우 강력하게 반영되어 있음을 이 책에서 보여 드리겠습니다. 코틀린은 거의 6년 동안 의도적으로 베타 버전을 유지한 덕분에 모든 수준에서 계속 변화할 수 있었습니다. 높은 수준의 기준을 반영하도록 프로그래밍 언어 설계의 틀을 잡는 데는 오랜 시간이 걸립니다. 그리고 코틀린 제작자들은 이를 훌륭하게 해냈습니다.

이 책의 목적

코틀린의 장점을 제대로 살리려면 코틀린을 올바르게 사용해야 합니다. 기능과 표준 라이브러리(stdlib)를 아는 것만으로는 충분하지 않습니다. 이 책의 주요 목표는 다양한 코틀린 기능을 사용하여 안전하고, 가독성 높으면서, 확장 가능하고 효율적인 코드를 작성하는 방법을 설명하는 것입니다. 이 책은 개발자의 코드 개선을 돕기 위해 작성되었으므로, 프로그래머를 위한 많은 일반적인 규칙도 다루고 있습니다. 또한 이 책은 《클린 코드》, 《이펙티브 자바》, 《컴퓨터 프로그램의 구조와 해석》, 《CODE COMPLETE》 등과 같은 고전적인 프로그래밍 책의 영향을 받았으며, 영향력 있는 연사들의 발표와 코틀린 포럼의 제안에도 영향을 받았습니다. 이처럼 출처에 구애받지 않고 코틀린 모범 사례를 최대한 많이 제공하려고 노력하였습니다.

이 책은 모범 사례집이라고 할 수 있지만, 코틀린 특성상 고전적인 '이펙티브 시리즈' 책과는 다릅니다. 《이펙티브 자바》에서는 자바 내부의 문제에 대한 많은 경고를 포함하고 있지만, 코틀린에서는 이러한 문제가 코틀린 팀에 의해 대부분 해결되어 자바와 달리 코틀린은 지원 중단과 미래에 있을 변경 사항에 대해 걱정하지 않아도 됩니다.[5] 최악의 경우, 코틀린 팀은 강력한 IDE를 통해 더 나은 대안으로 거의 모두 마이그레이션할 수 있습니다. 대부분 '이펙티브 시리즈' 책은 특정 함수나 구성이 다른 것보다 선호된다고 설명합니다. 이런 종류의 제안은 거의 유용하지 않은데, 대부분 인텔리제이에서 이미 경고나 힌트를 통해 제공되기 때문입니다. 따라서 이 책에서는 그러한 아이템 중 몇 가지만을 다룹니다. 이 책은 코틀린 제작자, 전 세계 여러 기업의 개발자, 컨설턴트, 트레이너의 경험에서 나온 높은 수준의 모범 사례를 중점적으로 다룹니다.

대상 독자

이 책은 기본서가 아닙니다. 코틀린으로 개발하는 데 필요한 충분한 지식과 기술을 갖추고 있다고 가정합니다. 코틀린의 기본 지식과 기술을 쌓길 원한다면 필자의 책들 중 《코틀린 아카데미: 핵심편(Kotlin Essentials)》과 《코틀린 아카데미: 함수형 프로그래밍(Functional Kotlin)》과 같이 초급자를 위해 작성된 문서나 책으로 시작하기를 추천합니다. 이 책은 숙련된 코틀린 개발자를 위한 책입니다.

숙련된 개발자라도 일부 기능은 모를 수 있다고 가정하고 다음과 같은 개념은 설명하겠습니다.

- 프로퍼티
- 플랫폼 타입
- 이름 있는 인수
- DSL(Domain-Specific Language, 도메인 특화 언어) 생성
- 인라인 클래스와 인라인 함수

이 책이 코틀린 개발자들이 발전하는 데 완벽한 가이드가 되기를 바랍니다.

---

5 안드레이 브레슬라브(Andrey Breslav)의 KotlinConf 2018 발표

책의 구조

이 책은 세 부(part)로 나뉘어 있습니다.

- 좋은 코드: 좋은 품질의 코드를 작성하기 위한 다소 일반적인 규칙을 설명합니다. 프로젝트 규모와 관계없이 모든 코틀린 개발자를 위한 내용입니다. 안전성에 관한 내용에서 시작해 가독성에 대한 내용까지 설명합니다. 프로그램의 정확성이 일반적으로 최우선 순위라고 믿기 때문에 첫 번째 장에서는 안전성을 다룹니다. 두 번째 장에서는 가독성에 관해 설명합니다. 코드는 컴파일러뿐만 아니라 프로그래머를 위한 것이며, 혼자 작업을 하더라도 읽기 쉽고 설명이 가능해야 하기 때문입니다.

- 코드 설계: 다른 개발자와 협력하여 프로젝트나 라이브러리를 만드는 개발자를 위한 부(part)입니다. 컨벤션(convention)과 규약(contract) 선언에 관해 설명합니다. 이 부에서는 코드 설계 측면에서의 가독성과 안전성을 살펴봅니다. 초반에는 다소 추상적일 수 있지만, 이러한 개념을 익히고 나면 코드 품질과 관련된 책에서 종종 생략되는 주제들까지 다룰 수 있게 됩니다. 또한 이 부에서는 코드를 확장시키는 방법과 관련한 내용을 다룹니다. 미래의 변경 사항에 대비하기 위한 많은 아이템을 다루기 때문에 대규모 프로젝트를 만드는 개발자들에게 특히 중요합니다.

- 효율성: 코드 효율성에 관심 있는 개발자를 위한 부(part)입니다. 여기에 제시된 대부분의 규칙은 개발 시간이나 가독성에 부정적인 영향 없이 적용할 수 있습니다. 고성능 애플리케이션이나 라이브러리, 혹은 수백만 명의 사용자를 위한 애플리케이션을 구현하는 개발자에게는 특히 중요합니다.

각 부는 장으로 나누어져 있으며, 각 장은 아이템으로 세분화됩니다. 각 부와 장은 다음과 같습니다.

- 1부: 좋은 코드
  - 1장: 안전성
  - 2장: 가독성

- 2부: 코드 설계
  - 3장: 재사용성
  - 4장: 추상화 설계
  - 5장: 객체 생성
  - 6장: 클래스 설계
- 3부: 효율성
  - 7장: 비용 줄이기
  - 8장: 효율적인 컬렉션 처리

각 장에서는 제안 사항들을 아이템으로 나누어 설명합니다. 아이템은 대부분 설명이 필요한 규칙이지만, 일단 명확히 이해하면 제목만으로도 어떠한 내용인지 떠올릴 수 있을 겁니다. 결국 독자들은 이런 방식으로 설계된 제안과 설명을 통해 좋은 그리고 관용적인 코틀린 코드 작성법을 명확히 이해할 수 있을 것입니다.

장 구성

장은 해당 장에서 가장 중요한 개념을 설명하는 아이템부터 시작합니다. 예를 들어 '2장: 가독성'은 '아이템 10: 가독성을 목표로 설계하라'부터 시작합니다. 이 외에도

- '7장: 비용 줄이기'의 첫 번째 아이템은 '아이템 47: 불필요한 객체 생성을 피하라'입니다.
- '3장: 재사용성'의 첫 번째 아이템은 '아이템 19: knowledge를 반복하지 말라'입니다.
- '1장: 안전성'의 첫 번째 아이템은 '아이템 1: 가변성을 제한하라'입니다.

각 장은 보통 해당 장의 다른 내용과 연관성은 적지만 반드시 포함해야 할 중요한 개념을 다루는 아이템으로 끝날 수도 있습니다. 예를 들면 다음과 같습니다.

- '1장: 안전성'의 마지막 아이템은 '아이템 9: 단위 테스트를 작성하라'입니다.

- '2장: 가독성'의 마지막 아이템은 '아이템 18: 코딩 컨벤션을 준수하라'입니다.
- '3장: 재사용성'의 마지막 아이템은 '아이템 24: 공통 모듈을 추출해서 여러 플랫폼에서 재사용하라'입니다.

읽는 방법

읽고 싶은 방식으로 읽으면 됩니다. 장들 간의 읽기 순서는 중요하지 않습니다. 각 장의 내용이 어느 정도는 다른 장의 내용을 기반으로 작성되어 있지만, 해당 장에서 독립적으로 이해할 수 있도록 설명되어 있습니다. 하지만 각 장은 해당 장의 첫 번째 아이템부터 순서대로 읽어야 좋은데, 흐름을 형성하도록 작성되어 있기 때문입니다.

아무 장(chapter)이나 원하는 장에서 시작해도 괜찮으며, 다른 장들은 나중에 읽어도 됩니다. 특정 장이나 아이템을 읽다가 지루하다면 건너뛰세요. 이 책을 즐겁게 작성했으니 독자들도 즐겁게 읽었으면 좋겠습니다.

아이콘

모든 사람을 위한 책을 쓰는 것은 불가능합니다. 이 책은 주로 일반적인 프로그래밍 모범 사례에 익숙하고 코틀린과 관련한 제안을 찾고 있는 숙련된 코틀린 개발자를 위해 작성되었습니다. 그럼에도 코틀린에 한정되지 않는 내용이거나 숙련된 개발자에게는 기본적인 내용으로 보일 수 있지만 포함시키기로 결정한 아이템들이 있습니다. 어떤 아이템들이 해당되는지 명확하게 나타내기 위해 아이템 시작 부분에 다음 아이콘을 추가하였습니다.

 이 아이템들은 코틀린에 한정된 제안이 아니라 자바, C#, 스위프트와 같은 여타 객체 지향 프로그래밍 언어에서도 적용될 수 있는 내용을 다룹니다. 만약 코틀린과 관련한 내용만 보고 싶다면 해당 아이템을 건너뛰어도 됩니다.

 제시된 내용은 이미 다른 모범 사례 책에서 다루고 있으므로, 어느 정도 경험이 있는 코틀린 개발자에게는 기본적인 제안으로 들릴 수 있습니다. 만약 제목만 보고도 내용이 명확해 보인다면 이 아이템을 건너뛰어도 됩니다.

소스 코드 깃허브 저장소

이 책에 소개된 대부분의 코드는 실행 가능하므로, 코틀린 파일로 '복사-붙여넣기'하여 실행할 수 있습니다. 소개된 소스 코드는 다음 깃허브 저장소에서 확인할 수 있습니다.

https://github.com/MarcinMoskala/effectivekotlin_sources

이 저장소에는 시리즈 도서에 담긴 연습문제가 모두 포함되어 있습니다. 도서별 연습문제의 디렉터리 위치는 다음과 같습니다.

```
/src
    /main
        /kotlin
            /advanced      ← 《Advanced Kotlin》
            /coroutines    ← 《Kotlin Coroutines》
            /effective     ← 《Effective Kotlin, 2/E》
            /essentials    ← 《Kotlin Essentials》
            /functional    ← 《Functional Kotlin》
```

감사의 글

이 책은 제안과 의견을 통해 큰 영향을 준 훌륭한 리뷰어들이 아니었다면 좋은 책이 될 수 없었을 것입니다. 모두에게 감사의 말씀을 전하고 싶습니다. 도움을 많이 주신 분부터 순서대로 적었습니다.

마르톤 브라운(Márton Braun)은 코틀린을 1.0 버전부터 사용해 온 코틀린의 열성 팬입니다. 그는 현재 구글에서 근무하며 코틀린이 안드로이드 개발에 더 유용할 수 있도록 만들고 있습니다. 대학 강사, 스택오버플로 기여자, 오픈 소스 라이브러리 개발자로도 활동하고 있습니다.

마르톤의 유용한 의견, 제안 및 수정사항은 1장부터 6장까지 큰 영향을 미쳤습니다. 그는 장 이름의 변경을 제안하고 이 책의 재구성을 지원하였으며, 많은 중요한 아이디어에 기여해 주었습니다.

데이비드 블랑(David Blanc)은 INSA(프랑스 국립 응용과학원)에서 컴퓨터 공학을 전공한 후 프랑스 IT 회사에서 자바 엔지니어로 8년간 근무했습니다. 2012년에 iOS와 안드로이드 모바일 애플리케이션 개발 분야로 자리를 옮겼으며, 2015년에는 안드로이드에 집중하기로 결정하고 i-BP(은행 그룹 BPCE의 IT 부서)의 안드로이드 전문가로 합류하였습니다. 그는 안드로이드, 클린 코드 그리고 당연하게도 코틀린 1.0 버전부터 코틀린 프로그래밍에 열정을 쏟고 있습니다.

데이비드는 거의 모든 장의 문장을 바로잡고 오탈자를 수정하는 데 도움을 주었습니다. 또한 그는 몇 가지 좋은 예와 유용한 아이디어를 제안해 주었습니다.

조던 한센(Jordan Hansen)은 10살 때부터 개발을 해 왔으며, 유타대학교를 졸업하고 풀타임으로 개발을 시작하였습니다. 그는 코틀린을 0.6 버전부터 사용 가능한 언어라고 평가하였으며, 0.8 버전부터 주력 언어로 사용해 왔습니다. 그는 자신이 속한 조직 전체에 코틀린을 도입할 수 있게 만들 정도로 영향력을 갖고 있습니다. 가족과 함께 보드게임 하는 것을 좋아합니다.

조던은 책의 대부분에 큰 영향을 끼쳤으며, 많은 오탈자를 찾아주고, 코드 조각(snippet)과 제목들을 제안해 주었습니다. 그는 DSL에 대한 더 깊은 설명과 단위 테스트와 관련된 아이템을 짧게 정리하는 데 도움을 주었습니다. 또한 올바른 기술적인 어휘 선택에 도움을 주었습니다.

후안 이그나시오 빔베르그(Juan Ignacio Vimberg)는 이 책에서 가장 어려운 부분인 '3부: 효율성'을 가장 많이 리뷰해 주었습니다. 또한 1장부터 4장까지 많은 영향을 주었습니다. 그는 정확한 벤치마크를 보여 주었고 시멘틱 버전에 대한 설명을 소개할 것을 제안해 주었습니다.

키릴 부보츠킨(Kirill Bubochkin)은 책 전체에 대한 완벽한 의견을 제시해 주었습니다.

파비오 콜리니(Fabio Collini)는 특히 4장과 5장을 완벽하게 리뷰해 주었습니다

빌 베스트(Bill Best)는 6장부터 8장까지 많은 영향을 주었으며, 중요한 오탈자

를 확인해 주었습니다.

제프 포크(Geoff Falk)는 언어, 문법, 코드를 개선하는 데 도움을 주었습니다. 특히 2장과 5장을 개선하는 데 도움을 주었습니다.

다닐로 헤레라(Danilo Herrera)는 3장에 영향을 끼쳤으며, '4장: 추상화 설계'에는 대단히 큰 영향을 끼쳤습니다.

앨런 케인(Allan Caine)은 '5장: 객체 생성'에 큰 영향을 주었습니다.

에드워드 스미스(Edward Smith)는 '6장: 클래스 설계'에 큰 영향을 주었습니다.

후안 마누엘 리베로(Juan Manuel Rivero)는 6, 7, 8장을 리뷰해 주었습니다.

다음 분들에게도 감사의 말씀을 전하고 싶습니다.

- 니콜라 코르티(Nicola Corti): 훌륭한 제안을 해 주었고, 어휘 개선에 도움을 주었습니다.
- 마르타 라즈니에프스카(Marta Raźniewska): 각 부의 시작 부분에 있는 그림을 그려 주었습니다.
- 모든 알파 테스터: 파블로 과르디올라(Pablo Guardiola), 휴버트 코사키(Hubert Kosacki), 카르멜로 이리티(Carmelo Iriti), 마리아 안토니에타 오소(Maria Antonietta Osso)
- 이 책에 대한 소식을 공유하거나 피드백과 감정을 공유하여 도움을 준 모든 분

1부

좋은 코드

1장

안전성

우리는 왜 프로젝트에 자바, 자바스크립트, C++ 대신 코틀린을 사용하려고 할까요? 개발자들의 경우 코틀린이 유용한 기능이 많은 현대적인 언어이기 때문이라고 답하는 경우가 많으며, 비즈니스 측면에서는 일반적으로 코틀린이 설계상 오류 발생 가능성이 적은 안전한 언어라는 점이 꼽힙니다. 개발 경험이 없더라도 애플리케이션이 충돌하거나 한 시간 동안 장바구니에 상품을 담았는데, 웹사이트 오류로 인해 결제할 수 없게 되어 화가 난 경험이 있을 겁니다. 충돌(crash)이 줄어들면 사용자와 개발자 모두의 삶이 개선되며, 이는 상당한 비즈니스 가치를 제공합니다.

안전성은 우리에게 중요하며, 코틀린은 정말로 안전한 언어입니다. 하지만 완전한 안전성을 위해서는 개발자들의 노력이 필요합니다. 이번 장에서는 코틀린의 안전성에 대한 가장 중요한 모범 사례들을 다룹니다. 코틀린의 기능들이 어떻게 안전성을 촉진시키는지 그리고 이 기능들을 어떻게 올바르게 사용할 수 있는지를 살펴보겠습니다. 이번 장에 있는 모든 아이템의 기본적인 목적은 오류 발생 가능성이 낮은 코드를 작성하는 것입니다.

가변성을 제한하라

코틀린에서는 모듈로 프로그램을 설계합니다. 모듈은 클래스, 객체, 함수, 타입 별칭(type alias), 최상위 프로퍼티 등 다양한 요소로 구성됩니다. 이 요소 중일부는 상태를 가질 수 있습니다. 예를 들어, 읽기-쓰기가 가능한 var 프로퍼티를 사용하거나 가변 객체(mutable object)로 구성하면 자연스럽게 상태가 생깁니다.

```
1  var a = 10
2  val list: MutableList<Int> = mutableListOf()
```

요소가 상태를 갖는 경우, 해당 요소가 동작하는 방식은 사용 방법뿐 아니라 요소의 이전 기록에 따라서도 달라집니다. 상태를 가진 클래스의 전형적인 예로는 잔액(상태)을 갖고 있는 은행 계좌(클래스)를 생각해 볼 수 있습니다.

```
1  class BankAccount {
2      var balance = 0.0
3          private set
4
5      fun deposit(depositAmount: Double) {
6          balance += depositAmount
7      }
8
9      @Throws(InsufficientFunds::class)
10     fun withdraw(withdrawAmount: Double) {
11         if (balance < withdrawAmount) {
12             throw InsufficientFunds()
13         }
14         balance -= withdrawAmount
15     }
16 }
17
```

```
18  class InsufficientFunds : Exception()
19
20  val account = BankAccount()
21  println(account.balance)  // 0.0
22  account.deposit(100.0)
23  println(account.balance)  // 100.0
24  account.withdraw(50.0)
25  println(account.balance)  // 50.0
```

BankAccount는 계좌에 돈이 얼마나 있는지를 나타내는 상태를 가지고 있습니다. 상태를 가지는 것은 양날의 검입니다. 시간에 따라 변화하는 요소를 표현할 수 있는 것은 장점이라 할 수 있습니다. 반면에 다음과 같은 이유 때문에 관리하기가 어렵다는 단점이 뒤따릅니다.

1. 변경 지점(mutating point)이 많은 프로그램은 이해하고 디버깅하기 어렵습니다. 가변 대상들 사이의 관계를 이해해야 하고, 변경이 많이 일어날수록 그 변화를 추적하기가 어려워집니다. 특히 서로 의존하는 변경 지점이 많은 클래스는 이해하고 수정하기가 어렵습니다. 예기치 않은 상황이나 오류가 발생하면 특히 문제가 됩니다.

2. 가변성은 코드를 추론하기 더 어렵게 만듭니다. 불변 요소의 상태는 명확하지만 가변 상태는 훨씬 이해하기 어렵습니다. 언제든지 변경될 수 있으므로 값이 무엇인지 추론하기가 더 어렵습니다. 방금 전에 확인한 값이 이미 변경되었을 수도 있습니다.

3. 가변 상태는 멀티스레드 프로그램에서 적절히 동기화되어야 합니다. 모든 변화는 잠재적으로 충돌을 일으킬 수 있습니다. 지금은 '공유 상태를 관리하기 어렵다' 정도로 이해하고 다음 아이템에서 자세히 이야기하겠습니다

4. 가변 요소는 테스트하기 더 어렵습니다. 가능한 한 모든 상태를 테스트해야 하는데, 가변성이 높을수록 확인해야 할 상태가 많아집니다. 더욱이, 한 객체나 한 파일 안에서 가능한 상태들의 모든 조합을 고려해야 하므로 변경 지점들의 수에 따라 테스트해야 할 상태의 수는 기하급수적으로 증가합니다.

5. 상태가 변경되면 다른 클래스에 이 변경 사항을 알려야 하는 경우가 많습니다. 예를 들어 정렬된 리스트에 가변 요소를 추가하면, 이 요소가 변경될 때마다 리스트를 다시 정렬해야 합니다.

가변성의 단점은 너무 많아서 상태 변경을 아예 허용하지 않는 언어도 있습니다. 하스켈(Haskell) 같은 순수 함수형 언어가 대표적인 예입니다. 그러나 가변성이 제한된 상태에서 프로그래밍하기는 매우 어렵기 때문에 이러한 언어는 개발 분야에서 주류로 사용되지 않습니다. 가변 상태는 실제 시스템의 상태를 나타내기에 매우 유용한 방법이지만 가능하면, 가변성을 제한하여 정말 합당한 이유가 있을 때만 사용하길 권합니다. 다행히도 코틀린에서는 가변성 제한이 잘 지원됩니다.

코틀린에서 가변성 제한하기

코틀린은 가변성을 제한할 수 있도록 설계되어 있습니다. 불변 객체(immutable object)를 만들거나 프로퍼티를 변경할 수 없게 만드는 것은 쉽습니다. 코틀린의 많은 기능과 특징 덕분인데, 이 중에서 가장 중요한 것들은 다음과 같습니다.

- 읽기 전용 프로퍼티 val
- 가변 컬렉션과 읽기 전용 컬렉션의 구분
- 데이터 클래스의 copy

하나씩 살펴봅시다.

읽기 전용 프로퍼티

코틀린에서는 프로퍼티를 읽기 전용 val('value')이나 읽기-쓰기가 가능한 var('variable')로 만들 수 있습니다. 읽기 전용(val) 프로퍼티는 값을 새로 설정할 수 없습니다.

```
1  val a = 10
2  a = 20  // 에러
```

읽기 전용 프로퍼티가 반드시 변경 불가능하거나 final[1]이어야 하는 것은 아닙니다. 읽기 전용 프로퍼티에 다음과 같이 가변 객체를 할당할 수 있습니다.

```
1  val list = mutableListOf(1, 2, 3)
2  list.add(4)
3
4  print(list)  // [1, 2, 3, 4]
```

읽기 전용 프로퍼티는 다른 프로퍼티에 의존하는 사용자 정의 게터(custom getter)를 사용해서 정의될 수도 있습니다.

```
1  var name: String = "Marcin"
2  var surname: String = "Moskała"
3  val fullName
4      get() = "$name $surname"
5
6  fun main() {
7      println(fullName)  // Marcin Moskała
8      name = "Maja"
9      println(fullName)  // Maja Moskała
10 }
```

위의 예에서는 val 프로퍼티인 fullName의 값이 호출할 때마다 달라질 수 있습니다. 사용자 정의 게터를 정의했기 때문입니다.

```
1  fun calculate(): Int {
2      print("Calculating... ")
3      return 42
4  }
5
6  val fizz = calculate()  // Calculating...
7  val buzz
8      get() = calculate()
9
10 fun main() {
11     print(fizz)  // 42
12     print(fizz)  // 42
13     print(buzz)  // Calculating... 42
14     print(buzz)  // Calculating... 42
15 }
```

1 (옮긴이) 여기서의 final은 코틀린 키워드 final이 아닙니다. 값을 재할당할 수 없다는 의미로 final을 사용하였습니다.

코틀린에서 프로퍼티들이 기본적으로 캡슐화되어 있고 사용자 정의 접근자(게 터와 세터)를 가질 수 있다는 점은 매우 중요합니다. API를 변경하거나 정의할 때 유연성을 제공하기 때문입니다. 이에 대해서는 '아이템 15: 프로퍼티는 동 작이 아닌 상태를 나타내야 한다'에서 자세히 다루겠습니다. 핵심 아이디어는 val은 내부적으로 게터일 뿐이므로 변경 지점이 제공되지 않는다는 점입니다. var는 게터이자 세터이므로 val을 var로 오버라이드할 수 있습니다.

```
1   interface Element {
2       val active: Boolean
3   }
4
5   class ActualElement : Element {
6       override var active: Boolean = false
7   }
```

읽기 전용 val 프로퍼티의 값은 사실 변경될 수도 있지만, 프로퍼티에서 변경 지점을 제공하지 않습니다. 변경 지점은 프로그램을 동기화하거나 추론하는 데 있어 문제의 주요 원인입니다. 그래서 일반적으로 var보다는 val을 선호합 니다.

val이 변경 불가능함을 의미하지는 않는다는 점을 기억하세요. val은 게터 나 위임에 의해 정의될 수 있습니다. 이 사실은 final 프로퍼티를 게터가 나타내 는 프로퍼티로 변경할 수 있는 더 많은 유연성을 내포합니다. 그러나 복잡하게 사용할 필요가 없다면, 정의 옆에 값이 명시되어 있는 final 프로퍼티를 사용하 는 게 좋습니다. 이런 프로퍼티는 정의 옆에 값이 명시되어 있어 이해하기 쉬 우며, 코틀린에서 더 나은 지원을 받을 수 있습니다. 예를 들어 스마트 캐스트 (smart-cast)가 지원됩니다.

```
1   val name: String? = "Márton"
2   val surname: String = "Braun"
3
4   val fullName: String?
5       get() = name?.let { "$it $surname" }
6
7   val fullName2: String? = name?.let { "$it $surname" }
8
```

```
9   fun main() {
10      if (fullName != null) {
11          println(fullName.length)  // ERROR
12      }
13
14      if (fullName2 != null) {
15          println(fullName2.length)  // 12
16      }
17  }
```

fullName은 게터를 사용하고 있어 스마트 캐스팅이 불가능합니다. 사용 중에
도 (예를 들어, 다른 스레드에서 name 값을 설정했을 때) 다른 값이 반환될 수
있습니다. 논로컬(non-local) 프로퍼티는 final이면서 사용자 정의 게터가 없을
경우에만 스마트 캐스팅을 할 수 있습니다.

가변 컬렉션과 읽기 전용 컬렉션의 구분

읽기-쓰기가 가능한 프로퍼티와 읽기 전용 프로퍼티를 구분한 것과 유사하게,
코틀린은 읽기-쓰기가 가능한 컬렉션과 읽기 전용 컬렉션을 구분합니다. 컬렉
션 계층구조의 설계 방식 덕분에 이를 구분할 수 있습니다. 다음 그림은 코틀
린 컬렉션의 계층구조를 나타내는 다이어그램입니다. 왼쪽에 있는 Iterable,
Collection, Set, List 인터페이스들은 모두 읽기 전용입니다. 변경을 허용하
는 메서드가 아예 없다는 것을 의미합니다. 오른쪽에 있는 MutableIterable,
MutableCollection, MutableSet, MutableList 인터페이스들은 모두 가변 컬렉
션입니다. 이 인터페이스들은 각각에 상응하는 읽기 전용 인터페이스를 상속
해 변경을 허용하는 메서드를 추가합니다. 이는 프로퍼티 동작 방식과 유사합
니다. 읽기 전용 프로퍼티에는 게터만 있고, 읽기-쓰기가 가능한 프로퍼티에는
게터와 세터가 모두 있던 것과 유사한 방식입니다.

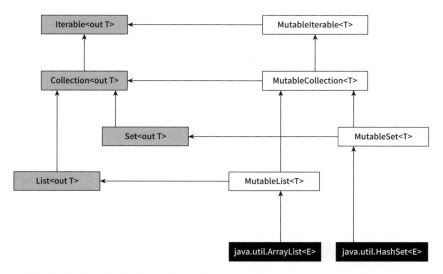

코틀린 컬렉션 인터페이스의 계층구조와 코틀린/JVM에서 사용될 수 있는 실제 객체를 나타낸 그림. 왼쪽은 읽기 전용 인터페이스이며, 오른쪽에 있는 컬렉션과 인터페이스는 변경 가능하다.

읽기 전용 컬렉션을 반드시 변경할 수 없는 것은 아닙니다. 그들은 종종 변경 가능하지만 읽기 전용 인터페이스 뒤에 숨겨져 있어 변경할 수 없습니다. 예를 들어 Iterable<T>.map과 Iterable<T>.filter 기능들은 ArrayList(가변 리스트)를 읽기 전용 인터페이스인 List로 반환합니다. 아래 코드는 표준 라이브러리(stdlib)에서의 Iterable<T>.map의 구현을 단순하게 나타낸 것입니다.

```
1   inline fun <T, R> Iterable<T>.map(
2       transformation: (T) -> R
3   ): List<R> {
4       val list = ArrayList<R>()
5       for (elem in this) {
6           list.add(transformation(elem))
7       }
8       return list
9   }
```

컬렉션을 불변하게 만드는 것이 아니라 컬렉션 인터페이스만 읽기 전용으로 설계한 것은 더 많은 유연성을 제공할 수 있다는 점에서 매우 중요합니다. 내부적으로 반환하는 컬렉션의 실제 형태와 상관없이 인터페이스를 구현하기만

하면 되므로 플랫폼별로 각각에 특화된 컬렉션을 사용할 수 있습니다.

이 접근 방식의 안전성은 불변 컬렉션을 사용함으로써 얻는 안전성과 유사합니다. 유일한 위험은 개발자가 다운캐스팅을 해서 '시스템을 해킹'할 때 발생합니다. 코틀린 프로젝트에서 절대 이를 허용해서는 안 됩니다. 읽기 전용 리스트를 반환한다면 이는 오직 읽는 용도로만 사용될 거라고 신뢰할 수 있어야 합니다. 이것은 일종의 규약입니다. 더 자세한 내용은 2부에서 다룹니다.

컬렉션 다운캐스팅은 규약 위반일 뿐만 아니라, (우리가 지향해야 할) 추상화가 아닌 구현에 의존하게 합니다. 이는 안전하지 않을 뿐만 아니라 예상치 못한 결과로 이어질 수 있습니다. 다음 코드를 봅시다.

```
1   val list = listOf(1, 2, 3)
2
3   // 이렇게 하지 마세요!
4   if (list is MutableList) {
5       list.add(4)
6   }
```

이 코드의 실행 결과는 플랫폼에 따라 달라집니다. JVM에서 listOf는 자바의 List 인터페이스를 구현한 Arrays.ArrayList를 반환합니다. 자바의 List 인터페이스에는 add나 set 같은 메서드가 있으므로 이는 코틀린에서 MutableList 인터페이스로 변환됩니다. 그러나 Arrays.ArrayList는 add 등의 객체를 변경하는 연산을 구현하지 않습니다. 위 코드는 UnsupportedOperationException을 발생시킵니다. 다른 플랫폼에서는 동일한 코드로 다른 결과가 나올 수 있습니다.

심지어 일년 후에는 이것이 어떻게 동작할지 보장할 수 없습니다. 내부적으로 사용되는 컬렉션은 변경될 수 있습니다. 코틀린에서 MutableList 인터페이스를 구현하지 않아 완전히 변경이 불가능한 컬렉션으로 교체될 수도 있습니다. 아무것도 보장할 수 없습니다. 그렇기 때문에 코틀린에서 읽기 전용 컬렉션을 가변 컬렉션으로 다운캐스팅하면 절대로 안 됩니다. 읽기 전용 컬렉션을 가변 컬렉션으로 바꿔야 한다면 수정할 수 있는 복사본을 생성하는 List.toMutableList 함수를 사용해야 합니다.

```
1   val list = listOf(1, 2, 3)
2
3   val mutableList = list.toMutableList()
4   mutableList.add(4)
```

이 방식은 어떤 규약도 위반하지 않으며 컬렉션을 List로 반환하면 외부에서 수정되지 않을 거라는 확신을 주기 때문에 더 안전합니다.

데이터 클래스의 copy

불변 객체(String이나 Int처럼 내부 상태를 변경하지 않는)를 선호하는 데는 많은 이유가 있습니다. 앞서 설명한, 일반적으로 가변성이 낮은 것을 선호하는 이유들 외에도 불변 객체는 그 자체의 이점이 있습니다.

1. 한 번 생성되면 상태가 동일하게 유지되므로 상태를 추론하기가 더 쉽습니다.
2. 공유되는 객체들 간의 충돌이 발생하지 않으므로 프로그램을 병렬화하기가 더 쉽습니다.
3. 불변 객체에 대한 참조는 변경되지 않을 것이므로 캐싱될 수 있습니다.
4. 불변 객체에 대해 방어적 복사본(defensive copy)을 만들 필요가 없습니다. 불변 객체를 복사할 때는 깊은 복사를 할 필요가 없습니다.
5. 불변 객체는 다른 객체를 구성하는 데 완벽한 재료입니다. 가변 객체를 구성할 때도 다른 불변 객체를 구성할 때도 모두 이상적입니다. 변경이 허용되는 위치를 결정할 수 있으며, 불변 객체에서 작업하는 것이 더 쉽습니다.
6. 불변 객체를 Set에 추가하거나 Map의 키로 사용할 수 있습니다. 이와 달리 가변 객체는 이런 방식으로 사용해서는 안 됩니다. Set와 Map 두 컬렉션이 코틀린/JVM 내부에서 해시 테이블을 사용하고 있기 때문입니다. 해시 테이블에서 이미 분류된 요소를 수정하면 그 분류는 더 이상 정확하지 않게 되고, 해당 요소를 찾을 수 없게 됩니다. 이 문제는 '아이템 43: hashCode의 규약을 준수하라'에 자세히 나와 있습니다. 컬렉션이 정렬될 때도 유사한 문제가 발생합니다.

```
1   val names: SortedSet<FullName> = TreeSet()
2   val person = FullName("AAA", "AAA")
3   names.add(person)
4   names.add(FullName("Jordan", "Hansen"))
5   names.add(FullName("David", "Blanc"))
6
7   print(s)                // [AAA AAA, David Blanc, Jordan Hansen]
8   print(person in names)  // true
9
10  person.name = "ZZZ"
11  print(names)            // [ZZZ AAA, David Blanc, Jordan Hansen]
12  print(person in names)  // false
```

마지막 확인 부분에서 해당 person이 이 Set에 있음에도 컬렉션은 false를 반환했습니다. 찾는 객체의 해시 값이 달라졌기 때문에 찾을 수 없는 것입니다.

보시다시피 가변 객체는 더 위험하고 더 예측하기 어렵습니다. 반면 불변 객체가 가진 가장 큰 문제점은 데이터가 때때로 변경되어야 한다는 점입니다. 해결 방법은 불변 객체가 변경 사항을 반영한 새로운 사본을 생성하는 메서드를 갖는 것입니다. 예를 들어, Int는 변경이 불가능하지만 Int에는 plus와 minus 같은 많은 메서드가 있습니다. 이 메서드들은 Int 자체를 직접 수정하는 것이 아니라 연산 결과로 Int를 새로 만들어 반환합니다. Iterable은 읽기 전용이며, map이나 filter 같은 컬렉션 처리 함수는 원본 컬렉션을 수정하지 않고 새로운 컬렉션을 반환합니다. 이와 같은 방식은 불변 객체에도 적용될 수 있습니다. 예를 들어 불변 클래스 User가 있고 이름의 성(surname)을 변경하고 싶다고 해봅시다. withSurname 같은 메서드로 해당 프로퍼티가 수정된 새로운 복사본을 생성하도록 할 수 있습니다.

```
1   class User(
2       val name: String,
3       val surname: String
4   ) {
5       fun withSurname(surname: String) = User(name, surname)
6   }
7
8   var user = User("Maja", "Markiewicz")
9   user = user.withSurname("Moskała")
10  print(user)  // User(name=Maja, surname=Moskała)
```

프로퍼티마다 복사본을 생성하는 함수를 만들 수는 있지만, 모든 프로퍼티에 적용해야 한다면 귀찮은 작업이 될 수 있습니다. 그럴 때는 data 한정자를 사용할 수 있습니다. data 한정자는 copy 메서드를 만들어 줍니다. copy 메서드는 모든 기본 생성자의 프로퍼티가 이전 인스턴스와 동일한 새 인스턴스를 생성합니다. 물론 프로퍼티에 새로운 값을 지정할 수도 있습니다. data 한정자가 생성하는 copy와 다른 메서드들에 대해서는 '아이템 37: 데이터 묶음을 표현할 때 data 한정자를 사용하라'에 자세하게 설명되어 있습니다. 어떻게 동작하는지 간단한 예를 살펴봅시다.

```
1   data class User(
2       val name: String,
3       val surname: String
4   )
5
6   var user = User("Maja", "Markiewicz")
7   user = user.copy(surname = "Moskała")
8   print(user)  // User(name=Maja, surname=Moskała)
```

data 한정자처럼 훌륭하고 범용적인 방법을 사용하면 데이터 모델 클래스(data model class)를 불변 객체로 만들기 쉽습니다. 이 방식은 가변 객체를 사용하는 것보다 효율성은 떨어지지만, 더 안전하며 불변 객체가 가진 다른 모든 장점을 갖고 있습니다. 따라서 기본적으로 이 방식이 선호되어야 합니다.

다른 종류의 변경 지점

변경할 수 있는 리스트를 나타내야 한다고 해 봅시다. 두 가지 방식이 있습니다. 가변 컬렉션을 사용하거나, 읽기-쓰기가 가능한 var 프로퍼티를 사용하는 것입니다.

```
1   val list1: MutableList<Int> = mutableListOf()
2   var list2: List<Int> = listOf()
```

두 프로퍼티 모두 수정할 수 있습니다. 하지만 방법이 다릅니다.

```
1   list1.add(1)
2   list2 = list2 + 1
```

두 방식 모두 += 연산자로 대체해서 사용할 수 있지만, 각각에 대해 다르게 처리됩니다.

```
1  list1 += 1  // list1.plusAssign(1)로 번역됨
2  list2 += 1  // list2 = list2.plus(1)로 번역됨
```

두 방식은 모두 정상 동작하며 각각 다른 장단점을 갖고 있습니다. 두 방식 모두 하나의 변경 지점을 갖고 있지만, 그 위치가 다릅니다. 첫 번째 방식은 구체적인 리스트 구현체 내에서 변경이 발생합니다. 멀티스레드를 사용한다면 컬렉션이 적절한 동기화 기법을 가지고 있어야 정상적으로 동작할 것입니다.[2] 두 번째 방식은 동기화를 직접 구현해야 합니다. 하지만 변경 지점이 프로퍼티 하나이므로 안전성 측면에서 더 낫다고 볼 수 있습니다. 그러나 적절한 동기화 처리가 부족하면 여전히 일부 요소가 손실될 수 있습니다.

```
1  var list = listOf<Int>()
2  for (i in 1..1000) {
3      thread {
4          list = list + i
5      }
6  }
7  Thread.sleep(1000)
8  print(list.size)  // 1000이 될 가능성은 매우 희박
9  // 911 같은 매번 다른 숫자 반환
```

가변 리스트 대신 가변 프로퍼티를 사용한다면 사용자 정의 세터를 정의하거나 (사용자 정의 세터를 사용하는) 위임을 활용해서 해당 프로퍼티의 변경을 추적할 수 있습니다. 예를 들어 observable 위임을 사용해서 다음과 같이 리스트의 모든 변경에 대해 로그를 남길 수 있습니다.

```
1  var names by observable(listOf<String>()) { _, old, new ->
2      println("Names changed from $old to $new")
3  }
4
5  names += "Fabio"
6  // Names changed from [] to [Fabio]
```

---

2 이런 컬렉션에 대해서는 다음 아이템에서 다룹니다.

```
7    names += "Bill"
8    // Names changed from [Fabio] to [Fabio, Bill]
```

가변 컬렉션에 대해 이 기능을 구현하려면 해당 컬렉션이 원소 변화를 관찰 가능할 수 있도록 구현해야 합니다. 가변 프로퍼티에 할당한 읽기 전용 컬렉션은 변경 사항을 더 쉽게 제어할 수 있습니다. 여러 메서드 대신 하나의 세터만 두면 되고, 이를 private으로 만들 수 있기 때문입니다.

```
1    var announcements = listOf<Announcement>()
2        private set
```

요약하면, 가변 컬렉션을 사용하는 것이 더 빠를 수 있지만, 가변 프로퍼티를 사용하면 객체 변경을 제어하기 더 쉽습니다.

가변 프로퍼티와 가변 컬렉션을 모두 갖는 것이 최악의 해결책임을 기억하세요.

```
1    // 이렇게 하지 마세요.
2    var list3 = mutableListOf<Int>()
```

기본 규칙은 '**불필요한 가변 상태를 만들지 말라**'입니다. 모든 가변 상태는 비용입니다. 모든 변경 지점을 이해해야 하고 유지 관리해야 합니다. 가변성은 제한하는 것이 좋습니다.

요약

이번 아이템에서는 가변성을 제한하고 불변 객체를 선호하는 것이 왜 중요한지에 대해 알아보았습니다. 코틀린은 가변성을 제한하는 다양한 도구를 제공한다는 것도 살펴보았습니다. 이런 도구를 사용하여 변경 지점을 제한해야 합니다. 간단한 규칙은 다음과 같습니다.

• var보다 val 사용을 선호하라.
• 가변 프로퍼티보다 불변 프로퍼티 사용을 선호하라.
• 가변 객체와 클래스보다 불변 객체와 클래스 사용을 선호하라.

- 불변 객체를 변경해야 한다면 data 클래스로 만들고 copy 메서드를 사용하는 것을 고려하라.
- 상태를 저장해야 한다면 가변 컬렉션보다 읽기 전용 컬렉션을 선호하라.
- 변경 지점을 현명하게 설계하고 불필요한 변경 지점을 생성하지 말라.

이런 규칙에는 몇 가지 예외가 있습니다. 때로는 더 효율적이기 때문에 가변 객체를 더 선호하기도 합니다. 이러한 최적화는 코드의 성능이 중요한 부분에서만 사용해야 합니다(이에 대한 설명은 '3부: 효율성'에서 다룹니다). 또한 멀티스레딩 환경에서 가변 객체를 사용할 때 더 많이 주의를 기울여야 함을 기억하세요. 기본 원칙은 가변성을 제한해야 한다는 것입니다.

아이템 2

임계 영역을 제거하라

여러 스레드에서 공유 상태를 수정할 때 예상하지 않은 결과가 생길 수 있습니다. 이 문제는 이미 이전 아이템에서 논의되었으나, 이와 관련하여 좀 더 자세히 설명하고, 코틀린/JVM에서 어떻게 처리하는지 보여 드리겠습니다.

스레드와 공유 상태의 문제

이 글을 작성하고 있는 중에도 컴퓨터에서는 많은 일이 동시에 일어납니다. 음악이 재생되고, 인텔리제이(IntelliJ)에 이번 장의 문구가 표시되며 슬랙(Slack)에 메시지가 표시되고, 브라우저에서는 데이터가 다운로드됩니다. 이 모든 것은 운영 체제에 스레드 개념이 도입되어 있기 때문에 가능합니다. 운영 체제는 각각의 분리된 흐름인 스레드의 실행을 스케줄링합니다. 싱글코어 CPU를 가지고 있더라도, 운영 체제는 하나의 스레드를 짧은 시간 실행한 다음, 다른 스레드로 전환하는 방식으로 동시에 여러 스레드를 실행할 수 있습니다. 이것을 시분할(time slicing)이라고 부릅니다. 게다가, 최신 컴퓨터는 여러 개의 코어를 가지고 있어 운영 체제는 실제로 많은 작업을 서로 다른 스레드에서 한번에 실행할 수 있습니다.

이러한 프로세스의 가장 큰 문제는 운영 체제가 언제 한 스레드에서 다른 스레드로 실행을 전환할지 확신할 수 없다는 것입니다. 다음 상황을 생각해 보세요. 1,000개의 스레드를 시작하고 각 스레드에서 가변 변수를 증가시키는 상황입니다. 이때 문제는 값을 증가시키는 과정에 현재 값 가져오기, 새로 증가된 값 생성하기, 그 값을 변수에 할당하기 등 여러 단계가 있고 운영 체제가 단계 사이에 스레드를 전환하면서 일부 증분이 누락되는 문제가 생길 수 있다는 것입니다. 다음 코드는 1000이 출력될 가능성이 거의 없음을 보여 줍니다. 제가 방금 테스트한 결과 981을 출력하였습니다.

```kotlin
1  var num = 0
2  for (i in 1..1000) {
3      thread {
4          Thread.sleep(10)
5          num += 1
6      }
7  }
8  Thread.sleep(5000)
9  print(num)  // 1000이 출력될 가능성이 거의 없습니다.
10 // 매번 다른 숫자가 출력됩니다.
```

이 문제를 더 잘 이해하기 위해 두 개의 스레드를 시작한 경우 발생할 수 있는 상황을 고려해 봅시다. 한 스레드가 값 0을 얻은 다음 CPU는 다음 스레드로 실행을 전환합니다. 다른 스레드는 동일한 값을 가져와 이를 증가시키고 변수를 1로 설정합니다. 운영 체제는 이전 스레드로 전환하고, 변수를 다시 1로 설정합니다. 이 경우 한 번의 증분을 잃게 됩니다.

일부 작업 손실은 실제 애플리케이션에서 심각한 문제가 될 수 있으며, 이 문제는 더욱더 심각한 결과를 초래할 수 있습니다. 작업이 실행되는 순서를 모르면 객체의 상태가 잘못될 위험이 있습니다. 이로 인해 재현하고 고치기 어려운 버그로 이어지는 경우가 종종 있습니다. 다른 스레드에서 리스트의 요소를 순회하는 동안 리스트에 요소를 추가하는 경우를 예로 들 수 있습니다. 기본 컬렉션은 순회하는 동안 요소가 수정되는 것을 지원하지 않기 때문에 Concurrent ModificationException 예외가 발생합니다.

```kotlin
1  var numbers = mutableListOf<Int>()
2  for (i in 1..1000) {
3      thread {
4          Thread.sleep(1)
5          numbers.add(i)
6      }
7      thread {
8          Thread.sleep(1)
9          print(numbers.sum())  // 리스트를 순회하며 합을 구합니다.
10         // ConcurrentModificationException이 자주 발생합니다.
11     }
12 }
```

여러 스레드를 사용하는 디스패처에서 여러 코루틴을 시작할 때도 동일한 문제가 발생합니다. 코루틴을 사용할 때 이 문제를 다루기 위해 스레드에서 사용되는 기술과 동일한 기술을 사용할 수 있습니다. 코루틴에는 《코틀린 코루틴(Kotlin Coroutines)》(인사이트, 2023)에서 자세히 설명한 것처럼, 전용 도구도 있습니다.

이전 아이템에서 설명했듯이 가변성을 사용하지 않으면 이러한 모든 문제가 발생하지 않습니다. 그러나 실제 애플리케이션에서는 가변성을 피할 수 없는 경우가 종종 있으므로 공유 상태[3]를 다루는 방법을 배워야 합니다. 여러 개의 스레드가 수정할 수 있는 공유 상태가 있다면, 공유 상태에 대한 모든 연산이 올바르게 실행되고 있는지를 확인해야 합니다. 각 플랫폼은 이를 위해 다양한 도구를 제공하며, 여기서는 코틀린/JVM[4]에서 제공하는 가장 중요한 도구에 대해 알아보겠습니다.

코틀린/JVM의 동기화

동기화는 코틀린/JVM 플랫폼에서 공유 상태를 다루는 가장 중요한 도구입니다. 이 메커니즘은 한 번에 오직 하나의 스레드만 특정 코드 블록을 실행할 수 있도록 보장합니다. 이는 synchronized 함수를 기반으로 하며, 이 함수에는 잠금 객체(lock object)와 동기화해야 하는 코드를 담은 람다 표현식이 필요합니다. 이 메커니즘은 동시에 동일한 잠금 객체를 가진 동기화 블록에 오직 하나의 스레드만 진입할 수 있도록 보장합니다. 스레드가 동기화 블록에 도달했지만, 다른 스레드가 이미 동일한 잠금 객체로 블록을 실행 중인 경우 해당 스레드는 다른 스레드의 실행이 끝날 때까지 기다립니다. 다음 예에서는 동기화를 사용하여 num 변수가 올바르게 증가하는지 확인하는 방법을 보여 줍니다.

```
1  val lock = Any()
2  var num = 0
```

---

3 공유 상태란 여러 스레드에서 사용되는 상태를 의미합니다.
4 코틀린/JS에서는 자바스크립트가 싱글 스레드로 실행되기 때문에 동기화를 걱정할 필요가 없습니다. 다른 스레드에서 프로세스가 시작되면(예를 들어 작업자를 사용하는 경우) 다른 메모리 공간에서 작동합니다.

```
3   for (i in 1..1000) {
4       thread {
5           Thread.sleep(10)
6           synchronized(lock) {
7               num += 1
8           }
9       }
10  }
11  Thread.sleep(1000)
12  print(num)  // 1000
```

실제 사례에서는 클래스에서 동기화해야 하는 모든 함수를 동기화 블록으로
래핑하는 경우가 많습니다. 다음 예제에서는 Counter 클래스의 모든 작업에 대
해 동기화하는 방법을 보여 줍니다.

```
1   class Counter {
2       private val lock = Any()
3       private var num = 0
4
5       fun inc() = synchronized(lock) {
6           num += 1
7       }
8
9       fun dec() = synchronized(lock) {
10          num -= 1
11      }
12
13      // 동기화가 필요하지 않습니다.
14      // 하지만 동기화하지 않으면 게터가 오래된 값을 반환할 수도 있습니다.
15      fun get(): Int = num
16  }
```

일부 클래스에서는 상태의 여러 부분에 대해 각각의 잠금을 가지고 있지만, 올
바르게 구현하기가 매우 어렵기 때문에 일반적이지는 않습니다.

 코틀린 코루틴을 사용할 때는 synchronized 대신 《코틀린 코루틴》에서 설명한 대로 뮤
텍스(Mutex)나 싱글 스레드로 제한된 디스패처를 사용합니다. 스레드 전환은 비용이 발
생하며, 일부 클래스에서는 여러 스레드에서 실행을 동기화하는 것보다 싱글 스레드가
더 효율적이라는 점을 기억하세요.

아토믹 객체

변수를 증가시키는 문제로 논의를 시작했습니다. 일반적인 정수 증가는 여러 단계로 실행되며 운영 체제는 단계 중간에 스레드 간 전환을 할 수 있기 때문에 잘못된 결과를 생성할 수 있습니다. 간단한 값 할당과 같은 일부 작업은 단일 프로세서 단계로 이루어지므로 항상 올바르게 실행되지만, 본질적으로 원자적으로 실행되는 작업은 이처럼 단일 프로세서 단계로 이루어진 매우 간단한 작업인 경우에 한정됩니다. 자바는 주로 사용되는 자바 클래스에 원자적 연산이 포함된 AtomicInteger, AtomicLong, AtomicBoolean, AtomicReference 등의 원자성 클래스들을 제공합니다. 이들은 각각 원자적으로 실행되도록 보장된 메서드를 제공합니다. 예를 들어 AtomicInteger는 값을 증가시키고 새로운 값을 반환하는 incrementAndGet 메서드를 제공합니다. 다음 예제에서는 Atomic Integer를 사용하여 올바르게 변수를 증가시키는 방법을 보여 줍니다.

```
1   val num = AtomicInteger(0)
2   for (i in 1..1000) {
3       thread {
4           Thread.sleep(10)
5           num.incrementAndGet()
6       }
7   }
8   Thread.sleep(5000)
9   print(num.get())  // 1000
```

아토믹 객체는 빠르며, 상태가 단순한 값 또는 의존성이 없는 값들인 경우에 사용할 수 있습니다. 하지만 더 복잡한 상황에서는 아토믹 객체만으로는 충분하지 않습니다. 예를 들어, 다수의 객체를 대상으로 하는 연산들을 동기화하는 데는 아토믹 객체를 사용할 수 없습니다. 이런 경우에는 동기화 블록을 사용해야 합니다.

동시성 컬렉션

자바는 동시성을 지원하는 컬렉션도 제공합니다. 이러한 컬렉션 중 가장 중요한 것은 HashMap의 스레드 안전(thread-safe) 버전인 ConcurrentHashMap입니다. 충돌 걱정 없이 ConcurrentHashMap의 모든 연산을 안전하게 사용할 수 있습니다. 이 컬렉션을 순회하면 해당 시점의 상태를 스냅샷으로 얻을 수 있으므로, ConcurrentModificationException 예외가 발생하지 않습니다. 그러나 이것이 가장 최신의 상태를 얻게 됨을 의미하지는 않습니다.

```kotlin
1   val map = ConcurrentHashMap<Int, String>()
2   for (i in 1..1000) {
3       thread {
4           Thread.sleep(1)
5           map.put(i, "E$i")
6       }
7       thread {
8           Thread.sleep(1)
9           print(map.toList().sumOf { it.first })
10      }
11  }
```

동시성을 지원하는 Set가 필요할 때 많이 사용되는 선택지는 ConcurrentHashMap의 newKeySet입니다. newKeySet는 MutableSet 인터페이스를 구현하므로 일반적인 Set처럼 사용이 가능합니다.

```kotlin
1   val set = ConcurrentHashMap.newKeySet<Int>()
2   for (i in 1..1000) {
3       thread {
4           Thread.sleep(1)
5           set += i
6       }
7   }
8   Thread.sleep(5000)
9   println(set.size)
```

중복이 허용되는 동시성 컬렉션이 필요한 경우 일반적으로 리스트 대신에 ConcurrentLinkedQueue를 사용합니다. 이는 가변 상태에 대한 문제를 처리하기 위해 JVM에서 사용할 수 있는 필수 도구입니다.

물론 동기화를 지원하는 다른 도구를 제공하는 라이브러리도 있습니다. 멀티플랫폼 아토믹 객체를 제공하는 AtomicFU와 같은 코틀린 멀티플랫폼 라이브러리도 있습니다.[5]

```kotlin
1   // AtomicFU 사용
2   val num = atomic(0)
3   for (i in 1..1000) {
4       thread {
5           Thread.sleep(10)
6           num.incrementAndGet()
7       }
8   }
9   Thread.sleep(5000)
10  print(num.value)  // 1000
```

이제 가변 상태에 대한 좀 더 일반적인 문제로 돌아가, 흔히 일어나는 상황에서 가변 상태 문제를 해결하는 방법을 살펴보겠습니다.

변경 가능한 지점을 유출하지 마세요

다음 예제와 같이 공개 상태를 나타내는 데 가변 객체를 사용하여 노출하는 것은 특히 위험한 상황입니다. 다음 예를 살펴봅시다.

```kotlin
1   data class User(val name: String)
2
3   class UserRepository {
4       private val users: MutableList<User> = mutableListOf()
5
6       fun loadAll(): MutableList<User> = users
7
8       // ...
9   }
```

loadAll을 사용하여 UserRepository의 비공개 상태를 변경할 수 있습니다.

```kotlin
1   val userRepository = UserRepository()
2
```

---

5 이 글을 작성하고 있는 시점에 AtomicFU는 아직 베타 버전이지만, 이미 잘 개발되어 있고 상당히 안정적인 것으로 보입니다.

```
3   val users = userRepository.loadAll()
4   users.add(User("Kirill"))
5   // ...
6
7   print(userRepository.loadAll())  // [User(name=Kirill)]
```

이러한 상황은 수정이 우연히 발생한 경우 특히 위험합니다. 먼저 해야 할 일은 가변 객체를 읽기 전용 타입으로 형변환하는 것입니다. 이 경우 MutableList 에서 List로의 업캐스팅을 의미합니다.

```
1   data class User(val name: String)
2
3   class UserRepository {
4       private val users: MutableList<User> = mutableListOf()
5
6       fun loadAll(): List<User> = users
7
8       // ...
9   }
```

그러나 이 구현만으로는 이 클래스를 안전하게 만들기에는 충분하지 않으므로 주의하세요. 첫째, 읽기 전용 리스트를 받은 것으로 보이지만, 실제로는 가변 리스트의 참조이므로 값이 변경될 수 있습니다. 이로 인해 개발자는 심각한 실수를 저지를 수 있습니다.

```
1   data class User(val name: String)
2
3   class UserRepository {
4       private val users: MutableList<User> = mutableListOf()
5
6       fun loadAll(): List<User> = users
7
8       fun add(user: User) {
9           users += user
10      }
11  }
12
13  class UserRepositoryTest {
14      fun `should add elements`(){
15          val repo = UserRepository()
16          val oldElements = repo.loadAll()
17          repo.add(User("B"))
```

```
18          val newElements = repo.loadAll()
19          assert(oldElements != newElements)
20          // 이 검증은 실패합니다.
21          // 두 변수는 동일한 객체의 참조이므로 동일합니다.
22      }
23  }
```

둘째, 하나의 스레드가 loadAll을 사용하여 반환받은 리스트를 읽고 동시에 다른 스레드가 이를 수정하는 상황을 생각해 보세요. 다른 스레드가 순회하고 있는 가변 컬렉션을 수정하는 것은 허용되어 있지 않습니다. 이러한 작업으로 인해 예상하지 못한 예외가 발생합니다.

```
1   val repo = UserRepository()
2   thread {
3       for (i in 1..10000) repo.add(User("User$i"))
4   }
5   thread {
6       for (i in 1..10000) {
7           val list = repo.loadAll()
8           for (e in list) {
9               /* no-op */
10          }
11      }
12  }
13  // ConcurrentModificationException
```

이를 처리하는 방법은 두 가지가 있습니다. 첫 번째로 실제 참조 대신 객체의 복사본을 반환하는 것입니다. 이 기술을 **방어적 복사**(defensive copying)라고 부릅니다. 복사하는 동안 다른 스레드에서 목록에 새로운 요소를 추가하게 되면 충돌이 발생할 수 있습니다. 따라서 멀티스레드 접근을 지원하려면 이 작업을 동기화해야 합니다. 컬렉션은 toList와 같은 변환 함수를 사용하여 복사할 수 있고, 데이터 클래스는 copy 메서드를 사용하여 복사할 수 있습니다.

```
1   class UserRepository {
2       private val users: MutableList<User> = mutableListOf()
3       private val LOCK = Any()
4
5       fun loadAll(): List<User> = synchronized(LOCK) {
6           users.toList()
7       }
```

```
 8
 9       fun add(user: User) = synchronized(LOCK) {
10           users += user
11       }
12   }
```

더 간단한 방법은 읽기 전용 리스트를 사용하는 것입니다. 읽기 전용 리스트는 안전할 뿐만 아니라 객체의 변경 사항을 추적하기에 용이합니다.

```
1   class UserRepository {
2       private var users: List<User> = listOf()
3
4       fun loadAll(): List<User> = users
5
6       fun add(user: User) {
7           users = users + user
8       }
9   }
```

읽기 전용 리스트에 멀티스레드 접근을 허용하려면 리스트 수정 연산만 동기화하면 됩니다. 이렇게 하면 요소 추가는 느려지지만 리스트에 대한 접근은 빨라집니다. 이는 쓰기보다 읽기가 많을 때 좋은 절충안(trade-off)입니다.

```
 1   class UserRepository {
 2       private var users: List<User> = listOf()
 3       private val LOCK = Any()
 4
 5       fun loadAll(): List<User> = users
 6
 7       fun add(user: User) = synchronized(LOCK) {
 8           users = users + user
 9       }
10   }
```

요약

• 여러 스레드가 같은 상태를 수정하면 충돌이 발생하여 데이터를 잃거나, 예외 및 예상하지 못한 다른 동작이 발생할 수 있습니다.
• 동시 수정으로부터 상태를 보호하기 위해 동기화를 사용할 수 있습니다. 코

틀린/JVM에서 널리 사용되는 도구는 synchronized입니다.

- 동시 수정을 처리하기 위해 자바는 원자적인 값을 표현하는 클래스와 동시성 컬렉션을 제공합니다.
- AtomicFU와 같은 멀티플랫폼을 위한 아토믹 객체를 제공하는 라이브러리도 있습니다.
- 클래스는 내부 상태를 보호해야 하며 밖으로 노출해서는 안 됩니다. 읽기 전용 객체로 작업을 수행하거나 방어적 복사를 이용하여 동시 수정으로부터 상태를 보호할 수 있습니다.

아이템 3

가능한 한 빨리 플랫폼 타입을 제거하라

코틀린이 도입한 널 안전성은 엄청난 기능입니다. 코틀린에서는 안전 메커니즘 덕에 자바의 유명한 NPE(Null Pointer Exception, 널 포인터 예외)를 거의 찾아보기 힘듭니다. 그러나 널 안전성이 완전하게 갖춰지지 않은 자바나 C 같은 언어와 코틀린을 연결해서 사용할 때는 널 안전성을 보장할 수 없습니다. String이 반환 타입으로 선언된 자바 메서드를 사용한다고 해 봅시다. 코틀린에서 반환 타입은 어떤 타입이 되어야 할까요?

만약 @Nullable 애너테이션이 있다면 널 가능(nullable) 타입으로 가정하고 String?으로 해석할 것입니다. @NotNull 애너테이션이 있다면 이 애너테이션을 믿고 String 타입으로 선언할 것입니다. 그러나 반환 타입에 어떤 애너테이션도 없다면 어떨까요?

```
1   // 자바
2   public class JavaTest {
3
4       public String giveName() {
5           // ...
6       }
7   }
```

애너테이션이 없는 자바 타입을 널 가능 타입으로 생각할 수도 있습니다. 자바에서는 모든 것이 널 가능하기 때문에 이는 안전한 접근법일 수 있습니다. 그러나 종종 어떤 것이 널이 아닌지를 확실하게 알고 있는 경우에 코드 곳곳에 널 아님 단언(non-null assertion)인 !!를 사용하게 됩니다.

진짜 문제는 자바의 제네릭 타입을 가져와야 할 때 발생합니다. 어떤 애너테이션도 붙지 않은 List<User>를 반환하는 자바 API가 있다고 해 봅시다. 코틀린이 기본적으로 널 가능 타입으로 가정했고 이 리스트와 users가 널이 아님을 알고 있다면 전체 리스트에 !!를 붙여 단언해야 할 뿐 아니라 null을 필터링해야 합니다.

```
1   // 자바
2   public class UserRepo {
3
4       public List
5           // ...
6       }
7   }
```

```
1   // 코틀린
2   val users: List = UserRepo().users!!.filterNotNull()
```

만약 함수가 List<List>를 반환한다면 어떨까요? 다음과 같이 더 복잡해질 것입니다.

```
1   val users: List<List<User>> = UserRepo().groupedUsers!!
2       .map { it!!.filterNotNull() }
```

List에는 적어도 map이나 filterNotNull 같은 함수가 있습니다. 다른 제네릭 타입에서는 널 가능성이 더 큰 문제가 될 수 있습니다. 따라서 코틀린에서는 자바의 널 여부가 확인되지 않는 타입을 널 가능 타입으로 처리하는 대신에 특별한 타입으로 처리합니다. 이를 **플랫폼 타입**(platform type)[6]이라고 합니다.

플랫폼 타입은 String! 같이 타입 이름 뒤에 느낌표 하나(!)로 표기합니다. 하지만 플랫폼 타입을 코드에 직접 정의할 수는 없습니다. 즉, 코드에 !를 명시적으로 사용할 수 없다는 뜻입니다. 플랫폼 타입인 값을 코틀린 변수나 프로퍼티에 할당하면 플랫폼 타입으로 추론될 수는 있지만, 이를 명시적으로 지정할 수는 없습니다. 그 대신 널 가능 혹은 널 불가능 타입으로 지정하는 방식으로 해당 값을 처리해야 합니다.

```
1   // 자바
2   public class UserRepo {
3       public User getUser() {
```

6 플랫폼 타입이란 다른 언어에서 왔으며 널 가능성이 확인되지 않은 타입을 말합니다.

```
4        // ...
5    }
6 }
```

```
1   // 코틀린
2   val repo = UserRepo()
3   val user1 = repo.user         // user1의 타입은 User!입니다.
4   val user2: User = repo.user    // user2의 타입은 User입니다.
5   val user3: User? = repo.user   // user3의 타입은 User?입니다.
```

이 덕분에 자바에서 제네릭 타입을 가져오는 것이 문제가 되지 않습니다. 다음 예를 살펴봅시다.

```
1   val users: List<User> = UserRepo().users
2   val users: List<List<User>> = UserRepo().groupedUsers
```

플랫폼 타입을 널 불가능 타입으로 캐스팅하는 것은 타입을 지정하지 않는 것보다 낫지만 여전히 위험합니다. null이 될 수 없다고 가정한 것이 실제로 null일 수 있기 때문입니다. 따라서 안전성을 보장하기 위해 자바로부터 플랫폼 타입을 가져올 때는 항상 매우 주의해야 합니다. 함수가 현재는 null을 반환하고 있지 않지만, 미래에 null을 반환하지 않을 거라는 보장은 없습니다. 해당 함수의 설계자가 애너테이션으로 명시하지 않았거나 주석으로 설명하지 않았다면, 규약을 변경하지 않고도 null을 반환하는 것으로 변경될 수 있습니다.

코틀린과 상호운용해야 하는 자바 코드를 어느 정도 제어할 수 있다면 가능하면 @Nullable과 @NotNull 애너테이션을 적용하세요.

```
1   // 자바
2
3   import org.jetbrains.annotations.NotNull;
4
5   public class UserRepo {
6       public @NotNull User getUser() {
7           // ...
8       }
9   }
```

널 가능성을 애너테이션으로 표기하는 것은 코틀린 개발자를 효과적으로 지원하고 싶을 때 가장 중요한 단계 중 하나입니다(이는 자바 개발자에게도 중요한 정보입니다). 코틀린이 일급 시민(first-class citizen)으로 자리 잡은 후, Android API에서 도입된 가장 중요한 변화 중 하나는 여러 노출된 타입에 애너테이션을 붙인 것입니다. 이것이 Android API를 훨씬 더 코틀린 친화적으로 만들었습니다.

다음과 같은 다양한 종류의 애너테이션이 널 가능성을 표기하기 위해 사용됩니다.

- JetBrains: `org.jetbrains.annotations`의 `@Nullable`과 `@NotNull`
- Android: `androidx.annotation`, `com.android.annotations`, `android.support.annotations`의 `@Nullable`과 `@NonNull` 지원 라이브러리
- JSR-305: `javax.annotation`의 `@Nullable`, `@CheckForNull`, `@Nonnull`
- JavaX: `javax.annotation`의 `@Nullable`, `@CheckForNull`, `@Nonnull`
- FindBugs: `edu.umd.cs.findbugs.annotations`의 `@Nullable`, `@CheckForNull`, `@PossiblyNull`, `@NonNull`
- ReactiveX: `io.reactivex.annotations`의 `@Nullable`과 `@NonNull`
- Eclipse: `org.eclipse.jdt.annotation`의 `@Nullable`과 `@NonNull`
- Lombok: `lombok`의 `@NonNull`

JSR 305의 `@ParametersAreNonnullByDefault` 애너테이션을 사용하여 자바에서도 기본적으로 모든 타입을 널 불가능 타입으로 지정할 수 있습니다.

코틀린 코드에서도 이와 관련해 할 수 있는 것이 있습니다. 안전을 위해 플랫폼 타입을 가능한 한 제거하는 것을 추천합니다. 그 이유를 이해하려면 아래 예제에서 statedType과 platformType 함수가 동작하는 차이를 생각해 보세요.

```
1    // 자바
2    public class JavaClass {
3        public String getValue() {
4            return null;
5        }
6    }
```

```
1   // 코틀린
2   fun statedType() {
3       val value: String = JavaClass().value
4       // ...
5       println(value.length)
6   }
7
8   fun platformType() {
9       val value = JavaClass().value
10      // ...
11      println(value.length)
12  }
```

두 경우 모두 개발자는 getValue에서 null을 반환하지 않을 거라고 가정했지만 실제로는 이 가정이 틀렸습니다. 두 경우 모두에서 NPE가 발생하기 때문입니다. 하지만 오류가 발생한 위치에 차이가 있습니다.

statedType에서는 NPE가 자바에서 값을 가져오는 라인에서 발생합니다. 함수 내부에서 value를 널 불가능 타입으로 잘못 가정했지만, 결과로 null을 리턴받았다는 것을 쉽게 알 수 있습니다. 널 가능성을 추가하고 이에 맞춰 코드의 나머지 부분을 수정하면 됩니다.

platformType에서는 이 값을 널 불가능 값으로 사용할 때 NPE가 발생합니다 (더 복잡한 식의 한가운데서 발생할 수 있습니다). 플랫폼 타입으로 사용된 변수는 널 가능과 널 불가능 타입 모두로 취급될 수 있습니다. 이러한 변수는 한두 번 안전하게 사용했더라도, 그 후 안전하지 않게 사용되어 NPE가 발생할 수 있습니다. 플랫폼 타입인 프로퍼티를 사용할 때 타입 시스템은 우리를 보호해주지 않습니다. NPE가 발생할 수 있는 것은 자바와 비슷한 상황이지만 코틀린에서는 객체를 사용할 때 NPE가 발생할 거라고 예상하지 않습니다. 누군가 변수의 타입을 플랫폼 타입으로 안전하지 않게 사용할 가능성이 매우 높으며, 결국 원인을 찾기 힘든 런타임 예외가 발생할 수 있습니다.

```
1   // 자바
2   public class JavaClass {
3       public String getValue() {
4           return null;
5       }
6   }
```

```kotlin
1   // 코틀린
2   fun statedType() {
3       val value: String = JavaClass().value  // NPE
4       // ...
5       println(value.length)
6   }
7
8   fun platformType() {
9       val value = JavaClass().value
10      // ...
11      println(value.length)  // NPE
12  }
```

훨씬 더 큰 위험은 플랫폼 타입이 다른 코드나 실행 흐름으로 더 확산될 수 있다는 점입니다. 예를 들어 플랫폼 타입을 다음과 같이 인터페이스의 일부로 노출시킬 수 있습니다.

```kotlin
1   interface UserRepo {
2       fun getUserName() = JavaClass().value
3   }
```

이 경우 메서드의 반환 타입은 플랫폼 타입입니다. 반환값의 널 가능성 여부를 스스로 결정할 수 있다는 의미입니다. 정의할 때는 널 가능으로 취급하고 사용할 때는 널 불가능 타입으로 취급할 수도 있습니다.

```kotlin
1   class RepoImpl : UserRepo {
2       override fun getUserName(): String? {
3           return null
4       }
5   }
6
7   fun main() {
8       val repo: UserRepo = RepoImpl()
9       val text: String = repo.getUserName()  // 런타임에 NPE 발생
10      print("User name length is ${text.length}")
11  }
```

플랫폼 타입을 전파하는 것은 재앙의 지름길입니다. 이것들은 문제가 될 수 있으므로 가능한 한 빨리 제거해야 합니다. 이런 경우 인텔리제이 IDEA는 경고를 통해 도움을 줍니다.

```
2   interface UserRepo {
3       fun getUserName() = JavaClass().value
```

Declaration has type inferred from a platform call, which can lead to unchecked nullability issues. Specify type explicitly as nullable or non-nullable. more... (⌘F1)

요약

다른 언어에서 왔으며 널 가능성을 알 수 없는 타입을 플랫폼 타입이라고 합니다. 플랫폼 타입은 위험하므로 전파되지 않도록 가능한 한 빨리 제거해야 합니다. 또한 자바 생성자, 메서드, 필드에 널 가능성을 지정하는 애너테이션을 사용하여 타입을 지정하는 것이 좋습니다. 널 가능성을 표기하는 것은 자바와 코틀린 개발자에게 귀중한 정보입니다.

아이템 4

변수의 스코프를 최소화하라

상태를 정의할 때 다음과 같은 방법으로 변수와 프로퍼티의 스코프를 좁히는 것이 좋습니다.

- 프로퍼티 대신에 지역 변수를 사용합니다.
- 가능한 한 가장 좁은 스코프 안에서 변수를 사용합니다. 예를 들어 반복문 에서만 사용되는 경우 반복문 안에서 변수를 정의합니다.

요소의 스코프는 이 요소를 볼 수 있는(visible) 컴퓨터 프로그램의 영역입니다. 코틀린에서는 기본적으로 중괄호로 스코프를 생성하며, 동일한 스코프와 외부 스코프의 요소에 접근할 수 있습니다. 다음 예를 살펴봅시다.

```
1   val a = 1
2   fun fizz() {
3       val b = 2
4       print(a + b)
5   }
6   val buzz = {
7       val c = 3
8       print(a + c)
9   }
10  // 여기서 a는 사용할 수 있으나, b와 c는 사용이 불가능합니다.
```

위의 예제에서 fizz와 buzz 함수의 스코프 안에서는 외부 스코프의 변수들에 접근할 수 있습니다. 그러나 외부 스코프에서는 이 함수들 안에 정의된 변수들에 접근할 방법이 없습니다. 다음은 변수 스코프를 제한하는 방법을 보여 주는 예제입니다.

```
1   // 나쁜 예
2   var user: User
3   for (i in users.indices) {
```

```
4       user = users[i]
5       print("User at $i is $user")
6   }
7
8   // 좋은 예
9   for (i in users.indices) {
10      val user = users[i]
11      print("User at $i is $user")
12  }
13
14  // 동일한 변수 스코프에 더 나은 구문
15  for ((i, user) in users.withIndex()) {
16      print("User at $i is $user")
17  }
```

첫 번째 예에서 변수 user는 반복문의 스코프뿐만 아니라 외부에서도 접근할 수 있습니다. 두 번째와 세 번째 예에서는 변수 user가 정확히 반복문의 스코프로 제한됩니다.

비슷하게, 중첩된 스코프가 있는 경우가 있지만(대부분 람다 표현식 내부에 생성된 람다 표현식), 가능한 한 좁은 단일 스코프에서 변수를 정의하는 것이 좋습니다.

이러한 방법을 선호하는 데는 많은 이유가 있지만, 가장 중요한 이유는 변수의 스코프를 좁히면 프로그램을 추적하고 관리하기 쉽게 유지할 수 있다는 것입니다. 코드를 분석할 때 해당 시점에 어떠한 요소가 있었는지 생각해야 합니다. 처리해야 할 요소가 많을수록 프로그래밍이 더 어려워지며, 애플리케이션이 단순할수록 문제가 생길 가능성이 줄어듭니다. 이는 우리가 가변 프로퍼티보다 불변 프로퍼티나 객체를 선호하는 이유와 비슷합니다.

범위가 좁은 스코프에서만 가변 프로퍼티를 수정할 수 있을 때 어떻게 변경되었는지 추적하기가 더 쉬워집니다. 이렇게 추적이 쉬워야 코드를 이해하고 변경하기 쉬워집니다.

또 다른 문제는 넓은 스코프의 변수를 다른 개발자가 남용할 가능성이 있다는 것입니다. 예를 들어, 반복문을 순회할 때 변수를 다음 요소를 할당하는 데 사용한다면 반복문이 끝난 후에도 마지막 요소가 해당 변수에 남아 있을 것으로 생각할 수 있습니다. 이런 가정은 끔찍한 남용으로 이어질 수 있는데, 반복문 이후에도 이 변수를 사용해 마지막 요소를 처리하려는 등의 시도가 있을 수 있습니다. 다른 개발자가 해당 값이 어떤 의미를 가지고 있는지 이해하려면 스코프 전체를 파악해야 하므로 굉장히 힘들 것이며, 불필요하게 복잡한 상태가 될 것입니다.

변수가 읽기 전용이든 아니든 상관없이 항상 변수를 선언할 때 변수를 초기화하는 것이 좋습니다. 다른 개발자가 해당 변수의 값이 어디에 정의되어 있는지 확인하게 하지 마세요. 변수 선언 시 if, when, try-catch와 같은 제어 구조나 엘비스 연산자(Elvis operator)를 사용하면 초기화가 가능합니다.

```
1    // 나쁜 예
2    val user: User
3    if (hasValue) {
4        user = getValue()
5    } else {
6        user = User()
7    }
8
9    // 좋은 예
10   val user: User = if (hasValue) {
11       getValue()
12   } else {
13       User()
14   }
```

여러 프로퍼티를 설정해야 하는 경우 구조 분해 선언(destructuring declarations)을 사용하면 도움이 됩니다.

```
1    // 나쁜 예
2    fun updateWeather(degrees: Int) {
3        val description: String
4        val color: Int
5        if (degrees < 5) {
6            description = "cold"
7            color = Color.BLUE
8        } else if (degrees < 23) {
9            description = "mild"
10           color = Color.YELLOW
11       } else {
12           description = "hot"
13           color = Color.RED
```

```
14        }
15        // ...
16 }
17
18 // 좋은 예
19 fun updateWeather(degrees: Int) {
20     val (description, color) = when {
21         degrees < 5 -> "cold" to Color.BLUE
22         degrees < 23 -> "mild" to Color.YELLOW
23         else -> "hot" to Color.RED
24     }
25     // ...
26 }
```

마지막으로 변수의 스코프가 너무 넓으면 위험할 수 있습니다. 일반적으로 어떤 위험이 있는지 알아보겠습니다.

캡처링

필자는 코틀린 코루틴에 대해 가르칠 때 시퀀스 빌더를 사용하여 소수를 구하는 알고리즘인 에라토스테네스의 체(Sieve of Eratosthenes)를 구현하는 문제를 냅니다. 알고리즘은 개념적으로 간단합니다.

1. 2부터 시작하는 숫자 리스트를 만듭니다.
2. 첫 번째 요소를 선택합니다. 이 숫자는 소수입니다.
3. 남은 숫자 중에서 2번에서 선택한 소수로 나눌 수 있는 모든 숫자를 제거합니다.

간단하게 구현해 보면 다음과 같습니다.

```
1 var numbers = (2..100).toList()
2 val primes = mutableListOf<Int>()
3 while (numbers.isNotEmpty()) {
4     val prime = numbers.first()
5     primes.add(prime)
6     numbers = numbers.filter { it % prime != 0 }
7 }
8 print(primes)  // [2, 3, 5, 7, 11, 13, 17, 19, 23, 29, 31,
9 // 37, 41, 43, 47, 53, 59, 61, 67, 71, 73, 79, 83, 89, 97]
```

Effective

해결해야 할 과제는 소수를 무한하게 생성할 수 있는 시퀀스를 구현하는 것입니다. 만약 도전하고 싶다면 여기서 멈추고 구현해 보세요.

구현해 보면 다음과 같습니다.

```
1   val primes: Sequence<Int> = sequence {
2       var numbers = generateSequence(2) { it + 1 }
3
4       while (true) {
5           val prime = numbers.first()
6           yield(prime)
7           numbers = numbers.drop(1)
8               .filter { it % prime != 0 }
9       }
10  }
11
12  print(primes.take(10).toList())
13   // [2, 3, 5, 7, 11, 13, 17, 19, 23, 29]
```

교육을 진행하다 보면 거의 모든 그룹에서 반복문 내부에 매번 변수가 생성되는 것을 피하기 위해 다음과 같이 prime을 가변 변수로 빼서 코드를 '최적화'하려는 사람이 있습니다.

```
1   val primes: Sequence<Int> = sequence {
2       var numbers = generateSequence(2) { it + 1 }
3
4       var prime: Int
5       while (true) {
6           prime = numbers.first()
7           yield(prime)
8           numbers = numbers.drop(1)
9               .filter { it % prime != 0 }
10      }
11  }
```

문제는 이렇게 구현하면 이상한 결과가 나오게 됩니다.

다음은 처음 10개 숫자를 산출한 결과입니다.

```
1   print(primes.take(10).toList())
2   // [2, 3, 5, 6, 7, 8, 9, 10, 11, 12]
```

이 결과가 어떻게 나오게 된 걸까요?

40   1장 안전성

이러한 결과가 나오게 된 이유는 prime 변수를 캡처했기 때문입니다. 시퀀스를 사용하기 때문에 필터링은 지연됩니다. 반복문이 진행될 때마다 점점 더 많은 필터가 추가되며, '최적화된' 버전에서는 항상 가변 프로퍼티인 prime을 참조하는 필터가 추가됩니다. 따라서 우리는 항상 prime의 마지막 값으로 필터링하게 됩니다. 따라서 필터링은 제대로 동작하지 않습니다. drop만 동작하므로 연속된 숫자로 끝나게 됩니다(숫자 4는 prime이 3으로 설정되어 있을 때 drop되기 때문에 나오지 않습니다). 4가 나오지 않는 이유를 코드로 설명하면 다음과 같습니다.

```
1   // prime = 1
2   numbers = generateSequence(2) { it + 1 }
3   prime = numbers..first()  // 2가 반환됩니다.
4
5   // prime = 2
6   numbers = generateSequence(2) { it + 1 }
7       .drop(1)              // 2가 사라집니다
8       .filter { it % 2 != 0} // 필터링되는 게 없습니다.
9   prime = numbers.first()    // 3이 반환됩니다.
10
11  // prime = 3
12  numbers = generateSequence(2) { it + 1 }
13      .drop(1)              // 2가 사라집니다.
14      .filter { it % 3 != 0} // 3이 사라집니다.
15      .drop(1)              // 4가 사라집니다.
16      .filter { it % 3 != 0} // 필터링되는 게 없습니다.
17  prime = numbers.first()    // 5가 반환됩니다.
18
19  // prime = 5
20   numbers = generateSequence(2) { it + 1 }
21      .drop(1)              // 2가 사라집니다
22      .filter { it % 5 != 0} // 5가 사라집니다.
23      .drop(1)              // 3이 사라집니다.
24      .filter { it % 5 != 0} // 필터링되는 게 없습니다.
25      .drop(1)              // 4가 사라집니다
26      .filter { it % 5 != 0} // 필터링되는 게 없습니다.
27  prime = number
```

의도하지 않은 캡처로 인해 문제가 생길 수 있다는 점을 기억하고 있어야 하며, 이를 방지하려면 가변성을 피하고 변수의 스코프를 더 좁혀야 합니다.

요약

여러 가지 이유로 가능한 한 좁은 스코프에 변수를 정의하는 것이 좋습니다. 또한 지역 변수로 var보다 val을 사용하는 것이 나으며, 람다에서 변수를 캡처한다는 사실을 항상 인지하고 있어야 합니다. 이러한 간단한 규칙들만 잘 지켜도 많은 문제를 해결할 수 있습니다.

인수와 상태에 대한 기대치를 명시하라

기대치(expectation)가 있는 경우 가능한 한 빨리 선언하세요. 코틀린에서는 주로 다음과 같은 방법을 사용하여 기대치를 명시합니다.

- require 블록: 인수에 대한 기대치를 명시하는 범용적인 방법
- check 블록: 상태에 대한 기대치를 명시하는 범용적인 방법
- error 함수: 애플리케이션이 예기치 못한 상태에 도달했음을 알리는 범용적인 방법
- return 또는 throw와 함께 사용하는 엘비스 연산자

다음은 이러한 메커니즘을 사용한 예입니다.

```
1   // Stack<T>의 일부
2   fun pop(num: Int = 1): List<T> {
3       require(num <= size) {
4           "Cannot remove more elements than current size"
5       }
6       check(isOpen) { "Cannot pop from closed stack" }
7       val ret = collection.take(num)
8       collection = collection.drop(num)
9       return ret
10  }
```

이런 방식으로 기대치를 명시한다고 해서 문서에 작성하지 않아도 되는 것은 아니지만 이는 매우 유용합니다. 이러한 선언적 검사(declarative checks)에는 여러 이점이 있습니다.

- 문서를 읽지 않은 개발자도 기대치를 알 수 있습니다.
- 기대치가 충족되지 않으면 함수는 예상치 못한 동작으로 이어지는 대신 예

외를 던집니다. 상태가 수정되기 전에 이런 예외를 던지는 것은 중요합니다. 예외를 던지지 않는다면 일부 수정 사항만 적용되는 상황이 발생하기 때문입니다. 수정 사항이 일부만 적용되는 것은 위험할 뿐만 아니라 관리하는 것도 어렵습니다.[7] 단언적 검사(assertive checks) 덕분에 오류를 놓치지 않을 수 있으며 더 안정된 상태가 될 수 있습니다.

- 코드가 어느 정도 자체적으로 검사됩니다. 해당 조건이 코드에서 확인되므로 단위 테스트의 필요성이 줄어듭니다.
- 위에 나열된 모든 검사 방법은 스마트 캐스팅이 적용되므로 캐스팅할 필요성이 줄어듭니다.

이제 여러 종류의 검사와 그 필요성에 대해 알아봅시다. 가장 많이 사용되는 인수 검사부터 살펴보겠습니다.

인수

인수가 있는 함수를 정의할 때 이 인수의 기대치가 종종 타입 시스템으로는 표현할 수 없는 기대치일 때가 있습니다. 몇 가지 예시를 살펴보겠습니다.

- 숫자의 팩토리얼을 계산할 때, 숫자가 양의 정수여야 할 수 있습니다.
- 클러스터를 찾을 때 점들의 리스트가 비어 있지 않아야 할 수 있습니다.
- 이메일을 보낼 때, 이메일 주소가 유효해야 할 수 있습니다.

코틀린에서 이 기대치를 명시하는 가장 일반적이고 직접적인 방법은 require 함수를 사용하는 것입니다. require 함수는 해당 요구사항을 확인하고 충족되지 않는 경우 IllegalArgumentException을 던집니다.

---

7 게임보이의 포켓몬 게임에서 포켓몬을 다른 장치로 옮길 때 적절한 시점에 케이블을 뽑아 버리면 포켓몬을 복사할 수 있던 것이 기억납니다. 그렇게 하면 양쪽 게임보이가 모두에 포켓몬이 있을 수 있었습니다. 많은 게임에서 유사한 해킹이 작동했으며 일반적으로 적절한 순간에 게임보이 전원을 끄는 과정이 포함되었습니다. 이런 모든 문제에 대한 일반적인 해결책은 연결된 트랜잭션을 아토믹하게 만드는 것입니다. 즉, 모든 작업이 다 수행되거나 아무것도 수행되지 않게 만드는 것입니다. 예를 들어 한 계좌에 돈을 추가하고 다른 계좌에서 해당 금액을 차감하는 경우를 생각해 보세요. 아토믹 트랜잭션(atomic transaction)은 대부분의 데이터베이스에서 지원됩니다.

```kotlin
1  fun factorial(n: Int): Long {
2      require(n >= 0)
3      return if (n <= 1) 1 else factorial(n - 1) * n
4  }
5
6  fun findClusters(points: List<Point>): List<Cluster> {
7      require(points.isNotEmpty())
8      // ...
9  }
10
11 fun sendEmail(user: User, message: String) {
12     requireNotNull(user.email)
13     require(isValidEmail(user.email))
14     // ...
15 }
```

이러한 요구사항은 함수의 도입부에 선언되기 때문에 매우 잘 보입니다. 따라서 함수를 읽는 사용자가 요구사항을 명확하게 알 수 있습니다(하지만 모든 사람이 함수 본문을 읽는 것이 아니므로 이 요구사항은 문서에도 명시되어야 합니다).

요구사항이 충족되지 않으면 require 함수가 예외를 던지기 때문에 이 요구사항은 무시될 수 없습니다. 이러한 블록을 함수의 도입부에 배치하면, 인수가 잘못된 경우 함수가 즉각 중지되어 사용자는 함수가 잘못 사용되었다는 사실을 쉽게 알 수 있습니다. 예외를 던지지 않으면 실패가 발생할 때까지 잠재적인 위험 요소는 계속 전파되게 되므로, 예외를 던지는 것이 명확합니다. 즉, 함수의 도입부에서 인수에 대한 기대치를 적절히 지정하면 지정한 기대치가 충족될 거라고 가정할 수 있습니다.

또한 require 함수 호출 후 람다식에서 해당 예외에 대한 지연 메시지(lazy message)를 지정할 수 있습니다.

```kotlin
1  fun factorial(n: Int): Long {
2      require(n >= 0) {
3          "Cannot calculate factorial of $n " +
4          "because it is smaller than 0"
5      }
6      return if (n <= 1) 1 else factorial(n - 1) * n
7  }
```

데이터 클래스의 init 블록에서 require 함수를 종종 볼 수 있습니다. init 블록에서의 require 함수는 요구사항을 충족하지 못할 경우 인스턴스가 생성될 수 없도록 함으로써 생성자 인수가 올바른지 확인하는 데 사용됩니다.

```
1   data class User(
2       val name: String,
3       val email: String
4   ) {
5       init {
6           require(name.isNotEmpty())
7           require(isValidEmail(email))
8       }
9   }
```

require 함수는 인수에 대한 기대치를 명시할 때 사용할 수 있습니다. 이와 비슷하게, 현재 상태에 대한 기대치를 명시해야 할 때가 있습니다. 이 경우 check 함수를 사용할 수 있습니다. check 함수는 기대치가 충족되지 않을 때 Illegal StateException을 던집니다.

상태

함수가 특정 상황에서만 사용되게 해야 할 경우가 종종 있습니다. 몇 가지 일반적인 예를 들어 보겠습니다.

- 객체가 먼저 초기화되어 있어야만 사용할 수 있는 함수
- 사용자가 로그인한 경우에만 사용할 수 있는 함수
- 객체가 열려 있어야만 사용할 수 있는 함수

상태에 대한 이러한 기대치가 충족되었는지 확인하는 표준 방법은 check 함수를 사용하는 것입니다.

```
1   fun speak(text: String) {
2       check(isInitialized)
3       // ...
4   }
5
```

```
6  fun getUserInfo(): UserInfo {
7      checkNotNull(token)
8      // ...
9  }
10
11 fun next(): T {
12     check(isOpen)
13     // ...
14 }
```

check 함수는 require 함수와 비슷하게 동작하지만 명시된 기대치가 충족되지 않았을 때 IllegalStateException을 던집니다. check 함수는 상태가 올바른지를 확인합니다. 예외 메시지는 require 함수와 마찬가지로 지연 메시지(lazy message)를 사용하여 사용자화할 수 있습니다. 기대치가 함수 전체에 대한 것인 경우에는 함수의 시작 부분에, 일반적으로는 require 블록 다음에 배치합니다. 그러나 상태에 대한 요구사항이 지역적으로 한정된다면 check 함수를 도입부가 아닌 곳에서도 사용할 수 있습니다.

사용자가 규약을 어기고 호출하면 안 되는 상황에서 함수를 호출할 거라 의심될 경우 check 함수를 사용합니다. 사용자가 그렇게 하지 않을 거라고 믿는 것보다는 해당 사항을 확인하고 적절한 예외를 던지는 것이 좋습니다. 구현한 코드가 상태를 적절하게 처리하는지 확인하기 위한 목적으로 이러한 검사를 사용할 수도 있습니다. 하지만 스스로 구현한 코드를 검사하는 경우에는 일반적으로 assert라는 함수를 사용합니다.

널 가능성과 스마트 캐스팅

코틀린에서는 require와 check 함수가 반환되면 해당 함수에서 확인된 것은 이후에도 true라고 가정합니다.

```
1  public inline fun require(value: Boolean): Unit {
2      contract {
3          returns() implies value
4      }
5      require(value) { "Failed requirement." }
6  }
```

이 블록에서 검사된 모든 것은 나중에 동일한 함수 내에서 true로 간주합니다. 무언가가 true로 확인되면 컴파일러에서 그것을 확실한 것으로 취급하므로 스마트 캐스팅이 잘 작동합니다. 아래 예에서는 사람(person)의 의상(person. outfit)이 드레스(Dress)여야 한다는 것을 확인합니다. require 블록에서 확인한 후에는 그 의상(outfit) 프로퍼티가 final인 경우 Dress로 스마트 캐스팅됩니다.

```
1   fun changeDress(person: Person) {
2       require(person.outfit is Dress)
3       val dress: Dress = person.outfit
4       // ...
5   }
```

이 특성은 어떤 대상이 null인지 확인할 때 특히 유용합니다.

```
1   class Person(val email: String?)
2
3   fun sendEmail(person: Person, message: String) {
4       require(person.email != null)
5       val email: String = person.email
6       // ...
7   }
```

이런 경우를 위한 requireNotNull과 checkNotNull이라는 특수한 함수도 있습니다. 두 함수 모두 변수를 스마트 캐스팅할 수 있으며, 변수를 언팩(unpack)하는 표현식으로 사용할 수도 있습니다.

```
1   class Person(val email: String?)
2
3   fun validateEmail(email: String) { /*...*/ }
4
5   fun sendEmail(person: Person, text: String) {
6       val email = requireNotNull(person.email)
7       validateEmail(email)
8       // ...
9   }
10
11  fun sendEmail(person: Person, text: String) {
12      requireNotNull(person.email)
```

```
13      validateEmail(person.email)
14      // ...
15  }
```

널 아님 단언 !!의 문제들

requireNotNull과 checkNotNull 대신 널 아님 단언(non-null assertion)인 !! 연산자를 사용할 수도 있습니다. !! 연산자를 사용하면 자바에서 널로 인한 문제가 그대로 발생하게 됩니다. null이 아니라고 생각하고 사용했지만 실제로 null인 경우 NPE가 발생합니다. 널 아님 단언인 !!는 안이한 옵션입니다. 널 아님 단언 처리된 변수에 null이 할당되면 그저 NullPointerException 예외를 던질 뿐입니다. 짧고 간단해서 남용되거나 오용되기도 쉽습니다. 널 아님 단언 !!은 타입은 널 가능이지만 null이 오지 않을 것 같은 곳에서 자주 사용됩니다. 문제는 현재는 null이 오지 않을 거라 예상되더라도 대부분의 경우 나중에 null이 올 수 있다는 점입니다. !! 연산자는 널 가능성을 조용히 숨길 뿐입니다.

아주 간단한 예로 4개의 인수 중 가장 큰 값을 찾는 함수를 들 수 있습니다.[8] 리스트에 4개의 인수를 넣고 maxOrNull 함수를 사용해 가장 큰 값을 찾는 상황을 떠올려 봅시다. 만약 컬렉션이 비어 있다면 maxOrNull에서 null을 반환하기 때문에 함수의 반환값 또한 null이 될 수 있습니다. 빈 리스트가 될 수 없다는 것을 알 때만 널 아님 단언 !!를 사용할 것입니다.

```
1   fun largestOf(a: Int, b: Int, c: Int, d: Int): Int =
2       listOf(a, b, c, d).maxOrNull()!!
```

이 책의 리뷰어인 마튼 브라운(Márton Braun)이 언급했듯이, 이런 간단한 함수에서도 널 아님 단언 !!은 NPE를 유발할 수 있습니다. 누군가 이 함수를 인수의 개수와 관계없이 사용할 수 있도록 리팩터링해야 할 때 maxOrNull을 사용하려면 컬렉션이 비어 있으면 안 된다는 것을 잊을 수 있습니다.

---

8   코틀린 표준 라이브러리에서 이 함수는 maxOf이지만 maxOf는 인수의 개수에 관계 없이 사용할 수 있습니다.

```
1  fun largestOf(vararg nums: Int): Int =
2      nums.maxOrNull()!!
3
4  largestOf()  // NPE
```

위 예제에서 볼 수 있듯이, 널 가능성을 무시하면 널 가능성이 중요할 수 있는 상황에서 문제가 발생할 가능성이 큽니다. 변수에 대해서도 비슷한 상황이 발생합니다. 값을 나중에 설정해야 하지만, 처음 사용되기 전에는 반드시 설정되어야 하는 변수가 있다고 해 봅시다. 이 변수를 null로 설정하고 널 아님 단언 !!을 사용하는 것은 좋은 방법이 아닙니다. 이 프로퍼티를 매번 언팩해 사용해야 하는 것은 번거롭고, 이 프로퍼티가 나중에 의미 있는 null 값을 가질 수 있는 가능성을 차단해 버리는 것이기 때문입니다.

```
1  class UserControllerTest {
2      private var dao: UserDao? = null
3      private var controller: UserController? = null
4
5      @BeforeEach
6      fun init() {
7          dao = mockk()
8          controller = UserController(dao!!)
9      }
10
11     @Test
12     fun test() {
13         controller!!.doSomething()
14     }
15 }
```

이 코드가 나중에 어떻게 변경될지는 아무도 알 수 없습니다. 그래서 만약 널 아님 단언 !!을 사용하거나 명시적으로 오류를 던지는 방식으로 사용한다면 언젠가는 오류가 발생할 수 있다는 것을 염두에 두어야 합니다. 예외는 무언가 예상치 못한 잘못된 것을 나타내기 위한 것입니다('아이템 7: 결과가 없을 가능성이 있는 경우 널 가능 또는 Result 반환 타입을 선호하라'). 그러나 명시적인 오류는 일반적인 NPE보다 훨씬 더 많은 정보를 제공해 줄 수 있으므로 대부분의 경우 NPE보다 (널 아님 단언 !!을 사용하는 것보다) 구체적인 오류를 던지는 것이 더 좋습니다.

널 아님 단언 !!를 사용하기 적합한 경우는 극히 드물며, 널 가능성을 올바르게 표기하지 않은 라이브러리를 사용하는 경우 외에는 거의 없습니다. 코틀린에 적합하게 설계된 API를 활용할 때는 널 아님 단언을 사용해서는 안 됩니다.

일반적으로 널 아님 단언 !! 사용을 피해야 합니다. 이 규약은 코틀린 커뮤니티에서도 널리 사용되며, 실제로 많은 팀에서 !!를 사용하지 못하게 하는 정책을 시행하고 있습니다. 어떤 경우에는 정적 분석 도구인 디텍트(Detekt)를 사용해 !!가 사용될 때마다 오류를 던지도록 설정하기도 합니다. 필자의 경우 이러한 접근법은 너무 극단적이라고 생각하지만 !!를 사용하는 것이 코드 스멜(code smell)이라는 것에는 동의합니다. !! 연산자가 코드에 나타나는 것은 우연은 아니라고 생각합니다. 이것은 마치 "조심하세요!" 또는 "여기에 문제가 있습니다!"라고 외치는 것과 같습니다.

!!를 사용하지 않기 위해서는 무의미한 널 가능성을 피해야 합니다. 위에서 제시한 것과 같은 경우에는 lateinit 또는 Delegates.notNull을 사용해야 합니다. lateinit은 프로퍼티가 첫 사용 전에 반드시 초기화될 것을 보장할 수 있을 때 사용하는 것이 좋습니다. 주로 클래스에 라이프사이클이 있고, 처음 호출되는 메서드(아래 예에서는 init 메서드)에서 프로퍼티를 설정하는 경우입니다. 예를 들어, 안드로이드 Activity의 onCreate에서 객체를 설정하는 경우나 iOS UIViewController의 viewDidAppear, 리액트 React.Component의 componentDidMount 등이 있습니다.

```
1  class UserControllerTest {
2      private lateinit var dao: UserDao
3      private lateinit var controller: UserController
4
5      @BeforeEach
6      fun init() {
7          dao = mockk()
8          controller = UserController(dao!!)
9      }
10
11     @Test
12     fun test() {
13         controller.doSomething()
14     }
15 }
```

lateinit 프로퍼티를 참조해 isInitialized 프로퍼티를 사용하면 해당하는 lateinit 프로퍼티가 초기화되었는지 항상 확인할 수 있습니다. 앞의 예에서는 ::dao.isInitialized를 사용하면 dao가 초기화되었는지 확인할 수 있습니다.

엘비스 연산자 사용하기

널 가능성을 위해 오른쪽에 throw 또는 return을 두고 엘비스 연산자를 사용하는 방식도 자주 쓰입니다. 엘비스 연산자를 사용하면 가독성이 높아지며, 우리가 원하는 동작을 더 유연하게 구현할 수 있게 됩니다. 우선 오류를 던지는 대신에 엘비스 연산자와 return을 사용해서 함수 실행을 중지하는 경우를 들 수 있습니다.

```
1   fun sendEmail(person: Person, text: String) {
2       val email: String = person.email ?: return
3       // ...
4   }
```

프로퍼티가 null일 때 둘 이상의 동작을 수행해야 하는 경우 return 또는 throw를 run 함수로 래핑하여 이러한 동작을 추가할 수 있습니다. 이는 함수가 중지된 이유를 로그로 남길 때 유용할 수 있습니다.

```
1   fun sendEmail(person: Person, text: String) {
2       val email: String = person.email ?: run {
3           log("Email not sent, no email address")
4           return
5       }
6       // ...
7   }
```

변수의 널 가능성에 대한 처리를 지정할 때 return 또는 throw와 함께 엘비스 연산자를 쓰는 방법은 널리 쓰이는 관용적인 방법이므로 주저하지 말고 사용해야 합니다. 다시 말하지만, 가능하면 이러한 코드는 함수의 시작 부분에 두어 잘 보이게 만들고 명확하게 하세요.

error 함수

코틀린 표준 라이브러리에는 IllegalStateException을 던질 때 사용하는 error 함수가 있습니다. 이 함수는 기대하지 않았던 데이터 타입이 인수로 들어오는 것처럼 절대로 발생하지 않을 거라고 예상했던 상황을 처리하는 데 자주 사용됩니다.

```
1   // 코틀린 표준 라이브러리의 error 구현
2   public inline fun error(message: Any): Nothing =
3       throw IllegalStateException(message.toString())
4
5   // 사용 예
6   fun handleMessage(message: Message) = when(message) {
7       is TextMessage -> showTest(message.text)
8       is ImageMessage -> showImage(message.image)
9       else -> error("Unknown message type")
10  }
```

요약

기대치를 명시하면 다음과 같은 이점이 있습니다.

- 좀 더 눈에 잘 들어오게 만들어 줍니다.
- 애플리케이션의 안정성을 보호합니다.
- 코드의 정확성을 보호합니다.
- 변수들을 스마트 캐스팅해 줍니다.

이를 위해 사용하는 주요 메커니즘은 다음과 같습니다.

- require 블록: 인수에 대한 기대치를 명시하는 범용적인 방법
- check 블록: 상태에 대한 기대치를 명시하는 범용적인 방법
- error 함수: 애플리케이션이 예상치 못한 상태에 도달했음을 알리는 범용적인 방법
- return 또는 throw와 함께 사용하는 엘비스 연산자

널 아님 단언 연산자인 !!를 피하는 것이 좋습니다. 하지만 해당 변수가 null이 아니라고 확신하지만 컴파일러가 널이 아님을 유추할 수 없는 경우에는 유용할 수도 있습니다. lateinit 프로퍼티 초기화는 !! 연산자를 피하는 데 도움이 되는 기능 중 하나입니다.

사용자 정의 오류보다 표준 오류를 선호하라

예외는 예상치 못한 상황을 나타내기 위해 사용합니다. 예를 들어 JSON 형식을 파싱하기 위한 라이브러리를 구현할 때[9] 제공된 JSON 파일의 형식이 올바르지 않다면 JsonParsingException을 던지는 것이 좋습니다.

```
1   inline fun <reified T> String.readObject(): T {
2       // ...
3       if (incorrectSign) {
4           throw JsonParsingException()
5       }
6       // ...
7       return result
8   }
```

위의 예에서는 표준 라이브러리에 이 상황을 나타내는 적절한 오류가 없기 때문에 사용자 정의 오류를 사용했습니다. 가능하면 사용자 정의 오류를 정의하는 대신 표준 라이브러리 예외를 사용해야 합니다. 표준 라이브러리 예외는 잘 알려져 있으므로 이를 재사용하는 것이 좋습니다. 잘 알려져 있으며 명세가 정립된 요소를 재사용하면 API를 쉽게 이해하고 배울 수 있습니다. 사용할 수 있는 가장 일반적인 예외 목록은 다음과 같습니다.

- IllegalArgumentException: 메서드에 전달될 인수가 잘못되었음을 나타냅니다. 이전 아이템에서 설명한 대로 일반적으로 require 또는 requireNotNull을 사용하여 이 예외를 던집니다.

- IllegalStateException: 프로그램의 상태가 잘못되었음을 나타냅니다. 예를 들어, 아직 초기화되지 않은 변수를 사용하려고 할 때 오류를 던지면 됩

---

9 타당한 이유가 없으면 직접 구현하는 것보다 이미 잘 테스트되고 문서화되고 최적화된 훌륭한 라이브러리가 있으므로 해당 라이브러리를 사용하는 것이 좋습니다.

니다. 이전 아이템에서 설명한 것처럼 check, checkNotNull 또는 error를 사용하여 이 오류를 던집니다.

- UnsupportedOperationException: 선언된 메서드가 객체에서 지원하지 않음을 나타냅니다. 그러한 상황은 피해야 하며 메서드가 지원되지 않으면 클래스에 있어서는 안 됩니다.[10] 일반적으로 코틀린 표준 라이브러리의 TODO 함수를 사용하여 이 예외를 던집니다. 이 함수는 기본적으로 인텔리제이에서 자동 생성 코드에 추가됩니다.

- IndexOutOfBoundsException: 인덱스 매개변수 값이 범위를 벗어났음을 나타냅니다. 특히 컬렉션과 배열에서 주로 사용됩니다. 예를 들어 ArrayList.get(Int)를 사용할 때 매개변수 값이 리스트의 범위를 벗어나는 경우 이 예외를 던집니다.

- ConcurrentModificationException: 동시 수정이 금지된 상황에서 동시 수정이 감지되었음을 나타냅니다.

- NoSuchElementException: 요청된 요소가 존재하지 않음을 나타냅니다. 예를 들어, Iterator를 구현한 객체의 next를 호출했을 때 더 이상 요소가 없다면 이 예외를 던집니다.

---

10 이러한 경우 위반되는 규칙 중 하나는 인터페이스 분리 원칙(Interface Segregation Principle)입니다. 인터페이스 분리 원칙은 클라이언트가 자신이 사용하지 않는 메서드에 의존하면 안 된다는 원칙입니다.

아이템 7

결과가 없을 가능성이 있는 경우 널 가능 또는 Result 반환 타입을 선호하라

때때로 함수가 원하는 결과를 생성하지 못할 때가 있습니다. 몇 가지 일반적인 예는 다음과 같습니다.

- 서버로부터 데이터를 가져오려고 했지만, 인터넷 연결에 문제가 있는 경우
- 특정 조건에 맞는 첫 번째 요소를 가져오려고 시도했지만, 대상 리스트에 조건에 맞는 요소가 없는 경우
- 텍스트로부터 객체를 파싱하려고 할 때 텍스트의 형식이 잘못된 경우

이러한 상황을 처리하는 두 가지 주요 메커니즘이 있습니다.

- null 또는 Result.failure를 반환해서 실패를 나타냅니다.
- 예외를 던집니다.

이 둘 사이에는 중요한 차이가 있습니다. 정보를 전달하는 표준 방식으로 예외를 사용해서는 안 됩니다. 예외는 비정상적이고 특수한 상황을 의미하며, 이러한 상황을 처리하기 위해 사용해야 합니다. 예외는 비정상적인 상황에서만 사용해야 합니다 (조슈아 블로크(Joshua Bloch)의 《이펙티브 자바》(인사이트, 2018)). 주된 이유는 다음과 같습니다.

- 예외가 전파되는 과정은 직관적이지 않으므로 코드에서 놓치기 쉽습니다.
- 코틀린에서 모든 예외는 비검사 예외(unchecked exception)입니다. 사용자들에게 예외를 처리하도록 강요하거나 권장하지 않습니다. 예외들은 제대로 문서화되어 있지 않은 경우가 많아, API를 사용할 때 어떤 예외가 발생할지 알기 어렵습니다.

- 예외는 비정상적인 상황을 위해 설계되었기 때문에 JVM에서 예외는 명시적인 검사(explicit test)와 달리 빠르게 처리되지 않습니다.
- try-catch 블록 내부에 구현한 코드는 컴파일러가 최적화하기 어렵습니다.

 일부 인기 있는 패턴에서 예외가 사용된다는 점은 언급할 가치가 있습니다. 백엔드에서 요청(request) 처리를 종료하고 요청자(requester)에게 특정 응답 코드와 메시지로 응답하는 데 예외가 사용됩니다. 이와 유사하게 안드로이드에서 예외는 때때로 프로세스를 종료하고 사용자에게 구체적인 대화 상자나 토스트를 보여 주기 위해 사용됩니다. 이런 경우라면 예외에 대한 필자의 주장 중 상당 부분이 적용되지 않으며, 예외를 사용하는 것이 합리적일 수 있습니다.

반면 null과 Result.failure는 둘 다 예상되는 오류를 표현하는 데 적합합니다. 명시적이고, 효율적이며, 자연스러운 방식으로 오류를 처리합니다. 따라서 오류가 예상되는 경우에는 null 또는 Result.failure를 반환하고 오류가 예상되지 않는 상황에서는 예외를 던져야 합니다. 다음은 이에 대한 몇 가지 예시입니다.

```
1  inline fun <reified T> String.readObjectOrNull(): T? {
2      // ...
3      if (incorrectSign) {
4          return null
5      }
6      // ...
7      return result
8  }
9
10 inline fun <reified T> String.readObject(): Result<T> {
11     // ...
12     if (incorrectSign) {
13         return Result.failure(JsonParsingException())
14     }
15     // ...
16     return Result.success(result)
17 }
18
19 class JsonParsingException : Exception()
```

반환 타입으로 Result 사용

성공 또는 실패가 될 수 있는 결과를 반환할 때는 코틀린 표준 라이브러리의 Result 클래스를 사용합니다. 실패에는 오류에 대한 정보를 가지고 있는 예외가 포함됩니다. 실패 시 추가 정보를 전달해야 하는 함수에서는 널 가능(nullable) 타입 대신 Result를 사용합니다. 예를 들어 인터넷으로부터 정보를 가져오는 함수를 구현할 때 null보다는 Result를 선호해야 합니다. 오류 코드나 오류 메시지 같이 오류에 대한 정보를 전달할 수 있기 때문입니다.

Result를 반환하기로 결정했다면 이 함수의 사용자는 Result 클래스의 메서드를 사용해서 이를 처리할 수 있습니다.

```
1   userText.readObject<Person>()
2       .onSuccess { showPersonAge(it) }
3       .onFailure { showError(it) }
```

null이나 Result를 사용해 오류를 처리하는 것이 try-catch 블록을 사용하는 것보다 더 간단하며, 더 안전합니다. 예외는 놓치기 쉬울 뿐만 아니라 애플리케이션 전체를 중지시키는 위험도 있지만, null이나 Result 객체는 명시적으로 처리해야 하며 애플리케이션의 흐름을 중단시키지 않습니다.

널 가능 타입의 결과와 Result 객체의 차이는 실패했을 때 추가적인 정보를 전달해야 한다면 Result 객체를, 그럴 필요가 없다면 null을 사용하는 것이 좋다는 점입니다.

Result 클래스에는 다음과 같이 결과를 처리하는 데 사용할 수 있는 다양한 메서드가 있습니다.

- isSuccess와 isFailure 프로퍼티: 결과가 성공인지 실패인지 확인할 때 사용하는 프로퍼티(isSuccess == !isFailure는 항상 참입니다.)
- onSuccess와 onFailure 메서드: 결과가 각각 성공 또는 실패인 경우 해당 람다식을 호출하는 메서드
- getOrNull 메서드: 결과가 성공일 때 값을 반환하고, 실패했을 때 null을 반환하는 메서드

- getOrThrow 메서드: 결과가 성공일 때 값을 반환하고, 실패했을 때 해당 실패에 대한 예외를 던지는 메서드
- getOrDefault 메서드: 결과가 성공일 때 값을 반환하고, 실패했을 때 함수 인수로 제공된 기본값을 반환하는 메서드
- getOrElse 메서드: 결과가 성공일 때 값을 반환하고, 실패했을 때 인수로 제공된 함수를 호출하고 그 결과를 반환하는 메서드
- exceptionOrNull 메서드: 결과가 실패면 예외를 반환하고, 그렇지 않으면 null을 반환하는 메서드
- map 메서드: 성공 값을 변환하는 메서드
- recover 메서드: 예외 객체 값을 성공 값으로 변환하는 메서드
- fold 메서드: 단일 메서드 내에서 성공 실패 모두를 핸들링하는 메서드

예외를 던지는 함수를 Result를 반환하는 함수로 변환하려면 runCatching을 사용합니다.

```
1   fun getA(): Result<T> = runCatching { getAThrowing() }
```

반환 타입으로 null 사용

코틀린에서 null은 값이 없음(lack of value)을 나타내는 표시입니다. 함수가 null을 반환한다는 것은 값을 반환할 수 없다는 것을 의미합니다. 예를 들면 다음과 같습니다.

- List<T>.getOrNull(Int)는 주어진 인덱스에 값이 없을 때 null을 반환합니다.
- String.toIntOrNull()은 String을 Int로 올바르게 파싱하지 못할 때 null을 반환합니다.
- Iterable<T>.firstOrNull(() -> Boolean)은 인수로 전달된 조건식(predicate)에 맞는 요소가 없을 때 null을 반환합니다.

보시다시피 null은 함수가 기대한 값을 반환할 수 없음을 나타내는 데 사용

됩니다. 함수에서 실패가 발생했을 때 추가 정보를 전달할 필요가 없다면, Result 대신 널 가능 타입을 사용하면 됩니다. String.toIntOrNull() 함수에서 null은 '해당 String이 Int로 파싱될 수 없다'는 뜻입니다. Iterable<T>.firstOrNull((() -> Boolean) 함수에서 null이란 주어진 조건식에 해당하는 요소가 없다는 뜻입니다. 이처럼 null을 반환하는 모든 함수에서 null의 의미는 명확해야 합니다.

널 가능 값은 사용하기 전에 언래핑(unwrapped)해야 합니다. 이를 처리하기 위해 코틀린에서는 안전한 호출 연산자 ?., 엘비스 연산자 ?: 그리고 스마트 캐스팅 등과 같은 많은 유용한 기능들을 제공합니다.

```
1   val age = userText.readObjectOrNull<Person>()?.age ?: -1
2
3   val printer: Printer? = getFirstAvailablePrinter()
4   printer?.print()                        // 안전한 호출
5   if (printer != null) printer.print()  // 스마트 캐스팅
```

null은 적이 아닌 친구입니다

많은 코틀린 개발자가 자바 개발자 출신이며, 그들은 null을 적으로 취급한다고 알려져 있습니다. 예를 들어 《이펙티브 자바》에서 조슈아 블로크는 '아이템 54: null이 아닌, 빈 컬렉션이나 배열을 반환하라'라고 소개합니다. 이 제안은 코틀린에서는 무의미할 것입니다. 빈 컬렉션은 null과는 완전히 다른 의미입니다. getUsers 함수를 호출한다고 해 봅시다. 이 함수가 null을 반환하면 값을 생성할 수 없으며, 결괏값 또한 없습니다. 이와는 반대로 빈 컬렉션을 반환한다면 이것은 사용자가 없다는 것을 의미합니다. null과 빈 컬렉션은 전혀 다른 결과이며, 의미를 혼동해서는 안 됩니다. 코틀린의 타입 시스템은 널 가능 여부를 타입에 포함하여 null을 의도적으로 처리하도록 강제합니다. null을 피하지 말고, null을 사용하여 함수의 의도를 나타내야 합니다. 코틀린에서 null을 사용하지 않는 것이 좋다는 규약은 유효하지 않습니다. 이는 코틀린에는 적용되지 않습니다. 코틀린에서 null은 적이 아니라 친구입니다.[11]

---

11 로만 엘리자로브(Roman Elizarov)의 'null은 실수가 아니라 당신의 친구입니다(Null is your friend, not a mistake)'(*https://kt.academy/l/re-null*)를 보세요.

방어적 프로그래밍과 공격적 프로그래밍

'아이템 5: 인수와 상태에 대한 기대치를 명시하라'에서 잘못된 인수나 잘못된 상태를 알리기 위해 예외를 던져야 한다고 설명했습니다. 하지만 여기서는 일반적으로 예외를 던지는 것을 피하고 대신에 Result 또는 널 가능 타입을 반환하는 것을 선호해야 한다고 했습니다. 이 두 주장은 상충되는 것처럼 보이지만 그렇지 않습니다. 이 둘은 서로 다른 종류의 상황을 나타냅니다.

예외는 프로그램의 정상적인 실행 흐름의 일부가 되어서는 안 됩니다. 따라서 데이터베이스나 네트워크로부터 데이터를 가져올 때처럼 성공 또는 실패할 수 있는 작업을 수행할 때는 Result 또는 널 가능 타입을 사용해야 합니다. 이렇게 하면 개발자가 실패 케이스를 명시적으로 처리하도록 강제할 수 있습니다. 성공 또는 실패할 수 있는 작업을 수행할 때 실패를 처리하는 것 또한 프로그램의 정상적인 실행 흐름이므로, 실패를 안전하게 처리하여 프로그램의 안전성을 높여야 합니다. 이것이 바로 **방어적 프로그래밍**(defensive programming) 개념을 구현한 것입니다.

반면에 개발자가 잘못된 인수를 사용하여 메서드를 호출하거나 잘못된 상태에 있는 객체의 메서드를 호출하는 등의 실수를 할 때 이런 상황을 묵인하는 것은 위험할 수 있는데, 이로 인해 전혀 예상하지 못한 문제가 발생할 수 있기 때문입니다. 이런 상황을 아주 큰 소리로 알려서 프로그램을 수정할 수 있도록 해야 합니다. 이런 접근법은 **공격적 프로그래밍**(offensive programming)입니다.

방어적 프로그래밍과 공격적 프로그래밍은 서로 모순되는 것이 아니라 음양 관계와 같습니다. 프로그램의 안전을 위해 서로 필요한 다른 기술입니다. 따라서 우리는 둘 다를 이해해야 하고 적절하게 사용할 수 있어야 합니다.

요약

- 함수가 실패할 수 있을 때는 예외를 던지는 대신 Result 또는 널 가능 타입을 반환해야 합니다.
- 실패 시 추가적인 정보를 전달해야 하는 경우 Result를 사용해야 합니다.
- null의 의미가 명확할 때는 널 가능 타입을 사용해야 합니다.

- null을 사용하는 것을 두려워하지 말아야 합니다. null을 받아들이고 여러분의 의도를 표현하는 데 사용해야 합니다.
- 프로그램의 정상적인 실행 흐름을 제어하기 위해서는 방어적 프로그래밍을 사용하고, 예상치 못한 상황을 처리하기 위해서는 공격적 프로그래밍을 사용해야 합니다.

아이템 8

use를 사용하여 리소스를 닫아라

자동으로 닫히지 않는 리소스가 더 이상 필요하지 않다면 명시적으로 close 메서드를 호출해야 합니다. 코틀린/JVM에서 사용하는 자바 표준 라이브러리에는 다음과 같은 리소스가 포함되어 있습니다.

- InputStream과 OutputStream
- java.sql.Connection
- java.io.Reader(FileReader, BufferedReader, CSSParser)
- java.new.Socket과 java.util.Scanner

이러한 모든 리소스는 AutoCloseable을 확장하는 Closeable 인터페이스를 구현합니다.

문제는 이러한 리소스들은 비용이 많이 들고 자동으로 닫히기 어려우므로 사용하고 난 후에는 반드시 close 메서드를 호출해야 합니다(리소스에 대한 참조가 최종적으로 없어지게 되면 가비지 컬렉터가 처리하게 되지만 처리하는데 시간이 걸립니다). 리소스를 닫기 위해 전통적으로 try-finally 블록으로 래핑하고 close를 호출합니다.

```
1  fun countCharactersInFile(path: String): Int {
2      val reader = BufferedReader(FileReader(path))
3      try {
4          return reader.lineSequence().sumBy { it.length }
5      } finally {
6          reader.close()
7      }
8  }
```

위와 같은 코드는 복잡할 뿐만 아니라 제대로 동작하지도 않습니다. close에서

잡히지 않는 오류가 발생할 수 있기 때문입니다. 또한 try 블록과 finally 블록 모두에서 오류가 발생하면 하나만 올바르게 전파됩니다. 우리가 예상하는 동작은 새 오류에 대한 정보가 이전 오류에 추가되는 것입니다. 이를 적절하게 구현하려면 꽤 길고 복잡한 코드를 작성해야 하지만, 흔히 사용되는 방법이기 때문에 표준 라이브러리에서 use 함수를 제공합니다. 리소스를 올바르게 닫고 예외를 처리하려면 use 메서드를 사용해야 합니다. 이 함수는 모든 Closeable 객체에 사용할 수 있습니다.

```
1  fun countCharactersInFile(path: String): Int {
2      val reader = BufferedReader(FileReader(path))
3      reader.use {
4          return reader.lineSequence().sumBy { it.length }
5      }
6  }
```

리시버(이 예시에서는 reader)도 람다식의 인수로 전달되므로 구문을 단축할 수 있습니다.

```
1  fun countCharactersInFile(path: String): Int {
2      BufferedReader(FileReader(path)).use { reader ->
3          return reader.lineSequence().sumBy { it.length }
4      }
5  }
```

use 함수는 파일을 다루는 데 자주 사용되지만 파일을 한 줄씩 읽는 것이 일반적이므로, 코틀린 표준 라이브러리는 파일을 줄 단위 시퀀스로 읽고 처리가 끝난 뒤 닫는 useLines 함수도 제공합니다.

```
1  fun countCharactersInFile(path: String): Int {
2      File(path).useLines { lines ->
3          return lines.sumBy { it.length }
4      }
5  }
```

시퀀스를 사용하여 필요에 따라 한 줄씩 읽기 때문에 한 줄 분량의 메모리만 차지하므로 대규모의 파일을 처리할 때 적합합니다. 시퀀스의 단점은 파일을 한 번씩밖에 못 읽는다는 점입니다. 파일을 두 번 이상 반복해서 읽어야 한다

면 해당 파일을 두 번 이상 열어야 합니다. useLines 함수는 표현식으로도 사용
할 수 있습니다.

```
1   fun countCharactersInFile(path: String): Int =
2       File(path).useLines { lines ->
3           lines.sumBy { it.length }
4       }
```

지금까지 소개한 방식은 파일을 읽을 때 시퀀스를 사용합니다. 시퀀스 덕분에
파일 전체를 불러오는 대신 한 줄씩 읽을 수 있습니다. 이에 대한 자세한 내용
은 '아이템 54: 처리 단계가 둘 이상인 대규모 컬렉션의 경우 시퀀스를 선호하
라'에서 확인할 수 있습니다.

요약

Closeable 또는 AutoCloseable로 구현된 객체를 다룰 때는 안전하고 간단한
use를 사용하세요. 파일을 다룰 때는 useLines의 시퀀스를 사용해 한 줄씩 읽
는 것이 좋습니다.

단위 테스트를 작성하라

이번 장에서는 코드를 안전하게 만드는 몇 가지 방법을 살펴봤습니다. 하지만 코드를 안전하게 만드는 궁극적인 방법은 다양한 종류의 테스트를 하는 것입니다. 한 가지 테스트 유형은 사용자 관점에서 애플리케이션이 올바르게 작동하지를 확인하는 것입니다. 관리자들은 애플리케이션의 내부 동작보다 외부에서 제대로 작동하는 것을 목표로 하기 때문에 사용자 관점의 테스트만 생각하는 경우가 많습니다. 인수 테스트(acceptance test)라고 알려진 유형의 테스트들은 심지어 개발자가 전혀 필요하지도 않습니다. 충분한 수의 테스터들에 의해서 처리되거나 (장기적인 관점에서 일반적으로 더 나은 방법인) 테스트 엔지니어가 작성한 자동 테스트에 의해 처리될 수 있습니다. 이런 테스트들은 개발자에게 유용하지만 충분하지는 않으며, 시스템의 구체적인 요소가 올바르게 작동함을 적절하게 보장해 주지 못합니다. 개발 과정에서 유용할 수 있는 빠른 피드백을 제공하지도 않습니다. 따라서 개발자에게 훨씬 더 유용하고 개발자가 작성하는 다른 종류의 테스트, 즉 단위 테스트가 필요합니다.

다음은 n번째 위치의 피보나치 수를 계산하는 fib 함수가 잘 작동하는지 확인하는 단위 테스트입니다. 처음 5개의 숫자에 대해 올바른 결과를 주는지 확인합니다.

```
1  @Test
2  fun `fib works correctly for the first 5 positions()` {
3      assertEquals(1, fib(0))
4      assertEquals(1, fib(1))
5      assertEquals(2, fib(2))
6      assertEquals(3, fib(3))
7      assertEquals(5, fib(4))
8  }
```

단위 테스트에서는 일반적으로 다음과 같은 내용을 확인합니다.

- 일반적인 유스 케이스(이를 happy path라고 합니다): 해당 요소가 사용될 거라 예상되는 일반적인 방법을 테스트합니다. 앞의 예시처럼 몇 개의 작은 수에 대해 잘 작동하는지 테스트합니다.
- 일반적인 에러 케이스 또는 잠재적인 문제들: 제대로 동작하지 않을 거라고 예상되거나 문제가 있는 것으로 밝혀진 사례를 테스트합니다.
- 엣지 케이스(edge case)와 잘못된 인수들: Int의 경우 Int.MAX_VALUE 같은 매우 큰 수를 확인합니다. 널 가능 타입의 경우 null이나 null 값으로 채워진 객체를 확인합니다. 음수가 들어가는 피보나치 수는 없으므로, 함수에 음수를 넣었을 때 어떻게 동작하는지 확인합니다.

단위 테스트는 그 구현된 요소가 동작하는 방식에 대한 빠른 피드백을 주므로 개발하는 동안 매우 유용할 수 있습니다. 테스트는 계속 누적되므로 회귀 테스트(check for regression)도 쉽습니다. 또한 수동으로 테스트하기 어려운 케이스도 확인할 수 있습니다. 테스트 주도 개발(Test-Driven Development, TDD)이라는 접근 방식도 있습니다. 이는 먼저 단위 테스트를 작성하고 해당 테스트를 통과시키며 구현을 해 나가는 방식입니다.[12]

단위 테스트의 가장 큰 장점은 다음과 같습니다.

- 테스트가 제대로 된 요소들을 더 신뢰할 수 있습니다. 심리적인 측면도 있습니다. 요소들에 대해 테스트가 제대로 된 경우 해당 요소들을 사용할 때 더 자신감 있게 작업할 수 있습니다.
- 요소가 제대로 테스트되면 리팩터링하는 것이 두렵지 않습니다. 따라서 테스트가 잘 된 프로그램들은 점점 더 좋아지는 경향이 있습니다. 반면에 테스트를 거치지 않은 프로그램들의 경우 개발자들은 레거시 코드를 건드리는 것을 두려워합니다. 실수로 오류를 발생시킬 수 있고, 심지어 그것을 알지 못할

---

12 TDD에는 공식적으로 다음과 같은 3단계가 있습니다. 레드(Red): 단위 테스트를 작성합니다. 그린(Green): 실패한 단위 테스트를 통과할 정도로만 프로덕션 코드를 작성합니다. 리팩터(Refactor): 코드를 리팩터링하여 정리합니다. 그러고 나서 이 단계를 반복합니다.

수도 있기 때문입니다.

- 수동으로 테스트하는 것보다 단위 테스트를 통해 확인하는 것이 훨씬 빠를 때가 많습니다. 피드백 루프가 빨라지면서 개발 속도가 빨라지고 더 즐겁게 개발할 수 있습니다.[13] 또한 버그 수정 비용을 줄이는 데 도움이 됩니다. 버그를 더 빨리 발견할수록 수정하는 비용을 더 줄일 수 있습니다.

물론 단위 테스트에는 다음과 같은 단점도 있습니다.

- 단위 테스트를 작성하는 데 시간이 걸립니다. 그러나 장기적으로 보면 좋은 단위 테스트는 시간을 절약시켜 줄 것입니다. 나중에 디버깅하거나 버그를 찾는 데 소요되는 시간을 줄여 주기 때문입니다. 또한 단위 테스트를 실행하는 것이 수동 테스트나 다른 종류의 자동화된 테스트보다 훨씬 빠르기 때문에 많은 시간을 절약할 수 있습니다.
- 코드를 테스트 가능하도록 수정해야 합니다. 이러한 작업이 쉽지는 않지만, 개발자들에게 훌륭하고 안정적인 아키텍처를 사용하도록 강제하는 역할도 합니다.
- 좋은 단위 테스트를 작성하는 것은 어렵습니다. 개발자가 보유한 기술과는 완전히 다른 종류의 기술과 이해를 필요로 하기 때문입니다. 잘못 작성된 단위 테스트는 득보다 실이 많을 수 있습니다. 모든 개발자는 올바르게 단위 테스트하는 방법을 배워야 합니다. 소프트웨어 테스팅이나 테스트 주도 개발(TDD) 과정을 먼저 듣는 것도 유용합니다.

효과적인 단위 테스트를 수행하고 단위 테스트가 가능한 코드를 작성하는 기술을 습득하는 것은 가장 어려운 일입니다. 숙련된 코틀린 개발자라면 이러한 기술을 습득해야 하고 핵심 코드를 대상으로 단위 테스트하는 방법을 배워야 합니다.

단위 테스트 대상을 고려할 때는 다음 사항에 중점을 두어야 합니다.

---

13 프로젝트가 빌드되고 시작되기를 기다리는 것을 좋아하는 사람은 없을 거라고 생각합니다.

- 복잡한 기능
- 시간이 지나면서 변경될 가능성이 있고 리팩터링될 부분
- 비즈니스 로직
- 공개 API의 일부
- 문제가 자주 발생할 가능성이 있는 부분
- 우리가 수정한 프로덕션 버그

테스트 작성이 힘들다고 그만두면 안 됩니다. 테스트는 애플리케이션 신뢰성과 장기적인 유지보수성에 대한 투자입니다.

요약

이번 장은 프로그램이 올바르게 작동하는 것이 최우선이라는 생각에서 출발했습니다. 이번 장에서 소개된 모범 사례를 사용해 이를 지원할 수 있지만 애플리케이션이 올바르게 작동하는지 확인하는 가장 좋은 방법은 테스트이며, 특히 단위 테스트를 통해 확인하는 것입니다. 이것이 안전성이 주제인 이번 장에서 짧게나마 단위 테스트에 대해 설명했던 이유입니다. 안정적인 비즈니스 애플리케이션이라면 최소한의 단위 테스트를 갖추는 것처럼 말이죠.

2장

Effective Kotlin Second Edition

가독성

> 컴퓨터가 이해할 수 있는 코드는 바보도 작성할 수 있습니다. 사람이 이해할 수 있는
> 코드를 작성하는 프로그래머가 진정한 실력자입니다.
> — 마틴 파울러(Martin Fowler), 《리팩터링(Refactoring:
> Improving the Design of Existing Code)》, p. 15

흔히 코틀린이 간결하게 설계되었다고 오해하지만 그렇지 않습니다. 훨씬 더 간결한 언어들이 있으며, 필자가 아는 가장 간결한 언어는 APL입니다. 다음은 APL로 구현된 존 콘웨이(John Conway)의 '라이프 게임(Game of Life)'입니다.

```
1   life←{↑1 ⍵∨.∧3 4=+/,¯1 0 1∘.⊖¯1 0 1∘.⌽⊂⍵}
```

아마도 이것을 보고 처음 든 생각은 '와, 짧다'일 것입니다. 그리고 키보드에 일부 문자가 없다는 사실을 깨닫게 될 것입니다. 다른 간결한 언어도 존재합니다. 예를 들어, 다음은 J로 구현한 코드입니다.

```
1   life=:[:+/(3 4=/[:+/(,/,"0/~i:1)|.])*.1,:]
```

이 두 언어는 매우 간결합니다. 이러한 특성으로 인해 코드 골프 대회(code golf contests)에서 챔피언이 되기도 했지만, 터무니없이 읽기 어렵습니다. 솔직하게 말하면, (아마도 세계적으로 몇 안 되는) 숙련된 APL 개발자라도 이 프

로그램의 기능과 작동 방식을 이해하기란 쉽지 않을 겁니다.

코틀린은 간결성이 아닌 **가독성**을 목표로 설계되었지만, 다른 인기 있는 언어에 비해서는 간결합니다. 그럼에도 코틀린이 다른 언어들에 비해 간결한 것은 많은 불필요한 요소, 즉 보일러플레이트 코드와 반복 구조 등을 제거했기 때문입니다. 따라서 코틀린 개발자들은 핵심 로직에 집중할 수 있게 되어, 더욱 더 읽기 쉬운 코드를 작성할 수 있습니다.

코틀린을 사용하면 프로그래머는 깔끔하고 의미 있는 코드와 API를 설계할 수 있습니다. 또한 코틀린은 원하는 것을 숨기거나 강조할 수 있는 기능을 제공합니다. 이번 장에서는 코틀린의 이러한 기능을 어떻게 응용할 수 있는지에 대해 다루며, 가독성을 높이는 기본적인 지식과 몇 가지 규약을 소개합니다. 특히 클래스 및 함수 설계와 관련된 주제를 다루는 '2부: 추상화 설계'를 비롯한 책 전반에서 언급되는 가독성의 개념에 대해서도 설명합니다.

이 장에서는 가독성에 관한 일반적인 문제를 좀 더 추상적인 항목과 함께 소개하겠습니다.

가독성을 목표로 설계하라

프로그래밍할 때 개발자는 코드를 작성하는 것보다 코드를 읽는 데 훨씬 더 시간을 많이 쓴다는 사실은 잘 알려져 있습니다. 일반적인 추정에 따르면, 코드를 작성하는 데 1분을 소비하면, 코드를 읽는 데는 10분을 소비합니다.[1] 믿을 수 없다면, 오류를 찾기 위해 코드를 읽는 데 얼마나 많은 시간을 소비했는지 생각해 보세요. 모든 사람이 적어도 한 번쯤 오류를 찾느라고 며칠 또는 몇 주를 보냈지만, 한 줄만 수정하여 오류가 해결되는 상황을 겪어 보았을 것입니다. 새로운 API를 사용하는 방법을 배울 때도 종종 코드를 읽습니다. 일반적으로 로직을 이해하거나 구현이 어떻게 동작하는지 이해하기 위해서도 코드를 읽습니다. 프로그래밍은 주로 쓰기보다 읽는 것이 많은 부분을 차지합니다. 이 사실을 알면 가독성을 염두에 두고 코딩해야 한다는 것이 분명해집니다.

인지 부하의 감소

가독성의 기준은 사람마다 다릅니다. 그러나 가독성에 관한 몇몇 규약은 경험을 바탕으로 형성되거나 인지 과학을 통해 정립되었습니다. 다음 두 가지 구현을 비교해 봅시다.

```
1   // 구현 A
2   if (person != null && person.isAdult) {
3       view.showPerson(person)
4   } else {
5       view.showError()
6   }
7
```

[1] 이 비율은 로버트 C. 마틴(Robert C. Martin)의 책 《클린 코드(Clean Code)》(인사이트, 2013)를 통해 널리 알려지게 되었습니다.

```
8   // 구현 B
9   person?.takeIf { it.isAdult }
10       ?.let(view::showPerson)
11       ?: view.showError()
```

A와 B 중에 어떤 것이 더 낫나요? 줄이 적은 것이 더 좋다는 순진한 논리로 선택하는 것은 좋은 답이 아닙니다. 첫 번째 구현에서 줄 바꿈을 제거할 수 있지만, 제거해도 가독성이 높아지지는 않습니다. 문자 수를 세는 것도 차이가 크지 않기 때문에 그리 유용하지는 않습니다. 첫 번째 구현은 79자이고, 두 번째 구현은 68자입니다. 두 번째 구현이 약간 더 짧지만 읽기가 훨씬 어렵습니다.

두 구성이 얼마나 읽기 쉬운지는 우리가 각각을 얼마나 빨리 이해할 수 있는지에 달려 있습니다. 이는 결국 우리 뇌가 각 관용구(구조, 함수, 패턴)를 이해하도록 얼마나 훈련이 되었는지에 따라 크게 달라집니다. 코틀린 초보자의 경우 확실히 구현 A가 훨씬 더 읽기 쉽습니다. 일반적인 관용구(if/else, &&, 메서드 호출)를 사용하기 때문이죠. 구현 B에서는 코틀린의 대표적인 관용구를 사용하고 있습니다(?.를 사용한 안전한 호출, takeIf, let, 엘비스 연산자 ?:, 제한된 함수 참조(bounded function reference)인 view::showPerson). 확실히 이러한 모든 관용구는 코틀린에서 널리 사용되므로 대부분의 숙련된 코틀린 개발자들은 이를 잘 알고 있습니다. 그럼에도 구현 A와 B를 비교하기는 어렵습니다. 대부분의 개발자들은 코틀린이 첫 언어가 아니며, 코틀린보다 더 널리 쓰이는 프로그래밍 언어에 훨씬 더 많은 경험을 가지고 있습니다. 우리는 숙련된 개발자만을 위해 코드를 작성하지 않습니다. 수개월 동안 시니어 개발자를 찾다가 실패한 끝에 고용한 새로운 주니어 개발자는 let, takeIf 및 제한된 참조가 무엇인지 알지 못할 가능성이 있으며, 엘비스 연산자가 이런 방식으로 사용되는 것을 본 적이 없을 가능성이 매우 높습니다. 주니어 개발자는 이 단일 코드 블록을 놓고 하루 종일 고민할 수도 있습니다. 또한 숙련된 코틀린 개발자라도 코틀린이 그들이 사용하는 유일한 프로그래밍 언어는 아닐 것입니다. 많은 개발자가 코틀린을 사용해 본 경험이 있을 수 있지만, 대부분은 코틀린보다 다른 프로그래밍 언어를 사용해 본 경험이 훨씬 많을 것입니다. 우리의 뇌는 항상 일반적인 프로그래밍 관용구보다 코틀린 고유의 관용구를 인식하는 데 더 많은 시간을 필요로 합니다. 심지어 필자는 코틀린을 사용한 지 몇 년이 지난 후에도 구현 A를 이해하는 데 시간이 훨씬 덜 걸렸습니다. 모든 잘 알려지지 않은 관용구는 약간의 복잡성을 추가합니다. 이러한 관용구들을 모두 한 문장 안에서 조합해 분석하려 하면 복잡성은 빠르게 증가합니다.

구현 A는 수정하기가 더 쉽습니다. if 블록에 연산을 추가하는 상황을 떠올려 봅시다. A에서 추가하는 건 쉽지만, B에서는 함수 참조를 더 이상 사용하기 어려워 쉽지 않습니다. B의 else 블록에 연산을 추가하는 건 더욱 어려운데, 엘비스 연산자의 오른쪽에 단일 표현식 대신 여러 구문으로 이루어진 함수를 추가해야 되기 때문입니다.

```
1  if (person != null && person.isAdult) {
2      view.showPerson(person)
3      view.hideProgressWithSuccess()
4  } else {
5      view.showError()
6      view.hideProgress()
7  }
```

```
1  person?.takeIf { it.isAdult }
2      ?.let {
3          view.showPerson(it)
4          view.hideProgressWithSuccess()
5      } ?: run {
6          view.showError()
7          view.hideProgress()
8      }
```

디버깅 역시 구현 A가 더욱더 간단합니다. 디버깅 도구가 이러한 기본 구조를 위해 만들어졌기 때문에 이는 놀라운 일이 아닙니다.

이처럼 덜 일반적이고 '창의적인' 구조는 일반적으로 덜 유연하고 지원도 잘 되지 않습니다. 예를 들어, person 변수가 null일 때와 성인이 아닐 때 각각 다른 오류를 나타내기 위해 세 번째 분기를 추가하는 상황을 떠올려 봅시다. if/else를 사용하는 구현 A에서는 인텔리제이의 리팩터링을 사용할 때 if/else의 추가 분기를 쉽게 추가할 수 있습니다. 하지만 구현 B에서 동일하게 코드를 변경하려면 고통스럽습니다. 아마도 완전히 다시 작성해야 할 것입니다.

구현 A와 B가 같은 방식으로 동작하지 않는다는 것을 눈치챘나요? 차이점을 발견할 수 있나요? 지금 다시 돌아가서 생각해 보세요.

let이 람다 표현식의 결괏값을 반환하는 데서 차이가 발생합니다. show Person에서 null을 반환하면, B에서는 showError를 호출합니다. 이런 상황을 예측하기는 힘듭니다. 이러한 사례는 익숙하지 않은 구조를 사용하면, 예상치 못한 방식으로 동작하는 코드를 작성하기 쉽다는 것을 보여 줍니다.

가독성을 높이는 일반적인 규칙은 인지 부하를 줄이는 것입니다. 우리의 두 뇌는 패턴을 인식하고 이를 기반으로 프로그램이 작동하는 방식을 이해합니다. 가독성은 이러한 패턴을 인식하고 이해하는 간극을 줄이는 것입니다. 자주 사용되는 패턴을 사용하면 이러한 과정을 짧게 만들 수 있습니다. 코드가 짧으면 빠르게 읽을 수 있겠지만 그보다 일반적인 구조나 익숙한 구조인 경우 더 빠르게 읽을 수 있습니다.

극단적이 되지 마세요

이전 예제에서 let이 어떻게 잘못 사용될 수 있는지 보여 주었다고 해서 항상 let의 사용을 피하라는 의미는 아닙니다. let은 다양한 상황에서 코드를 개선하는 데 적절하게 사용되는 인기 있는 관용구입니다. 한 가지 일반적인 예는 변경 가능한 널 가능 프로퍼티가 있고 null이 아닌 경우에만 작업을 수행해야 하는 경우입니다. 변경 가능한 프로퍼티는 다른 스레드에 의해 null이 될 수 있기 때문에 스마트 캐스팅할 수 없습니다. 이때 좋은 방법은 안전한 호출 let을 사용하는 것입니다.

```
1   class Person(val name: String)
2   var person: Person? = null
3
4   fun printName() {
5       person?.let {
6           print(it.name)
7       }
8   }
```

let을 안전 호출로 사용하는 방식은 널리 알려져 있습니다. 이 외에도 다음과 같은 let을 사용하는 사례들이 있습니다.

- 인수를 계산한 후 특정 작업을 수행할 때
- 데코레이터를 사용하여 객체를 래핑할 때

다음은 이 두 가지의 예입니다(둘 다 함수 참조를 사용합니다).

```
1   students
2       .filter { it.result >= 50 }
3       .joinToString(separator = "\n") {
4           "${it.name} ${it.surname}, ${it.result}"
5       }
6       .let(::print)
7
8   var obj = FileInputStream("/file.gz")
9       .let(::BufferedInputStream)
10      .let(::ZipInputStream)
11      .let(::ObjectInputStream)
12      .readObject() as SomeObject
```

두 경우 모두 디버깅하기도 어렵고 경험이 부족한 코틀린 개발자가 이해하기도 어렵기 때문에 비용이 발생합니다. 하지만 공짜로 얻을 수 있는 것은 아무것도 없으며, 이는 감수할 만한 가치가 있어 보입니다. 문제는 타당한 이유 없이 상당한 복잡성이 추가될 때입니다.

각각의 구조가 복잡성을 증가시키는 측면을 이해하고, 확실한 의도를 가지고 구현하고 있는지 알고 있어야 합니다. 두 구조를 함께 사용하면 일반적으로 개별적인 복잡성의 합보다 훨씬 더 커진다는 점을 기억하세요.

컨벤션

지금까지 사람마다 가독성이 무엇을 의미하는지에 대한 관점이 다르다는 것을 알아보았습니다. 우리는 함수 이름으로 끊임없이 논쟁하고, 무엇이 명시적이거나 암시적이어야 하는지, 어떤 관용구를 사용해야 하는지 그리고 그 외 다양한 것들에 대해 주장을 내세웁니다. 프로그래밍은 표현의 예술입니다. 그럼에도 몇 가지 컨벤션은 이해하고 기억해야 합니다.

샌프란시스코에서 제 워크숍에 참여한 사람들 중 한 명이 코틀린으로 할 수 있는 최악의 일에 대해 물었을 때 다음과 같이 답했습니다.

```
1   val abc = "A" { "B" } and "C"
2   print(abc)  // ABC
```

이 끔찍한 코드가 가능하려면 다음 코드가 필요합니다.

```
1   operator fun String.invoke(f: ()->String): String =
2       this + f()
3
4   infix fun String.and(s: String) = this + s
```

이 코드는 나중에 설명할 많은 규칙을 위반합니다.

- 연산자 의미에 위배됩니다 — String은 호출하는 대상이 아니므로 invoke를 구현하면 안 됩니다.
- '람다를 마지막 인자로 사용한다'는 컨벤션의 의미가 모호합니다. 함수 뒤에 사용하는 것은 좋지만, invoke 연산자와 함께 적용하는 것은 매우 주의해야 합니다.
- infix 메서드 이름으로 and를 사용하는 것이 이상합니다. append 또는 plus 가 훨씬 더 좋습니다.
- 문자열 연결을 위한 기능은 이미 언어에 내장되어 있습니다. 이미 있는 것을 다시 만들 필요는 없습니다.

이러한 제안의 바탕에는 좋은 코틀린 스타일을 보장하는 좀 더 일반적인 규칙이 있습니다. 이 장에서는 연산자 오버라이딩에 초점을 맞춘 첫 번째 아이템부터 시작하여 가장 중요한 아이템들을 다룰 것입니다.

아이템 11

연산자의 의미는 함수의 이름과 일치해야 한다

연산자 오버로딩은 강력한 기능이지만 다른 강력한 기능들과 마찬가지로 위험 하기도 합니다. 프로그래밍에서 강력한 기능을 사용하면 그에 따른 큰 책임이 따르기 마련입니다. 교육자로서 사람들이 처음 연산자 오버로딩을 접할 때 연 산자 오버로딩에 푹 빠져드는 것을 보아왔습니다. 숫자의 팩토리얼을 계산하 는 함수를 만드는 연습문제를 예로 들어 보겠습니다.

```
1   fun Int.factorial(): Int = (1..this).product()
2
3   fun Iterable<Int>.product(): Int =
4       fold(1) { acc, i -> acc * i }
```

이 함수는 Int의 확장 함수로 정의되어 편리하게 사용할 수 있습니다.

```
1   print(10 * 6.factorial())  // 7200
```

모든 수학자는 팩토리얼을 나타내는 특별한 표기법을 알고 있습니다. 다음과 같이 숫자 뒤에 느낌표를 찍는 것이죠.

```
1   10 * 6!
```

코틀린에서는 이런 연산자를 지원하지 않지만, 제 워크숍 참가자 중 한 명이 지 적한 것처럼, 함수 이름 대신 not을 연산자 오버로딩하여 사용할 수 있습니다.

```
1   operator fun Int.not() = factorial()
2
3   print(10 * !6)  // 7200
```

이렇게 할 수는 있지만 과연 이렇게 해야 할까요? 간단히 대답하면 '안 됩니다'. 이 함수의 선언문만 읽어봐도 함수의 이름이 not이라는 것을 알 수 있습니다.

이름에서 알 수 있듯이, not을 전혀 다른 의미로 사용해서는 안 됩니다. not은 숫자의 팩토리얼이 아닌 논리 연산을 나타냅니다. 팩토리얼 연산으로 not을 사용하면 혼란스럽고 오해의 소지가 있을 수 있습니다. 코틀린에서 모든 연산자는 다음 표와 같이 구체적인 이름을 가진 문법적 설탕(syntactic sugar)[2]과 같습니다. 다음과 같은 코드는 어떻게 보이나요?

```
1  print(10 * 6.not())  // 7200
```

연산자	대응되는 함수
+a	a.unaryPlus()
-a	a.unaryMinus()
!a	a.not()
++a	a.inc()
--a	a.dec()
a+b	a.plus(b)
a-b	a.minus(b)
a*b	a.times(b)
a/b	a.div(b)
a..b	a.rangeTo(b)
a in b	b.contains(a)
a+=b	a.plusAssign(b)
a-=b	a.minusAssign(b)
a*=b	a.timesAssign(b)
a/=b	a.divAssign(b)
a==b	a.equals(b)
a>b	a.compareTo(b) > 0
a<b	a.compareTo(b) < 0
a>=b	a.compareTo(b) >= 0
a<=b	a.compareTo(b) <= 0

코틀린에서 각 연산자에 대응되는 함수

---

2 (옮긴이) 문법적 설탕이란 코드를 더 간단하고 읽기 쉽게 만들어 주는 프로그래밍 언어 내의 구문을 말합니다.

코틀린에서 각 연산자의 의미는 항상 동일하게 유지됩니다. 이는 매우 중요한 설계 결정이었습니다. 스칼라 같은 일부 언어에서는 연산자 오버로딩을 제한 없이 제공합니다. 하지만 이 정도의 자유라면 일부 개발자에 의해 오용될 가능성이 높습니다. 익숙치 않은 라이브러리로 작성된 코드를 처음 본다면, 함수와 클래스의 이름이 의미 있는 이름이라 하더라도 코드를 읽는 것이 어려울 것입니다. 거기다가 연산자가 범주론(category theory, 대수학의 한 분야)에 익숙한 개발자만 알고 있는 의미로 사용되었다고 가정해 보세요. 훨씬 더 이해하기 어려울 것입니다. 각각의 연산자를 개별적으로 이해하고, 특정 문맥에서 어떤 의미인지 기억한 다음, 전체 문장을 이해하기 위해 이 모든 것을 기억하여 조합해야 할 것입니다. 코틀린에서는 연산자의 의미가 명확하기 때문에 이런 문제가 없습니다. 예를 들어 다음 표현식을 봅시다.

```
x + y == z
```

이것이 다음과 동일한 코드임을 알 수 있습니다.

```
x.plus(y).equal(z)
```

또는 plus의 반환 타입이 널 가능 타입으로 선언되었다면 다음 코드와 동일한 의미를 가집니다.

```
(x.plus(y))?.equal(z) ?: (z === null)
```

이 함수들은 구체적인 이름이 있으며, 우리는 모든 함수가 그들 각각의 이름이 나타내는 대로 동작할 거라고 예상합니다. 이것은 각 연산자가 사용될 수 있는 범위를 크게 제한합니다. 팩토리얼을 반환하기 위해 not을 사용하는 것은 이 컨벤션을 명백히 위반하는 것이며 절대 그런 방식으로 사용해서는 안 됩니다.

   여기서 코틀린 라이브러리조차도 이 규칙을 어겼음을 언급하는 게 좋겠습니다. Path에 대한 div 확장 함수를 정의하여 다음과 같이 사용할 수 있도록 했습니다.

```
1  val path = Path("A")
2  val path2 = path / "B"
3  println(path2)  // Prints: A/B
```

연산자 대신 함수 이름으로 직접 호출하면 코드가 그리 아름답지 않다는 것을 알 수 있습니다. 이러한 확장은 코틀린을 더 '마법 같게' 만들어 주지만, 코드의 가독성을 유지하려면 피하는 게 좋습니다.

```
1   val path = Path("A")
2   val path2 = path.div("B")
3   println(path2)  // Prints: A/B
```

분명하지 않은 경우

가장 큰 문제는 어떤 사용법이 컨벤션을 충족하는지 불분명할 때입니다. 예를 들어 '함수를 세 배로 만든다(triple a function)'라는 표현은 무슨 뜻일까요? 어떤 이들에게 이 표현은 '해당 함수를 세 번 반복하는 또 다른 함수를 만드는 것'이라는 의미로 받아들입니다.

```
1   operator fun Int.times(operation: () -> Unit): ()->Unit =
2       { repeat(this) { operation() } }
3
4   val tripledHello = 3 * { print("Hello") }
5
6   tripledHello()  // 출력: HelloHelloHello
```

다른 이들은 해당 함수를 세 번 호출하는 것이라고 생각할 수 있습니다.[3]

```
1   operator fun Int.times(operation: () -> Unit) {
2       repeat(this) { operation() }
3   }
4
5   3 * { print("Hello") }  // 출력: HelloHelloHello
```

그 의미가 불분명할 때는 의미를 드러낼 수 있는 확장 함수를 사용하는 것이 좋습니다. 연산자처럼 사용하고 싶다면, infix 함수로 만들면 됩니다.

```
1   infix fun Int.timesRepeated(operation: () -> Unit) = {
2       repeat(this) { operation() }
```

---

3 앞의 코드는 함수를 생성하고, 뒤의 코드는 함수를 호출하는 점이 다릅니다. 앞의 경우 곱셈의 결과는 ()->Unit이고, 뒤의 것의 결과는 Unit입니다.

```
3   }
4
5   val tripledHello = 3 timesRepeated { print("Hello") }
6   tripledHello()  // 출력: HelloHelloHello
```

최상위 함수(top-level function)를 사용하는 것이 나은 경우도 있습니다. 주어진 함수를 n번 반복해서 호출하는 함수는 이미 표준 라이브러리에 구현되어 있습니다.

```
1   repeat(3) { print("Hello") }  // 출력: HelloHelloHello
```

이 규칙을 어겨도 되는 경우

지금까지 설명한 규칙을 무시하고, 연산자 오버로딩을 사용해도 되는 매우 중요한 경우가 있습니다. 바로 DSL(Domain Specific Language, 도메인 특화 언어)을 설계할 때입니다. 고전적인 HTML DSL 예를 생각해 보세요.

```
1   body {
2       div {
3           +"Some text"
4       }
5   }
```

요소에 텍스트를 추가하기 위해 String.unaryPlus가 사용된 것을 볼 수 있습니다. 명확하게 DSL로 사용되었기 때문에 연산자 오버로딩이 허용됩니다. 예외적인 규칙이 적용되더라도 DSL 맥락에서 독자들은 자연스럽게 받아들일 수 있습니다.

요약

연산자 오버로딩을 신중하게 사용하세요. 함수의 이름은 동작과 항상 일관되어야 합니다. 연산자의 의미가 불분명한 경우 연산자 오버로딩을 사용하지 않는 것이 좋습니다. 대신 서술적인 이름을 가진 일반 함수를 사용해서 의미를 명확하게 하세요. 좀 더 연산자스러운 구문을 원한다면 infix 한정자나 최상위 함수를 사용하세요.

아이템 12

가독성을 높이려면 연산자를 사용하라

이전 아이템에서는 연산자 오버로딩을 남용하는 것에 대해 경고했습니다. 이번 아이템에서는 연산자를 사용해 가독성을 높이는 방법에 대해 알아보겠습니다.

명확한 예부터 시작하겠습니다. 연산자를 사용하면 일반 숫자와 유사하게 BigDecimal과 BigInteger에 대해 작업을 수행할 수 있습니다.

```
1   val netPrice = BigDecimal("10")
2   val tax = BigDecimal("0.23")
3   val currentBalance = BigDecimal("20")
4   val newBalance = currentBalance - netPrice * tax
5   println(newBalance)  // 17.70
```

시간에 기간을 추가할 수도 있습니다.

```
1   val now = ZonedDateTime.now()
2   val duration = Duration.ofDays(1)
3   val sameTimeTomorrow = now + duration
```

명시적인 메서드를 사용하면 다음과 같습니다.

```
1   val newBalance = currentBalance.minus(netPrice.times(tax))
2   val sameTimeTomorrow = now.plus(duration)
```

연산자를 사용하면 어떻게 도움이 되는지 알게 되었을 것입니다.

모든 Comparable 클래스는 비교 연산자(>, <, >=, <=) 또는 범위 확인(value in min..max)을 사용하여 비교할 수 있습니다. 여기에는 큰 숫자(BigDecimal, BigInteger)와 시간 및 기간을 나타내는 객체(Instant, ZonedDateTime, Local Date, Duration 등)가 포함됩니다. 이런 타입을 처리하고 비교하는 경우가 많기

때문에, 연산자는 아주 중요합니다. (액수를 표현하는 경우 일부 숫자를 반올림하고 정밀도를 잃을 수 있는 Double 대신 BigDecimal을 사용해야 합니다.)

```kotlin
1  val now = LocalDateTime.now()
2  val start = LocalDate.parse("2021-10-17").atStartOfDay()
3  val end = LocalDate.parse("2021-10-21").atStartOfDay()
4  if(now > start) { /*...*/ }
5  if(now < end) { /*...*/ }
6  if(now in start..end) { /*...*/ }
7
8  val price = BigDecimal("100.00")
9  val minPrice = BigDecimal("10.00")
10 val maxPrice = BigDecimal("1000.00")
11 if(price > minPrice) { /*...*/ }
12 if(price < maxPrice) { /*...*/ }
13 if(price in minPrice..maxPrice) { /*...*/ }
```

위 코드는 다음과 같이 대체될 수 있습니다.

```kotlin
1  if(now.isAfter(start)) { /*...*/ }
2  if(now.isBefore(end)) { /*...*/ }
3  if(!now.isBefore(start) && !now.isAfter(end)) { /*...*/ }
4
5  if(price.compareTo(minPrice) > 0) { /*...*/ }
6  if(price.compareTo(maxPrice) < 0) { /*...*/ }
7  if(minPrice.compareTo(price) <= 0 &&
8      price.compareTo(maxPrice) <= 0) { /*...*/ }
```

isAfter와 isBefore는 비교 연산자보다 더 읽기 쉬울 수 있지만, 그 외에는 연산자가 확실히 더 이해하기 쉽습니다.

　BigDecimal의 함수 equals와 compareTo는 서로 다릅니다. equals는 소수 자릿수를 확인하므로 BigDecimal("1.0")은 BigDecimal("1.00")과 같지 않습니다. 이는 두 숫자를 비교할 때 고려해야 할 사항입니다. 이것이 전체 프로젝트에서 동일한 정밀도로 BigDecimal을 사용하는 이유 중 하나입니다. compareTo는 정밀도를 확인하지 않으므로 A >= B, A <= B이지만 A != B일 수 있습니다('아이템 44: compareTo의 규약을 준수하라'에서 설명하겠지만 compareTo 규약 위반입니다).

```
1  val num1 = BigDecimal("1.0")
2  val num2 = BigDecimal("1.00")
3  println(num1 == num2)                  // false
4  println(num1 >= num2 && num1 <= num2)  // true
```

연산자를 사용할 수 있는 마지막 경우는 요소가 컬렉션에 있는지 확인해야 할 때입니다. 이를 수행하는 고전적인 방법은 contains를 사용하는 것이지만 in 연산자를 사용할 수도 있습니다.

```
1  val SUPPORTED_TAGS = setOf("ADMIN", "TRAINER", "ATTENDEE")
2  val tag = "ATTENDEE"
3
4  println(SUPPORTED_TAGS.contains(tag))  // true
5  // 또는
6  println(tag in SUPPORTED_TAGS)         // true
```

위의 접근 방식을 비교하고 어느 것이 더 읽기 쉬운지를 고려해 보세요. in을 사용한다고 해서 항상 가독성이 높아지는 것은 아니며, 어떤 요소가 더 중요한지에 따라 달라집니다. 여기서는 tag가 중요하기 때문에, tag를 앞에 배치하면 코드를 더 쉽게 읽을 수 있습니다. "There's a soda in the fridge"가 "The fridge contains a soda"보다 더 직관적인 것처럼 말이죠. 이와는 반대로 컬렉션이 더 중요한 경우를 봅시다. "A human has a liver"가 "A liver is in a human"보다 더 직관적입니다. 다음 코드가 그 예를 잘 보여 줍니다.

```
1  val ADMIN_TAG = "ADMIN"
2  val admins = users.map { user -> user.tags.contains(ADMIN_TAG) }
3  // 또는
4  val admins = users.map { user -> ADMIN_TAG in user.tags }
```

필자는 이 경우에 contains를 사용하면 코드가 명확해지는 것 같습니다. 그러나 일부 사람들은 이에 대해 다르게 느낄 수 있으니, 이를 고정된 규칙으로 간주하지는 마세요(코드 리뷰 시 강요하지 마세요). 정말로 읽기 쉬운 코드를 작성하는 작업은 위대한 예술 작업과도 같으니, 모든 규칙은 제안으로 여기는 게 좋습니다.

측정 단위, 금액, 다른 종류의 숫자 등과 같은 자체 클래스에 연산자를 추가할 수도 있습니다.

```
1   @JvmInline
2   value class Centimeter(private val value: Double) {
3       operator fun plus(other: Centimeter): Centimeter =
4           Centimeter(value + other.value)
5
6       operator fun plus(other: Millimeter): Centimeter =
7           Centimeter(value + other.value * 10)
8
9       // ...
10  }
```

연산자가 가장 많이 사용되는 경우를 소개했지만, 표준 라이브러리에는 이 외에도 연산자 오버로딩을 사용하는 클래스들이 많습니다.

아이템 13

타입 명시를 고려하라

코틀린은 개발자가 해당 타입을 명확하게 알 수 있는 경우 이를 생략할 수 있는 훌륭한 타입 추론 시스템을 갖고 있습니다.

```
1   val num = 10
2   val name = "Marcin"
3   val ids = listOf(12, 112, 554, 997)
```

이는 개발 시간을 줄여 줄 뿐만 아니라 문맥상 타입이 명확하여 추가적으로 명시할 필요가 없는 경우 타입을 생략할 수 있어 가독성도 높여 줍니다. 그러나 타입이 명확하지 않을 때는 이를 (다음과 같이) 남용해서는 안 됩니다.

```
1   val data = getSomeData()
```

코드를 가독성 있게 설계하고 읽는 사람들에게 중요한 정보를 숨겨서는 안 됩니다. 코드를 읽다가 언제든 함수가 정의된 부분을 보고 확인할 수 있으므로 타입을 생략해도 된다는 주장은 타당하지 않습니다. 함수가 정의된 부분에서도 타입을 추론해야 할 수 있습니다. 따라서 개발자는 계속해서 코드를 따라 깊이 들어가야 할 수도 있습니다. 또한 개발자가 깃허브처럼 코드의 구현부로 바로 이동할 수 없는(코드를 따라 깊이 들어갈 수 없는) 환경에서 코드를 봐야 할 수도 있습니다. 코드의 구현부로 이동하는 것이 가능하다고 하더라도 우리 모두 제한적인 기억력을 갖고 있으므로 이런 식으로 낭비하는 것은 좋지 않습니다. 타입은 중요한 정보이며, 명확하지 않을 때는 이를 명시해야 합니다.

```
1   val data: UserData = getSomeData()
```

'아이템 3: 가능한 한 빨리 플랫폼 타입을 제거하라'에서 봤듯이, 가독성뿐 아니라 안전성을 향상시키기 위해 타입을 명시합니다. 타입은 개발자와 컴파일러 모두에게 중요한 정보일 수 있습니다. 그렇다면 언제든 주저하지 말고 타입을 명시하세요. 비용은 거의 들지 않으면서도 크게 도움이 될 겁니다. 이 규약은 공개 API에서 특히 중요합니다.[4] 공개 API에서는 명시적인 타입이 API 개발자에게 유용할 때가 많습니다. **공개 API를 설계할 때는 노출되는 타입을 항상 분명하게 명시해야 합니다.** 가독성뿐 아니라 안전성을 위해서도 중요합니다. 예를 들어 보겠습니다.

먼저, 추론된 타입은 항상 가능한 한 가장 구체적인 타입이라는 점을 말씀드리겠습니다. 아래 예시에서 animal의 추론 타입은 Bear가 되어, Camel 타입 객체는 할당할 수 없습니다.

```
1   open class Animal
2   class Bear : Animal()
3   class Camel : Animal()
4
5   fun main() {
6       var animal = Bear()
7       animal = Camel()  // 에러: 타입 불일치
8   }
```

나라에서 자동차를 만드는 데 필요한 API가 있어야 하며, API를 제공하는 라이브러리를 구현하는 상황을 떠올려 봅시다. 다음과 같이 공장을 정의하고 자동차를 생성하는 데 필요한 인터페이스를 정의했습니다.

```
1   interface CarFactory {
2       fun produce(): Car
3   }
```

여러분은 자신의 나라에서 특정 자동차가 인기 있다는 것을 알아채고 이를 기본 자동차로 두기로 했습니다.

```
1   val DEFAULT_CAR: Car = Fiat126P()
```

---

4   외부 모듈에서 사용되는 요소 또는 내부 코드지만 다른 개발자가 유지보수하는 코드에서 사용될 수 있는 (클래스, 함수, 객체 등의) 요소들을 의미합니다. 예를 들어, 라이브러리에서는 모든 public 클래스, protected 클래스, 함수, 객체 선언을 의미합니다.

이 자동차는 대부분의 공장에서 생산되기 때문에 이를 기본값(default)으로 두 었습니다. DEFAULT_CAR도 Car이므로 다음과 같이 타입 추론을 사용했습니다.

```
1   interface CarFactory {
2       fun produce() = DEFAULT_CAR
3   }
```

마찬가지로, 나중에 누군가가 DEFAULT_CAR를 보고 여기서도 타입 추론이 사용 될 수 있다고 판단해 다음과 같이 코드를 수정했습니다.

```
1   val DEFAULT_CAR = Fiat126P()
```

이제 모든 공장에서 오직 Fiat126P만 생성할 수 있게 되었습니다. 좋지 않은 일 입니다. 만약 프로젝트 내부에서만 이 인터페이스를 정의했다면 이 문제는 곧 발견되어 쉽게 수정되었을 것입니다. 하지만 이 인터페이스가 외부 API의 외 부 API로 노출되었다면, API를 사용하는 쪽에서 먼저 문제가 있다고 불만을 표 출하게 될 것입니다.

라이브러리 작성자를 위한 명시적 API 모드

코틀린 1.4에서는 라이브러리 작성자를 위한 명시적 API 모드(explicit API mode)가 도입되었습니다. 이 모드를 활성화하면 코틀린은 공개 API를 대상으 로 타입과 가시성 한정자(visibility modifier)를 명시하도록 강제합니다. 위에 서 언급한 실수를 줄일 수 있는 좋은 기능입니다. 또한 코드의 가독성을 향상 시키는 좋은 방법입니다. build.gradle(.kts) 파일에서 이를 활성화할 수 있습 니다.

```
1   kotlin {
2       // ...
3
4       // 엄격 모드용
5       explicitApi()
6
7       // 경고 모드용
8       explicitApiWarning()
9   }
```

요약

타입을 생략할 수 있다는 게 타입을 생략하라는 말은 아닙니다. 가독성과 안전성을 위해 명시적인 타입을 지정하는 것이 좋으며, 특히 노출된 API를 작성할 때는 반드시 타입을 지정해야 합니다.

아이템 14

리시버를 명시적으로 참조하라

흔히 볼 수 있는 상황으로 무언가를 명시적으로 표현하기 위해 더 구체적이고 상세한 구문을 선택할 때가 있는데, 이는 함수나 프로퍼티가 로컬 또는 최상위 변수가 아닌 리시버에서 가져온 것임을 강조하려고 할 때 그렇습니다. 일례로 메서드와 연관된 클래스를 참조하는 this가 있습니다.

```
1   class User: Person() {
2       private var beersDrunk: Int = 0
3
4       fun drinkBeers(num: Int) {
5           // ...
6           this.beersDrunk += num
7           // ...
8       }
9   }
```

마찬가지로 확장 리시버(확장 메서드에서 this)를 명시적으로 참조할 수 있습니다. 비교를 위해 명시적인 리시버 없이 작성된 Quicksort 구현을 살펴봅시다.

```
1   fun <T : Comparable<T>> List<T>.quickSort(): List<T> {
2       if (size < 2) return this
3       val pivot = first()
4       val (smaller, bigger) = drop(1)
5           .partition { it < pivot }
6       return smaller.quickSort() + pivot + bigger.quickSort()
7   }
```

리시버를 명시적으로 사용하면 다음과 같습니다.

```
1   fun <T : Comparable<T>> List<T>.quickSort(): List<T> {
2       if (this.size < 2) return this
3       val pivot = this.first()
4       val (smaller, bigger) = this.drop(1)
5           .partition { it < pivot }
```

```
6        return smaller.quickSort() + pivot + bigger.quickSort()
7    }
```

두 함수의 사용법은 동일합니다.

```
1    listOf(3, 2, 5, 1, 6).quickSort()        // [1, 2, 3, 5, 6]
2    listOf("C", "D", "A", "B").quickSort()  // [A, B, C, D]
```

여러 개의 리시버

명시적 리시버 사용이 특별히 유용할 수 있는데, 둘 이상의 리시버를 사용하고
스코프가 중첩되어 있을 경우 그렇습니다. 특히 apply, with, run처럼 리시버를
암시적으로 지정할 수 있는 함수를 사용할 경우, 중첩된 스코프 내에서 리시버
여러 개가 있을 때가 많습니다. 이런 류의 함수를 부득이하게 사용해야 한다면
객체를 다룰 때 리시버를 명시적으로 표기하는 것이 더 안전합니다. 이 문제를
이해하기 위해 다음 코드를 살펴봅시다.[5]

```
1    class Node(val name: String) {
2
3        fun makeChild(childName: String) =
4            create("$name.$childName")
5                .apply { print("Created ${name}") }
6
7        fun create(name: String): Node? = Node(name)
8    }
9
10   fun main() {
11       val node = Node("parent")
12       node.makeChild("child")
13   }
```

결과는 무엇일까요? 답을 읽기 전에 멈추고 생각해 보세요.

결과가 "Created parent.child"일 거라고 예상하겠지만, 실제 결과는 "Created
parent"입니다. 왜일까요? 이름 앞에 리시버를 명시적으로 사용하면 그 이유를
알 수 있습니다.

---

[5] 아래 코드는 로만 다비드킨(Roman Dawydkin)이 드미트리 칸달로프(Dmitry Kandalov)의 퍼즐에
추가하고, 나중에 안톤 켁스(Anton Keks)가 KotlinConf에서 발표한 코드를 기반으로 작성되었습니다.

```
1   class Node(val name: String) {
2
3       fun makeChild(childName: String) =
4           create("$name.$childName")
5               .apply { print("Created ${this.name}") }
6               // 컴파일 에러
7
8       fun create(name: String): Node? = Node(name)
9   }
```

apply 인수로 들어온 람다식에서 this의 타입이 Node?이기 때문에 메서드를 곧
바로 호출할 수 없습니다. 안전한 호출로 리시버를 언팩(unpack)한 뒤 메서드
를 호출해야 합니다. 이렇게 하면 기대한 결과가 나오게 됩니다.

```
1   class Node(val name: String) {
2
3       fun makeChild(childName: String) =
4           create("$name.$childName")
5               .apply { print("Created ${this?.name}") }
6
7       fun create(name: String): Node? = Node(name)
8   }
9
10  fun main() {
11      val node = Node("parent")
12      node.makeChild("child")
13      // 출력: Created parent.child
14  }
```

위 코드는 apply를 잘못 사용한 예입니다. 대신 also를 사용한 뒤 매개변수의
name을 호출하면 이런 문제가 발생하지 않습니다. also를 사용하면 함수의 리
시버 참조가 강제되어, 명시적으로 리시버를 참조하게 됩니다. 추가적인 연산
또는 널 가능한 값을 다룰 때는 also와 let이 훨씬 더 나은 선택입니다.

```
1   class Node(val name: String) {
2
3       fun makeChild(childName: String) =
4           create("$name.$childName")
5               .also { print("Created ${it?.name}") }
6
7       fun create(name: String): Node? = Node(name)
8   }
```

리시버가 불분명할 경우 이를 피하거나 리시버를 명시적으로 사용하여 명확히 해야 합니다. 레이블 없이 리시버를 사용할 경우 리시버는 가장 가까운 리시버를 의미합니다. 스코프 외부의 리시버를 사용하려면 레이블을 사용해야 하며, 레이블은 리시버처럼 명시적으로 지정해야 합니다. 다음은 apply와 명시적 리시버 모두를 사용하는 예입니다.

```kotlin
 1  class Node(val name: String) {
 2
 3      fun makeChild(childName: String) =
 4          create("$name.$childName").apply {
 5              print("Created ${this?.name} in "+
 6                  " ${this@Node.name}")
 7          }
 8
 9      fun create(name: String): Node? = Node(name)
10  }
11
12  fun main() {
13      val node = Node("parent")
14      node.makeChild("child")
15      // 출력: Created parent.child in parent
16  }
```

이런 방식으로 직접 리시버를 사용하면, 어떤 리시버를 의도하는지 명확하게 됩니다. 이렇게 하면 오류를 방지할 수 있을 뿐 아니라 가독성도 높일 수 있습니다.

DSL 마커

중첩된 스코프가 많아 서로 다른 리시버가 혼재되어 있음에도 리시버를 명시적으로 지정할 필요가 없는 경우가 있습니다. 바로 코틀린 DSL이 그런 경우입니다. 코틀린 DSL은 의도적으로 리시버를 지정할 필요가 없도록 설계되었습니다. 하지만 DSL에서는 외부 스코프에서 온 함수를 우연찮게라도 사용하면 특히 위험합니다. HTML 테이블을 만드는 간단한 HTML DSL을 생각해 봅시다.

```
 1  table {
 2      tr {
```

```
3          td { +"Column 1" }
4          td { +"Column 2" }
5      }
6      tr {
7          td { +"Value 1" }
8          td { +"Value 2" }
9      }
10 }
```

기본적으로 모든 스코프에서는 외부 스코프에 있는 리시버의 메서드도 사용할 수 있음을 유의해야 합니다. 이로 인해 DSL이 혼란스러워질 수 있기 때문입니다.

```
1  table {
2      tr {
3          td { +"Column 1" }
4          td { +"Column 2" }
5          tr {
6              td { +"Value 1" }
7              td { +"Value 2" }
8          }
9      }
10 }
```

이런 식의 사용을 제한하는 특수한 메타애너테이션(애너테이션을 위한 애너테이션)이 있는데, 이는 외부 리시버를 암묵적으로 사용하지 못하게 합니다. DslMarker가 바로 그것입니다. 이 애너테이션을 적용한 후, 추후 빌더 역할을 하는 클래스에 이 애너테이션을 사용하면, 해당 빌더 내에서 암묵적으로 리시버를 사용하는 것이 불가능합니다. 다음 예와 같이 사용됩니다.

```
1  @DslMarker
2  annotation class HtmlDsl
3
4  fun table(f: TableDsl.() -> Unit) { /*...*/ }
5
6  @HtmlDsl
7  class TableDsl { /*...*/ }
```

DslMarker가 적용된 애너테이션이 있는 외부 리시버를 암묵적으로 사용하는 것은 금지됩니다.

```
1   table {
2      tr {
3         td { +"Column 1" }
4         td { +"Column 2" }
5         tr {  // 컴파일 에러
6            td { +"Value 1" }
7            td { +"Value 2" }
8         }
9      }
10  }
```

외부 리시버의 함수를 사용하려면 리시버를 명시적으로 사용해야 합니다.

```
1   table {
2      tr {
3         td { +"Column 1" }
4         td { +"Column 2" }
5         this@table.tr {
6            td { +"Value 1" }
7            td { +"Value 2" }
8         }
9      }
10  }
```

DSL 마커는 가장 가까운 리시버나 외부 리시버를 명시적으로 사용하도록 강제하는 매우 중요한 메커니즘입니다. DSL 설계 의도를 이해하고, 이에 맞게 사용하세요.

요약

스코프의 리시버를 변경할 수 있다고 해서 여러 개의 스코프를 중첩시키지 마세요. 리시버가 많은 만큼 사용할 수 있는 메서드 수도 늘어나 혼동을 일으킬 수 있습니다. 인수 또는 인스턴스를 직접 받는 것이 더 낫습니다. 리시버를 변경할 수밖에 없다면, 리시버를 명시적으로 지정함으로써 함수의 출처를 명확히 하여 가독성을 높여야 합니다. 리시버가 많다면 레이블을 사용해 함수의 출처를 분명하게 만들 수 있습니다. 외부 스코프의 리시버를 명시적으로 사용하도록 강제하려면 DslMarker 메타애너테이션을 사용하면 됩니다.

아이템 15

프로퍼티는 동작이 아닌 상태를 나타내야 한다

코틀린 프로퍼티는 자바의 필드와 비슷해 보이지만, 사실은 다른 개념을 나타 냅니다.

```
1    // 코틀린 프로퍼티
2    var name: String? = null
3
4    // 자바 필드
5    String name = null;
```

데이터 저장이라는 동일한 용도로 사용될 수 있기는 하지만, 프로퍼티에는 훨 씬 더 많은 기능이 있음을 기억해야 하는데, 그 중 첫째는 항상 사용자 정의 세 터와 게터를 가질 수 있다는 점입니다.

```
1    var name: String? = null
2        get() = field?.toUpperCase()
3        set(value) {
4            if(!value.isNullOrBlank()) {
5                field = value
6            }
7        }
```

위 코드에서는 field 식별자를 사용하고 있습니다. field 식별자는 프로퍼티에 서 데이터를 저장해 두는 백킹 필드(backing field)에 대한 참조입니다. 세터와 게터의 디폴트 구현이 백킹 필드를 사용하기 때문에 백킹 필드는 기본으로 생 성됩니다. 백킹 필드를 사용하지 않는 사용자 정의 접근자(custom accessors) 를 구현할 수도 있습니다. 이 경우 프로퍼티는 field를 아예 갖지 않을 수 있습 니다. 예를 들어 읽기 전용 val 프로퍼티에 대해 게터만 사용하여 코틀린 프로 퍼티를 정의할 수 있습니다.

```kotlin
val fullName: String
    get() = "$name $surname"
```

읽기-쓰기가 가능한 var 프로퍼티는 게터와 세터를 정의할 수 있습니다. 이러한 프로퍼티를 **파생 프로퍼티**(derived property)라고 부르며, 자주 사용됩니다. 이처럼 코틀린의 모든 프로퍼티는 디폴트로 캡슐화되어 있습니다. 예를 들어 자바 표준 라이브러리의 Date를 활용해서 객체에 날짜를 저장했다고 해 봅시다. 그런데 직렬화 문제가 발생하거나 클래스를 공통 모듈로 이동시키는 등의 이유로 이 클래스가 더 이상 Date 타입의 프로퍼티를 저장할 수 없게 되었다면 어떨까요? 이미 프로젝트 전체에서 해당 프로퍼티가 참조되고 있어 문제가 될 것입니다. 하지만 코틀린에는 이런 문제를 해결할 수 있는 좋은 방법이 있습니다. 데이터를 별도의 millis 프로퍼티로 옮기고, date 프로퍼티가 데이터를 갖지 않고 다른 프로퍼티를 래핑(wrap)/언래핑(unwrap)하도록 수정하면 됩니다.

```kotlin
var date: Date
    get() = Date(millis)
    set(value) {
        millis = value.time
    }
```

프로퍼티에는 필드가 필요하지 않습니다. 오히려 개념적으로 접근자(val의 경우 게터, var의 경우 게터와 세터)를 나타냅니다. 그렇기 때문에 인터페이스로 정의할 수 있습니다.

```kotlin
interface Person {
    val name: String
}
```

이렇게 작성하면, 이 인터페이스에는 게터가 있다는 것을 의미합니다. 또한 프로퍼티를 오버라이드할 수 있습니다.

```kotlin
open class Supercomputer {
    open val theAnswer: Long = 42
}

```

```
5   class AppleComputer : Supercomputer() {
6       override val theAnswer: Long = 1_800_275_2273
7   }
```

같은 이유로 프로퍼티를 위임할 수 있습니다.

```
1   val db: Database by lazy { connectToDb() }
```

프로퍼티는 함수(게터, 세터)로 나타낼 수 있으므로 확장 프로퍼티로 만들 수 있습니다.

```
1   val Context.preferences: SharedPreferences
2       get() = PreferenceManager
3           .getDefaultSharedPreferences(this)
4
5   val Context.inflater: LayoutInflater
6       get() = getSystemService(
7           Context.LAYOUT_INFLATER_SERVICE) as LayoutInflater
8
9   val Context.notificationManager: NotificationManager
10      get() = getSystemService(Context.NOTIFICATION_SERVICE)
11          as NotificationManager
```

보시다시피 **프로퍼티는 필드가 아닌 접근자를 나타냅니다.** 이런 방식으로 프로퍼티를 함수 대신 사용할 수 있지만, 용도를 주의해서 사용해야 합니다. 아래 예제처럼 알고리즘 동작을 나타내는 데 프로퍼티를 사용해서는 안 됩니다.

```
1   // 이렇게 하지 마세요!
2   val Tree<Int>.sum: Int
3       get() = when (this) {
4           is Leaf -> value
5           is Node -> left.sum + right.sum
6       }
```

여기서 sum 프로퍼티는 모든 요소를 순회하는 알고리즘 동작을 나타냅니다. 알고리즘 동작을 나타내는 프로퍼티는 오해의 소지가 있습니다. 큰 규모의 컬렉션이라면 해당 연산이 무거울 수 있는데, 일반적으로 게터에서 그런 무거운 연산이 일어날 거라고 예상하지 않습니다. 따라서 이것은 프로퍼티가 아니라 함수여야 합니다.

```
1   fun Tree<Int>.sum(): Int = when (this) {
2       is Leaf -> value
3       is Node -> left.sum() + right.sum()
4   }
```

원칙적으로 프로퍼티는 상태를 나타내거나 설정하는 데 사용해야 하며, 다른 로직을 포함하지 않아야 합니다. 어떤 것이 프로퍼티가 되어야 하는지 판단할 때 유용한 기준이 있습니다. '이 프로퍼티를 함수로 정의한다면 접두어에 get이나 set를 붙일 것인가'입니다. get/set를 붙이지 않을 거라면 프로퍼티가 되어서는 안 됩니다. 좀 더 구체적으로, 프로퍼티 대신 함수를 사용해야 하는 가장 일반적인 경우를 정리해 보면 다음과 같습니다.

- 연산의 비용이 크거나 복잡도가 $O(1)$보다 높은 경우: 사용자는 프로퍼티 사용 비용이 높을 거라고 예상하지 않습니다.
- 연산이 예외를 던지는 경우: 사용자는 프로퍼티의 게터와 세터가 예외를 던질 거라고 예상하지 않습니다.
- 비즈니스 로직(애플리케이션 동작)을 포함하는 경우: 코드를 읽을 때 우리는 프로퍼티가 로깅, 리스너에게 알림, 바인딩된 요소 업데이트와 같은 단순한 작업 이상을 수행할 거라 예상하지 않습니다.
- 호출할 때마다 다른 결과가 나올 수 있는 경우: 게터를 호출해도 상태가 변경되어서는 안 되며, 세터를 연속으로 두 번 호출해도 (객체가 다른 스레드에서 수정되지 않는 한) 동일한 결과가 나와야 합니다.
- Int.toDouble() 같은 변환이 있는 경우: 변환은 메서드로 구현하는 것이 관례입니다. 프로퍼티를 사용하는 것은 객체가 래핑하고 있는 상태의 일부를 참조하는 것처럼 느껴집니다.
- 프로퍼티 상태가 변경되는 경우: 일반적으로 게터를 사용할 때 프로퍼티의 상태 변경에 신경 쓰지 않고 자유롭게 사용할 수 있을 거라 예상합니다.

예를 들어 요소들의 합을 계산하려면 해당하는 모든 요소를 순회(iterating)하므로(이는 상태가 아니라 행동입니다) 선형 복잡도를 갖습니다. 따라서 합을 계산하는 과정은 프로퍼티가 되어서는 안 되며, 표준 라이브러리에서도 이를 함수로 정의합니다.

```
1  val s = (1..100).sum()
```

반면, 코틀린에서는 상태를 가져오고 설정하는 데는 프로퍼티를 사용합니다. 이때 특별한 이유가 없는 한 함수를 사용하지 말아야 합니다. 프로퍼티를 사용해서 상태를 나타내고 설정하며, 나중에 수정해야 할 때는 사용자 정의 게터와 세터를 사용합니다.

```
1  // 이렇게 하지 마세요!
2  class UserIncorrect {
3      private var name: String = ""
4
5      fun getName() = name
6
7      fun setName(name: String) {
8          this.name = name
9      }
10 }
11
12 class UserCorrect {
13     var name: String = ""
14 }
```

간단한 경험칙에 따르면, 프로퍼티는 상태를 나타내고 설정하는 반면, 함수는 동작을 나타냅니다.

Unit?을 반환이나 연산에 사용하지 말라

필자의 친구는 채용 과정에서 "Unit?을 반환한다면 이유가 무엇일까요?"라는 질문을 받았다고 합니다. Unit?은 Boolean이 true 또는 false를 갖는 것처럼 Unit 또는 null이라는 값만 가질 수 있습니다. 따라서 Boolean과 Unit? 타입은 서로 바꿔서 사용할 수 있습니다. 뭔가를 표현할 때 Boolean 대신 Unit?을 사용하는 예로 엘비스 연산자나 안전한 호출을 사용하는 경우가 있을 수 있습니다.

```
1   fun keyIsCorrect(key: String): Boolean =  // ...
2
3   if(!keyIsCorrect(key)) return
```

다음처럼 사용할 수 있습니다.

```
1   fun verifyKey(key: String): Unit? =  //...
2
3   verifyKey(key) ?: return
```

채용자는 위와 같이 Boolean 대신 Unit?을 사용할 수 있다는 대답을 기대했을 것입니다. 인터뷰에서 빠진 것은 훨씬 더 중요한 질문인 "이러한 코드를 사용해도 될까요?"입니다. Unit?을 사용하는 것이 코드를 작성할 때는 좋아 보이지만 읽을 때는 그렇지 않습니다. Unit?을 사용하여 논리값을 표현하는 것은 오해의 소지가 있으며, 감지하기 어려운 오류로 이어질 수 있습니다. 이전에 이미 다음과 같은 표현이 어떻게 문제가 되는지 이야기했습니다.

```
1   getData()
2       ?.let { view.showData(it) }
3       ?: view.showError()
```

showData가 null을 반환하고 getData가 null이 아닌 값을 반환하면 showData와 showError가 모두 호출됩니다. 표준 if-else를 사용하면 이해하기 쉽고 읽기도 쉽습니다.

```
1   if (person != null && person.isAdult) {
2       view.showPerson(person)
3   } else {
4       view.showError()
5   }
```

다음 두 코드를 비교해 봅시다.

```
1   if(!keyIsCorrect(key)) return
2
3   verifyKey(key) ?: return
```

Unit?이 사용된 코드를 쉽게 읽을 수 있는 경우를 단 한 번도 보지 못했습니다. 이런 코드는 오해의 소지가 있고 혼동될 수 있으므로 Boolean을 사용하는 형태로 변경하는 것이 좋습니다. 이것이 Unit?을 반환하거나 이를 기반으로 연산하는 것을 피해야 한다는 일반적인 규칙이 있는 이유입니다.

이름 있는 인수 사용을 고려하라

코드를 읽을 때 인수의 의미가 명확하지 않은 경우가 있습니다. 다음 예를 살펴봅시다.

```
1   val text = (1..10).joinToString("|")
```

"|"는 무엇을 의미하는 걸까요? joinToString 함수를 잘 알고 있다면, 이것이 구분자(separator)라고 생각하겠지만 잘 모르는 사람은 접두사(prefix)라고 생각할 수도 있습니다. 의미하는 바가 명확하지 않습니다.[6] 값의 의미가 불분명한 인수를 읽기 쉽고 명확하게 하는 가장 좋은 방법은 이름 있는 인수(named argument)를 사용하는 것입니다.

```
1   val text = (1..10).joinToString(separator = "|")
```

또는 다음과 같이 변수의 이름을 사용해서 의미를 명확하게 할 수도 있습니다.

```
1   val separator = "|"
2   val text = (1..10).joinToString(separator)
```

그러나 이름 있는 인수를 사용하는 것이 더 신뢰할 수 있는 방법입니다. 변수의 이름은 개발자의 의도를 나타내지만, 정확성을 보장하는 것은 아닙니다. 개발자가 실수로 변수를 잘못된 위치에 두면 어떻게 될까요? 매개변수의 순서가 바뀌면 어떻게 될까요? 이름 있는 인수는 그런 상황에서 우리를 보호해 주지만 변수의 이름은 보호해 주지 못합니다. 그렇기 때문에 해당 값에 대해 이름

---

6   함수 호출 시 리터럴(literal)을 인수로 넘길 경우 인텔리제이가 여러 힌트를 제공함으로써 도움을 줍니다. 하지만 이 기능을 끄고 사용할 수도 있고 다른 IDE를 사용할 수도 있습니다.

이 잘 지정된 변수가 있는 경우에도 이름 있는 인수를 사용하는 것이 합리적입니다.

```
1    val separator = "|"
2    val text = (1..10).joinToString(separator = separator)
```

이름 있는 인수는 언제 사용해야 할까?

이름 있는 인수를 사용하면 코드는 길어지지만, 두 가지 중요한 이점이 있습니다.

- 어떤 값이 예상되는지를 이름으로 알 수 있습니다.
- 순서에 영향을 받지 않으므로 더 안전합니다.

인수의 이름은 해당 함수를 사용하는 개발자뿐만 아니라 이 함수가 어떻게 사용되었는지 이해하고자 하는 다른 사람들에게도 중요합니다. 다음의 코드를 보세요.

```
1    sleep(100)
```

얼마나 오래 sleep할까요? 100밀리초일까요? 아니면 100초일까요? 이름 있는 인수를 사용해서 이를 명확하게 할 수 있습니다.

```
1    sleep(timeMillis = 100)
```

의미를 명확하게 할 수 있는 다른 방법도 있습니다. 코틀린 같이 정적 타입 언어에서 인수를 전달할 때 의도를 명확하게 하는 첫 번째 메커니즘은 매개변수 타입입니다. 다음과 같이 시간 단위를 나타내기 위해 매개변수 타입을 사용할 수 있습니다.

```
1    sleep(Millis(100))
```

또는 DSL 같은 구문을 생성하기 위해 확장 프로퍼티를 사용할 수 있습니다. Duration 인스턴스를 생성하는 코틀린 표준 라이브러리의 milliseconds가 이에 해당합니다.

```
1   sleep(100.milliseconds)
```

타입은 이러한 정보를 나타내기에 좋은 방법이지만 충분하지 않을 수 있습니다. 타입을 활용하더라도 어떤 인수는 여전히 불분명할 수 있고 잘못된 위치에 놓일 수도 있습니다. 따라서 이름 있는 인수를 사용하는 것이 좋습니다. 특히 다음과 같은 경우에는 이름 있는 인수의 사용을 권장합니다.

- 디폴트 인수가 있는 경우
- 여러 매개변수가 같은 타입인 경우
- 함수형 매개변수가 있는 경우(마지막 매개변수가 아닌 경우)

각각의 경우를 살펴봅시다.

디폴트 인수가 있는 경우

디폴트 인수가 있는 매개변수는 거의 항상 이름을 붙여 사용해야 합니다. 디폴트 인수가 있는 선택적 매개변수(optional parameter)는 필수 매개변수보다 더 자주 변경됩니다. 따라서 선택적 매개변수는 이름 있는 인수를 사용하는 것이 좋습니다. 일반적으로 함수의 이름은 필수 인수(non-optional argument)에 대한 정보는 포함하지만, 선택적 인수(optional argument)에 대한 정보는 포함하지 않습니다. 그렇기 때문에 선택적 인수의 이름을 지정하는 것이 더 안전하며 일반적으로 더 깔끔합니다.[7]

여러 매개변수가 같은 타입인 경우

앞서 살펴본 것처럼, 매개변수 타입이 서로 다른 경우에는 일반적으로 인수를 잘못된 위치에 놓는 것을 걱정할 필요가 없습니다. 그러나 일부 매개변수의 타입이 같은 경우에는 잘못된 위치에 변수를 배정할 수 있습니다.

---

7 다른 언어의 몇몇 모범 사례에서는 선택적 인수의 이름을 항상 지정할 것을 권장하기도 합니다. 브렛 슬라킨(Brett Slatkin)이 쓴 《파이썬 코딩의 기술(Effective Python)》(길벗, 2020)의 'Better way 23: 키워드 인자로 선택적인 기능을 제공하라'에서도 이를 권장합니다.

```
1   fun sendEmail(to: String, message: String) {
2       /*...*/
3   }
```

이런 함수에서는 이름 있는 인수를 사용해 명확히 하는 것이 좋습니다.

```
1   sendEmail(
2       to = "contact@kt.academy",
3       message = "Hello, ..."
4   )
```

함수형 매개변수가 있는 경우

마지막으로 함수형 매개변수는 특별하게 다뤄야 합니다. 코틀린에는 함수형 매개변수를 위한 특별한 위치가 있는데, 바로 마지막 위치입니다. 때로는 함수 이름이 함수 타입의 인수를 설명하기도 합니다. 예를 들어 repeat를 보면 그 뒤에 오는 람다를 반복될 코드 블록이라고 생각합니다. thread를 보면 그 뒤에 오는 블록이 이 새 스레드의 본문이라는 것을 직관적으로 알 수 있습니다. 이러한 이름들은 마지막 위치에서 사용되는 함수에 대해서만 설명합니다.

```
1   thread {
2       // ...
3   }
```

함수 타입으로 된 다른 인수들에는 잘못 해석되지 않도록 이름을 붙여야 합니다. 다음의 뷰 DSL을 살펴봅시다.

```
1   val view = linearLayout {
2       text("Click below")
3       button({ /* 1 */ }, { /* 2 */ })
4   }
```

어떤 함수가 빌더 부분이고 어떤 함수가 온클릭(on-click) 리스너일까요? 리스너에 이름을 지정하고 빌더를 인수 외부로 옮기면 구분이 명확해집니다.

```
1   val view = linearLayout {
2       text("Click below")
```

```
3      button(onClick = { /* 1 */ }) {
4          /* 2 */
5      }
6  }
```

함수형이면서 선택적 매개변수가 여러 개인 경우에는 특히 헷갈릴 수 있습니다.

```
1  fun call(before: () -> Unit = {}, after: () -> Unit = {}) {
2      before()
3      print("Middle")
4      after()
5  }
6
7  call({ print("CALL") })  // CALLMiddle
8  call { print("CALL") }   // MiddleCALL
```

이러한 상황을 방지하려면 각 함수형 인수가 특별한 의미를 갖지 않는 경우에도 모든 함수형 타입 인수에 이름을 붙여야 합니다.

```
1  call(before = { print("CALL") })  // CALLMiddle
2  call(after = { print("CALL") })    // MiddleCALL
```

특히 리액티브 라이브러리에서 함수형 인수에 이름을 붙이는 경우가 많습니다. 예를 들어, RxJava에서는 Observable을 구독할 때 호출해야 하는 함수를 설정할 수 있습니다.

- 수신된 모든 항목에 대해서 호출될 함수
- 오류가 발생할 경우 호출될 함수
- Observable이 완료된 후 호출될 함수

자바에서는 람다 표현식을 사용해서 이런 함수를 설정하고 각 람다 표현식이 어떤 메서드인지 주석에 명시하는 경우가 많습니다.

```
1  // 자바
2  observable.getUsers()
3      .subscribe((List<User> users) -> {  // onNext
4          // ...
```

```
5      }, (Throwable throwable) -> {        // onError
6          // ...
7      }, () ->{  // onCompleted
8          // ...
9      });
```

코틀린에서는 한 단계 더 나아가 이름 있는 인수를 사용할 수 있습니다.

```
1    observable.getUsers()
2        .subscribeBy(
3            onNext = { users: List<User> ->
4                // ...
5            },
6            onError = { throwable: Throwable ->
7                // ...
8            },
9            onCompleted = {
10               // ...
11           }
12       )
```

함수 이름을 subscribe에서 subscribeBy로 변경했습니다. 이는 RxJava가 자바
로 작성되어 있으며, 자바는 함수의 이름에 대한 정보를 보존하지 않아 자바
함수를 호출할 때는 이름 있는 인수를 사용할 수 없기 때문입니다. 이름 있는
인수를 사용하려면 일반적으로 이 함수에 대한 별도의 코틀린 래퍼(이러한 함
수를 대체하는 확장 함수)를 만들어야 합니다.

요약

디폴트 값이 있는 인수 일부를 생략하고 다른 인수를 전달하는 경우 외에도 이
름 있는 인수는 유용하게 사용될 수 있습니다. 코드를 읽는 다른 개발자에게도
중요한 정보를 제공하며 코드의 안전성을 향상시킬 수 있습니다. 특히 여러 매
개변수가 동일한 타입(또는 함수형 타입)이거나 선택적 인수가 있다면, 이름
있는 인수의 사용을 고려해야 합니다. 여러 매개변수가 함수형이라면 항상 이
름 있는 인수를 사용해야 합니다. 마지막 함수형 인수가 DSL 같이 특별한 의미
를 갖는 경우에는 예외입니다.

아이템 18

코딩 컨벤션을 준수하라

기본적인

코틀린에는 공식 문서의 'Coding Conventions' 항목에 잘 정립되어 있는 코딩 컨벤션이 있습니다.[8] 이러한 컨벤션이 모든 프로젝트에 최적인 것은 아니지만 커뮤니티가 모든 프로젝트에서 준수되는 컨벤션을 제공하는 것은 바람직한 일입니다. 이러한 컨벤션 덕분에 다음과 같은 이점을 얻을 수 있습니다.

- 프로젝트 간 전환이 쉽습니다.
- 외부 개발자도 코드를 쉽게 읽을 수 있습니다.
- 코드 작동 방식을 추측하기 쉽습니다.
- 추후에 코드를 공통 저장소와 병합하거나 프로젝트의 일부 코드를 다른 프로젝트로 이동하기 쉽습니다.

프로그래머는 문서에 설명된 컨벤션에 익숙해져야 합니다. 변경할 때도 이를 준수해야 하는데, 시간이 지나면 어느 정도 변경될 수 있어서입니다. 두 가지 모두 수행하기는 어렵지만, 이를 돕는 두 가지 도구가 있습니다.

- 인텔리제이 포맷터는 공식 코딩 컨벤션 스타일에 따라 자동으로 형식이 설정되도록 설정할 수 있습니다. '설정 〉 에디터 〉 코드 스타일 〉 Kotlin(Settings 〉 Editor 〉 Code Style 〉 Kotlin)'에서 오른쪽 상단에 있는 '다음에서 설정(Set from...)' 링크를 클릭하여 'Kotlin 스타일 가이드(Kotlin style guide)'를 선택하세요.
- ktlint[9]: 인기 있는 린터(linter)로, 코드를 분석하여 코딩 컨벤션 위반 사항을 모두 알려 줍니다.

8 링크: *kt.academy/l/kotlin-conventions*
9 링크: *kt.academy/l/ktlint*

코틀린 프로젝트를 살펴보면 대부분의 경우 프로젝트가 컨벤션과 직관적으로 일치하는 것을 알 수 있습니다. 이는 아마도 코틀린이 대개 자바의 코딩 컨벤션을 따르고 오늘날 대다수 코틀린 개발자는 자바 개발자였기 때문일 것입니다. 필자가 자주 위반하는 규칙 중 하나는 클래스와 함수의 형식을 지정하는 방법입니다. 컨벤션에 따르면 짧은 기본 생성자가 있는 클래스는 한 줄로 정의할 수 있습니다.

```
class FullName(val name: String, val surname: String)
```

그러나 매개변수가 많은 클래스는 모든 매개변수가 다른 줄에 있고[10] 첫 번째 줄에는 매개변수가 없도록 형식을 지정해야 합니다.

```
1   class Person(
2       val id: Int = 0,
3       val name: String = "",
4       val surname: String = ""
5   ) : Human(id, name) {
6       // 내용
7   }
```

마찬가지로 다음은 긴 함수의 형식을 지정하는 방법입니다.

```
1   public fun <T> Iterable<T>.joinToString(
2       separator: CharSequence = ", ",
3       prefix: CharSequence = "",
4       postfix: CharSequence = "",
5       limit: Int = -1,
6       truncated: CharSequence = "...",
7       transform: ((T) -> CharSequence)? = null
8   ): String {
9       // ...
10  }
```

이 두 방법은 첫 번째 매개변수를 같은 줄에 두고 다른 매개변수를 들여쓰기 하는 컨벤션과 매우 다릅니다.

---

10 x 및 y와 같이 밀접하게 관련 있는 매개변수를 같은 줄에 둘 수 있지만, 필자는 선호하지 않습니다.

```
1    // 이렇게 하지 마세요!
2    class Person(val id: Int = 0,
3                 val name: String = "",
4                 val surname: String = "") : Human(id, name){
5        // 내용
6    }
```

이는 두 가지 측면에서 문제가 될 수 있습니다.

- 모든 클래스의 인수는 클래스 이름에 따라 서로 다른 들여쓰기로 시작됩니다. 또한 클래스의 이름을 변경할 때 모든 기본 생성자 매개변수의 들여쓰기를 조절해야 합니다.
- 클래스를 이런 방식으로 정의하면 코드가 차지하는 폭이 여전히 넓습니다. 이러한 방식으로 정의된 클래스의 폭은 클래스 키워드와 가장 긴 기본 생성자 매개변수가 포함된 클래스 이름 또는 마지막 매개변수와 슈퍼클래스 및 인터페이스를 더한 값입니다.

일부 팀에서는 약간 다른 컨벤션을 사용하기로 결정할 수도 있습니다. 하지만 여기서 제안한 코딩 컨벤션을 프로젝트 전반에 적용하는 것이 좋습니다. 모든 프로젝트는 여러 사람이 서로 싸우는 것이 아니라 한 사람이 작성한 것처럼 보여야 합니다.

코딩 컨벤션은 개발자들 사이에서 준수되지 않는 경우가 많지만 중요하기 때문에 가독성을 다루는 장에서 최소한 짧은 섹션이라도 다루지 않고 끝낼 수는 없었습니다. 코딩 컨벤션 문서를 읽고 정적 검사기를 사용하여 프로젝트에 적용하고 일관성을 유지하세요. 코딩 컨벤션을 준수하면 더 나은 코틀린 프로젝트를 만들 수 있습니다.

2부

코드 설계

3장

재사용성

System.out.print 함수가 어떻게 작동하는지 궁금했던 적이 있나요?[1] System. out.print 함수는 가장 기본적인 함수 중 하나이며 자주 사용되는 함수입니다. 하지만 이 함수가 언젠가 사라진다면 이를 직접 구현할 수 있을까요? 사실 이를 구현하기는 쉽지 않을 것입니다. 특히 java.io의 나머지 부분도 사라진다면 더 어려울 것입니다. 지원하는 각 운영 체제에 대한 통신을 JNI[2]를 사용하여 C 언어로 별도 구현해야 합니다. 이를 한 번 구현하는 것도 끔찍하지만 모든 프로젝트에서 반복해서 구현하는 것은 더욱 끔찍한 일입니다.

다른 함수들도 마찬가지입니다. 안드로이드 뷰를 만드는 것이 매우 쉬운 이유는 이를 손쉽게 만들 수 있게 해 주는 강력한 API를 제공하기 때문입니다. 백엔드 개발자는 HTTP(S) 프로토콜을 매일 사용하지만 HTTP(S) 프로토콜에 대해 많이 알 필요는 없습니다. 순회 가능한 객체(iterable object)에서 정렬 알고리즘을 몰라도 sorted를 호출할 수 있습니다. 프로토콜이나 함수의 동작을 자세하게 알지 못해도 사용하는 데는 지장이 없습니다. 누군가 한 번 구현하기만 하면 필요할 때마다 사용할 수 있습니다. 이것이 프로그래밍 언어의 중요한 특징 중 하나인 **재사용성**(reusability)입니다.

---

1   코틀린/JVM의 println 함수는 실제로 이 함수를 호출합니다.
2   이에 대해 다음 글을 읽어보세요. *kt.academy/l/println*

이토록 좋아 보이는 코드 재사용성은 사실 강력한 만큼 위험합니다. println 함수의 작은 변경으로 수많은 프로그램이 망가질 수 있습니다. A와 B에서 공통 부분을 추출하면 나중에 두 부분을 다 변경해야 할 때는 좀 더 수월하겠지만, 둘 중 하나만 변경해야 한다면 더 복잡해지고 오류가 발생하기 더 쉽습니다.

이번 장에서는 재사용성에 중점을 두고, 개발자들이 직관적으로 해오던 여러 가지에 대해 다룹니다. 개발자들은 이러한 것들을 코드를 작성하면서 경험을 통해 배워왔는데, 주로 과거에 했던 일이 현재에 어떤 영향을 미치는지 관찰하면서 익혔습니다. 이전에 추출한 무언가 때문에 현재 문제가 발생하기도 하며, 이전에 무언가를 추출하지 않았기 때문에 현재 무언가를 변경할 때 문제가 생기기도 합니다. 때때로 다른 개발자가 몇 년 전에 작성한 코드를 처리해야 할 때 그들이 내렸던 과거의 결정이 지금의 우리에게 미치는 영향을 알 수 있습니다. 다른 언어나 프로젝트를 보고 "와, 이건 X를 해서 짧고 가독성이 좋네"라고 생각할 수도 있습니다. 이것이 우리가 일반적으로 학습하는 방식이며, 가장 좋은 학습 방법 중 하나입니다.

그러나 한 가지 문제가 있습니다. 수년간의 연습이 필요하다는 점입니다. 이번 장에서는 연습 속도를 빠르게 하고 지식을 체계화하기 위해, 장기적인 관점에서 코드를 개선하는 데 도움이 되는 일반적인 규칙을 설명할 것입니다. 책의 다른 부분보다 좀 더 이론적인 내용이라고 할 수 있습니다. 이전 장에서 설명한 것과 같은 구체적인 규칙을 원한다면 이 장은 건너뛰어도 좋습니다.

아이템 19

knowledge를 반복하지 말라

필자가 배운 프로그래밍에 관한 첫 번째 원칙은 다음과 같습니다.

> "프로젝트에서 복사-붙여넣기를 하고 있다면, 아마도 무언가 잘못하고 있을 가능성이 크다."

이 원칙은 매우 간단한 휴리스틱(heuristic)[3]이지만 매우 현명한 방법이기도 합니다. 심지어 지금도 이 말을 떠올릴 때마다 'knowledge를 반복하지 말라'라는 원칙의 핵심 아이디어를 간단하고 명료한 한 문장으로 얼마나 잘 표현했는지 다시 한번 놀랍니다. 이것은 앤드류 헌트(Andrew Hunt)와 데이비드 토머스(David Thomas)의 책 《실용주의 프로그래머(The Pragmatic Programmer)》(인사이트, 2022)에 나오는 DRY(Don't Repeat Yourself) 원칙으로 알려져 있습니다. 몇몇 개발자들은 이를 비꼬는 방식으로 설명하는 WET 안티패턴[4]으로 알고 있을 수도 있습니다. DRY/WET은 또한 SSOT(Single Source of Truth) 관행과 밀접한 관련이 있습니다. 보다시피 이 원칙은 꽤 유명하며 많은 이름으로 사용됩니다. 하지만 종종 오용되거나 남용되기도 합니다. 이 원칙과 그 이유를 명확하게 이해하기 위해서는 약간의 이론을 알아야 합니다.

Knowledge

프로그래밍에서 knowledge를 넓은 의미로 정의하면 '의도적인 정보'라고 할 수 있습니다. 코드나 데이터도 knowledge가 될 수 있고, 기본 동작을 사용하

---

3 (옮긴이) 휴리스틱(heuristic)이란 체계적인 문제 해결 방법은 아니지만, 대략적인 규칙이나 시행착오를 통해 문제를 해결하는 방식을 의미합니다.
4 '우리는 타이핑을 즐기고 모두의 시간을 낭비하며, 모든 것을 두 번씩 작성한다(We Enjoy Typing, Waste Everyone's Time or Write Everything Twice)'를 의미합니다.

겠다는 의미로서 코드나 데이터의 부재가 knowledge가 될 수도 있습니다. 예를 들어, 상속을 하면서 메서드를 오버라이드하지 않는 것은 슈퍼클래스와 동일한 방식으로 이 메서드가 동작하길 원한다고 말하는 것과 같습니다.

이런 방식으로 정의한다면 프로젝트에 있는 모든 것은 일종의 knowledge입니다. 물론 알고리즘의 작동 방식, UI의 형태, 달성하고자 하는 결과 등 knowledge의 종류는 다양합니다. 또한 코드나 설정 파일, 템플릿 등 knowledge를 표현하는 방식도 다양합니다. 결국 우리 프로그램의 모든 부분은 어떤 도구나 가상 머신을 이용해서 혹은 다른 프로그램에 의해 직접적으로 이해될 수 있는 정보입니다.

우리 프로그램에서 특히 중요한 두 가지 종류의 knowledge가 있습니다.

1. 로직: 프로그램이 어떻게 동작해야 하고 어떻게 보여야 하는지
2. 공통 알고리즘: 원하는 동작을 달성하기 위한 알고리즘의 구현

이들의 주된 차이는 비즈니스 로직은 시간이 지나면서 바뀌는 반면, 공통 알고리즘은 일반적으로 한 번 정의되면 변경되지 않는다는 점입니다. 물론 알고리즘은 최적화되거나 다른 알고리즘으로 대체될 수도 있지만, 알고리즘 그 자체는 잘 바뀌지 않는 경우가 많습니다. 이 차이 때문에 다음 아이템에서는 알고리즘을 집중적으로 다뤄보겠습니다. 지금부터 첫 번째 요점인 로직, 즉 우리 프로그램의 knowledge를 살펴봅시다.

모든 것은 변경될 수 있다

프로그램에서 유일한 상수는 변경이라는 말이 있습니다. 10년 또는 20년 전의 프로젝트를 생각해 보세요. 그리 긴 시간이 아닙니다. 수년간 변하지 않는 인기 있는 애플리케이션이나 웹사이트를 떠올릴 수 있나요? 안드로이드는 2008년에 출시되었습니다. 코틀린의 첫 안정화 버전은 2016년에 나왔습니다. 기술뿐 아니라 언어도 빠르게 변합니다. 여러분의 오래된 프로젝트를 생각해 보세요. 지금은 그때와 다른 라이브러리, 다른 아키텍처, 다른 설계를 사용하고 있을 것입니다.

변경은 종종 예상하지 못한 곳에서 일어납니다. 아인슈타인의 학생들이 시험을 보고 있는데, 한 학생이 벌떡 일어나 문제가 전년도와 똑같다고 큰소리로 불평을 했다는 이야기가 있습니다. 아인슈타인은 그건 사실이지만 정답은 작년과 완전히 다르다고 답했습니다. 법이나 과학에 근거하기 때문에 변함없이 일정하다고 생각했던 것들이 하루아침에 바뀔 수 있습니다. 절대적으로 확실한 것은 없습니다.

UI 디자인과 기술 표준은 훨씬 더 빠르게 변경됩니다. 클라이언트에 대한 우리의 이해도 매일 바뀌어야 하는 경우가 많습니다. 이처럼 프로젝트의 knowledge도 변경됩니다. 예를 들어, 다음은 변경이 발생하는 몇 가지 일반적인 이유입니다.

- 회사가 사용자의 요구사항이나 습관에 대해 더 많이 알게 되는 경우
- 디자인 표준이 변경되는 경우
- 플랫폼, 라이브러리, 툴의 변화에 대응해야 하는 경우

오늘날 대부분의 프로젝트는 몇 달마다 요구사항과 내부 구조의 일부를 변경합니다. 이는 바람직한 현상입니다. 널리 사용되는 많은 관리 시스템은 애자일하며 지속적인 요구사항 변경을 지원합니다. 슬랙은 처음에는 글리치(Glitch)[5]라는 게임이었습니다. 게임은 성공하지 못했지만 고객들은 게임의 커뮤니케이션 기능을 좋아했고 지금의 슬랙이 있게 되었습니다.

많은 것은 바뀔 수 있고 우리는 그에 대비해야 합니다. 변경의 가장 큰 적은 knowledge의 반복입니다. 잠시 생각해 봅시다. 프로그램의 여러 곳에서 반복되는 코드를 변경해야 한다면 어떻게 해야 할까요? 가장 간단하게는 그것이 사용된 모든 곳을 찾아서 모두 변경하면 됩니다. 찾는 것은 귀찮을 수도 있고 골치 아플 수도 있습니다. 반복된 부분의 일부를 누락한다면 어떻게 될까요? 다른 기능과 통합되어 이미 일부가 수정된 경우에는 어떻게 해야 할까요? 모두 같은 방식으로 수정하는 것은 어려울 것입니다. 이런 문제들은 실제로 발생합니다.

---

5 알리 라일(Ali Rayl)의 '게임 메커니즘이 제품 충성도를 높이는 방법(How game mechanics can drive product loyalty)'이라는 발표를 참고하세요.

조금 더 구체적으로 살펴보겠습니다. 프로젝트의 여러 곳에서 사용되는 범용적인 버튼이 있다고 해 봅시다. 버튼이 사용된 곳마다 버튼의 모양을 정의했다면 그래픽 디자이너가 이 버튼을 변경하기로 결정했을 때 문제가 될 수 있습니다. 전체 프로젝트에서 이를 찾아서 모든 인스턴스를 각각 변경해야 합니다. 또한 테스트 담당자에게 누락된 인스턴스가 없는지를 확인해 달라고 요청해야 합니다.

다른 예를 들어 보겠습니다. 프로젝트에서 데이터베이스를 사용하다가 어느 날 테이블의 이름을 변경했다고 해 봅시다. 이름이 변경된 테이블이 포함된 SQL 구문도 함께 바꾸지 않는다면 문제가 되는 오류가 발생할 수 있습니다. 테이블 구조가 한 곳에만 정의되었다면 발생하지 않을 문제입니다.

이 두 가지 예에서 knowledge의 반복이 얼마나 위험하고 문제가 되는지 알 수 있습니다. knowledge의 반복은 프로젝트 확장성을 떨어뜨리고 프로젝트를 취약하게 만듭니다. 다행히도 프로그래머들은 knowledge의 중복을 제거하는 데 도움이 되는 도구와 기능을 위해 수년간 노력해 왔습니다. 대부분의 플랫폼에서는 버튼에 대한 사용자 스타일을 정의하거나 해당 버튼을 나타내는 사용자 정의 뷰/컴포넌트를 정의할 수 있습니다. 텍스트 형식으로 SQL을 작성하는 대신 하이버네이트(Hibernate) 같은 ORM(Object-Relational Mapping)을 사용할 수도 있고 익스포즈드(Exposed) 같은 DAO(Data Access Objects)를 사용할 수도 있습니다.

이 모든 해결책은 서로 다른 종류의 추상화를 나타내며, 서로 다른 종류의 중복으로부터 우리를 보호해 줍니다. 서로 다른 종류의 추상화에 대한 분석은 '아이템 26: 변경으로부터 코드를 보호하려면 추상화를 사용하라'에서 살펴보겠습니다.

언제 코드를 반복해도 될까?

유사해 보이는 두 코드지만 하나로 추출해서는 안 되는 경우가 있습니다. 유사해 보이지만 사실 다른 knowledge를 나타내는 경우입니다.

예를 들어 보겠습니다. 두 개의 독립적인 안드로이드 애플리케이션이 같은 프로젝트에 있다고 해 봅시다. 두 애플리케이션의 빌드 도구 설정이 비슷해서 이를 하나로 추출하고 싶을 것입니다. 그렇게 하면 어떻게 될까요? 두 애플리케이션은 독립적이므로 설정 파일에서 무언가를 변경해야 하는 경우 둘 중 하나만 변경해야 할 가능성이 높습니다. 이처럼 신중하지 못하게 설정을 추출하면 변경이 어려워지며 해당 설정을 읽는 것도 더 어려워집니다. 설정 파일에는 보일러플레이트 코드가 포함되어 있지만 개발자들은 이미 이에 익숙하기 때문에 독립된 설정 파일로 유지하는 것이 더 낫습니다. 추상화를 한다는 것은 자체 API를 설계하는 것이지만, 이 API를 사용하는 개발자에게는 또 다른 학습 과제가 됩니다. 개념적으로 동일한 knowledge가 아닌 것을 추출하는 것이 얼마나 문제가 될 수 있는지에 대한 완벽한 예시입니다.

두 코드가 같은 knowledge를 나타내는지 판별할 수 있는 질문은 다음과 같습니다. '그들이 같이 변경될 가능성이 높은가? 아니면 따로 변경될 가능성이 높은가?' 공통 부분을 추출하면 동시에 두 가지를 변경하는 것은 쉬워지지만 한 가지만 변경하는 것은 더 어려워지기 때문에 이는 매우 중요한 질문입니다.

한 가지 유용한 휴리스틱은 비즈니스 규칙의 출처가 다른 경우, 그들이 각각 독립적으로 변경될 가능성이 높다고 가정해야 한다는 것입니다. 코드 추출이 올바른지 판단하기 위해 지켜야 할 규칙이 있습니다. 바로 단일 책임 원칙입니다.

단일 책임 원칙

공통 코드로 추출해서는 안 되는 경우를 알려 주는 가장 중요한 원칙은 SOLID의 단일 책임 원칙(Single Responsibility Principle, SRP)[6]입니다. 이 원칙은 '클래스는 하나의 이유로만 변경되어야 한다'고 정의할 수 있으며, '두 액터가 같은 클래스를 변경해야 하는 일은 없어야 한다'는 문장으로 단순화할 수 있습니다. 여기서 액터란 변경을 일으키는 주체(source of change)를 의미합니다. 액터는 종종 서로의 업무나 도메인에 대해 잘 모르는 다른 부서의 개발자들일 수

---

6 소프트웨어 엔지니어인 로버트 마틴의 책 《클린 아키텍처(Clean Architecture)》(인사이트, 2019)에서 이를 설명했습니다.

있습니다. 프로젝트의 개발자가 한 명이라고 하더라도 관리자가 여러 명 있을 수 있으며, 각 관리자는 별도의 액터로 취급해야 합니다. 이들은 서로의 도메인에 대해 거의 알지 못하는 두 명의 변경 주체입니다. 두 액터가 동일한 코드를 변경하는 상황은 굉장히 위험합니다.

예를 들어 보겠습니다. 우리가 대학에서 일하고 있고 Student 클래스가 있다고 가정해 봅시다. 장학 부서와 인증 부서에서 모두 이 클래스를 사용합니다. 두 부서의 개발자는 다음과 같은 서로 다른 두 가지 함수를 도입했습니다.

- isPassing: 인증 부서가 만든 함수로 학생이 합격했는지를 응답합니다.
- qualifiesForScholarship: 장학 부서가 만든 함수로 학생이 장학금을 받을 수 있는 충분한 점수를 가지고 있는지 응답합니다.

두 함수 모두 학생이 이전 학기에 점수를 얼마나 많이 땄는지 계산해야 하므로 개발자는 해당 부분을 calculatePointsFromPassedCourses 함수로 추출했습니다.

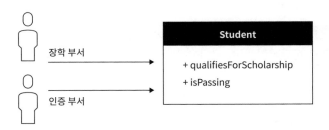

```
1   class Student {
2       // ...
3
4       fun isPassing(): Boolean =
5           calculatePointsFromPassedCourses() > 15
6
7       fun qualifiesForScholarship(): Boolean =
8           calculatePointsFromPassedCourses() > 30
9
10      private fun calculatePointsFromPassedCourses(): Int {
11          // ...
12      }
13  }
```

그런데 어느 날 학장이 덜 중요한 과목은 장학금 점수에 포함시키지 않기로 결정했고 규칙이 변경되었습니다. 이를 적용해야 할 개발자는 qualifiesForScholarship 함수가 private 메서드인 calculatePointsFromPassedCourses를 호출하는 것을 발견하고, 이 private 메서드에서 자격이 없는 과목을 생략하도록 변경합니다. 의도치 않게 개발자는 isPassing의 동작도 변경한 것이 됩니다. 합격 예정이었던 학생이 해당 학기에 불합격이라는 통보를 받게 되었을 때의 반응을 상상해 보세요.[7]

단위 테스트가 있었다면 이런 상황을 쉽게 방지할 수 있었을 것입니다('아이템 9: 단위 테스트를 작성하라'). 하지만 이는 잠시 고려하지 않겠습니다.

물론 개발자는 해당 함수가 다른 곳에서 사용되는지 확인할 수 있습니다. 하지만 개발자는 해당 private 함수가 완전히 다른 책임이 있는 다른 프로퍼티에서 사용된다는 사실을 몰랐을 것입니다. private 함수가 두 개 이상의 함수에서 사용되는 경우는 거의 없기 때문입니다.

문제는 일반적으로 서로 매우 가까이 위치한(같은 클래스/파일에 위치) 책임들을 결합하는 것은 쉽다는 점입니다. 간단한 해결책은 서로 다른 책임을 별도의 클래스로 추출하는 것입니다. StudentIsPassingValidator 클래스와 StudentQualifiesForScholarshipValidator 클래스를 별도로 만들 수 있지만 코틀린에서는 이런 무거운 방법을 사용할 필요가 없습니다(더 자세한 내용은 '4장: 추상화 설계'를 참고하세요). 간단하게 qualifiesForScholarship과 calculatePointsFromPassedCourse를 Student의 확장 함수로 정의하고 각각 다른 모듈에 두면 됩니다. 하나는 장학 부서가 책임이 있는 모듈에, 다른 하나는 인증 부서가 책임이 있는 모듈에 따로 둘 수 있습니다.

```
1   // 장학 모듈
2   fun Student.qualifiesForScholarship(): Boolean {
3       /*...*/
4   }
5
6   // 인증 모듈
```

---

7 성난 학생들 무리가 토치와 자를 들고 대학 건물을 습격하는 장면을 상상해 보세요. 추상적으로 들린다면, '성 스콜라스티카 축일(St. Scholastica Day)' 폭동에 대해 읽어 보세요.

```
7    fun Student.calculatePointsFromPassedCourses(): Boolean {
8      /*...*/
9    }
```

결과를 계산하는 함수를 추출하는 것은 어떨까요? 가능하긴 하지만, 두 메서드 모두에서 헬퍼로 사용되는 함수는 private 함수가 될 수 없습니다. 그 대신에 다음과 같이 할 수 있습니다.

1. 두 부서에서 모두 사용되는 모듈에 일반적인 public 함수를 정의하는 것입 니다. 이 경우에는 공통 부분이 공유되는 것으로 간주되므로 개발자는 이 에 대한 규약을 수정해서 사용법을 조정하지 않고는 이를 변경해서는 안 됩니다.
2. 각 부서별로 하나씩 두는 방식으로, 두 개의 분리된 헬퍼 함수로 분리합 니다.

두 방법 모두 안전합니다. 단일 책임 원칙은 우리에게 두 가지 사실을 알려 줍 니다.

1. 두 가지 다른 출처(여기서는 다른 부서)의 knowledge는 독립적으로 변 경될 가능성이 매우 높습니다. 따라서 이 다른 출처를 서로 다른 종류의 knowledge로 다뤄야 합니다.
2. 서로 다른 종류의 knowledge를 분리해야 합니다. 그렇지 않으면 재사용 해서는 안 되는 코드의 일부를 재사용하고 싶은 유혹에 빠질 수 있습니다.

요약

모든 것은 변화하며 이 변화에 대비하는 것, 즉 공통의 knowledge를 인식하고 이를 추출하는 것이 우리의 일입니다. 만약 어떤 요소들이 유사한 부분을 갖고 있고 모든 인스턴스에서 이 부분에 대한 변경을 적용해야 할 가능성이 있는 경 우 이를 추출하세요. 추출하면, 여러 인스턴스를 업데이트하기 위해 프로젝트 를 검색하는 시간을 절약할 수 있습니다. 반면, 출처별로 요소를 분리해서 의

도하지 않은 수정이 발생하지 않도록 하세요. 이것이 문제를 일으키는 가장 중요한 이슈일 때가 종종 있습니다. 필자는 'Don't Repeat Yourself'의 문장 자체의 의미에 너무 겁을 먹어서 비슷해 보이는 두 줄의 코드만 봐도 이 코드를 의심하고 추출하려는 개발자를 많이 보았습니다. 양쪽 극단은 모두 건강하지 않으며 균형을 잡아야 합니다. 어떤 것을 추출해야 할지 말아야 할지 결정하기 어려울 수 있습니다. 그렇기 때문에 정보 시스템 설계는 시간과 많은 연습이 필요한 하나의 예술입니다.

아이템 20

일반적인 알고리즘을 반복하지 말라

종종 개발자들이 동일한 알고리즘을 계속해서 다시 구현하는 것을 봅니다. 여기서 알고리즘이란 특정 프로젝트에 국한된 것이 아닌 패턴을 의미하므로 비즈니스 로직을 포함하지 않으며 별도의 모듈이나 라이브러리로 추출할 수 있습니다. 이는 수학 연산, 컬렉션 처리 또는 기타 일반적인 동작일 수 있습니다. 때때로 이러한 알고리즘은 최적화된 정렬 알고리즘과 같이 길고 복잡할 수 있습니다. 범위 내 숫자를 강제 변환하는 것과 같은 간단한 예도 많이 있습니다.

```
1   val percent = when {
2       numberFromUser > 100 -> 100
3       numberFromUser < 0 -> 0
4       else -> numberFromUser
5   }
```

이 함수는 이미 표준 라이브러리에서 coerceIn이라는 확장 함수로 제공되므로 구현할 필요가 없습니다.

```
1   val percent = numberFromUser.coerceIn(0, 100)
```

짧지만 반복적인 알고리즘을 추출하면 다음과 같은 장점이 있습니다.

- 알고리즘을 구현하는 것보다 한 번 호출하는 게 쉽기 때문에 프로그래밍이 빨라집니다.
- 이름이 지정되므로 구현을 읽는 대신 이름으로 알고리즘을 인식할 수 있습니다. 해당 알고리즘에 익숙한 개발자는 이름만으로 알고리즘을 쉽게 떠올릴 것입니다. 해당 개념에 익숙하지 않은 신입 개발자인 경우 어려울 수 있지만, 반복되는 알고리즘을 익혀 두면 결국 도움이 됩니다. 이름을 배우는 것은 효과적입니다. 일단 이름을 배워 두면 나중에 많은 도움이 될 것입니다.

- 이상한 부분이나 예외적인 부분이 좀 더 쉽게 식별될 수 있습니다. 긴 알고리즘에서는 변칙적인 로직의 숨겨진 부분을 놓치기 쉽습니다. sortedBy와 sortedByDescending의 다른 점을 생각해 보세요. 두 함수를 호출할 때 내용이 거의 비슷하더라도 정렬 방향은 명확히 구분됩니다. 매번 이 로직을 구현해야 한다면 구현된 정렬이 오름차순인지 내림차순인지 혼동하기 쉬울 것입니다. 알고리즘 구현 전에 작성한 주석도 도움이 되지 않습니다. 실제 개발자는 주석을 업데이트하지 않고 코드를 바꾸는 경우가 많기 때문에 시간이 지남에 따라 주석에 대한 신뢰도는 낮아집니다.
- 한 번 최적화되면 추출한 함수를 사용하는 모든 곳에서 최적화의 이점을 얻을 수 있습니다.

표준 라이브러리를 배워라

일반적인 알고리즘은 이미 다른 사람에 의해 정의되어 있는 경우가 대부분입니다. 대부분 라이브러리는 일반적인 알고리즘의 모음일 뿐입니다. 그 중 특별한 것은 표준 라이브러리이며, 대부분 확장 함수로 정의되어 있는 거대한 유틸리티 모음입니다. 표준 라이브러리 함수를 배우는 것은 부담될 수 있으나 그만한 가치가 있습니다. 표준 라이브러리가 없으면 개발자는 계속해서 바퀴를 재발명해야 합니다. 오픈 소스 프로젝트의 다음 코드를 살펴보세요.

```
1  override fun saveCallResult(item: SourceResponse) {
2      var sourceList = ArrayList<SourceEntity>()
3      item.sources.forEach {
4          var sourceEntity = SourceEntity()
5          sourceEntity.id = it.id
6          sourceEntity.category = it.category
7          sourceEntity.country = it.country
8          sourceEntity.description = it.description
9          sourceList.add(sourceEntity)
10     }
11     db.insertSources(sourceList)
12 }
```

여기서 forEach를 사용하는 것은 쓸모가 없습니다. for-loop 대신 사용하는 이점이 없습니다. 이 코드에서 볼 수 있는 것은 하나의 타입에서 다른 타입으로의 매핑입니다. 이런 경우 map 함수를 이용할 수 있습니다. 주목해야 할 또 다른 점은 SourceEntity가 설정되는 방식이 완벽하지 않다는 것입니다. 이는 코틀린에서 더 이상 사용되지 않는 자바빈(JavaBean) 패턴이므로 대신 팩토리 메서드나 기본 생성자를 사용해야 합니다('5장: 객체 생성').

자신만의 유틸리티 구현하기

모든 프로젝트의 어느 시점에는 표준 라이브러리에 없는 알고리즘이 필요합니다. 예를 들어, 컬렉션에 있는 숫자의 곱을 계산해야 한다면 어떻게 해야 할까요? 이는 잘 알려진 추상화이므로 범용 유틸리티 함수로 정의하는 것이 좋습니다.

```
1   fun Iterable<Int>.product() =
2       fold(1) { acc, i -> acc * i }
```

여러 번 사용되지 않는다고 해도 함수로 추출하는 것이 좋습니다. 곱셈은 잘 알려진 수학적 개념이고 개발자에게 명칭이 명확합니다. 아마도 다른 개발자가 나중에 사용해야 할 수도 있고 이미 정의된 것을 보고 기뻐할 수도 있습니다. 동일한 결과를 달성하는 중복되는 함수를 가지는 것은 나쁜 습관입니다. 각 함수를 테스트하고 기억하고 유지 관리해야 하며, 이 모든 것은 비용으로 간주되어야 합니다. 필요하지 않은 함수를 정의해서는 안 되며, 자체 기능을 구현하기 전에 먼저 기존 함수가 있는지 찾아봐야 합니다.

product 역시 코틀린 표준 라이브러리에 담긴 대부분의 함수와 같이 확장 함수라는 점에 주목하기 바랍니다. 일반적인 알고리즘을 추출할 수 있는 방법은 여러 가지인데, 최상위 함수 및 프로퍼티 위임에서부터 클래스에 이르기까지 다양합니다. 그러나 확장 함수는 다음과 같은 이유로 정말 좋은 선택입니다.

- 함수는 상태를 유지하지 않으므로 동작을 표현하는 데 적합합니다. 특히 사이드 이펙트(side effect)가 없는 경우 적합합니다.
- 다른 최상위 함수에 비해 확장 함수는 구체적인 타입의 객체에만 제안되므로 더 좋습니다.

- 인수보다 확장 리시버를 수정하는 것이 더 직관적입니다.
- 확장 함수는 객체에 대해 자동 완성 기능으로 제안되므로 동반 객체(companion object)나 정적 메서드에 비해 찾기 쉽습니다. 예를 들어 "Text".isEmpty()는 TextUtils.isEmpty("Text")보다 더 찾기 쉽습니다. "Text" 뒤에 점을 입력하면 해당 객체에 적용할 수 있는 모든 확장 함수가 자동 완성으로 표시되기 때문입니다. TextUtils.isEmpty를 찾으려면 TextUtils가 어디에 저장되어 있는지 떠올려야 하며, 다른 라이브러리에서 대체 유틸리티 객체를 검색해야 할 수도 있습니다.
- 메서드를 호출할 때 최상위 함수를 클래스 또는 슈퍼클래스의 메서드와 혼동하기 쉽지만 예상되는 동작은 매우 다릅니다. 최상위 확장 함수는 객체에서 호출되어야 하므로 이러한 문제가 없습니다.

요약

일반적인 알고리즘을 반복하지 마세요. 그 대신 사용할 수 있는 표준 라이브러리 함수가 있을 가능성이 높습니다. 그렇기 때문에 표준 라이브러리를 배우는 것이 좋습니다. 표준 라이브러리에 없는 일반적인 알고리즘이 필요하거나 특정 알고리즘이 자주 필요한 경우 프로젝트에서 자유롭게 정의하세요. 확장 함수로 구현하는 것도 좋은 방법입니다.

일반적인 알고리즘을 구현할 때 제네릭을 사용하라

함수에 값을 인수로 전달할 수 있는 것처럼 타입 인수를 사용하면 타입을 전달할 수 있습니다. 타입 인수를 받는 (따라서 타입 매개변수를 갖는) 함수를 제네릭 함수(generic function)[8]라고 부릅니다. 대표적인 예로는 표준 라이브러리의 filter 함수가 있습니다. filter 함수는 타입 매개변수 T를 갖습니다.

```
1   inline fun <T> Iterable<T>.filter(
2       predicate: (T) -> Boolean
3   ): List<T> {
4       val destination = ArrayList<T>()
5       for (element in this) {
6           if (predicate(element)) {
7               destination.add(element)
8           }
9       }
10      return destination
11  }
```

타입 매개변수는 컴파일러에 유용합니다. 컴파일러가 타입을 확인하고 타입을 좀 더 정확하게 추론할 수 있게 해 주어 프로그램은 좀 더 안전해지고 개발자는 더 즐겁게 프로그래밍할 수 있습니다.[9] 람다 표현식을 사용하여 filter를 호출하는 경우를 생각해 보겠습니다. 컴파일러는 해당 인수가 컬렉션 요소의 타입과 동일한 타입이라는 것을 알기 때문에, 우리가 타입을 잘못 사용하는 걸 막아 줍니다. 또한 IDE는 이에 대해 유용한 제안을 줄 수 있습니다.

---

8 함수의 경우 fun 키워드와 함수 이름 사이의 홑화살 괄호(<>) 안에 타입 매개변수를 정의합니다. 클래스나 인터페이스의 경우 이름 뒤의 홑화살 괄호 안에 타입 매개변수를 정의합니다.

9 이 모든 이점은 개발자를 위한 것입니다. 컴파일된 프로그램에 해당하는 이점은 없습니다. 제네릭은 JVM 바이트코드 제한(오직 reified 타입만 지워지지 않고 나머지 타입은 지워집니다)으로 인해 컴파일 중에 일반적으로 소거되므로 런타임에서는 그다지 유용하지 않습니다.

```
listOf("Fabio Collini", "Bill Best", "Geoff Falk")
    .filter { it. }
        ⓜ [](index: Int)                                                                          Char
        ⓜ equals(other: Any?)                                                                  Boolean
        ⓜ plus(other: Any?)                                                                     String
        ☑ length                                                                                    Int
        ⓜ get(index: Int)                                                                         Char
        ⓜ contentEquals(charSequence: CharSequence) for String in kotlin.text                  Boolean
        ⓜ contentEquals(stringBuilder: StringBuffer) for String in kotlin.text                 Boolean
        ⓜ endsWith(suffix: String, ignoreCase: Boolean = ...) for String in kotlin.text        Boolean
        ⓜ regionMatches(thisOffset: Int, other: String, otherOffset: Int, length: Int, ignoreCase: Boole…  Boolean
        ⓜ startsWith(prefix: String, ignoreCase: Boolean = ...) for String in kotlin.text      Boolean
        ⓜ startsWith(prefix: String, startIndex: Int, ignoreCase: Boolean = ...) for String in kotlin.te…  Boolean
        ⓜ toBoolean() for String in kotlin.text                                                Boolean
        ⓜ to(that: B) for A in kotlin                                                      Pair<String, B>
        ⓜ isNotBlank() for CharSequence in kotlin.text                                         Boolean
        ⓜ isEmpty() for CharSequence in kotlin.text                                            Boolean
        ⓜ all {...} (predicate: (Char) -> Boolean) for CharSequence in kotlin.text             Boolean
        ⓜ any() for CharSequence in kotlin.text                                                Boolean
        ⓜ any {...} (predicate: (Char) -> Boolean) for CharSequence in kotlin.text             Boolean
        ⓜ contains(regex: Regex) for CharSequence in kotlin.text                               Boolean
        ⓜ contains(char: Char, ignoreCase: Boolean = ...) for CharSequence in kotlin.text      Boolean
        ⓜ contains(other: CharSequence, ignoreCase: Boolean = ...) for CharSequence in kotlin.text  Boolean
        ⓜ endsWith(char: Char, ignoreCase: Boolean = ...) for CharSequence in kotlin.text      Boolean
        ⓜ endsWith(suffix: CharSequence, ignoreCase: Boolean = ...) for CharSequence in kotlin.text  Boolean
Press ^. to choose the selected (or first) suggestion and insert a dot afterwards  Next Tip
```

제네릭은 List<String>이나 Set<User>처럼 구체적인 타입으로도 컬렉션을 생성할 수 있도록 클래스와 인터페이스에 도입된 기능입니다. 이러한 타입 정보는 컴파일 중에 소거되지만 개발 중에는 컴파일러가 올바른 타입의 요소들을 사용하도록 강제합니다. 예를 들어 MutableList<Int>에는 Int 타입의 요소를 추가할 수 있습니다. 또한 타입 인수 덕분에 컴파일러는 Set<User>에서 요소를 꺼내면 반환된 요소의 타입이 User라는 것을 알 수 있습니다. 따라서 타입 인수는 정적 타입 언어에서 굉장히 유용합니다. 코틀린은 제네릭을 강력하게 지원하고 있지만, 제네릭을 제대로 이해하지 못하는 개발자들도 많습니다. 필자의 경험상 숙련된 코틀린 개발자라도 특히 변성 한정자(variance modifier)를 잘 이해하지 못했습니다. 이번 아이템과 '아이템 23: 제네릭 타입에 대한 변성 한정자 사용을 고려하라'에서 코틀린 제네릭의 가장 중요한 측면을 살펴봅시다.

제네릭 제약

타입 매개변수의 가장 중요한 기능 중 하나는 구체 타입의 하위타입으로 타입을 제한하는 것입니다. 콜론(:) 뒤에 상위타입을 두어 제한을 둘 수 있습니다. 이 타입은 이전에 정의한 타입 매개변수를 제약 조건으로 사용할 수 있습니다.

```
1  fun <T : Comparable<T>> Iterable<T>.sorted(): List<T> {
2      /*...*/
3  }
4
5  fun <T, C : MutableCollection<in T>>
6      Iterable<T>.toCollection(destination: C): C {
7      /*...*/
8  }
9
10 class ListAdapter<T: ItemAdaper>(/*...*/) { /*...*/ }
```

타입 매개변수에 상위타입을 지정하면, 해당 타입을 사용하는 인스턴스는 상위타입이 제공하는 모든 메서드를 사용할 수 있습니다. T를 Iterable<Int>의 하위타입으로 제한하면 T 타입의 인스턴스는 순회할 수 있으며, 이 반복자(iterator)에 의해 반환되는 요소가 Int 타입이라는 것을 알 수 있습니다. 또한 Comparable<T>로 제한하면 이 타입은 비교 가능한 타입임을 알 수 있습니다. 제약 조건으로 Any도 많이 사용하며, 이는 널 가능 타입이 아닌 모든 타입일 수 있음을 의미합니다.

```
1  inline fun <T, R : Any> Iterable<T>.mapNotNull(
2      transform: (T) -> R?
3  ): List<R> {
4      return mapNotNullTo(ArrayList<R>(), transform)
5  }
```

드문 경우이긴 하지만, 두 개 이상의 상한을 설정해야 하는 경우 where를 사용할 수 있습니다.

```
1  fun <T: Animal> pet(animal: T) where T: GoodTempered {
2      /*...*/
3  }
4
5  // 또는
6
7  fun <T> pet(animal: T) where T: Animal, T: GoodTempered {
8      /*...*/
9  }
```

요약

타입 매개변수는 코틀린 타입 시스템에서 중요한 부분입니다. 타입 매개변수로 타입 안전성이 보장되는 제네릭 알고리즘과 제네릭 객체를 구현할 수 있습니다. 타입 매개변수는 특정 타입의 하위타입으로 제한될 수 있습니다. 이러한 제약을 사용하면 해당 타입이 제공하는 메서드를 안전하게 사용할 수 있습니다.

아이템 22

타입 매개변수의 섀도잉을 피하라

섀도잉(shadowing)[10] 덕분에 동일한 이름으로 프로퍼티와 매개변수를 정의할 수 있습니다. 이렇게 되면 지역 매개변수는 외부 스코프의 프로퍼티를 가릴 수 있습니다. 이러한 상황은 드문 일이 아니며 눈에 잘 띄기 때문에 이에 대한 경고가 따로 없습니다.

```
1   class Forest(val name: String) {
2
3       fun addTree(name: String) {
4       // ...
5       }
6   }
```

한편으로는 함수 타입 매개변수로 클래스 타입 매개변수를 가릴 때도 같은 일이 발생할 수 있습니다. 이런 상황은 눈에 잘 띄지 않으며 심각한 문제로 이어질 수 있습니다. 이러한 실수는 제네릭의 동작 방식을 제대로 이해하지 못하는 개발자가 종종 저지릅니다.

```
1   interface Tree
2   class Birch: Tree
3   class Spruce: Tree
4
5   class Forest<T: Tree> {
6
7       fun <T: Tree> addTree(tree: T) {
8       // ...
9       }
10  }
```

---

10 (옮긴이) 섀도잉(shadowing)이란 특정 스코프(함수, 내부 클래스 등)에서 선언된 변수의 이름이 외부 스코프에서 선언된 이름과 동일한 경우 외부 스코프에서 선언된 변수가 가려지는 현상을 뜻합니다.

문제는 Forest와 addTree 타입 매개변수가 이제 서로 독립적이라는 것입니다.

```
1  val forest = Forest<Birch>()
2  forest.addTree(Birch())
3  forest.addTree(Spruce())
```

이러한 상황은 바람직하지 않으며 혼란스러울 수 있습니다. 한 가지 해결책은 addTree가 클래스 타입 매개변수 T를 사용하는 것입니다.

```
1  class Forest<T: Tree> {
2
3      fun addTree(tree: T) {
4      // ...
5      }
6  }
7
8  // 사용
9  val forest = Forest<Birch>()
10 forest.addTree(Birch())
11 forest.addTree(Spruce())  // 에러: 타입 불일치
```

새로운 타입 매개변수를 도입해야 한다면 이름을 다르게 지정하는 것이 좋습니다. 다른 타입 매개변수의 하위타입으로 제한할 수도 있습니다.

```
1  class Forest<T: Tree> {
2
3      fun <ST: T> addTree(tree: ST) {
4      // ...
5      }
6  }
```

요약

타입 매개변수의 섀도잉을 피하고 타입 매개변수가 가려지지 않도록 하세요. 일반적인 매개변수와 다르게 타입 매개변수 섀도잉은 직관적이지 않으며, 매우 혼란스러울 수 있습니다.

아이템 23

제네릭 타입에 대한 변성 한정자 사용을 고려하라

코틀린 함수 타입에서는 변성 한정자(variance modifier)인 in과 out을 지정할 수 있습니다. 그들은 타입 매개변수의 사용 방법을 지정하는 데 사용됩니다. 예를 들어 in은 타입 매개변수를 입력(input)으로만 사용될 수 있음을 의미하고, out은 타입 매개변수가 출력(output)으로만 사용될 수 있다는 것을 의미합니다. 그 결과, 제네릭 타입을 사용할 때보다 많은 유연성을 제공합니다. 예를 들어 List 타입 매개변수에는 out 한정자가 있어 List<Int>를 List<Number>의 하위타입으로 사용할 수 있습니다.[11]

```
1   val ints: List<Int> = listOf(1, 2, 3)
2   val numbers: List<Number> = ints
```

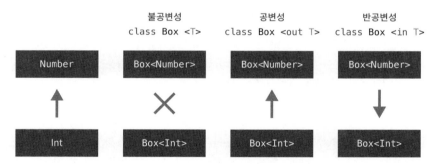

변성 한정자는 제네릭 타입 간의 관계를 결정한다.

간단한 휴리스틱은 타입 매개변수가 출력(public 반환 타입)으로만 사용된다면 out으로 표기해야 하고, 입력(public 매개변수 타입)으로만 사용된다면 in 으로 표기해야 한다는 것입니다. 두 용도로 모두 사용된다면 어떤 변성 한정자

---

[11] 변성 한정자와 그들의 한계, 사용 패턴, 사용 결과 등에 대한 더 자세한 설명은 필자의 다른 책인 《코틀린 아카데미: 고급편(Advanced Kotlin)》(인사이트, 2025)에서 확인할 수 있습니다.

도 사용해서는 안 됩니다.

변성 한정자는 코틀린 표준 라이브러리의 많은 클래스와 인터페이스에서 사용됩니다.

```
1   interface List<out E> : Collection<E> {
2       /*...*/
3   }
4
5   fun interface ReadOnlyProperty<in T, out V> {
6       operator fun getValue(
7           thisRef: T,
8           property: KProperty<*>
9       ): V
10  }
11
12  interface Continuation<in T> {
13      val context: CoroutineContext
14      fun resumeWith(result: Result<T>)
15  }
```

보시다시피 이러한 클래스들은 위에 제시된 휴리스틱을 따릅니다. 타입 매개변수 T는 입력으로만 사용되므로 in으로 표기되어 있습니다. 타입 매개변수 E와 V는 출력으로만 쓰여서 out으로 표기되어 있습니다.

아이템 24

공통 모듈을 추출해서 여러 플랫폼에서 재사용하라

기업이 단일 플랫폼으로만 애플리케이션을 만드는 경우는 거의 없습니다.[12] 그들은 둘 이상의 플랫폼을 위한 제품을 개발하기를 원합니다. 요즘 제품은 서로 다른 플랫폼에서 실행되는 애플리케이션에 의존하는 경우가 많습니다. 네트워크 호출을 통해 통신하는 클라이언트 및 서버 애플리케이션을 생각해 보세요. 통신이 필요하고, 이를 위해 재사용할 수 있는 유사점이 있는 경우가 많습니다. 서로 다른 플랫폼에 대해 동일한 제품을 구현하면 일반적으로 더 많은 유사점이 있고, 특히 비즈니스 로직이 거의 동일한 경우가 많습니다. 이러한 프로젝트는 코드 공유를 통해 상당한 이익을 얻을 수 있습니다.

풀 스택 개발

많은 회사는 웹 개발을 기반으로 하고 있습니다. 웹사이트 기반인 대부분의 서비스에는 백엔드 애플리케이션('서버 사이드'라고도 함)이 필요합니다. 웹사이트에서는 자바스크립트가 왕입니다. 프론트엔드를 거의 독점하고 있습니다. 백엔드에서 매우 인기 있는 선택지(가장 인기 있는 것은 아닐지라도)는 자바입니다. 이들 언어는 매우 다르기 때문에 일반적으로 백엔드와 프론트엔드 개발은 분리되어 있습니다. 그러나 상황은 바뀔 수 있습니다. 이제 코틀린은 백엔드 개발을 위한 자바의 인기 있는 대안이 되고 있습니다. 예를 들어, 가장 인기 있는 자바 프레임워크인 스프링을 사용하면 코틀린이 일급 시민(first-class citizen)이 됩니다. 코틀린은 모든 프레임워크에서 자바의 대안으로 사용될 수 있습니다. 또한 케이터(Ktor)와 같은 코틀린 백엔드 프레임워크도 많이 있습니

---

12 코틀린에서는 JVM, 안드로이드, 자바스크립트, iOS, 리눅스, 윈도우, 맥OS는 물론 STM32와 같은 임베디드 시스템까지 별도의 플랫폼으로 간주합니다.

다. 이것이 많은 백엔드 프로젝트가 자바에서 코틀린으로 마이그레이션되는 이유입니다. 코틀린의 가장 큰 장점은 자바스크립트로 컴파일할 수도 있다는 점입니다. 이미 많은 코틀린/JS 라이브러리가 있으며, 코틀린을 사용하여 다양한 종류의 웹 애플리케이션을 작성할 수 있습니다. 예를 들어, 리액트(React) 프레임워크와 코틀린/JS를 사용하여 웹 프론트엔드를 작성할 수 있습니다. 이를 통해 백엔드와 웹사이트를 모두 코틀린으로 작성할 수 있습니다. 더 좋은 점은 일부분을 JVM 바이트코드와 자바스크립트로 모두 컴파일할 수 있다는 것입니다. 예를 들어 범용 도구, API 엔드포인트 정의, 공통 추상화 등 배치할 수 있는 공유 부분들이 있습니다.

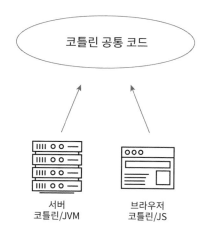

모바일 개발

모바일 생태계에서는 공통 모듈의 역할이 더욱 중요합니다. 안드로이드 전용으로 빌드하는 경우는 거의 없습니다. 때론 서버 없이 운영할 수도 있지만, 보통은 iOS 애플리케이션도 같이 구현해야 합니다. 각 애플리케이션은 다양한 언어와 도구를 사용하여 다양한 플랫폼용으로 작성됩니다. 결국 동일한 애플리케이션의 안드로이드 버전과 iOS 버전은 매우 유사합니다. 이들은 종종 다르게 설계되지만 내부 로직은 거의 항상 동일합니다. 코틀린의 멀티플랫폼 기능을 사용하면 이 로직을 한 번만 구현하고 두 플랫폼 간에 재사용할 수 있습니다. 공통 모듈을 만들고 거기에 비즈니스 로직을 구현할 수 있습니다. 어쨌든 비즈니스 로직은 프레임워크 및 플랫폼으로부터 독립적이어야 합니다(《클린 아키텍처》). 이러한 공통 로직은 순수 코틀린으로 작성하거나 다른 공통 모듈을 사용하여 작성할 수 있으며, 그런 다음 다른 플랫폼에서 사용할 수 있습니다.

공통 모듈은 안드로이드에서 직접 사용할 수 있습니다. 둘 다 그레이들(Gradle)을 사용하여 구축되었기 때문입니다. 이러한 경험은 안드로이드 프로젝트에서 이러한 공통 부분을 갖는 것과 유사합니다.

iOS의 경우 이러한 공통 부분을 코틀린/Native를 사용하여 오브젝티브-C(Objective-C) 프레임워크로 컴파일합니다. 이는 LLVM[13]을 사용하여 네이티브 코드[14]로 컴파일됩니다. 그런 다음 XCode 또는 AppCode에서 스위프트(Swift) 결과 코드를 사용할 수 있습니다. 또는 코틀린/Native를 사용하여 전체 애플리케이션을 구현할 수 있습니다.

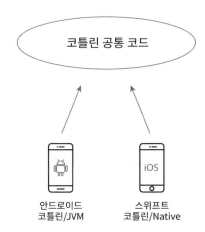

라이브러리

공통 모듈을 정의하는 것도 라이브러리를 위한 강력한 도구라고 할 수 있습니다. 특히 플랫폼 의존도가 높지 않은 라이브러리는 공통 모듈로 쉽게 이동될

---

13 네이티브 코드는 특정 프로세서에서 실행되도록 작성된 코드입니다. C, C++, 스위프트, 코틀린/Native와 같은 언어는 실행해야 하는 각 프로세서에 대해 기계어 코드로 컴파일되기 때문에 네이티브 언어입니다.
14 스위프트나 러스트(Rust) 같이

수 있습니다. 개발자는 JVM 또는 자바스크립트 또는 네이티브 환경에서 실행되는 모든 언어에서 이러한 라이브러리를 사용할 수 있습니다(따라서 자바, 스칼라, 자바스크립트, 커피스크립트, 타입스크립트, C, 오브젝티브-C, 스위프트, 파이썬, C# 등에서 사용할 수 있습니다).

모두 다 같이

이 모든 플랫폼을 함께 사용할 수 있습니다. 코틀린을 사용하면 거의 모든 인기 있는 장치와 플랫폼용으로 개발할 수 있으며, 코드를 자유롭게 재사용할 수 있습니다. 다음은 코틀린으로 작성할 수 있는 몇 가지 예입니다.

- 코틀린/JVM의 백엔드, 예를 들어 스프링 또는 케이터
- 코틀린/JS의 웹사이트, 예를 들어 리액트
- 코틀린/JVM의 안드로이드, 안드로이드 SDK를 사용
- 코틀린/Native를 사용하여 오브젝티브-C 또는 스위프트에서 사용할 수 있는 iOS 프레임워크
- 코틀린/JVM의 데스크톱 애플리케이션, 예를 들어 TornadoFX
- 코틀린/Native의 라즈베리 파이, 리눅스 또는 맥OS 프로그램

시각화된 일반적인 애플리케이션은 다음과 같습니다.

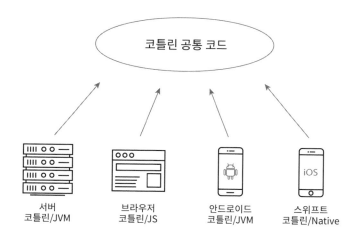

우리는 장기적인 관점에서 어떻게 코드를 구성해야 안전하고 효율적으로 재사용할 수 있는지를 배우고 있습니다. 이러한 접근 방식이 제공하는 가능성을 알아 두면 좋습니다. 공통 모듈을 추출하면 서로 다른 플랫폼 간에 재사용할 수 있습니다. 이는 중복을 제거하고 공통 로직 및 알고리즘을 재사용하는 강력한 방법입니다.

요약

코틀린 멀티플랫폼 기능은 서로 다른 플랫폼 간에 코드를 공유하고 이를 다른 언어에서 재사용하기 위한 강력한 도구입니다. 개발자는 멀티플랫폼 기능을 다양한 방법으로 사용할 수 있습니다.[15]

---

15 이 아이템은 코틀린 멀티플랫폼 가능성에 대한 간략한 설명이었습니다. 자세한 내용은 필자의 다른 책《코틀린 아카데미: 고급편》을 참고하세요.

4장

E f f e c t i v e   K o t l i n   S e c o n d   E d i t i o n

추상화 설계

추상화는 프로그래밍 세계에서 가장 중요한 개념 중 하나입니다. 객체 지향 프로그래밍(Object-Oriented Programming, OOP)에서 추상화는 캡슐화, 상속과 함께 세 가지 핵심 개념 중 하나입니다. 함수형 프로그래밍 커뮤니티에서는 프로그래밍은 추상화와 합성(composition)이 전부라고 말하기도 합니다.[1] 이처럼 추상화는 아주 중요한 개념입니다. 하지만 추상화란 과연 무엇일까요? 필자는 위키피디아의 정의가 가장 가장 유용하다고 생각합니다.

> 추상화는 개념의 일반화, 속성 제거, 구체적인 객체에서 아이디어를 분리하는 과정 또는 결과이다.[2]

다시 말해, 추상화란 복잡도를 줄이고 실제 대상을 단순화하는 것입니다. 프로그래밍에서 대표적인 예로 인터페이스가 있습니다. 인터페이스는 클래스의 일부 특성만 노출하므로 클래스의 추상화라고 할 수 있습니다. 더 구체적으로 표현하면, 추상화는 메서드와 프로퍼티의 집합이라 할 수 있습니다.

---

1 바르토즈 밀리스키(Bartosz Milewski)의 '프로그래머를 위한 카테고리 이론(Category Theory for Programmers)'
2 위키피디아: *https://en.wikipedia.org/wiki/Abstraction_(disambiguation)*

현실   추상화

모든 인스턴스에 대한 단일한 추상화가 존재하는 것은 아닙니다. 하나의 인스턴스를 여러 가지 방식으로 추상화할 수 있습니다. 객체 관점에서 하나의 클래스는 다양한 인터페이스나 상위 클래스로 표현될 수 있습니다. 추상화의 핵심 기능은 숨길 대상과 노출할 대상을 결정하는 것입니다.

현실   추상화

프로그래밍에서 추상화

우리는 프로그래밍에서 하는 모든 일이 얼마나 추상적인지 자주 잊어버립니다. 프로그래밍에서는 숫자가 실제로는 0과 1로 표현된다는 것을 잊기 쉽습니다. 문자열을 입력할 때 각 문자가 UTF-8 같은 정의된 문자 집합(charset)으로 표현되는 복잡한 객체라는 것을 쉽게 잊어버립니다.

추상화 설계는 단순히 모듈과 라이브러리로 분리하는 것이 아닙니다. 함수를 정의할 때마다 함수의 선언부 뒤에 구현을 숨기게 됩니다. 이것이 추상화입니다!

간단한 사고 실험을 해 봅시다. 두 숫자 중 더 큰 숫자를 반환하는 maxOf 메서드를 정의할 수 없다고 해 봅시다.

```
1   fun maxOf(a: Int, b: Int) = if (a > b) a else b
```

물론 maxOf를 정의하지 않아도 항상 다음과 같이 전체 표현식을 작성하면 됩니다.

```
1   val biggest = if (x > y) x else y
2
3   val height =
4       if (minHeight > calculatedHeight) minHeight
5       else calculatedHeight
```

하지만 이렇게 하면 불리한 상황에 놓이게 됩니다. 상위 수준의 연산이 아닌 언어의 기본적인 연산(이 경우 비교)의 수준에서 작업할 수밖에 없습니다. 어떤 숫자가 더 큰지 계산할 수 있는 프로그램은 만들 수 있지만, 언어에 더 큰 숫자를 선택하는 개념을 표현할 수 있는 능력은 없게 됩니다.

이 문제는 추상적인 개념이 아닌, 실질적인 문제입니다. 자바에는 버전 8까지 리스트 매핑을 쉽게 표현할 수 있는 기능이 없었습니다. 그 대신 이 개념을 표현하기 위해 다음과 같이 반복 가능한 구조를 사용해야 했습니다.

```
1   // 자바
2   List<String> names = new ArrayList<>();
3   for (User user : users) {
4       names.add(user.getName());
5   }
```

코틀린에서는 처음부터 단순한 함수로 리스트 매핑을 표현할 수 있었습니다.

```
1   val names = users.map { it.name }
```

자바에서는 지금도 프로퍼티 지연 초기화(lazy property initialization) 패턴을 표현할 수 없습니다. 하지만 코틀린에서는 프로퍼티 위임을 사용해 지연 초기화를 표현할 수 있습니다.

```
1   val connection by lazy { makeConnection() }
```

이 외에도 어떻게 추출할지, 혹은 어떻게 표현할지 몰라 추상화하지 못한 개념들이 많이 있을 수 있습니다.

프로그래밍 언어가 다양한 기능과 성능을 갖추고 있다면 공통 패턴에 이름을 지정하고 추상화할 수 있는 기능을 제공할 것입니다.[3] 가장 기본적인 형태 중 하나는 함수, 위임(delegate), 클래스를 추출하는 것입니다. 이를 사용하면 추상화의 관점에서 작업할 수 있습니다.

자동차 비유

자동차를 운전할 때는 많은 일이 일어납니다. 엔진, 발전기, 서스펜션 등 다양한 부품들이 조화롭게 작동해야 합니다. 각 부품을 실시간으로 이해하고 조작해야 한다면 자동차 운전은 정말 어려울 것입니다. 하지만 실제로는 그럴 필요가 없습니다. 운전자는 핸들, 변속기, 페달 등 자동차의 인터페이스를 어떻게 사용하는지만 알면 됩니다. 내부 구조는 변경될 수 있습니다. 우리가 모르는 사이에 정비사가 엔진 종류를 휘발유용에서 천연가스용으로 교체했다가 다시 디젤용으로 바꿀 수 있습니다. 자동차에 더 많은 전자 부품과 특수 시스템이 추가되고 있지만, 인터페이스는 대부분 그대로입니다. 내부적인 변화로 인해 자동차의 성능이 변할 수는 있지만, 우리는 이와 상관없이 자동차를 운전할 수 있습니다.

자동차는 명확한 인터페이스를 갖고 있습니다. 복잡한 부품들이 있음에도 사용법은 간단합니다. 핸들은 좌우 방향 전환에 대한 추상화, 변속기는 전후진 전환에 대한 추상화, 가속 페달은 가속에 대한 추상화, 브레이크는 감속에 대한 추상화입니다. 이것이 자동차에 관해 우리가 알아야 하는 모든 것입니다. 추상화는 이처럼 내부에서 발생하는 모든 것을 숨겨 줍니다. 그 덕분에 운전자는 자신의 자동차 엔지니어링에 대해 아무것도 몰라도 되며, 운전하는 방법만 알면 됩니다. 마찬가지로 자동차를 만드는 이들과 자동차 애호가들은 자동차

---

3 해럴드 애빌슨(Harold Abelson), 제럴드 제이 서스먼(Gerald Jay Sussman), 줄리 서스먼(Julie Sussman)이 쓴 《컴퓨터 프로그램의 구조와 해석(Structure and Interpretation of Computer Programs)》(인사이트, 2016)을 참고하세요.

의 모든 것을 바꿀 수 있지만, 이는 운전 자체에 영향을 주지 않는 한에서만 괜찮습니다. 이번 장 내내 이와 같은 비유를 언급할 테니 잘 기억해 두세요.

마찬가지로 프로그래밍에서는 주로 다음과 같은 목적으로 추상화를 사용합니다.

- 복잡성을 숨기기 위해
- 코드를 체계화하기 위해
- 만드는 사람에게 변경의 자유를 주기 위해

첫 번째 이유는 '3장: 재사용성'에서 이미 설명했습니다. 공통 로직이나 공통 알고리즘을 재사용하기 위해 함수, 클래스, 위임을 추출하는 것이 중요한 이유를 설명했습니다. 두 번째 이유는 '아이템 25: 각각의 함수는 하나의 추상화 수준으로 작성하라'에서 살펴볼 예정입니다. 세 번째 이유는 '아이템 26: 변경으로부터 코드를 보호하려면 추상화를 사용하라'에서 알아보겠습니다. 그리고 나서 이번 장의 나머지 부분에서 추상화를 생성하고 사용하는 법을 알아볼 것입니다.

이번 장은 꽤 어려우며 소개할 규칙들은 좀 더 추상적입니다. 이번 장을 끝내고 나서 '5장: 객체 생성'과 '6장: 클래스 설계'에서 OOP 설계의 좀 더 구체적인 면을 다루겠습니다. 5장과 6장에서 클래스의 구현과 사용을 심도 있게 다룰 예정이며, 두 장의 내용은 모두 이 장의 내용을 기반으로 이어집니다.

아이템 25

각각의 함수는 하나의 추상화 수준으로 작성하라

컴퓨터는 매우 복잡한 장치입니다. 하지만 컴퓨터의 구성 요소들은 여러 계층으로 분할되어 있어 복잡하다고 느껴지지 않으며 사용하기 쉽습니다.

프로그래머의 관점에서, 컴퓨터의 가장 낮은 추상화 계층은 하드웨어입니다. 프로그래머는 일반적으로 프로세서를 위한 코드를 작성하므로 프로그래머가 관심을 가질 하드웨어 위의 계층은 프로세서 제어 명령(기계어 명령, machine code instruction)입니다. 기계어 명령은 읽기 어렵기 때문에, 해당 명령어와 일대일로 대응되는 매우 단순한 언어로 표현됩니다. 이 언어를 어셈블리(Assembly)라고 합니다. 어셈블리어로 프로그래밍하는 것은 어렵기 때문에 현재는 어셈블리어로 구현한 애플리케이션은 상상도 할 수 없습니다. 프로그래밍을 단순화하기 위해 소프트웨어 엔지니어들은 컴파일러를 도입했습니다. 컴파일러는 하나의 언어를 다른 언어로 번역(일반적으로 더 낮은 수준의 언어로 번역)하는 소프트웨어입니다. 최초의 컴파일러는 어셈블리어로 작성되었으며, 텍스트로 작성된 코드를 어셈블리 명령어로 번역했습니다. 이것이 최초의 고수준 언어가 생성된 과정입니다. 이후 이렇게 탄생한 고수준 언어는 이후에 더 나은 언어를 위한 컴파일러를 만드는 데 사용되었으며, 그렇게 나온 언어 또한 더 나은 언어를 위한 컴파일러를 만드는 데 사용되었습니다. 그렇게 C, C++ 같은 고수준 언어들이 도입되어 프로그램과 애플리케이션을 만드는 데 사용되었습니다. 이후, 추상 기계(abstract machine)와 인터프리터 언어의 개념이 등장했습니다. 자바나 자바스크립트 같은 언어를 계층 피라미드의 어느 계층이라고 특정하기는 어렵습니다만, 추상화 계층이라는 개념은 여전히 중요한 아이디어로 자리 잡고 있습니다.

계층이 잘 분리된 경우의 가장 큰 장점은 특정 계층에서 작업할 때 하위 계층은 예상대로 작동하리라는 것을 신뢰할 수 있어, 세부사항을 완전히 이해할 필요가 없다는 것입니다. 어셈블리어나 JVM 바이트 코드 자체를 몰라도 프로그래밍할 수 있으며, 이는 개발자에게 큰 편의를 제공합니다. 마찬가지로 어셈블리어나 JVM 바이트 코드가 변경되어야 할 때, 프로그래머는 애플리케이션을 변경할 필요 없이 네이티브 언어나 자바가 컴파일되는 바로 위 계층만 조정하면 됩니다. 프로그래머들은 단일 계층에서 작업하며, 이는 주로 상위 계층을 구축하는 작업입니다. 계층이 잘 분리되어 있어 개발자는 여기까지만 알아도 되며, 이는 매우 편리합니다.

추상화 수준

보시다시피 컴퓨터 과학에서는 계층 위에 계층을 쌓아왔습니다. 따라서 컴퓨터 과학자들은 구성 요소가 어떤 계층에 속하는지 구분하고 있습니다. 고수준일수록 물리학과 멀어집니다. 프로그래밍에서는 고수준일수록 코드가 프로세서로부터 멀어진다고 말합니다. 고수준일수록 신경 써야 할 세부사항이 줄어들지만, 이 단순함을 위해 제어권(control)을 잃게 됩니다. 예를 들어 C에서는 메모리 관리를 직접 해야 합니다. 반면, 자바에서는 가비지 컬렉터가 메모리를 자동으로 관리해 주지만 메모리 사용을 최적화하는 것이 훨씬 더 어렵습니다.

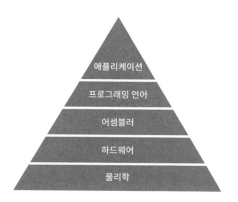

동일한 수준의 추상화

컴퓨터 과학에서 계층을 구별했던 것처럼 코드를 추상화해 계층을 구분할 수 있습니다. 이를 위한 가장 기본적인 도구는 함수입니다. 컴퓨터와 마찬가지로 한 번에 하나의 추상화 수준에서 작업하는 것이 좋습니다. 이것이 프로그래밍 커뮤니티에서 '각각의 함수는 하나의 추상화 수준으로 작성해야 한다'는 '동일한 수준의 추상화(Single Level of Abstraction)' 원칙을 세운 이유입니다.

버튼 하나만 있는 커피 머신을 나타내는 클래스를 만들어야 한다고 생각해 보세요. 커피를 만드는 과정은 커피 머신의 여러 부분이 필요한 복잡한 작업입니다. makeCoffee라는 단일 함수를 가진 클래스로 만들어 보겠습니다. 다음과 같이 필요한 모든 로직을 이 하나의 함수 안에 작성할 수 있습니다.

```
1   class CoffeeMachine {
2
3       fun makeCoffee() {
4           // 수백 개의 변수 선언
5           // 모든 것을 조정하는 복잡한 로직
6           // 로직에 적용되는 저수준의 최적화
7       }
8   }
```

이 함수는 수백 줄이 될 수도 있습니다. 필자는 특히 오래된 프로그램에서 이런 긴 함수를 실제로 본 적이 있습니다. 이러한 함수는 절대 읽을 수 없습니다. 해당 함수를 읽을 때 계속해서 세부사항에 신경 쓰며 읽어야 하기 때문에 함수의 일반적인 동작을 이해하기가 매우 어려울 것입니다. 물 온도 변경과 같은 작은 수정 사항을 반영한다고 상상해 보세요. 이를 위해 전체 함수를 다 이해하고 있어야 하며, 정말 어려운 작업이 될 것입니다. 우리의 기억력은 제한되어 있고, 프로그래머가 불필요한 세부사항에 시간을 낭비하는 것을 원하지 않기 때문에 다음과 같이 상위 수준의 단계를 별도의 함수로 추출하는 것이 좋습니다.

```
1   class CoffeeMachine {
2
3       fun makeCoffee() {
4           boilWater()
5           brewCoffee()
6           pourCoffee()
7           pourMilk()
8       }
9
10      private fun boilWater() {
11          // ...
```

```
12      }
13
14      private fun brewCoffee() {
15          // ...
16      }
17
18      private fun pourCoffee() {
19          // ...
20      }
21
22      private fun pourMilk() {
23          // ...
24      }
25 }
```

이제 이 함수의 일반적인 흐름을 명확하게 이해할 수 있습니다. 이 private 함수는 책의 장(chapter)과 같습니다. 이 함수들 덕분에, 만약 무언가를 변경해야 한다면 그것이 구현된 부분으로 바로 이동할 수 있습니다. 상위 수준의 절차를 추출해 처음 절차를 훨씬 이해하기 쉽게 만든 것입니다. 더 낮은 수준에서 이해하고 싶다면(boilWater, brewCoffee 등의 구현부를 이해하고 싶다면), 바로 그 부분으로 가서 읽을 수 있도록 가독성을 높였습니다. 매우 간단한 추상화를 추출해서 가독성을 향상시킨 것입니다.

동일한 수준의 추상화 원칙에 따르면 새로운 함수를 만들 때도 단순하게 만들어야 합니다. 이는 '함수는 작아야 하며, 최소한의 책임만 가져야 한다'는 일반적인 원칙입니다.[4] 이러한 함수 중 하나가 다른 것들보다 너무 복잡하다면, 중간 추상화(intermediary abstraction)를 추출해야 합니다.[5] 결과적으로 동일한 수준의 추상화를 가진 작고 읽기 쉬운 함수 여러 개로 만들어야 합니다. 모든 추상화 수준에서 추상화된 용어(메서드 또는 클래스)로 작업합니다. 이를 명확하게 이해하고 싶다면, 언제든지 해당 정의로 이동하면 됩니다.[6] 이렇게 하면 해당 함수를 추출해서 아무것도 잃어버리지 않고 코드를 더 읽기 쉽게 만들 수 있습니다.

---

4   로버트 C. 마틴의 《클린 코드》
5   함수가 될 수도 있고 클래스나 다른 종류의 추상화일 수도 있습니다. 차이점은 다음 아이템인 '아이템 26: 변경으로부터 코드를 보호하려면 추상화를 사용하라"에서 확인할 수 있습니다.
6   인텔리제이나 안드로이드 스튜디오에서 Ctrl 키(맥에서는 Command 키)를 누른 상태에서 요소의 이름을 클릭하면 해당 요소의 정의로 이동합니다.

함수를 추출하면 코드를 재사용하고 테스트하기 쉬워진다는 추가적인 장점
이 있습니다. 이제 우유가 들어있지 않은 에스프레소 커피를 만들기 위해 별도
의 함수를 만들어야 한다고 해 봅시다. 프로세스의 해당 부분이 추출되어 별도
의 메서드로 분리되었기 때문에 다음과 같이 쉽게 재사용할 수 있습니다.

```
1    fun makeEspressoCoffee() {
2        boilWater()
3        brewCoffee()
4        pourCoffee()
5    }
```

프로그램 아키텍처의 추상화 수준

함수보다 높은 수준 또한 추상화를 통해 계층을 구분할 수 있습니다. 추상화를
분리하여 하위 시스템의 세부사항을 숨기고, 이를 통해 상호운용성과 플랫폼
독립성을 촉진하기 위한 관심사의 분리(separation of concerns, SoC)가 가능
해집니다. 이는 문제 도메인 용어(problem-domain terms)[7]로 더 높은 수준을
정의하는 것을 의미합니다.

4 높은 수준의 문제 도메인 용어
3 낮은 수준의 문제 도메인 용어
2 낮은 수준의 구조 구현
1 프로그래밍 언어 구조와 도구
0 운영 체제 명령과 기계 명령

---

7   스티브 매코넬(Steve McConnell)의 《코드 컴플리트(Code Complete)》 2판, 34.6절

이 개념은 우리가 모듈식 시스템(modular systems)을 설계할 때도 중요합니다. 모듈을 분리하면 계층 고유의 요소를 숨길 수 있습니다. 애플리케이션을 작성할 때, 입력과 출력을 나타내는 모듈(프론트엔드의 뷰, 백엔드의 HTTP 요청 핸들러)은 저수준 모듈입니다. 반면에, 유스 케이스(use case)와 비즈니스 로직을 나타내는 모듈은 고수준 모듈입니다.[8]

계층이 잘 분리된 프로젝트를 계층화되었다고 합니다. 계층화가 잘 된 프로젝트에서는 어떤 수준에서든 해당 수준에서 시스템을 보고 이해할 수 있으며, 이때 일관된 정보가 제공됩니다.[9] 보통 프로그램에서 계층화는 바람직한 설계 방식으로 여겨집니다.

요약

분리된 추상화 계층을 만드는 것은 프로그래밍에서 널리 사용되는 개념입니다. 이는 지식을 체계화하고 하위 시스템의 세부사항을 숨기는 데 도움이 되고 결과적으로 이를 통해 상호운용성과 플랫폼 독립성을 위한 관심사의 분리를 실현할 수 있습니다. 함수, 클래스, 모듈 등 다양한 방식으로 추상화를 분리할 수 있습니다. 이러한 계층 중 어느 것도 너무 크게 만들지 않아야 합니다. 단일 계층에서 작동하는 작은 추상화가 더 이해하기 쉽습니다. 일반적으로 구체적인 동작, 프로세서, 입출력에 가까울수록 낮은 수준이라고 이해합니다. 낮은 추상화 계층에서는 상위 계층을 위한 용어(API)를 정의합니다.

---

8 로버트 C. 마틴의 《클린 아키텍처》
9 스티브 매코널의 《코드 컴플리트(Code Complete)》 2판, 5.2절

변경으로부터 코드를 보호하려면 추상화를 사용하라

> 물 위를 걷는 것과 사양에 따라 소프트웨어를 개발하는 것
> 둘 다 동결되어 있다면 쉽게 할 수 있습니다.
> — 에드워드 V 베라드, 객체 지향 소프트웨어 엔지니어링에 관한
> 에세이(Essays on object-oriented software engineering) p. 46

함수나 클래스를 추상화하여 실제 코드를 숨기면 세부 정보로부터 사용자를 보호할 수 있을 뿐만 아니라 나중에 사용자가 알아채지도 못하게 이 코드를 변경할 수 있는 자유를 갖게 됩니다. 예를 들어 정렬 알고리즘을 함수로 추출하면 이후에 함수 호출부는 그대로 두고 함수 코드를 변경하여 성능을 최적화할 수 있습니다.

앞서 언급한 자동차 비유로 돌아가면, 자동차 제조업체와 정비사는 자동차 내부의 모든 것을 바꿀 수 있으며, 자동차를 다루는 방식이 그대로라면 사용자는 무엇이 변경되었는지 알 수 없을 것입니다. 이를 통해 제조업체는 자동차를 좀 더 환경친화적으로 만들거나 더 많은 센서를 추가하여 더욱 안전하게 만들 수 있는 자유를 얻게 됩니다.

이번 아이템에서는 다양한 종류의 추상화가 어떻게 다양한 변화로부터 우리를 보호하여 자유를 주는지 알아보겠습니다. 세 가지 실제 사례를 검토한 다음, 적절한 수준으로 추상화를 결정하는 방법을 다루겠습니다. 추상화 대상 중 가장 간단한 상수 값(constant value)부터 시작하겠습니다.

상수

리터럴 상수 값은 의미를 알 수 없는 경우가 많으며, 코드에서 반복될 때 특히 문제가 됩니다. 이러한 값을 상수 프로퍼티로 이동시키면 의미 있는 이름이 할

당될 뿐만 아니라, 이 값들을 변경해야 할 때 상수 값을 더 잘 관리할 수 있습니다. 비밀번호 유효성 검사에 대한 간단한 예를 살펴보겠습니다.

```
1   fun isPasswordValid(text: String): Boolean {
2       if(text.length < 7) return false
3       // ...
4   }
```

숫자 7은 문맥에 따라 이해할 수 있지만, 상수로 추출하면 더 이해하기 쉬울 것입니다.

```
1   const val MIN_PASSWORD_LENGTH = 7
2
3   fun isPasswordValid(text: String): Boolean {
4       if(text.length < MIN_PASSWORD_LENGTH) return false
5       // ...
6   }
```

이렇게 하면 최소 비밀번호 길이를 더 쉽게 수정할 수 있습니다. 유효성 검사 로직을 이해할 필요가 없이 상수에 할당된 값만 변경하면 됩니다. 두 번 이상 사용되는 값은 반드시 상수로 추출해야 합니다. 예를 들어, 동시에 데이터베이스에 연결할 수 있는 최대 스레드 수를 다음과 같이 정의했다고 합시다.

```
1   val MAX_THREADS = 10
```

이 값이 추출되면 필요할 때마다 쉽게 변경할 수 있습니다. 상수가 아닌 숫자값이 프로젝트 전체에 분산되어 있다면 이를 변경하는 것이 얼마나 어려울지 상상해 보세요.

상수로 추출하면 다음과 같은 이점이 있습니다.

- 이름을 갖게 됩니다.
- 이후에 값을 변경할 때 도움이 됩니다.

또한 다른 종류의 추상화에 대해서도 비슷한 결과를 보게 될 것입니다.

함수

애플리케이션 개발 중에 사용자에게 토스트 메시지를 표시해야 하는 경우가 많다는 것을 알게 되었다고 가정해 보겠습니다. 프로그래밍 방식으로 수행하면 다음과 같습니다.

```
1  Toast.makeText(this, message, Toast.LENGTH_LONG).show()
```

안드로이드에서 토스트 메시지

이 공통 알고리즘을 다음과 같이 토스트 메시지를 표시하는 간단한 확장 함수로 추출할 수 있습니다.

```
1  fun Context.toast(
2      message: String,
3      duration: Int = Toast.LENGTH_LONG
4  ) {
5      Toast.makeText(this, message, duration).show()
6  }
7
8  // 사용
```

```
9    context.toast(message)
10
11   // Activity 또는 Context의 서브클래스에서 사용
12   toast(message)
```

이렇게 하면 공통 알고리즘을 추출하는 데 도움이 되고, 매번 토스트 메시지를 표시하는 방법을 기억할 필요가 없습니다. 일반적으로 토스트 메시지를 표시하는 방법이 변경된 경우(그럴 가능성은 거의 없습니다)에도 도움이 될 수 있습니다.

사용자에게 메시지를 표현하는 방식을 토스트에서 스낵바(다른 종류의 메시지 표시)로 변경해야 한다면 어떻게 될까요? 이 기능을 추출했으니 함수 내부 구현을 변경하고 이름을 바꾸면 간단히 해결할 수 있습니다.

```
1    fun Context.snackbar(
2        message: String,
3        duration: Int = Toast.LENGTH_LONG
4    ) {
5        // ...
6    }
```

안드로이드에서 스낵바 메시지

이 해결책은 완벽하지 않습니다. 내부에서만 사용하는 함수의 이름을 바꾸는 것도 위험합니다.[10] 특히 다른 모듈이 이 함수에 의존하는 경우 위험할 수 있습니다. 다른 문제는 매개변수를 자동으로 변경하는 것은 쉽지 않기 때문에 메시지 지속 시간을 선언하기 위해 여전히 토스트 API를 사용해야 한다는 것입니다. 이것은 매우 문제가 됩니다. 스낵바를 표시할 때 Toast의 필드에 의존해서는 안 됩니다. 반면에 Snackbar의 열거형을 사용하도록 모든 사용법을 변경하는 것도 문제가 될 수 있습니다.

```
1   fun Context.snackbar(
2       message: String,
3       duration: Int = Snackbar.LENGTH_LONG
4   ) {
5       // ...
6   }
```

메시지 표시 방식이 변경될 수 있다면 정말 중요한 것은 메시지가 표시되는 방식이 아니라 사용자에게 메시지를 표시하고 싶다는 의도임을 알아야 합니다. 따라서 메시지를 표시하는 좀 더 추상적인 메서드가 필요합니다. 이를 염두에 두고 프로그래머는 토스트 개념과 독립적인 상위 수준 함수 showMessage 뒤에 토스트 메시지 표시 구현을 숨길 수 있습니다.

```
1   fun Context.showMessage(
2       message: String,
3       duration: MessageLength = MessageLength.LONG
4   ) {
5       val toastDuration = when(duration) {
6           SHORT -> Toast.LENGTH_SHORT
7           LONG -> Toast.LENGTH_LONG
8       }
9       Toast.makeText(this, message, toastDuration).show()
10  }
11
12  enum class MessageLength { SHORT, LONG }
```

여기서 가장 큰 변화는 이름입니다. 몇몇 개발자들은 이름은 단지 호출 용도

---

[10] 함수가 외부 API의 일부인 경우 호출을 쉽게 조정할 수 없으므로 적어도 한동안 기존 이름이 유지됩니다(아이템 27: API 안정성을 명시하라).

로 사용되는 것일 뿐이기 때문에 중요성이 크지 않다고 생각합니다. 이는 컴파일러의 관점에서는 타당하지만 개발자의 관점에서는 그렇지 않습니다. 함수는 추상화를 나타내며, 함수명은 그것이 어떤 추상화인지 알려 줍니다. 의미 있는 이름은 매우 중요합니다.

함수는 매우 간단한 추상화이지만 매우 제한적이기도 합니다. 함수는 상태를 유지하지 않습니다. 함수 시그너처를 변경하면 모든 사용법에 영향을 미칠 때가 많습니다. 구현을 추상화하는 더 강력한 방법은 클래스를 사용하는 것입니다.

클래스

메시지 표시를 클래스로 추상화하는 방법은 다음과 같습니다.

```
1   class MessageDisplay(val context: Context) {
2
3       fun show(
4           message: String,
5           duration: Length = Length.LONG
6       ) {
7           val toastDuration = when(duration) {
8               SHORT -> Toast.LENGTH_SHORT
9               LONG -> Toast.LENGTH_LONG
10          }
11          Toast.makeText(context, message, toastDuration)
12              .show()
13      }
14
15      enum class Length { SHORT, LONG }
16  }
17
18  // 사용
19  val messageDisplay = MessageDisplay(context)
20  messageDisplay.show("Message")
```

클래스가 추상화 측면에서 더 강력한 이유는 클래스는 상태를 가질 수 있으며, 많은 함수를 노출할 수 있기 때문입니다(클래스 멤버 함수를 메서드라고 부릅니다). 이 경우 클래스 상태에 context가 있고 생성자를 통해 컨텍스트가 주입됩니다. 의존성 주입(dependency injection) 프레임워크를 사용하여 클래스 생성을 위임할 수도 있습니다.

```
1   @Inject
2   lateinit var messageDisplay: MessageDisplay
```

또한 클래스를 모킹(mocking)하여 해당 클래스에 의존하는 다른 클래스의 기능을 테스트할 수 있습니다.

```
1   val messageDisplay: MessageDisplay = mockk()
```

게다가 메시지 표시를 설정하기 위해 더 많은 메서드를 추가할 수 있습니다.

```
1   messageDisplay.setChristmasMode(true)
```

보다시피 클래스는 함수보다 고수준의 추상화를 할 수 있지만 여전히 한계가 있습니다. 예를 들어, 클래스가 final인 경우 해당 타입의 정확한 구현을 알 수 있습니다. 대신 open 클래스를 사용하면 서브클래스를 제공할 수 있어 좀 더 자유로워집니다. 하지만 이 추상화는 여전히 이 클래스에 강하게 묶여 있습니다. 클래스보다 고수준의 추상화를 하고 싶다면, 인터페이스를 구현하여 해당 클래스를 인터페이스 뒤에 숨길 수 있습니다.

인터페이스

코틀린 표준 라이브러리를 보면 거의 모든 것이 인터페이스로 표현됨을 알 수 있습니다. 몇 가지 예를 살펴봅시다.

- listOf 함수는 List라는 인터페이스를 반환합니다. 이는 다른 팩토리 메서드와 유사합니다('아이템 32: 보조 생성자 대신 팩토리 함수를 고려하라'에서 설명합니다).
- 컬렉션 처리 함수는 Iterable이나 Collection의 확장 함수로 List, Map 등을 반환합니다. 이것들은 모두 인터페이스입니다.
- 프로퍼티 위임은 ReadOnlyProperty 또는 ReadWriteProperty 뒤에 숨겨져 있는데, 이것들도 인터페이스입니다. 실제 클래스는 비공개인 경우가 많습니다. lazy 함수는 또한 Lazy 인터페이스를 반환 타입으로 선언합니다.

라이브러리 제작자가 보통 내부 클래스의 가시성을 제한하고 인터페이스만 노출시키는 데는 그럴 만한 이유가 있습니다. 이렇게 하면 라이브러리 작성자는 사용자가 클래스를 직접 사용하지 않는다는 것을 확신할 수 있으므로, 인터페이스가 동일하게 유지되는 한 자유롭게 구현을 변경할 수 있습니다. 이번 아이템의 핵심 개념은 바로 이것입니다. 인터페이스 뒤에 객체를 숨김으로써 실제 구현을 추상화하고 추상화된 코드만 사용하도록 강제합니다. 이런 식으로 커플링을 줄일 수 있습니다.

코틀린에서 클래스 대신 인터페이스를 반환하는 또 다른 이유가 있습니다. 코틀린은 멀티플랫폼 언어이기 때문에 listOf의 구현이 플랫폼의 종류(예: 코틀린/JVM, 코틀린/JS 및 코틀린/Native)에 따라 다릅니다. 코틀린은 주로 플랫폼별 기본 컬렉션을 사용하여 최적화합니다. 하지만 이들 모두 List 인터페이스를 준수하므로 문제가 되지 않습니다.

이 방법을 메시지 디스플레이에 어떻게 적용할 수 있는지 살펴보겠습니다. 인터페이스 뒤에 클래스를 숨겼을 때의 모습은 다음과 같습니다.

```
1   interface MessageDisplay {
2       fun show(
3           message: String,
4           duration: Length = LONG
5       )
6   }
7
8   class ToastDisplay(val context: Context): MessageDisplay {
9
10      override fun show(
11          message: String,
12          duration: Length
13      ) {
14          val toastDuration = when(duration) {
15              SHORT -> Toast.LENGTH_SHORT
16              LONG -> Toast.LENGTH_LONG
17          }
18          Toast.makeText(context, message, toastDuration)
19              .show()
20      }
21
22  }
23  enum class Length { SHORT, LONG }
```

추상화를 하게 되어 자유롭게 코드를 구현할 수 있게 되었습니다. 예를 들어 태블릿에는 토스트를 표시하고 휴대폰에는 스낵바를 표시하는 클래스를 주입할 수 있습니다. 안드로이드, iOS, 웹 간에 공유가 되는 공용 모듈에서 Message Display를 사용할 수도 있습니다. 그런 다음 플랫폼에 따라 다르게 구현할 수 있습니다. 예를 들어 iOS와 웹에서는 경고창(alert)을 표시할 수 있습니다.

또 다른 이점은 테스트를 위해 인터페이스를 위조(faking)하는 것이 클래스를 모킹하는 것보다 간단하다는 점입니다. 그리고 모킹을 위한 라이브러리가 필요하지 않습니다.

```
1   val messageDisplay: MessageDisplay = TestMessageDisplay()
```

마지막으로 선언이 사용법으로부터 더 분리되어 ToastDisplay와 같은 실제 클래스를 더 자유롭게 변경할 수 있습니다. 반면에, 사용법을 변경하기를 원할 경우 MessageDisplay 인터페이스와 모든 구현 클래스를 변경해야 합니다.

Next ID

한 가지 예를 더 논의해 봅시다. 프로젝트에 고유 ID가 필요하다고 가정을 해 봅시다. 이때 아주 간단한 방법은 다음 ID에 대한 최상위 프로퍼티(nextId)를 가지고 있고, 새로운 ID(newId)가 필요할 때마다 이를 증가시키는 것입니다.

```
1   var nextId: Int = 0
2
3   // 사용법
4   val newId = nextId++
```

이런 사용법이 코드 전체에 퍼져 있으면 주의해야 합니다. ID 생성 방식을 변경하려면 어떻게 해야 할까요? 솔직히 이런 방법은 전혀 완벽하지 않습니다. 이유는 다음과 같습니다.

- 프로그램을 처음 시작할 때마다 0부터 시작합니다.
- 스레드 안전하지 않습니다.

당분간 이 방법을 사용해야 한다면, ID 생성을 함수로 추출하여 변경으로부터 보호해야 합니다.

```
1   private var nextId: Int = 0
2   fun getNextId(): Int = nextId++
3
4   // 사용법
5   val newId = getNextId()
```

이 방법으로 막을 수 있는 것은 ID 생성 방식 변경뿐입니다. 여전히 많은 변경이 발생할 수 있습니다. 그 중 가장 큰 변경은 ID 타입의 변경입니다. 언젠가 ID를 String으로 저장해야 한다면 어떻게 될까요? 또한 누군가 ID가 Int로 표시되는 것을 보고 타입 종속적인 작업을 사용할 수도 있음에 주의해야 합니다. 예를 들어, 어떤 ID가 더 오래되었는지 확인하기 위해 비교 연산을 사용할 수 있습니다. 이때 ID의 순서가 보장되지 않는다면 잘못된 결과가 반환되는 심각한 문제가 발생할 수 있습니다. 이를 방지하고 나중에 ID 타입을 쉽게 변경할 수 있도록 ID를 클래스로 추출할 수 있습니다.

```
1   data class Id(private val id: Int)
2
3   private var nextId: Int = 0
4   fun getNextId(): Id = Id(nextId++)
```

결론을 내리면, 추상화 수준이 높을수록 구현을 자유롭게 할 수 있지만, 추상화를 정의하고 사용하는 것은 어려워지게 됩니다.

추상화가 주는 자유

추상화를 도입하는 몇 가지 일반적인 방법을 알아보았습니다.

- 상수 추출
- 동작을 함수로 래핑하기
- 함수를 클래스로 래핑하기
- 클래스를 인터페이스 뒤에 숨기기
- 범용 타입을 상황별 타입으로 래핑하기

이들 각각이 어떻게 다양한 종류의 자유를 제공하는지도 알아보았습니다. 다음과 같은 옵션도 있습니다.

- 제네릭 타입 매개변수 사용
- 내부 클래스 추출
- 생성 제한, 예를 들어 팩토리 메서드를 통해 객체 생성을 강제[11]

반면에 추상화에도 단점이 있습니다. 추상화를 통해 자유를 얻고 코드를 분리할 수 있지만 코드를 이해하고 수정하기 어려워질 때도 있습니다. 추상화의 문제에 대해 이야기해 봅시다.

추상화의 문제

새로운 추상화를 추가하려면 코드를 읽는 개발자가 특정 개념에 대해 이미 익숙하거나 배워야 합니다. 또 다른 추상화를 정의하면, 프로젝트에서 이해해야 할 항목이 추가되는 것입니다. 물론 추상화의 가시성을 제한하거나(아이템 29: 가시성을 최소화하라) 구체적인 작업에만 사용되는 추상화를 정의할 때는 문제가 적습니다. 이것이 바로 대규모 프로젝트에서 모듈화가 중요한 이유입니다. 추상화를 정의하면 이러한 비용이 발생한다는 점을 이해해야 합니다. 따라서 기본적으로 모든 것을 추상화해서는 안 됩니다.

추상화를 무한히 추출할 수 있지만 이는 득보다 실이 더 많을 것입니다. 이 사실은 FizzBuzz Enterprise Edition 프로젝트[12]에서 풍자적으로 표현되었습니다. 여기서 저자는 Fizz Buzz[13]와 같은 단순한 문제의 경우에도 엄청난 양의 추상화를 추출할 수 있음을 보여 주었습니다. 이로 인해 해당 솔루션을 이해하고 작업하기가 극도로 어려워졌습니다. 이 책을 쓰는 시점인 현재, 이 프로젝트에는 61개의 클래스와 26개의 인터페이스가 포함되어 있습니다. 이는 일반적으

---

11 이에 대한 자세한 내용은 '5장: 객체 생성'에서 확인하세요.
12 *github.com/EnterpriseQualityCoding/FizzBuzzEnterpriseEdition*
13 문제는 다음과 같이 정의됩니다. 1부터 100까지 숫자에서 숫자가 3으로 나누어지면 Fizz를 출력하고, 5로 나누어지면 Buzz를 출력합니다. 숫자가 3과 5로 나누어지면(예: 15) FizzBuzz를 출력합니다. 다른 모든 경우에는 숫자를 출력합니다.

```
▼ 🗀 com.seriouscompany.business.java.fizzbuzz.packagenamingpackage
  ▼ 🗀 impl
    ▼ 🗀 factories
        © BuzzStrategyFactory
        © BuzzStringPrinterFactory
        © BuzzStringReturnerFactory
        © EnterpriseGradeFizzBuzzSolutionStrategyFactory
        © FizzBuzzOutputGenerationContextVisitorFactory
        © FizzStrategyFactory
        © FizzStringPrinterFactory
        © FizzStringReturnerFactory
        © IntegerIntegerPrinterFactory
        © IntegerIntegerStringReturnerFactory
        © LoopComponentFactory
        © NewLineStringPrinterFactory
        © NewLineStringReturnerFactory
        © NoFizzNoBuzzStrategyFactory
        © SystemOutFizzBuzzOutputStrategyFactory
    ▶ 🗀 loop
    ▶ 🗀 math.arithmetics
    ▶ 🗀 parameters
    ▶ 🗀 printers
    ▶ 🗀 strategies
    ▶ 🗀 stringreturners
    ▶ 🗀 visitors
        © ApplicationContextHolder
        © Constants
        🔵 Main
        © StandardFizzBuzz
  ▼ 🗀 interfaces
    ▼ 🗀 factories
        ⓘ FizzBuzzOutputStrategyFactory
        ⓘ FizzBuzzSolutionStrategyFactory
        ⓘ IntegerPrinterFactory
        ⓘ IntegerStringReturnerFactory
        ⓘ IsEvenlyDivisibleStrategyFactory
        ⓘ OutputGenerationContextVisitorFactory
        ⓘ StringPrinterFactory
        ⓘ StringStringReturnerFactory
    ▶ 🗀 loop
    ▶ 🗀 parameters
```

FizzBuzz Enterprise Edition 클래스 구조의 일부입니다. 이 프로젝트의 설명에서 다음과 같은 풍자적인 설명이 담겨 있습니다. '이 프로젝트는 인기 있는 Fizz Buzz 게임이 기업용 소프트웨어의 고품질 기준에 따라 만들어진다면 어떤 모습일지를 보여 주는 예입니다.'

로 10줄 미만의 코드로 해결이 가능한 문제입니다. 물론 이로 인해 어떤 수준에서든 변경 사항을 적용하는 것은 쉬워졌지만 이 코드가 무엇을 어떻게 수행하는지 이해하기가 매우 어려워졌습니다.

추상화는 많은 것을 숨길 수 있습니다. 한편으로는 생각할 것이 적을수록 개발하기가 더 쉽지만, 한편으로는 너무 많은 추상화를 사용하면 행동의 결과를 이해하기가 더 어려워집니다. showMessage 함수를 사용하고서는 마찬가지로 토스트가 표시된다고 생각했는데 스낵바가 표시된다면 놀랄 수 있습니다. 의도되지 않은 토스트 메시지가 표시돼서 Toast.makeText를 찾아보니 showMessage를 사용하고 있어서 원인을 찾는 데 문제가 될지도 모릅니다. 추상화가 너무 많으면 코드를 이해하기가 어려워지고, 행동의 결과를 확신할 수 없기 때문에 불안해질 수도 있습니다.

추상화를 이해하는 데는 예제가 큰 도움이 됩니다. 추상화는 단위 테스트나 요소의 사용 방법을 보여 주는 문서의 예제를 통해 더욱 구체화됩니다. 같은 이유로 이 책에서 제시되는 대부분의 개념에 구체적인 예를 덧붙였습니다. 추상적인 설명은 이해하기 어렵고 오해하기 쉽기 때문입니다.

추상화의 수준은 어느 정도가 되어야 할까?

경험에 의하면, 추상화 수준이 높아질수록 구현이 자유로워지고 코드가 정리되지만, 프로젝트의 동작을 이해하기는 더 어려워집니다. 복잡도가 너무 낮거나 높은 두 극단 모두 좋지 않습니다. 합의점을 찾는 것이 좋지만, 그 기준은 다음과 같은 요소에 따라 달라지게 됩니다.

- 팀의 규모
- 팀의 경험치
- 프로젝트 크기
- 기능 목록
- 도메인 지식

모든 프로젝트에서 끊임없이 추상화 수준을 어디까지 할지 고민하고 있습니다. 추상화를 적절하게 하는 것은 예술에 가까운데, 프로젝트를 설계하고 코딩하는 데 수천 시간은 아니더라도 수백 시간에 걸쳐 얻은 직관이 필요하기 때문입니다. 다음은 필자가 제안하는 몇 가지 사항입니다.

- 많은 개발자가 참여하는 대규모 프로젝트에서는 나중에 객체 생성 및 사용법을 바꾸기가 훨씬 어렵습니다. 그렇기 때문에 좀 더 추상적인 해결책을 선호하며, 모듈이나 각 부분에 대한 분리가 특히 유용합니다.
- 의존성 주입 프레임워크를 사용한다면 객체의 생성이 얼마나 어려운지에 대해 별로 신경 쓰지 않아도 됩니다. 어쨌든 생성을 한 번만 정의하면 되기

때문입니다.

- 다양한 애플리케이션을 만들거나 테스트하려면 추상화를 일부 사용해야 할 수도 있습니다.
- 프로젝트 규모가 작고 실험적이라면 추상화 없이 자유롭게 코드를 변경할 수 있습니다. 그러나 프로젝트 규모가 커진다면 가능한 한 빨리 추상화를 적용하세요.

무엇이 바뀔 수 있는지 그리고 각 변경의 가능성이 얼마나 되는지도 끊임없이 생각해야 합니다. 예를 들어, 토스트 표시용 API가 변경될 가능성은 매우 적지만 메시지 표시 방식을 변경해야 할 가능성은 상당히 높습니다. 이 구조를 모킹해야 할 가능성이 있습니까? 언젠가 좀 더 일반적인 구조나 플랫폼 독립적인 구조가 필요할 가능성이 있습니까? 이럴 가능성이 아예 없다고 말할 수는 없을 것입니다. 그렇다면 얼마나 클까요? 이러한 상황들을 수년간 관찰하고 경험하다 보면 추상화 수준을 결정하는 데 도움이 될 것입니다.

요약

추상화는 중복을 제거하고 코드를 정리할 뿐만 아니라 코드를 변경해야 할 때도 도움이 됩니다. 하지만 추상화를 사용하면 코드를 이해하기가 어려워집니다. 추상화는 배우고 이해해야 하는 것입니다. 그러다 보니 추상화 구조를 사용한 결과를 이해하기가 쉽지 않습니다. 그렇기 때문에 추상화의 장단점을 모두 이해해야 하며, 추상화가 너무 많거나 너무 적은 것은 이상적이지 않으므로 모든 프로젝트에서 합의점을 찾아야 합니다.

API 안정성을 명시하라

자동차 운전법이 차종마다 다르면 운전하기가 여간 어려운 일이 아닐 것입니다. 라디오 채널을 설정하는 방법처럼 자동차마다 조작법이 다른 요소들이 있는데, 운전자들은 이런 요소들로 인해 어려움을 겪게 됩니다. 일부에만 사용되는 인터페이스를 배우는 것은 굉장히 귀찮습니다. 우리는 안정적이고 보편적인 인터페이스를 선호합니다.

마찬가지로 프로그래밍에서도 우리는 안정적이고 될 수 있는 대로 표준적인 API(Application Programming Interfaces, 애플리케이션 프로그래밍 인터페이스)를 선호합니다. 주된 이유는 다음과 같습니다.

1. API가 변경되면, 개발자들은 변경 사항에 따라 코드를 수동으로 업데이트해야 합니다. 변경된 API를 프로젝트 내 다양한 곳에서 사용하고 있다면 특히 문제가 될 수 있습니다. API가 사용된 코드를 수정하거나 대체하는 방법을 찾는 것이 어려울 수도 있습니다. 다른 개발자들이 진행한 프로젝트에서 변경된 API를 사용하고 있다면 더욱 어려운 일이 될 것입니다. 공개 라이브러리에 포함된 API를 변경한다면 API를 사용한 프로젝트를 직접 수정할 수 없으며, 사용자들이 이를 변경해야 합니다. 따라서 사용자들은 큰 불편을 겪을 것입니다. 라이브러리에서는 작은 변경 사항이라도, 다른 프로젝트에서는 변경할 부분이 많을 수 있습니다. 라이브러리 사용자들은 변경 사항을 반영하기 어려워 이전 버전을 계속 사용할 수도 있고, 업데이트는 점점 더 어려워질 것입니다. 새로운 버전에 버그 수정 및 취약성 보완 등 반드시 필요한 변경 사항이 포함되어 있을 수 있으므로 업데이트를 기피하는 건 심각한 문제가 될 수 있습니다. 이전 버전의 라이브러리가 더 이상 지원되지 않을 수도 있고 원하는 대로 동작하지 않을 수도 있습니다. 프

로그래머가 안정적인 새로운 버전의 라이브러리 사용을 기피하는 것은 매우 좋지 않은 상황입니다.

2. 사용자가 새로운 API를 배워야 합니다. 일반적으로 사용자들은 익숙한 것을 선호하며 새로운 걸 배우길 꺼립니다. 게다가 변경된 knowledge를 업데이트해야 합니다. 기존 방식을 새로운 것으로 대체하는 것은 매우 어렵기 때문에 API를 대체하는 건 더욱 요원한 일이 됩니다. 기존 방식을 고수하게 되면 보안 문제를 야기시킬 수 있으며, 라이브러리의 변경 사항을 따라가는 걸 더욱 어렵게 만드므로 전혀 바람직한 일이 아닙니다.

반면 좋은 API 설계는 매우 어렵기 때문에 API 개발자는 API를 수정해서 개선하려고 할 때가 많습니다. 따라서 API 개발자들은 API 안정성을 명시하는 것이 좋습니다.

API 안정성을 명시하는 가장 간단한 방법은 문서에 API가 변경될 가능성이 높다는 점을 명시하는 것입니다. 좀 더 공식적으로는 전체 라이브러리 또는 모듈의 안정성을 버전으로 표현합니다. 여러 버전 명명 체계가 있지만, 그 중에 거의 표준처럼 취급되는 버전 명명 체계가 있습니다. 바로 시맨틱 버저닝(Semantic Versioning, SemVer)입니다. 이 시스템은 버전 번호를 세 부분, 즉 MAJOR.MINOR.PATCH로 구성합니다. 각 부분은 0부터 시작하는 양의 정수이며, 공개 API에 중요한 변경이 있을 때 각각 1씩 증가시킵니다.

- MAJOR 버전: 호환되지 않는 API 변경 사항
- MINOR 버전: 이전 버전과 호환되는 기능 추가
- PATCH 버전: 이전 버전과 호환되는 버그 수정

MAJOR를 올릴 때는 MINOR와 PATCH를 0으로 설정하고, MINOR를 올릴 때는 PATCH를 0으로 설정합니다. 사전 배포와 빌드 메타데이터는 MAJOR.MINOR.PATCH 형식에 추가 레이블을 붙여 사용합니다. MAJOR 버전이 0인 경우(0.y.z)는 초기 개발용 버전입니다. MAJOR 버전이 0이라면 모든 것이 쉽게 바뀔 수 있으며, 공개된 API의 명세도 변경될 가능성이 높습니다. 따라서 라이브러리나 모듈이 시맨틱 버저닝을 따르고 MAJOR 버전이 0이라면 안정적인 API

라고 생각하면 안 됩니다.

베타 버전이 오래 유지된다고 해서 걱정할 필요는 없습니다. 코틀린은 버전 1.0이 될 때까지 5년 이상이 걸렸습니다. 이 기간 동안 많은 것이 바뀌었고, 코틀린에게는 매우 중요한 시간이었습니다.

새로운 API를 도입했지만 변경될 가능성이 높다면 먼저 이들을 다른 브랜치에 두어야 합니다. (해당 코드를 메인 브랜치에 머지하고 배포함으로써) 몇몇 사용자들에게 새로운 API를 공개하고 싶다면 Experimental 메타애너테이션을 사용해서 변경될 가능성이 높다고 경고할 수 있습니다. Experimental API를 공개하고 사용할 수는 있지만 경고 또는 오류(애너테이션 프로퍼티에 설정한 레벨에 따라 다름)가 표시됩니다.

```
1   @Experimental(level = Experimental.Level.WARNING)
2   annotation class ExperimentalNewApi
3
4   @ExperimentalNewApi
5   suspend fun getUsers(): List<User> {
6       // ...
7   }
```

```
24      val users = getUsers()

This declaration is experimental and its usage should be marked with '@ExperimentalNewApi' or '@UseExperimental(ExperimentalNewApi::class)'
```

Experimental API는 언제든지 변경될 수 있다고 생각해야 합니다. 다시 말하지만, API가 긴 시간 동안 Experimental 상태로 유지되는 걸 걱정하지 마세요. 안정적인 API가 될 때까지 오랜 시간이 걸리겠지만, 더 나은 API를 만들기 위해 오랜 시간을 투자할 수 있습니다.

안정적인 API를 변경할 때는 사용자들이 변경 사항에 대응할 수 있도록 Deprecated라는 애너테이션으로 표시합니다.

```
1   @Deprecated("Use suspending getUsers instead")
2   fun getUsers(callback: (List<User>)->Unit) {
3       // ...
4   }
```

또한 Deprecated된 API를 직접적으로 대체할 수 있는 함수가 있는 경우 ReplaceWith 애너테이션을 사용하면 IDE가 자동으로 이를 전환합니다.

```
1  @Deprecated("Use suspending getUsers instead",
2            ReplaceWith("getUsers()"))
3  fun getUsers(callback: (List<User>)->Unit) {
4      // ...
5  }
```

다음은 표준 라이브러리의 예시입니다.

```
1  @Deprecated("Use readBytes() overload without "+
2            "estimatedSize parameter",
3            ReplaceWith("readBytes()"))
4  public fun InputStream.readBytes(
5      estimatedSize: Int = DEFAULT_BUFFER_SIZE
6  ): ByteArray {
7      // ...
8  }
```

이후 Deprecated된 API를 대체할 시간을 충분히 줘야 합니다. 사용자들은 라이브러리의 최신 버전을 적용시키는 것 외에도 할 일이 많을 것이므로 시간이 오래 걸릴 수도 있습니다. 널리 사용되는 API의 경우 수년이 걸리기도 합니다. 오랜 시간이 지난 뒤에야 주요 배포판에서 더 이상 사용하지 않는 요소(depre-cated element)를 제거할 수 있습니다.

요약

사용자는 API의 안정성에 대해 알아야 합니다. 안정적이라 생각했던 API를 사용하고 있는데, API에 갑작스런 변경 사항이 생기는 것만큼 나쁜 일은 없을 것입니다. 이러한 변경은 사용자에게 매우 고통스러울 수 있습니다. 버전 이름, 문서, 애너테이션 등과 같은 방법을 통해 모듈 및 라이브러리 제작자와 이를 사용하는 사람들 간의 커뮤니케이션을 원활하게 할 수 있습니다. 또한 안정적인 API에 변경 사항이 생길 때마다 장기간 적용 과정을 거쳐야 합니다.

아이템 28

외부 API를 래핑하는 것을 고려하라

변경될 가능성이 높은 API를 과도하게 사용하는 것은 위험합니다. 제작자가 불안정하다고 명시되어 있거나 API의 안정성을 신뢰할 수 없는 경우 모두 마찬가지입니다. API가 불가피하게 변경되었을 때 API가 사용된 모든 곳을 변경해야 함을 기억해야 합니다. 그리고 사용을 제한하고 로직에서 최대한 분리하는 것을 고려해야 합니다. 바로 이런 이유 때문에 변경될 가능성이 높은 외부 라이브러리 API를 래핑하는 것입니다.

물론 이런 목적만으로 외부 API를 래핑하지는 않으며, 다른 장점 또한 많습니다.

- 외부 API가 변경되더라도 래퍼(wrapper) 내에서 사용 중인 곳만 변경하면 됩니다.
- 프로젝트의 스타일과 로직에 맞게 API를 조정할 수 있습니다.
- 라이브러리에 문제가 발생할 경우 다른 라이브러리로 교체할 수 있습니다.
- 필요하다면 사용한 API와 다르게 동작하게 만들 수 있습니다(물론 이에 대한 책임은 따릅니다).

API를 래핑하는 것에는 다음과 같은 단점도 있습니다.

- 모든 래퍼를 정의해야 합니다.
- 단지 한 프로젝트 때문에 개발자가 내부 API를 배워야 합니다.
- 내부 API의 작동 방식을 가르치는 과정이 없습니다. 또한 스택오버플로(Stack Overflow)의 답변을 기대할 수 없습니다.

필자의 연습 예제를 보여 드리겠습니다. 필자가 공동 제작한 안드로이드 프로젝트에서는 Picasso 라이브러리를 사용하여 URL의 이미지를 로드하고 표시합니다. 간단한 로드는 다음과 같습니다.

```
1  Picasso.get()
2      .load(url)
3      .into(imageView)
```

애플리케이션 전체, 대충 수백 군데의 코드에서 이미지를 로드해야 했습니다. 그래서 이 API를 자체 함수로 래핑하기로 결정했습니다. 아래는 단순화된 버전입니다.

```
1  fun ImageView.loadImage(url: String) {
2      Picasso.get()
3          .load(url)
4          .into(this)
5  }
```

자체 함수로 래핑한 건 아주 잘한 일이었습니다. 왜냐하면 Picasso에서 지원하지 않는 GIF 이미지를 로드해야 한다는 사실을 나중에 알게 되어, Glide라는 다른 라이브러리로 완전히 교체하기로 결정했기 때문입니다. API를 래핑한 함수만 변경하는 것으로 충분했습니다.

```
1  fun ImageView.loadImage(url: String) {
2      Glide.with(context)
3          .load(url)
4          .into(this)
5  }
```

래핑하는 것은 이보다 더 복잡할 수 있지만 그래도 그만한 가치가 있습니다. 외부 API를 래핑하면 다른 라이브러리로 쉽게 변경할 수 있으며, API에 변경 사항이 있더라도 간단하게 대처할 수 있습니다.

요약

외부 API를 래핑하면 API가 변경되더라도 쉽게 대처할 수 있습니다. 또한 필요에 따라 API를 자유롭게 조정할 수 있습니다. 불안정하다고 명시되어 있거나 API의 안정성을 신뢰할 수 없는 경우 외부 API를 래핑하는 것이 좋습니다.

자주 사용하는 API를 래핑하는 것도 좋은 생각입니다. 이렇게 하면 필요에 맞춰 API를 쉽게 변경할 수 있기 때문입니다. 반면에 래핑을 위해 많은 함수를 정의해야 하며, 내부 API가 더 복잡해지는 것은 단점이라 할 수 있습니다. 그럼에도 외부 API를 래핑하는 것은 장점이 많으므로 항상 기억하고 있는 것이 좋습니다.

가시성을 최소화하라

API를 설계할 때 간결한 API를 선호하는 데는 여러 가지 이유가 있습니다. 가장 중요한 몇 가지 이유를 살펴봅시다.

인터페이스가 작을수록 배우기도 쉽고 유지보수하기에도 용이합니다. 할 수 있는 것이 수십 가지인 클래스보다 할 수 있는 것이 몇 가지 안 되는 클래스가 더 이해하기 쉬우며, 유지보수하기도 쉽습니다. 클래스를 변경하고 싶을 때 클래스 전체를 알고 있어야 하는 경우가 많습니다. 노출된 요소가 적을수록 유지보수하기 쉬우며 테스트할 항목도 적습니다.

변경 사항을 반영하려면 기존 요소를 숨기는 것보다 새로운 요소를 노출하는 것이 더 쉽습니다. 공개적으로 노출되어 있는 모든 요소는 공개 API의 일부이므로, 외부에서 사용될 수 있습니다. 해당 요소가 더 오래 노출되었을수록 외부에서 더 많이 사용되었을 것입니다. 따라서 이미 노출된 요소가 변경되면, API를 사용한 모든 곳에서 변경 사항을 반영해야 하는 어려움이 있습니다. 가시성(visibility)을 줄이는 것은 훨씬 더 어려운 일입니다. API가 어떻게 사용되었을지 검토해야 하며, 이에 대한 대안을 제공해야 하기 때문입니다. 대안을 제공하는 것도 쉬운 일이 아니며, 특히 다른 개발자가 구현한 요소라면 더욱 어려운 일이 될 것입니다. 또한 원래 비즈니스 요구사항이 무엇이었는지 알아내기가 어려울 수 있습니다. 공개 라이브러리에 포함된 요소의 가시성을 줄일 경우, 몇몇 라이브러리 사용자들은 이에 격분하게 될 것입니다. 라이브러리를 사용한 코드를 변경해야 할 뿐만 아니라, 개발한 지 수년이 지난 프로젝트에 대체 코드를 반영해야 할 수도 있기 때문입니다. 처음부터 작은 규모의 API로 개발하도록 강제하는 것이 훨씬 더 나은 방법입니다.

클래스의 상태를 나타내는 프로퍼티를 외부에서 변경할 수 있다면 클래스는 자신의 상태를 보장할 수 없습니다. 클래스 상태에 반드시 충족되어야 되는 규약이 있을 수 있습니다. 상태를 외부에서 직접 변경할 수 있다면, 클래스의 규약을 모르는 사람이 클래스의 상태를 마음대로 변경할 수 있어 클래스는 불변 조건(invariant)이 보장되지 않습니다. 아래 코드에서 CounterSet를 살펴보세요. elementsAdded 세터의 가시성을 올바르게 제한했습니다. 이렇게 제한하지 않으면 누군가가 임의의 값으로 변경할 수 있어 이 값이 실제로 추가된 요소의 수를 나타내는지를 신뢰할 수 없습니다. 세터만 private으로 선언하는 건 가시성을 제한하는 매우 유용한 방법입니다.

```
1   class CounterSet<T>(
2       private val innerSet: MutableSet<T> = mutableSetOf()
3   ) : MutableSet<T> by innerSet {
4
5       var elementsAdded: Int = 0
6           private set
7
8       override fun add(element: T): Boolean {
9           elementsAdded++
10          return innerSet.add(element)
11      }
12
13      override fun addAll(elements: Collection<T>): Boolean {
14          elementsAdded += elements.size
15          return innerSet.addAll(elements)
16      }
17  }
```

코틀린에서 모든 프로퍼티가 기본적으로 캡슐화되어 있다는 것은 매우 유용합니다. 언제든지 접근자의 가시성을 제한할 수 있기 때문입니다.

서로 의존하는 프로퍼티가 있을 때는 객체의 내부 상태를 보호하는 것이 특히 중요합니다. 예를 들어, 아래의 mutableLazy 위임자 구현에서 initialized 값이 true라면 value는 초기화되었고 이때의 타입은 T라는 것을 예상할 수 있습니다. 어떤 경우에도 initialized의 세터는 노출되어서는 안 됩니다. 세터가 노출되면 initialized 값을 믿을 수 없게 되고 다른 프로퍼티에서 까다로운 예외를 일으킬 수 있기 때문입니다.

```
1   class MutableLazyHolder<T>(val initializer: () -> T) {
2       private var value: Any? = Any()
```

```
3      private var initialized = false
4
5      fun get(): T {
6          if (!initialized) {
7              value = initializer()
8              initialized = true
9          }
10         return value as T
11     }
12
13     fun set(value: T) {
14         this.value = value
15         initialized = true
16     }
17 }
```

가시성을 제한할수록 클래스의 변경 사항을 추적하기 쉬워집니다. 그에 따라 프로퍼티 상태는 예측하기 쉬워지며, 이는 동시성을 다룰 때 중요한 이슈입니다. 상태 변경은 병렬 프로그래밍에서 문제가 되므로 가능한 한 제어하고 제한하는 것이 좋습니다.

가시성 한정자 사용하기

내부적인 변경 없이 외부에서 보기에 더 작은 인터페이스를 구현하기 위해서는 요소들의 가시성을 제한하는 것이 좋습니다. 보통 요소를 외부에 노출할 필요가 없다면 아예 숨기는 게 낫습니다. 따라서 노출해야 할 특별한 이유가 없다면, 클래스와 요소의 가시성을 가능한 한 제한하는 것이 좋습니다. 이를 위해 가시성 한정자(visibility modifier)를 사용합니다.

클래스 멤버의 경우 다음과 같이 네 가지 가시성 한정자를 사용할 수 있습니다.

- public(디폴트): 선언된 클래스를 볼 수 있는 클라이언트라면 어디에서나 볼 수 있습니다.
- private: 클래스 내부에서만 볼 수 있습니다.
- protected: 클래스와 서브클래스 내부에서만 볼 수 있습니다.
- internal: 선언된 클래스를 볼 수 있는 모듈 내에서만 볼 수 있습니다.

최상위 요소에는 세 가지 가시성 한정자가 있습니다.

- public(디폴트): 어디에서든 볼 수 있습니다.
- private: 동일한 파일 내부에서만 볼 수 있습니다.
- internal: 이 모듈 내부에서만 볼 수 있습니다.

모듈이 패키지와 동일하지 않다는 것에 유의하세요. 코틀린에서 모듈이란 함께 컴파일되는 코틀린 소스의 집합입니다. 다음과 같은 것들이 모듈이 될 수 있습니다.

- 그레이들 소스 집합
- 메이븐(Maven) 프로젝트
- 인텔리제이 IDEA 모듈
- 앤트(Ant) 태스크 한 번의 호출로 컴파일되는 파일 집합

만약 모듈이 다른 모듈에서 사용될 수 있다면 노출하고 싶지 않은 공개 요소에 internal을 사용해 가시성을 변경하세요. 요소가 상속을 위해 설계되었고 해당 클래스와 서브클래스에서만 사용된다면 protected를 사용하세요. 동일한 파일이나 클래스에서만 사용되는 요소라면 private를 사용하세요. 코틀린은 프로퍼티가 지역적으로만 사용될 경우 다음과 같이 private 한정자를 붙이길 권장하고 있습니다.

```
class RandomInstanceProducer(
    val random: Random,
    val config: MakeRandomInstanceConfig
```
Property 'config' could be private more... (⌘F1)

데이터 저장을 주목적으로 하는 클래스(데이터 모델 클래스, DTO)에 이 규칙을 적용해서는 안 됩니다. 다음 예제 코드처럼 서버에서 반환한 나이 항목이 포함된 사용자 데이터가 있고 이를 파싱하기로 결정한 경우 나이 프로퍼티를 당장 사용하지 않는다고 해서 숨길 필요는 없습니다. 사용되든 사용되지 않든 그대로 두고 가시성을 유지하는 것이 좋습니다. 필요하지 않다면 이 프로퍼티를 완전히 제거하세요.

```
1   class User(
2       val name: String,
3       val surname: String,
4       val age: Int
5   )
```

한 가지 유의해야 할 점은, API를 상속할 때 오버라이딩해서 멤버의 가시성을 제한할 수 없다는 것입니다. 서브클래스는 항상 상위 클래스로 사용될 수 있기 때문입니다. 따라서 상속보다는 합성을 사용하는 편이 낫습니다('아이템 36: 상속보다는 합성을 선호하라').

요약

경험에 의하면, 요소의 가시성은 가능한 한 제한적이어야 합니다. 공개 API는 가시적인 요소로 구성되며, 다음과 같은 이유로 가능한 한 간결할수록 좋습니다.

• 인터페이스가 작을수록 배우기도 쉽고 유지보수하기에도 용이합니다.
• 변경 사항이 있다면 새로운 요소로 노출하는 것이 기존 요소를 숨기는 것보다 더 쉽습니다.
• 자신의 상태를 나타내는 프로퍼티를 외부에서 변경할 수 있다면 클래스의 상태는 보장이 되지 않습니다.
• 가시성이 제한되면 API의 변경을 더 쉽게 추적할 수 있습니다.

아이템 30

문서로 규약을 정의하라

'아이템 26: 변경으로부터 코드를 보호하려면 추상화를 사용하라'에서 살펴본 메시지를 표시하는 함수에 대해 다시 생각해 봅시다.

```
1   fun Context.showMessage(
2       message: String,
3       length: MessageLength = MessageLength.LONG
4   ) {
5       val toastLength = when(length) {
6           SHORT -> Toast.LENGTH_SHORT
7           LONG -> Toast.LENGTH_LONG
8       }
9       Toast.makeText(this, message, toastLength).show()
10  }
11
12  enum class MessageLength { SHORT, LONG }
```

메시지 표시 방법을 자유롭게 변경할 수 있도록 showMessage 함수를 추출했습니다. 하지만 이 기능을 문서화하지는 않았습니다. 어떤 개발자는 해당 코드를 읽고 해당 함수가 항상 토스트를 표시해야 한다고 생각할 수 있습니다. 범용적으로 사용하기 위해 함수 이름을 showMessage로 지정하고 메시지 타입 또한 구체적인 타입 대신 문자열로 받고 있지만, 사용자들은 다른 의미로 받아들일 수 있는 것입니다. 코드뿐 아니라 KDoc 주석을 추가하면 함수의 기능과 사용법을 상세하게 설명할 수 있습니다.

```
1   /**
2    * 프로젝트에서 짧은 내용을 표시하는 보편적인 방법
3    * 사용자에게 보여 주는 메시지
4    * @param message 사용자에게 보여 줄 텍스트
5    *
6    * @param duration 보이는 메시지의 유지 시간
7    */
```

```
8   fun Context.showMessage(
9       message: String,
10      duration: MessageLength = MessageLength.LONG
11  ) {
12      val toastDuration = when(duration) {
13          SHORT -> Toast.LENGTH_SHORT
14          LONG -> Toast.LENGTH_LONG
15      }
16      Toast.makeText(this, message, toastDuration).show()
17  }
18
19  enum class MessageLength { SHORT, LONG }
```

대부분의 경우 함수 이름만으로 함수의 세부 사항을 정확하게 알기는 어렵습니다. 예를 들어, powerset는 수학적으로 정립된 개념이지만 보통 사람들은 잘 모르기 때문에 부연 설명이 필요합니다.

```
1   /**
2   * powerset는 리시버의 모든 부분 집합으로 이루어진 집합을 반환합니다.
3   * 자기 자신과 빈 집합을 포함합니다.
4   */
5   fun <T> Collection<T>.powerset(): Set<Set<T>> =
6       if (isEmpty()) setOf(emptySet())
7       else take(size - 1)
8           .powerset()
9           .let { it + it.map { it + last() } }
```

주석에 따르면 구성 요소의 정렬 순서는 함수의 기능과 관련이 없음을 알 수 있습니다. 정렬 순서가 함수의 기능에 영향을 끼쳐서는 안 됩니다. 외부에서 보이는 이 함수의 명세를 유지하여 추상화를 건드리지 않고 구현을 최적화할 수도 있습니다.

```
1   /**
2   * powerset는 리시버의 모든 부분 집합으로 이루어진 집합을 반환합니다.
3   * 자기 자신과 빈 집합을 포함합니다.
4   */
5   fun <T> Collection<T>.powerset(): Set<Set<T>> =
6       powerset(this, setOf(setOf()))
7
8   private tailrec fun <T> powerset(
9       left: Collection<T>,
```

```
10        acc: Set<Set<T>>
11   ): Set<Set<T>> = when {
12       left.isEmpty() -> acc
13       else -> {
14           val head = left.first()
15           val tail = left.drop(1)
16           powerset(tail, acc + acc.map { it + head })
17       }
18   }
```

동작이 문서화되지 않고 요소 이름이 명확하지 않으면 개발자는 의도한 추상화 대신 현재 구현에 의존하게 됩니다. 주석을 추가하여 추상화한 객체를 자세하게 설명하면 이러한 문제를 예방할 수 있습니다.

규약

추상화된 객체에 설명을 추가하면 사용자는 이를 규약으로 생각하고 어떤 방식으로 동작할 것인지 추측합니다. 그러한 예상되는 모든 동작을 요소 규약이라고 부릅니다. 실생활에서 규약이 정해지면 모두가 이를 따를 것이라 생각합니다. 프로그래밍 세계에서도 마찬가지입니다. 사용자는 안정화된 API에서 명시된 규약이 항상 지켜질 것이라고 생각합니다('아이템 27: API 안정성을 명시하라').

이 시점에서 규약을 정의하는 건 힘든 일이지만, 작성자와 사용자 모두에게 득이 되는 일입니다. 규약이 잘 정의되면 작성자는 클래스의 사용 방식에 대해 걱정할 필요가 없으며, 사용자는 내부적으로 구현된 방식에 대해 신경 쓸 필요가 없습니다. 사용자는 실제 구현을 알지 못해도 규약에 의존할 수 있습니다. 작성자는 규약이 충족되는 한 모든 것을 변경할 수 있는 자유를 얻습니다. 사용자와 제작자 모두 규약에 정의된 추상화를 기반으로 작업할 것이므로 상대방이 어떻게 하든지 걱정하지 않아도 됩니다. 규약을 준수하는 한 모든 것이 완벽하게 작동할 것입니다. 따라서 작성자와 사용자 모두 안심하고 자유롭게 개발할 수 있게 됩니다.

규약을 정의하지 않으면 어떻게 될까요? 사용자는 자신이 무엇을 할 수 있고 무엇을 할 수 없는지 알지 못하므로 구현 세부사항에 의존하게 됩니다. 사용자가 무엇에 의존하는지 알지 못하는 제작자는 작업이 막히거나 사용자 구현을 망칠 위험이 있습니다. 따라서 규약을 정의하는 것은 중요합니다.

규약의 정의

규약을 어떻게 정의할까요? 아래와 같은 다양한 방법이 있습니다.

- 이름: 이름에 일반적인 개념이 포함되어 있다면, 이름만 보고 어떻게 동작할 것인지 쉽게 알 수 있습니다. 예를 들어, sum 메서드를 볼 때 어떻게 동작하는지 알기 위해 주석을 읽을 필요가 없습니다. 덧셈은 잘 정의된 수학적인 개념이기 때문입니다.
- 주석과 문서: 필요한 모든 것을 설명할 수 있는 가장 강력한 방법입니다.
- 타입: 타입은 객체에 대해 많은 것을 알려 줍니다. 각 타입은 잘 정의된 메서드들을 정의하며, 일부 타입은 문서에 그 책임이 정해져 있습니다. 함수를 볼 때 반환 타입과 인수 타입에 대한 정보는 매우 중요합니다.

주석이 필요할까요?

개발자 커뮤니티의 견해는 시간이 지나면서 점점 바뀌었습니다. 자바가 아직 초창기였을 때 모든 것을 주석으로 설명하는 문학적 프로그래밍(literate programming)이라 불리는 매우 인기 있는 개념이 있었습니다.[14] 10년이 지난 후, 주석을 남용하지 말아야 한다는 의견이 힘을 얻었으며, 몇몇 사람들은 주석을 제거하고 대신 가독성 있는 코드 작성에 집중해야 한다고 말합니다(필자는 이를 제안한 로버트 C. 마틴의 《클린 코드》가 가장 영향력 있는 책이라고 믿습니다).

극단적인 것은 건강하지 않습니다. 물론 먼저 가독성 있는 코드를 작성하는 데 집중해야 한다는 것에는 전적으로 동의합니다. 하지만 요소에 주석을 추가하면 해당 요소를 더 잘 설명할 수 있으며, 규약도 정의할 수 있다는 점을 떠올려야 합니다. 또한 요즘은 주석을 사용해 문서를 자동으로 생성하며, 이렇게 생성된 문서는 프로젝트에서 가장 신뢰할 수 있는 정보의 출처로 여겨집니다.

물론 주석이 필요하지 않을 때도 많습니다. 예를 들어, 많은 함수는 스스로 설명이 가능하며 특별한 설명이 필요하지 않습니다. 예를 들어, product는 프

---

14 이 개념에 대해 더 알고 싶다면 도널드 커누스(Donald Knuth)의 《Literate Programming》을 살펴보세요.

로그래머들이 알고 있는 수학적으로 명확한 개념이므로 주석이 필요하지 않습니다.

```
1   fun List<Int>.product() = fold(1) { acc, i -> acc * i }
```

위 코드에서 주석은 우리에게 방해가 될 뿐입니다. 함수 이름과 매개변수만으로 명확하게 설명할 수 있다면 주석을 작성하지 마세요. 다음은 메서드 이름과 매개변수 타입으로부터 의미를 알 수 있으므로 주석이 불필요한 예입니다.

```
1   // 리스트의 모든 숫자를 곱합니다.
2   fun List<Int>.product() = fold(1) { acc, i -> acc * i }
```

또한 코드를 정리해야 할 때는 주석을 작성하는 대신 함수를 추출해야 한다는 데도 동의합니다. 아래 예를 살펴보세요.

```
1   fun update() {
2       // users를 업데이트
3       for (user in users) {
4           user.update()
5       }
6
7       // books를 업데이트
8       for (book in books) {
9           updateBook(book)
10      }
11  }
```

update 함수는 별개의 함수로 추출이 가능한 코드로 구성되어 있습니다. 위와 같이 별도의 주석을 추가할 수 있다는 것은 코드를 다른 방식으로 바꿀 수도 있다는 의미가 됩니다. 따라서 이러한 부분을 메서드와 같은 별도의 추상화로 추출하는 것이 좋으며, 기능을 잘 설명할 수 있게 메서드의 이름을 정해야 합니다('아이템 25: 각각의 함수는 하나의 추상화 수준으로 작성하라'와 같습니다).

```
1   fun update() {
2       updateUsers()
3       updateBooks()
4   }
```

```
 5
 6  private fun updateBooks() {
 7      for (book in books) {
 8          updateBook(book)
 9      }
10  }
11
12  private fun updateUsers() {
13      for (user in users) {
14          user.update()
15      }
16  }
```

그러나 주석은 유용하고 중요한 경우도 많습니다. 코틀린 표준 라이브러리의 공개 함수를 살펴보면 주석이 얼마나 유용한지 알 수 있습니다. 모든 함수가 잘 정의된 규약을 가지고 있습니다. 예를 들어, listOf 함수를 살펴봅시다.

```
1  /**
2   * 전달받은 요소의 새로운 읽기 전용 리스트를 반환합니다.
3   * 반환된 리스트는 직렬화가 가능합니다(JVM).
4   * @sample samples.collections.Collections.Lists.
5   readOnlyList
6   */
7  public fun <T> listOf(vararg elements: T): List<T> =
8      if (elements.size > 0) elements.asList()
9      else emptyList()
```

주석을 읽어보면 JVM에서 직렬화가 가능한 읽기 전용 리스트를 반환하는 것이 규약임을 알 수 있습니다. 다른 것은 없습니다. 리스트가 불변일 필요는 없습니다. 구체적인 클래스를 약속하지도 않습니다. 최소한의 규약임에도 대부분의 코틀린 개발자의 요구사항을 충족하기에 충분합니다. 주석에 사용 방법 또한 포함되어 있어 함수를 어떻게 사용하는지도 알 수 있습니다.

KDoc 포맷

주석을 사용하여 함수를 문서화할 때 주석을 표기하는 공식적인 형식을 KDoc 이라고 합니다. 모든 KDoc 주석은 /**로 시작하고 */로 끝나며, 주석 내 모든 줄은 일반적으로 *로 시작합니다. 설명은 KDoc 마크다운으로 작성되어 있습니다.

KDoc 주석의 구조는 다음과 같습니다.

- 문서 텍스트의 첫 번째 단락은 요소에 대한 요약입니다.
- 두 번째 단락은 요약을 자세하게 설명합니다.
- 이후에 각각의 줄은 태그로 시작됩니다. 태그는 구성 요소를 지정하여 어떤 역할을 하는지 설명합니다.

지원되는 태그는 다음과 같습니다.

- @param <name>: 함수의 값 매개변수나 클래스, 프로퍼티 또는 함수 타입의 매개변수를 문서화합니다.
- @return: 함수의 반환 값을 문서화합니다.
- @constructor: 클래스의 기본 생성자를 문서화합니다.
- @receiver: 확장 함수의 리시버를 문서화합니다.
- @property <name>: 지정된 클래스의 프로퍼티를 문서화합니다. 기본 생성자에 정의된 프로퍼티에 사용됩니다.
- @throws <class>, @Exception <class>: 메서드에서 발생할 수 있는 예외를 문서화합니다.
- @sample <identifier>: 요소의 사용법을 설명하기 위해 함수가 사용된 본문을 첨부하여 문서화합니다.
- @see <identifier>: 지정된 클래스 또는 메서드에 대한 링크를 추가합니다.
- @author: 문서화된 요소의 작성자를 지정합니다.
- @since: 문서화된 요소가 도입된 소프트웨어 버전을 지정합니다.
- @suppress: 생성된 문서에서 지정된 요소를 제외합니다. 공식 API에 포함되어 있지는 않지만, 외부에서 볼 수 있어야 할 때 사용합니다.

주석 어디에서나 클래스, 메서드, 프로퍼티 또는 매개변수를 링크로 연결할 수 있습니다. 링크는 대괄호 안에 작성하며, 연결된 요소의 이름과 다른 설명을 원할 경우 이중 대괄호 안에 작성합니다.

```
1   /**
2    * [element1]에 연결되는 설명 예시입니다,
3    * [com.package.SomeClass.element2]와
4    * [이 요소의 맞춤 설명][element3]
5    */
```

코틀린 문서 생성 도구가 모든 태그를 분석합니다. 코틀린 공식 문서 생성 도구의 이름은 도카(Dokka)입니다. 도카는 규약을 HTML 파일로 생성해 줍니다. 다음은 간략한 설명이 포함된 예제 문서입니다.

```
1   /**
2    * 불변 트리 데이터 구조
3    *
4    * 클래스는 1에서 무한한 수의 요소로 구성된 불변 트리를 나타냅니다.
5    * 트리는 요소를 포함하는 노드를 가지고 있으며,
6    * 노드는 왼쪽 및 오른쪽 하위 트리를 가질 수 있습니다.
7    *
8    *
9    * @param T 트리가 가지고 있는 요소의 타입
10   * @property value 트리의 이 노드에 유지되는 값
11   * @property left 왼쪽 하위 트리
12   * @property right 오른쪽 하위 트리
13   */
14  class Tree<T>(
15      val value: T,
16      val left: Tree<T>? = null,
17      val right: Tree<T>? = null
18  ) {
19      /**
20       * 현재 트리를 기반으로 [element]가 추가된 새 트리를 생성합니다.
21       *
22       * @return 추가 요소가 포함된 새로 생성된 트리
23       */
24      operator fun plus(element: T): Tree { ... }
25  }
```

모든 것을 설명할 필요는 없습니다. 가장 좋은 문서는 불분명할 수 있는 내용을 짧고 정확하게 설명하는 문서입니다.

타입 시스템과 기대치

타입 계층은 객체를 나타내는 중요한 정보입니다. 인터페이스는 구현하기로 약속한 메서드 목록에 더해 더 많은 정보를 포함하고 있습니다. 클래스와 인터페이스에도 몇 가지 기대 사항이 있을 수 있습니다. 클래스가 약속한 무언가가 있다면, 서브클래스 또한 그 약속을 지켜야 합니다. 이 원칙은 **리스코프 치환 원칙**(Liskov Substitution Principle, LSP)으로 알려져 있으며, **객체 지향 프로그래밍**에서 가장 중요한 규칙 중 하나입니다. 이는 일반적으로 'S가 T의 하위타입인 경우 프로그램의 프로퍼티를 변경하지 않고 T 타입의 객체를 S 타입의 객체로 대체할 수 있습니다'로 해석됩니다. 모든 클래스는 해당 클래스의 슈퍼클래스로 사용될 수 있으므로, 클래스가 슈퍼클래스와 다르게 동작한다면 예상치 못한 오류가 발생할 수 있습니다. 프로그래밍에서 자식은 항상 부모의 규약을 충족시켜야 합니다.

따라서 공개 함수의 규약은 반드시 적절하게 설명해야 합니다. 자동차를 다시 예로 들면, 다음 인터페이스를 사용하여 자동차를 나타낼 수 있습니다.

```
1   interface Car {
2       fun setWheelPosition(angle: Float)
3       fun setBreakPedal(pressure: Double)
4       fun setGasPedal(pressure: Double)
5   }
6
7   class GasolineCar: Car {
8       // ...
9   }
10
11  class GasCar: Car {
12      // ...
13  }
14
15  class ElectricCar: Car {
16      // ...
17  }
```

아무런 설명 없이 위 인터페이스만 보면 궁금한 점이 많을 것입니다. setWheelPosition 함수의 각도는 무엇을 의미할까요? 어떤 단위로 측정될까요? 가속 페

달과 브레이크 페달이 누군가에게 명확하지 않으면 어떻게 될까요? Car 타입
의 인스턴스를 사용하는 사람들은 이를 사용하는 방법을 알아야 하며, 이 인터
페이스를 구현하는 모든 클래스는 Car로 사용될 때 유사하게 동작해야 합니다.
문서를 통해 이러한 문제를 해결할 수 있습니다.

```kotlin
interface Car {
    /**
     * 차의 방향을 변경합니다.
     *
     * @param angle 자동차 축을 기준으로
     * 바퀴의 위치를 라디안 단위로 나타냅니다.
     * 0은 직진을 의미하고, pi/2는 최대한 오른쪽을,
     * -pi/2는 최대한 왼쪽을 의미합니다.
     * 값은 (-pi/2, pi/2) 안에 있어야 합니다.
     */
    fun setWheelPosition(angle: Float)

    /**
     * 차량의 속도를 0까지 감속합니다.
     *
     * @param pressure 브레이크 페달의 사용 비율입니다.
     * 숫자는 0부터 1까지이며, 0은 브레이크를 사용하지 않음을 의미하고,
     * 1은 페달을 최대한 사용하고 있음을 의미합니다.
     */
    fun setBreakPedal(pressure: Double)

    /**
     * 사용자가 가능한 최대 속도까지 차량을 가속합니다.
     *
     *
     * @param pressure 가속 페달의 사용 비율입니다.
     * 숫자는 0부터 1까지이며, 0은 가속하지 않음을 의미하고,
     * 1은 가속 페달을 최대한 사용하고 있음을 의미합니다.
     */
    fun setGasPedal(pressure: Double)
}
```

이제 모든 자동차에는 작동 방식을 설명하는 표준이 정의되어 있습니다.

표준 라이브러리를 비롯해 널리 사용되고 있는 라이브러리들은 명확하게 정
의된 규약을 잘 설명하고 있으며, 자식 클래스에 어떤 것을 요구하고 있는지
잘 드러나 있습니다. 규약을 잘 정의해야 인터페이스를 잘 사용할 수 있습니

다. 인터페이스에 명시된 규약만 잘 지킨다면, 클래스가 인터페이스를 어떤 방식으로든지 자유롭게 구현할 수 있습니다.

구현 누출

구현 세부사항은 항상 누출(leak)됩니다. 자동차를 보면 엔진 종류에 따라 조금씩 다르게 작동합니다. 그래도 모든 자동차를 운전할 수 있지만 차이가 느껴집니다. 규약에 명시되어 있지 않더라도 괜찮습니다.

프로그래밍 언어에서도 구현 세부사항이 누출됩니다. 예를 들어, 리플렉션을 사용하여 함수를 호출하면 일반 함수를 호출하는 것보다 성능이 훨씬 떨어집니다(컴파일러에서 최적화하지 않는 한). 성능 최적화에 관해 다루는 7장과 8장에서 더 많은 예를 살펴보겠습니다. 그렇더라도 언어가 규약을 잘 지키기만 하면 아무런 문제가 되지 않습니다. 우리는 좋은 사례를 기억하고 적용하기만 하면 됩니다.

추상화를 할 때도 구현 사항이 누출될 수 있지만, 최대한 숨기는 것이 좋습니다. 캡슐화를 통해 이를 보호하는데, 이때 캡슐화는 '내가 허용하는 것만 할 수 있고 그 이상은 할 수 없습니다'라고 설명할 수 있습니다. 클래스와 함수를 더 많이 캡슐화할수록 사용자들이 어떤 방식으로 사용하든지 상관없이 세부사항을 자유롭게 구현할 수 있게 됩니다.

요약

요소, 특히 외부 API의 일부를 정의할 때 규약을 정의해야 합니다. 이름, 문서, 주석 및 타입을 사용하여 규약을 정의합니다. 규약에는 각각의 요소들이 어떤 조건을 만족해야 하는지 명시합니다. 또한 요소를 사용하는 방법을 설명할 수도 있습니다.

사용자들은 규약을 통해 요소가 현재와 미래에 어떻게 동작할지 확신할 수 있습니다. 제작자들은 규약을 지키는 범위 내에서 자유롭게 구현이 가능합니다. 규약은 작성자와 사용자 간의 합의이며, 양쪽 모두 규약을 잘 지켜야 합니다.

추상화 규약을 준수하라

규약과 가시성은 개발자들 간의 일종의 합의입니다. 하지만 사용자들이 이러한 합의를 위반하는 경우는 언제든지 발생할 수 있습니다. 기술적으로 단일 프로젝트 내 모든 것은 해킹될 수 있습니다. 예를 들어, 리플렉션을 사용하면 프로젝트 내 모든 구성 요소들을 열고 사용할 수 있습니다.

```kotlin
class Employee {
    private val id: Int = 2
    override fun toString() = "User(id=$id)"

    private fun privateFunction() {
        println("Private function called")
    }
}

fun callPrivateFunction(employee: Employee) {
    employee::class.declaredMemberFunctions
        .first { it.name == "privateFunction" }
        .apply { isAccessible = true }
        .call(employee)
}

fun changeEmployeeId(employee: Employee, newId: Int) {
    employee::class.java.getDeclaredField("id")
        .apply { isAccessible = true }
        .set(employee, newId)
}

fun main() {
    val employee = Employee()
    callPrivateFunction(employee)
    // 출력: Private function called

    changeEmployeeId(employee, 1)
    print(employee)  // 출력: User(id=1)
}
```

무언가를 할 수 있다고 해서 그것을 해도 괜찮다는 의미는 아닙니다. 앞의 코드에서는 private 프로퍼티 이름, private 함수 이름처럼 구현 세부사항을 사용하고 있습니다. 프로퍼티나 함수의 이름은 규약의 일부가 아니므로 언제든지 변경될 수 있습니다. 언제 터질지 모르는 시한폭탄을 프로그램 내부에 설치한 것과 비슷하다고 볼 수 있습니다.

규약은 보증서(warranty)와 같습니다. 컴퓨터를 올바르게 사용하는 한 보증서는 사용자를 보호해 주지만, 컴퓨터를 열어서 해킹을 시작하면 보증서는 쓸모가 없어집니다. 동일한 규칙은 코드에서도 적용됩니다. 규약을 위반하여 구현이 변경되고 코드가 더 이상 동작하지 않는다면 위반한 사람의 잘못입니다.

규약은 상속된다

클래스를 상속하거나, 다른 라이브러리 인터페이스를 구현할 때 규약을 준수하는 것이 특히 중요합니다. 자식은 부모의 규약을 준수해야 합니다. 예를 들어 모든 클래스는 equals와 hashCode 메서드를 가진 Any를 상속받습니다. 두 메서드 모두 정립된 규약이 있으며, 우리는 이를 반드시 준수해야 합니다. 규약을 준수하지 않는다면 객체가 제대로 동작하지 않을 수 있습니다. 예를 들어 hashCode와 equals의 일관성이 유지되지 않는다면 HashSet에 객체를 넣을 때 제대로 동작하지 않을 것입니다. 다음 코드를 살펴봅시다. 세트(set)는 중복을 허용하지 않아야 하는데, 중복을 허용하므로 이는 잘못된 것입니다.

```
1   class Id(val id: Int) {
2       override fun equals(other: Any?) =
3           other is Id && other.id == id
4   }
5
6   val mutableSet = mutableSetOf(Id(1))
7   mutableSet.add(Id(1))
8   mutableSet.add(Id(1))
9   print(mutableSet.size)  // 3
```

위 코드는 hashCode 구현이 equals와 일관성을 유지해야 한다는 규약을 위반한 예시입니다. 이와 관련된 내용은 '아이템 43: hashCode의 규약을 준수하라'에서 다루겠습니다. 또한 Any의 메서드에 의해 정의된 여러 다른 규약에 대해서는 '6장: 클래스 설계'에서 다룰 것입니다. 지금은 오버라이드한 함수의 규약을 확인하고 이를 준수해야 한다는 점을 기억하세요.

요약

프로그램이 안정적이길 바란다면 규약을 준수하세요. 규약을 위반할 수밖에 없다면 문서에 규약을 위반했다는 것을 명시해야 합니다. 이러한 정보는 해당 코드를 유지보수하는 사람에게 매우 유용할 것입니다. 그 사람이 몇 년 후의 당신이 될 수도 있다는 사실을 기억하세요.

5장

객체 생성

코틀린은 순수 함수형 스타일로 작성할 수 있지만 자바와 마찬가지로 객체 지향 프로그래밍(object-oriented programming, OOP) 스타일로 작성할 수도 있습니다. OOP에서는 사용하는 모든 객체를 생성하거나 최소한 객체가 어떻게 생성되어야 하는지 정의해야 하며, 각각의 객체 생성 메서드마다 다른 특징을 가지고 있습니다. 객체를 생성할 때 어떤 방식을 선택할지가 중요하므로, 이 장에서는 객체를 생성하는 여러 가지 방법을 소개하고, 각각의 장단점에 대해 설명합니다.

조슈아 블로크의 책《이펙티브 자바》에 익숙하다면 이 장과 해당 책 사이에 몇 가지 비슷한 부분을 발견할 수 있을 것입니다. 이 장은《이펙티브 자바》의 첫 번째 장을 어느 정도 반영하고 있기 때문입니다. 그러나 코틀린은 자바와 매우 다르므로 두 언어 모두 적용되는 사항은 그리 많지 않습니다. 예를 들어, 코틀린에서는 정적 메서드가 허용되지 않지만, 동반 객체 함수나 최상위 함수와 같은 좋은 대안이 있습니다. 이들은 정적 함수와 같은 방식으로 동작하지 않으므로, 그 차이를 이해하는 것이 중요합니다. 다른 아이템에도 유사점이 있지만, 코틀린에서 도입한 변화는 중요한 차이를 만들어 냅니다. 좋은 소식은 이러한 변경 사항이 대부분 더 많은 가능성을 제공하거나 더 나은 스타일을 강제하는 데 목적이 있다는 것입니다. 코틀린은 강력하고 정말 잘 설계된 언어입니다. 이 장에서는 주로 이러한 새로운 가능성을 발견하는 데 중점을 둡니다.

보조 생성자 대신 팩토리 함수를 고려하라

클래스에서 객체를 생성하려면 생성자를 사용해야 합니다. 코틀린에서는 일반 적으로 기본 생성자가 이런 역할을 합니다.[1]

```
1  class LinkedList<T>(
2      val head: T,
3      val tail: LinkedList<T>?
4  )
5
6  val list = LinkedList(1, LinkedList(2, null))
```

코틀린 클래스의 기본 생성자는 주로 객체 상태를 나타내는 데 필요한 프로퍼 티를 정의합니다. 따라서 기본 생성자의 매개변수는 객체 구조와 강결합되어 있습니다. 간단한 클래스의 경우 기본 생성자만 제공하는 것으로 충분합니다. 그러나 좀 더 복잡한 클래스는 객체를 생성하는 다양한 방법을 필요로 합니다. 위 코드의 LinkedList를 생각해 보세요. LinkedList를 다음과 같은 방법으로 만들고 싶을 수도 있습니다.

• vararg 매개변수로 전달된 항목 집합을 기반으로 생성합니다.
• List 또는 Set와 같은 다른 타입의 컬렉션으로부터 생성합니다.
• 같은 타입을 가졌지만 실체는 다른 인스턴스로부터 생성합니다.

위와 같은 객체 생성 방법을 생성자로 정의하는 것은 나쁜 습관이므로 권장하 지 않습니다. 함수(linkedListOf, toLinkedList 또는 copy와 같은)로 정의하는 것이 더 좋으며, 그 이유는 다음과 같습니다.

---

1 책 마지막에 있는 '용어'에서 '기본 생성자 vs 보조 생성자' 절을 참고하세요.

- 생성자와 달리 함수에는 이름이 있습니다. 이름은 객체가 생성되는 방법과 인수가 무엇인지 설명합니다. 예를 들어 ArrayList(3) 코드가 있다고 가정해 보겠습니다. 인수가 무엇을 의미하는지 추측할 수 있나요? 새로 생성된 리스트의 첫 번째 요소일까요? 아니면 리스트의 기본 크기일까요? 따로 설명이 없다면 어떤 것을 의미하는지 알 수가 없습니다. 이와는 반대로 Array List.withCapacity(3)처럼 이름 있는 함수를 사용하면 무엇을 의미하는지 정확하게 알 수 있습니다. 이름은 정말 유용합니다. 이름을 통해 인수의 의미 또는 객체 생성 방식을 알 수 있습니다. 동일한 매개변수 타입으로 객체 생성을 정의하는 경우에도 함수 이름으로 객체 생성 방식을 구분할 수 있습니다.

- 생성자와 달리 함수는 반환 타입의 모든 하위타입 객체를 반환할 수 있습니다. 함수의 반환 타입을 인터페이스로 설정하여 인터페이스만 노출하고 실제 객체가 무엇인지 숨길 수 있습니다. 표준 라이브러리의 listOf를 생각해 보세요. 선언된 반환 타입은 인터페이스인 List입니다. 함수가 실제로 반환하는 객체는 뭘까요? 대답은 우리가 사용하는 플랫폼에 따라 달라집니다. 코틀린/JVM, 코틀린/JS, 코틀린/Native에 따라 내장되어 있는 컬렉션의 타입이 다르기 때문입니다. 인터페이스를 이용하여 실제 타입을 숨기는 방법은 코틀린이 제공하는 최적화 기능 중 하나이며, 코틀린 제작자들은 이 기능을 활용해 제약 없이 listOf의 세부사항을 구현할 수 있습니다. List의 실제 타입은 시간이 지남에 따라 변경될 수 있지만, 새 객체가 여전히 List 인터페이스를 구현하고 동일한 방식으로 작동하는 한 모든 것이 괜찮을 것입니다.

- 생성자와 달리 함수는 호출될 때마다 새 객체를 생성할 필요가 없습니다. 함수를 사용하면 캐싱처럼 객체 생성을 최적화할 수도 있고, (싱글턴 패턴처럼) 객체를 재사용할 수도 있습니다. 또한 객체를 생성할 수 없다면 null을 반환하는 정적 팩토리 함수를 정의할 수도 있습니다. Connection을 생성할 수 없는 경우 null을 반환하는 Connections.createOrNull()과 같은 함수를 예로 들 수 있습니다.

- 팩토리 함수는 아직 존재하지 않을 수도 있는 객체를 제공할 수 있습니다. 주로 라이브러리 제작자들이 애너테이션 프로세싱에 기반하여 사용하는 방법입니다. 프로그래머는 프로젝트를 빌드하지 않고도 프락시를 통해 사용되거나 생성될 객체에 대해 작업을 수행할 수 있습니다.

- 객체 외부에서 팩토리 함수를 정의하면 객체의 가시성을 제어할 수 있습니다. 예를 들어, 동일한 파일(private 한정자) 또는 동일한 모듈(internal 한정자)에서만 접근할 수 있는 최상위 팩토리 함수를 만들 수 있습니다.

- 팩토리 함수는 인라인될 수 있으므로 타입 매개변수를 구체화(reified)할 수 있습니다.[2]

- 생성자는 슈퍼클래스의 생성자나 기본 생성자를 즉시 호출해야 합니다. 팩토리 함수를 사용하면 생성자 호출을 뒤로 미룰 수 있습니다.

객체를 생성하는 데 사용되는 함수를 **팩토리 함수**(factory function)라고 합니다. 팩토리 함수는 코틀린에서 매우 중요합니다. 표준 라이브러리를 포함한 코틀린의 공식 라이브러리를 찾아보면 보조 생성자가 있는 경우는 거의 없습니다. 실제로 모든 클래스에는 생성자가 단 한 개만 있으며, 주로 다양한 종류의 팩토리 함수를 통해 객체를 생성합니다. List를 예로 들면, listOf, toList, List, 가짜 생성자 등 다양한 종류의 팩토리 함수들로 객체를 생성할 수 있습니다. 우리가 직접 클래스를 구현할 때도 다양한 종류의 팩토리 함수를 만들어야 합니다. 따라서 몇몇 중요한 팩토리 함수들과 각각의 특징에 대해 알고 있어야 합니다.

1. 동반 객체 팩토리 함수
2. 최상위 수준 팩토리 함수
3. 빌더
4. 변환 메서드

---

2 구체화된 타입 매개변수는 '아이템 51: 함수형 타입 매개변수를 갖는 함수에 inline 한정자를 사용하라'에 설명되어 있습니다.

5. 가짜 생성자

6. 팩토리 클래스의 메서드

동반 객체 팩토리 함수

자바에서는 모든 함수를 클래스 내부에 두어야 합니다. 이러한 제약 때문에 자바의 팩토리 함수는 클래스의 정적 함수 또는 (Files처럼) 정적 함수를 모아 둔 클래스의 일부로 구현됩니다. 대부분의 코틀린 개발자들은 자바 경험이 많기 때문에, 자바의 정적 함수와 비슷하게 동반 객체에 팩토리 함수를 정의하는 경우가 많습니다.

```
1   class LinkedList<T>(
2       val head: T,
3       val tail: LinkedList<T>?
4   ) {
5
6       companion object {
7           fun <T> of(vararg elements: T): LinkedList<T> {
8               /*...*/
9           }
10      }
11  }
12
13  // 사용법
14  val list = LinkedList.of(1, 2)
```

인터페이스에서도 동일한 작업을 수행할 수 있습니다.

```
1   class LinkedList<T>(
2       val head: T,
3       val tail: LinkedList<T>?
4   ) : MyList<T> {
5       // ...
6   }
7
8   interface MyList<T> {
9       // ...
10
11      companion object {
12          fun <T> of(vararg elements: T): MyList<T> {
```

```
13              // ...
14          }
15      }
16 }
17
18 // 사용법
19 val list = MyList.of(1, 2)
```

다른 언어에서도 자주 사용되는 방법이라는 점에서 동반 객체에 팩토리 함수
를 정의하는 것이 좋을 수 있습니다. C++를 포함한 몇몇 언어에서는 팩토리
함수를 생성자와 비슷하지만 이름이 있어 **이름 있는 생성자**(named constructor
idiom)라고 부릅니다. 다른 언어와 함께 사용할 수 있다는 것도 장점입니다.
개인적인 경험에 따르면 그루비(Groovy)에서 테스트를 작성할 때 **동반 객체 팩
토리 함수**(companion object factory function)를 가장 자주 사용했습니다. 함수
앞에 `JvmStatic` 애너테이션만 사용하면 되며, 코틀린과 마찬가지로 그루비나
자바에서도 팩토리 함수를 쉽게 사용할 수 있습니다.

동반 객체 팩토리 함수의 단점은 복잡하다는 것입니다. `List.of`를 작성하려
면 IDE가 제시한 것을 두 번 적용해야 하므로 한 번만 적용하면 되는 `listOf`보
다 더 오랜 시간이 걸리게 됩니다. 동반 객체 팩토리 함수는 동반 객체에 정의
되어야 하지만, 최상위 수준 함수는 어디에서나 정의할 수 있습니다.

동반 객체 팩토리 함수는 동반 객체의 확장 함수로 정의할 수도 있습니다.
(비어 있는 객체라 하더라도) 동반 객체가 정의되어 있기만 한다면 동반 객체
의 확장 함수를 정의할 수 있습니다.

```
1  interface Tool {
2      companion object { /*...*/ }
3  }
4
5  fun Tool.Companion.createBigTool(/*...*/): Tool {
6      // ...
7  }
8
9  val tool = Tool.createBigTool()
```

동반 객체 팩토리 함수에는 몇 가지 명명 규칙이 있습니다. 이 규칙들은 자바
에서 오랫동안 사용되던 방식이지만, 코틀린에서도 널리 사용되고 있습니다.

- from: 단일 인수를 사용하여 동일한 타입의 인스턴스를 반환하는 타입 변환 함수입니다(예: val date: Date = Date.from(instant)).
- of: 같은 타입의 인스턴스 여러 개를 인수로 받고, 인수로 받은 인스턴스의 컬렉션을 반환하는 집계 함수입니다(예: val FaceCards: Set<Rank> = Enum Set.of(JACK, QUEEN, KING)).
- valueOf: from 또는 of와 동일한 기능을 하지만 좀 더 긴 이름을 가지고 있습니다(예: val prime: BigInteger = BigInteger.valueOf(Integer.MAX_VALUE)).
- instance 또는 getInstance: 싱글톤인 객체 인스턴스를 가져오기 위해 사용합니다. 매개변수를 정의하면, 들어온 인수로 생성된 인스턴스를 반환합니다. 인수가 똑같다면 동일한 인스턴스가 반환될 거라고 생각할 수 있습니다 (예: val luke: StackWalker = StackWalker.getInstance(options)).
- createInstance 또는 newInstance: getInstance와 비슷하지만 새로운 인스턴스를 생성하여 반환합니다.(예: val newArray = Array.newInstance(class Object, arrayLen)).
- get{Type}: getInstance와 비슷하지만 팩토리 함수가 다른 클래스에 있는 경우 사용됩니다. Type은 팩토리 함수에서 반환된 객체의 타입입니다(예: val fs: FileStore = Files.getFileStore(path)).
- new{Type}: newInstance와 비슷하지만 팩토리 함수가 다른 클래스에 있는 경우 사용됩니다. Type은 팩토리 함수에서 반환된 객체의 타입입니다(예: val br: BufferedReader = Files.newBufferedReader(path)).

정적 요소를 대신하여 동반 객체를 사용하는 경우가 많지만, 동반 객체에는 더 많은 기능이 있습니다. 동반 객체는 인터페이스를 구현할 수도 있고 클래스를 확장할 수도 있습니다. '정적' 요소를 상속할 수 없어 불편하다는 의견이 많아 코틀린에서는 동반 객체로 만든 것입니다. 아래 코드처럼 동반 객체가 상속할 수 있는 추상 빌더 클래스를 만들 수 있습니다.

```
1    abstract class ActivityFactory {
2        abstract fun getIntent(context: Context): Intent
3
4        fun start(context: Context) {
```

```
5              val intent = getIntent(context)
6              context.startActivity(intent)
7          }
8
9          fun startForResult(
10             activity: Activity,
11             requestCode: Int
12         ) {
13             val intent = getIntent(activity)
14             activity.startActivityForResult(
15                 intent,
16                 requestCode
17             )
18         }
19 }
20
21 class MainActivity : AppCompatActivity() {
22     // ...
23
24     companion object : ActivityFactory() {
25         override fun getIntent(context: Context): Intent =
26             Intent(context, MainActivity::class.java)
27     }
28 }
29
30 // 사용법
31 val intent = MainActivity.getIntent(context)
32 MainActivity.start(context)
33 MainActivity.startForResult(activity, requestCode)
```

이러한 추상 동반 객체 팩토리는 값을 가질 수 있으므로 캐싱을 구현할 수도 있고 테스트 용도로 가짜 객체를 만들 수도 있습니다. 대부분의 코틀린 개발자들은 동반 객체가 가진 이점을 충분히 활용하고 있지 않습니다. 하지만 코틀린에서 제공하는 라이브러리를 살펴보면 동반 객체가 광범위하게 사용되는 것을 확인할 수 있습니다. 예를 들어, 코틀린 코루틴 라이브러리에서 코루틴 컨텍스트의 거의 모든 동반 객체가 CoroutineContext.Key 인터페이스를 구현합니다. CoroutineContext.Key는 컨텍스트를 식별하는 역할을 합니다.[3]

---

3 이 메커니즘은 필자의 책《코틀린 코루틴》에 더 잘 설명되어 있습니다.

최상위 수준 팩토리 함수

객체를 생성하는 가장 일반적인 방법은 최상위 수준에서 정의한 팩토리 함수를 사용하는 것입니다. 일반적인 예로는 listOf, setOf 및 mapOf가 있습니다. 라이브러리 제작자들 또한 객체를 생성하는 데 사용되는 최상위 함수를 명시합니다. 최상위 수준 팩토리 함수는 널리 사용됩니다. 예를 들어, 안드로이드에서는 Activity를 시작하기 위한 Intent를 생성하는 함수를 정의합니다. 코틀린에서는 getIntent()를 동반 객체 함수로 작성할 수 있습니다.

```
1   class MainActivity : Activity {
2
3       companion object {
4           fun getIntent(context: Context) =
5               Intent(context, MainActivity::class.java)
6       }
7   }
```

코틀린 Anko 라이브러리에서는 동반 객체 함수 대신, 최상위 수준 함수 intentFor에 타입을 지정하여 객체를 생성합니다.

```
1   intentFor<MainActivity>()
```

이 함수는 인수를 전달하여 사용할 수도 있습니다.

```
1   intentFor<MainActivity>("page" to 2, "row" to 10)
```

최상위 수준 함수를 사용하여 객체를 생성하는 방식은 List나 Map 같이 크기가 작고 생성이 빈번한 객체를 만들 때 가장 좋은 방법이라 할 수 있는데, listOf(1,2,3)이 List.of(1,2,3)보다 더 간단하고 읽기 쉽기 때문입니다. 그러나 공개 최상위 수준 함수는 신중하게 사용해야 합니다. 공개 최상위 수준 함수에는 단점이 있습니다. 어디에서나 사용할 수 있으므로 IDE를 사용할 때 곳곳에서 최상위 함수를 제안하여 복잡해집니다. 이 문제는 최상위 수준 함수가 클래스 메서드와 이름이 동일하여 혼동될 때 더욱 심각해집니다. 따라서 최상위 수준 함수의 이름은 신중하게 정해야 합니다.

빌더

빌더는 최상위 수준 팩토리 함수로, 아주 중요한 역할을 합니다. List 또는 Sequence 빌더가 좋은 예입니다.

```
1  val list = buildList {
2      add(1)
3      add(2)
4      add(3)
5  }
6  println(list)  // [1, 2, 3]
7
8  val s = sequence {
9      yield("A")
10     yield("B")
11     yield("C")
12 }
13 println(s.toList())  // [A, B, C]
```

코틀린에서 빌더를 구현하는 일반적인 방법은 최상위 수준 함수와 DSL 패턴을 사용하는 것입니다.[4] 코틀린 코루틴에서 빌더는 코루틴을 시작하거나 flow를 정의하는 표준 방법입니다.

```
1   // 코루틴 시작
2  scope.launch {
3      val processes = repo.getActiveProcesses()
4      for (process in processes) {
5          launch {
6              process.start()
7              repo.markProcessAsDone(process.id)
8          }
9      }
10 }
11
12  // flow 정의
13 val flow = flow {
14     var lastId: String = null
15     do {
16         val page = fetchPage(lastId)
17         emit(page.data)
```

---

4 이에 대해서는 '아이템 34: 복잡한 객체 생성을 위해 DSL 정의를 고려하라'에서 곧 설명하겠습니다.

```
18          lastId = page.lastId
19      } while (!page.isLast)
20  }
```

변환 메서드

타입을 변환하는 경우가 자주 있습니다. List에서 Sequence로, Int에서 Double로, RxJava의 Observable에서 Flow 등으로 변환하는 것이 그 예입니다. 타입을 변환하는 일반적인 방법은 **변환 메서드**를 사용하는 것입니다. 변환 메서드는 기존 타입을 다른 타입으로 변환하는 데 사용되는 메서드입니다. 일반적으로 to{Type} 또는 as{Type}으로 이름이 명명됩니다. 예를 들어 봅시다.

```
1  val sequence: Sequence = list.asSequence()
2
3  val double: Double = i.toDouble()
4
5  val flow: Flow = observable.asFlow()
```

to 접두사는 다른 타입을 가진 새 객체를 생성한다는 의미입니다. 예를 들어, Sequence에서 toList를 호출하면 새 List 객체를 얻게 되는데, 함수가 호출될 때 List의 각각의 요소들이 만들어지고 List에 더해진 결과입니다. as 접두사는 새로 생성된 객체가 래퍼이거나 원본 객체의 추출된 부분임을 의미합니다. 예를 들어 List에서 asSequence를 호출하면 원본 List를 래핑한 객체가 반환됩니다. 변환 함수를 사용하는 것이 더 효율적이지만 동기화 문제나 예상치 못한 동작이 발생할 수 있습니다. 예를 들어 MutableList에서 asSequence를 호출하면 원본 List를 참조하는 Sequence를 얻게 됩니다.

```
1  fun main() {
2      val seq1 = sequence<Int> {
3          repeat(10) {
4              print(it)
5              yield(10)
6          }
7      }
8      seq1.asSequence()  // 아무것도 출력되지 않음
9      seq1.toList()  // 출력 0123456789
10
11
```

```
12    val l1 = mutableListOf(1, 2, 3, 4)
13    val l2 = l1.toList()
14    val seq2 = l1.asSequence()
15    l1.add(5)
16    println(l2)            // 출력 [1, 2, 3, 4]
17    println(seq2.toList())  // 출력 [1, 2, 3, 4, 5]
18 }
```

타입 간 변환을 하기 위해 자체 변환 함수를 정의하곤 합니다. 예를 들어, 예제
애플리케이션에서 UserJson과 User 간에 변환이 필요한 경우가 그렇습니다. 이
러한 메서드는 흔히 확장 함수로 정의됩니다.

```
1   class User(
2       val id: UserId,
3       val name: String,
4       val surname: String,
5       val age: Int,
6       val tokens: List<Token>
7   )
8
9   class UserJson(
10      val id: UserId,
11      val name: String,
12      val surname: String,
13      val age: Int,
14      val tokens: List<Token>
15  )
16
17  fun User.toUserJson() = UserJson(
18      id = this.id,
19      name = this.name,
20      surname = this.surname,
21      age = this.age,
22      tokens = this.tokens
23  )
24
25  fun UserJson.toUser() = User(
26      id = this.id,
27      name = this.name,
28      surname = this.surname,
29      age = this.age,
30      tokens = this.tokens
31  )
```

복사 메서드

객체의 복사본을 만들어야 하는 경우 **복사 생성자**를 정의하는 대신 복사 메서드
를 정의하세요. 그대로 복사하고 싶다면 메서드 이름을 copy로 정의하는 게 좋
습니다. 객체에 약간의 변경 사항을 추가하고 싶다면 with로 시작하여 변경하
는 프로퍼티를 명시하는 것이 좋습니다.

```
1   val user2 = user.copy()
2   val user3 = user.withSurname(newSurname)
```

데이터 클래스는 '아이템 37: 데이터 묶음을 표현할 때 data 한정자를 사용하
라'에서 볼 수 있듯이 기본 생성자 프로퍼티를 수정할 수 있는 복사 메서드를
지원합니다.

가짜 생성자

코틀린의 생성자는 최상위 수준 함수와 동일한 방식으로 사용됩니다.

```
1   class A
2
3   fun b() = A()
4
5   val a1 = A()
6   val a2 = b()
```

또한 최상위 수준 함수(및 함수 타입의 생성자 구현 참조)와 동일한 방식으로
참조됩니다.

```
1   val reference: () -> A = ::A
```

생성자와 함수 사이의 유일한 차이점은 대문자의 유무라 할 수 있습니다. 관례
적으로 클래스는 대문자로 시작하고 함수는 소문자로 시작합니다. 하지만 함
수 또한 대문자로 시작할 수 있습니다. 코틀린 표준 라이브러리 등 다양한 곳
에서 함수 이름이 대문자로 시작하는 경우가 많습니다. List 및 MutableList는

인터페이스입니다. 인터페이스에는 생성자가 없지만, 코틀린 개발자들은 다음과 같은 방법으로 List를 생성하고 싶어 했습니다.

```
1   List(4) { "User$it" }  // [User0, User1, User2, User3]
```

따라서 (코틀린 1.1부터) 코틀린 표준 라이브러리에 다음과 같이 List와 Mutable List를 생성하는 함수들이 추가되었습니다.

```
1   public inline fun <T> List(
2       size: Int,
3       init: (index: Int) -> T
4   ): List<T> = MutableList(size, init)
5
6   public inline fun <T> MutableList(
7       size: Int,
8       init: (index: Int) -> T
9   ): MutableList<T> {
10      val list = ArrayList<T>(size)
11      repeat(size) { index -> list.add(init(index)) }
12      return list
13  }
```

최상위 함수의 외형은 생성자처럼 보이지만 팩토리 함수의 모든 장점을 갖추고 있습니다. 많은 개발자는 위와 같은 함수들이 내부적으로 최상위 수준 함수라는 사실을 알지 못합니다. 이것이 바로 가짜 생성자라고 불리는 이유입니다. 다음 예제는 코틀린 코루틴 라이브러리에 포함된 가짜 생성자입니다.

```
1   fun Job(parent: Job? = null): CompletableJob =JobImpl(parent)
2
3   fun CoroutineScope(context: CoroutineContext):CoroutineScope=
4       ContextScope(
5           if (context[Job] != null) context else context + Job()
6       )
```

개발자가 실제 생성자 대신 가짜 생성자를 선택하는 두 가지 주요 이유는 다음과 같습니다.

- 인터페이스에 대한 '생성자'를 가지기 위해
- 구체화된 타입 매개변수를 가지기 위해

이와 같은 목적이 없다면 가짜 생성자는 일반 생성자처럼 동작해야 합니다. 생성자처럼 보이고 생성자처럼 동작해야 합니다. 캐싱 추가, 널 가능 타입 또는 생성 타입의 서브 클래스를 반환하고 싶다면 객체 팩토리 메서드처럼 이름 있는 팩토리 함수를 사용하는 편이 낫습니다.

가짜 생성자를 선언하는 방법이 하나 더 있습니다. 호출 연산자와 함께 동반 객체를 사용하면 비슷한 결과를 얻을 수 있습니다. 다음 예를 살펴봅시다.

```
1   class Tree<T> {
2
3       companion object {
4           operator fun <T> invoke(
5               size: Int,
6               generator: (Int) -> T
7           ): Tree<T> {
8               // ...
9           }
10      }
11  }
12
13  // 사용법
14  Tree(10) { "$it" }
```

그러나 동반 객체에 invoke를 구현하여 가짜 생성자를 만드는 경우는 거의 없으며, 이러한 방법을 권장하지도 않습니다. 왜냐하면 '아이템 11: 연산자의 의미는 함수의 이름과 일치해야 한다'에 위반되기 때문입니다. 동반 객체의 invoke는 무엇을 의미할까요? 연산자 대신 이름을 사용할 수 있다는 점을 기억하세요.

```
1   Tree.invoke(10) { "$it" }
```

함수 호출은 객체 생성과 다른 연산입니다. invoke 연산자를 객체 생성의 목적으로 사용한다면 함수 이름과 전혀 다른 동작을 하는 것입니다. 더 중요한 것은 이 접근 방식이 단순한 최상위 수준 함수보다 더 복잡하다는 것입니다. 생성자, 가짜 생성자 및 동반 객체의 invoke 함수를 참조할 때 리플렉션은 다음과 같습니다.

생성자:

```
1   val f: ()->Tree = ::Tree
```

가짜 생성자:

```
1   val f: ()->Tree = ::Tree
```

동반 객체의 invoke:

```
1   val f: ()->Tree = Tree.Companion::invoke
```

가짜 생성자가 필요할 때는 표준 최상위 수준 함수를 사용하는 것을 추천합니다. 그러나 클래스 자체에서 생성자를 정의할 수 없거나 생성자가 제공하지 않는 기능(예: 구체화된 타입 매개변수)이 필요한 경우처럼 특별한 목적이 있는 경우에만 사용해야 합니다.

팩토리 클래스의 메서드

팩토리 클래스의 생성 패턴은 다양합니다. 예를 들어, 추상 팩토리나 프로토타입이 있습니다. 모든 생성 패턴에는 몇 가지 장점이 있습니다.

팩토리 클래스에는 상태가 있기 때문에 팩토리 함수에는 없는 기능을 추가할 수 있습니다. 예를 들어, 다음은 순차적 ID 번호를 가진 학생을 생성하는 매우 간단한 팩토리 클래스입니다.

```
1   data class Student(
2       val id: Int,
3       val name: String,
4       val surname: String
5   )
6
7   class StudentsFactory {
8       var nextId = 0
9       fun next(name: String, surname: String) =
10          Student(nextId++, name, surname)
11  }
12
13  val factory = StudentsFactory()
14  val s1 = factory.next("Marcin", "Moskala")
```

```
15 println(s1)  // Student(id=0, name=Marcin, Surname=Moskala)
16 val s2 = factory.next("Igor", "Wojda")
17 println(s2)  // Student(id=1, name=Igor, Surname=Wojda)
```

팩토리 클래스에는 객체 생성을 최적화하는 데 사용할 수 있는 프로퍼티가 있을 수 있습니다. 상태가 있기 때문에 최적화를 비롯하여 다양한 기능을 추가할 수 있습니다. 예를 들어 캐싱을 사용하거나 이전에 생성된 객체를 복제하여 객체 생성 속도를 높일 수 있습니다.

실제로 객체를 생성할 때 여러 서비스나 저장소가 필요하다면 팩토리 클래스로 추출하는 경우가 일반적입니다. 객체 생성 로직을 추출하면 코드를 더 잘 구성하는 데 도움이 됩니다.

```
1  class UserFactory(
2      private val uuidProvider: UuidProvider,
3      private val timeProvider: TimeProvider,
4      private val tokenService: TokenService,
5  ) {
6      fun create(newUserData: NewUserData): User {
7          val id = uuidProvider.next()
8          return User(
9              id = id,
10             creationTime = timeProvider.now(),
11             token = tokenService.generateToken(id),
12             name = newUserData.name,
13             surname = newUserData.surname,
14             // ...
15         )
16     }
17 }
```

요약

코틀린은 팩토리 함수를 명시하는 다양한 방법을 제공하며, 각각 다른 목적을 가지고 있습니다. 객체를 생성할 때 어떤 방법을 선택할지 고민해야 합니다. 상황에 따라 선택해야 하는 객체 생성 방법이 다르기 때문에 방법 간에 어떤 차이가 있는지 정확하게 알고 있어야 합니다. 가장 대중적인 팩토리 함수 타입은 다음과 같습니다.

- 변환 함수
- 가짜 생성자
- 최상위 수준 팩토리 함수
- 동반 객체 팩토리 함수
- 팩토리 클래스의 메서드

이름 있는 선택적 인수를 갖는 기본 생성자 사용을 고려하라

객체를 정의하고 생성 방식을 지정할 때 가장 많이 사용하는 방법은 기본 생성자를 사용하는 것입니다.

```kotlin
1   class User(var name: String, var surname: String)
2
3   val user = User("Marcin", "Moskała")
```

기본 생성자 방식은 매우 편리할 뿐만 아니라 대부분의 경우 가장 적합한 방식입니다. 객체의 초기 상태를 정하기 위해 인수를 전달하는 경우는 아주 흔합니다. 대표적인 예로 데이터 모델 객체(data model object)[5]부터 살펴봅시다. 이러한 객체의 전체 상태는 생성자를 사용하여 초기화되며, 프로퍼티에 값이 저장됩니다.

```kotlin
1   data class Student(
2       val name: String,
3       val surname: String,
4       val age: Int
5   )
```

다음은 인덱싱된 인용구의 시퀀스를 표시하는 프리젠터(presenter)[6]를 생성하는 예시입니다. 여기서는 기본 생성자의 인수로 의존성을 주입하고 있습니다.[7]

---

5 데이터 모델(data model)이 반드시 데이터 클래스(data class)인 것은 아니며 그 반대도 마찬가지입니다. 데이터 모델은 프로젝트에서 데이터를 나타내는 클래스를 의미하며, 데이터 클래스는 그러한 클래스를 위한 특별한 지원 방식입니다. 데이터 클래스는 일련의 함수들을 제공하며, 이는 데이터 모델 역할을 하지 않는 클래스에는 필요할 수도 있고 필요하지 않을 수도 있습니다.

6 프리젠터는 MVP(Model View Presenter) 아키텍처에서 사용되는 객체의 한 종류입니다. MVVM이 성공하기 전까지 안드로이드에서 많이 사용되었습니다.

7 의존성 주입은 한 객체가 자신이 의존하는 다른 객체를 받는 기법입니다. 이 기법 자체로는 Koin, Dagger와 같은 라이브러리(또는 프레임워크)가 필요하지 않지만, 필자는 그것들이 유용하다고 생각합니다.

```
1   class QuotationPresenter(
2       private val view: QuotationView,
3       private val repo: QuotationRepository
4   ) {
5       private var nextQuoteId = -1
6
7       fun onStart() {
8           onNext()
9       }
10
11      fun onNext() {
12          nextQuoteId = (nextQuoteId + 1) % repo.quotesNumber
13          val quote = repo.getQuote(nextQuoteId)
14          view.showQuote(quote)
15      }
16  }
```

QuotationPresenter에는 기본 생성자로 초기화되는 프로퍼티 외 다른 프로퍼티가 있습니다. 여기서 nextQuoteId 프로퍼티는 항상 -1 값으로 초기화됩니다. 초기 상태를 기본값 또는 기본 생성자 매개변수로 설정하고 있으므로 아주 좋은 예시라 할 수 있습니다.

기본 생성자를 선택하는 게 대체로 좋은 이유를 더 잘 이해하려면 먼저 자바의 객체 생성 패턴을 살펴봐야 합니다.

- 점층적 생성자 패턴
- 빌더 패턴

위 패턴들이 해결하는 문제를 살펴보고, 코틀린에서 사용할 수 있는 더 나은 방식을 알아보겠습니다.

점층적 생성자 패턴

점층적 생성자 패턴(telescoping constructor pattern)은 인수들의 조합으로 만드는 생성자들이라 할 수 있습니다.

```
1   class Pizza {
2       val size: String
3       val cheese: Int
```

```
4      val olives: Int
5      val bacon: Int
6
7      constructor(
8          size: String,
9          cheese: Int,
10         olives: Int,
11         bacon: Int
12     ) {
13         this.size = size
14         this.cheese = cheese
15         this.olives = olives
16         this.bacon = bacon
17     }
18
19     constructor(
20         size: String,
21         cheese: Int,
22         olives: Int
23     ) : this(size, cheese, olives, 0)
24
25     constructor(
26         size: String,
27         cheese: Int
28     ) : this(size, cheese, 0)
29
30     constructor(size: String) : this(size, 0)
31 }
```

이 코드는 코틀린에서는 의미가 없습니다. 코틀린에서는 다음과 같이 디폴트 인수(default argument)를 사용하여 생성자 정의 없이도 인수의 개수를 조절할 수 있습니다.

```
1  class Pizza(
2      val size: String,
3      val cheese: Int = 0,
4      val olives: Int = 0,
5      val bacon: Int = 0
6  )
```

코틀린의 기본값을 사용하면 코드가 짧고 간결해지며, 점층적 생성자보다 더 많은 기능을 제공합니다. 다음과 같이 다른 매개변수를 명시하지 않고도 size

와 olives를 지정할 수 있습니다.

```
1    val myFavorite = Pizza("L", olives = 3)
```

또한 olives 앞뒤로 다른 이름 있는 인수를 추가할 수 있습니다.

```
1    val myFavorite = Pizza("L", olives = 3, cheese = 1)
```

디폴트 인수가 점층적 생성자보다 더 강력한 이유는 다음과 같습니다.

- 사용하고 싶은 디폴트 인수만 지정하여 매개변수의 하위집합을 정의할 수 있습니다.
- 인수를 어떤 순서로든 제공할 수 있습니다.
- 인수의 이름을 명시적으로 지정할 수 있어, 각 값의 의미를 명확하게 할 수 있습니다.

마지막 이유는 꽤 중요합니다. 다음과 같은 객체 생성을 생각해 보세요.

```
1    val villagePizza = Pizza("L", 1, 2, 3)
```

코드가 짧은데도 무슨 의미인지 와 닿지가 않습니다. 심지어 pizza 클래스를 선언한 사람도 베이컨과 치즈 매개변수의 위치를 기억하지 못할 것입니다. 물론 IDE에서야 설명을 볼 수 있지만, IDE 도움 없이 읽거나 깃허브에서 읽는 사람은 어떨까요? 인수가 명확하지 않을 때는 이름 있는 인수를 사용해서 초기화할 대상을 확실하게 지정해야 합니다.

```
1    val villagePizza = Pizza(
2        size = "L",
3        cheese = 1,
4        olives = 2,
5        bacon = 3
6    )
```

디폴트 인수가 있는 생성자는 점층적인 생성자 패턴보다 훨씬 좋습니다. 다음으로 자바에서 더 많이 사용되는 생성자 패턴인 빌더 패턴을 살펴보겠습니다.

빌더 패턴

자바에서는 이름 있는 매개변수와 디폴트 인수를 사용할 수 없습니다. 그래서 자바 개발자들은 빌더 패턴을 사용합니다. 빌더 패턴을 사용하면 다음과 같은 것들을 할 수 있습니다.

- 매개변수 이름 지정
- 매개변수를 원하는 순서로 지정
- 기본값 지정

다음은 코틀린에서 빌더를 정의한 예입니다.

```kotlin
class Pizza private constructor(
    val size: String,
    val cheese: Int,
    val olives: Int,
    val bacon: Int
) {
    class Builder(private val size: String) {
        private var cheese: Int = 0
        private var olives: Int = 0
        private var bacon: Int = 0

        fun setCheese(value: Int): Builder {
            cheese = value
            return this
        }

        fun setOlives(value: Int): Builder {
            olives = value
            return this
        }

        fun setBacon(value: Int): Builder {
            bacon = value
            return this
        }

        fun build() = Pizza(size, cheese, olives, bacon)
    }
}
```

빌더 패턴을 사용하면 다음과 같이 매개변수의 이름을 사용해서 해당 매개변수를 원하는 값으로 설정할 수 있습니다.

```
1   val myFavorite = Pizza.Builder("L").setOlives(3).build()
2
3   val villagePizza = Pizza.Builder("L")
4       .setCheese(1)
5       .setOlives(2)
6       .setBacon(3)
7       .build()
```

이미 언급한 것처럼 자바 빌더 패턴의 이러한 이점은 코틀린의 이름 있는 인수와 디폴트 인수로 충분히 충족시킬 수 있습니다.

```
1   val villagePizza = Pizza(
2       size = "L",
3       cheese = 1,
4       olives = 2,
5       bacon = 3
6   )
```

빌더 패턴을 코틀린의 기본 생성자와 비교하면 빌더 대신 이름 있는 매개변수를 사용했을 때의 이점을 확인할 수 있습니다.

- 이름 있는 매개변수는 더 짧습니다. 디폴트 인수가 있는 생성자나 팩토리 메서드는 빌더 패턴보다 훨씬 쉽게 구현할 수 있습니다. 코드를 개발하는 개발자와 코드를 읽는 개발자 모두 시간을 절약할 수 있습니다. 빌더 패턴을 구현하는 데는 시간이 많이 걸릴 수 있기 때문에 이는 중요한 차이입니다. 빌더를 수정하고 이를 적용하는 것은 더 어렵습니다. 예를 들어, 매개변수의 이름을 변경하면 해당 매개변수를 설정하는 함수의 이름뿐만 아니라, 빌더 함수의 매개변수 이름, 빌더 함수의 본문(body), 매개변수 값을 저장하는 내부 필드, 비공개 생성자의 매개변수 이름 등을 모두 변경해야 합니다.

- 이름 있는 매개변수는 더 깔끔합니다. 객체가 어떻게 생성되는지 확인하고 싶을 때 하나의 메서드만 보면 됩니다. 반면에 빌더 클래스에는 여기저기에 필요한 정보들이 흩어져 있습니다. 빌더 클래스가 큰 경우, 객체가 어떻게 유지

되는지, 그리고 어떻게 상호작용하는지 파악하기 어려울 수 있습니다.

- 이름 있는 매개변수는 사용하기가 더 쉽습니다. 기본 생성자는 내장된 개념입니다. 빌더 패턴은 언어에서 제공하는 것이 아니기 때문에 이해하기가 더 어렵습니다. 예를 들어, 개발자는 build 함수(또는 create 함수)를 호출하는 것을 쉽게 잊어버릴 수도 있습니다.

- 이름 있는 매개변수는 동시성 문제가 없습니다. 드물게 발생하는 문제이긴 합니다만, 코틀린에서 함수의 매개변수는 항상 불변인 반면, 대부분의 빌더에서는 프로퍼티 변경이 가능합니다. 따라서 스레드 안전한 빌드 패턴을 구현하는 것은 어려운 일입니다.

그렇다고 해서 항상 빌더 대신 생성자를 사용해야 한다는 의미는 아닙니다. 빌더 패턴을 사용하는 것이 더 나은 경우를 살펴봅시다.

빌더에서는 하나의 이름에 대해 필요한 여러 값을 전달할 수 있습니다(setPositiveButton, setNegativeButton, addRoute). 그리고 하나의 객체에 빌더 함수를 연속해서 사용하는 것(addRoute)도 가능합니다.

```
1   val dialog = AlertDialog.Builder(context)
2       .setMessage(R.string.fire_missiles)
3       .setPositiveButton(R.string.fire) { d, id ->
4           // 미사일 발사!
5       }
6       .setNegativeButton(R.string.cancel) { d, id ->
7           // 사용자가 대화상자에서 취소를 누른 경우
8       }
9       .create()
10
11  val router = Router.Builder()
12      .addRoute(path = "/home", ::showHome)
13      .addRoute(path = "/users", ::showUsers)
14      .build()
```

생성자로 비슷한 동작을 구현하기 위해서는 단일 인수에 더 많은 데이터를 담을 수 있는 특수한 타입을 도입해야 합니다.

```
1   val dialog = AlertDialog(
2       context,
```

```
 3       message = R.string.fire_missiles,
 4       positiveButtonDescription =
 5           ButtonDescription(R.string.fire) { d, id ->
 6               // 미사일 발사!
 7           },
 8       negativeButtonDescription =
 9           ButtonDescription(R.string.cancel) { d, id ->
10               // 사용자가 대화상자에서 취소를 누른 경우
11           }
12  )
13
14  val router = Router(
15       routes = listOf(
16           Route("/home", ::showHome),
17           Route("/users", ::showUsers)
18       )
19  )
```

위와 같은 코드는 코틀린에서 지양하는 패턴이며, DSL(Domain Specific Language, 도메인 특화 언어) 빌더를 사용하는 것이 일반적입니다.

```
 1  val dialog = context.alert(R.string.fire_missiles) {
 2       positiveButton(R.string.fire) {
 3           // 미사일 발사!
 4       }
 5       negativeButton {
 6           // 사용자가 대화상자에서 취소를 누른 경우
 7       }
 8  }
 9
10  val route = router {
11       "/home" directsTo ::showHome
12       "/users" directsTo ::showUsers
13  }
```

이러한 종류의 DSL 빌더는 고전적인 빌더 패턴보다 선호되는 경향이 있는데, 더 유연하고 깔끔한 표기법을 제공하기 때문입니다. 하지만 DSL을 만들기가 더 어렵다는 것도 사실입니다. 한편으로 빌더를 만드는 것 자체도 이미 어렵습니다. 만약 명확하지 않은 정의를 감수하더라도 더 나은 표기법을 위해 시간을 들이기로 결정했다면, 한 단계 더 나아가 보면 어떨까요? DSL을 사용하면 더 많은 유연성과 가독성을 얻을 수 있습니다. 다음 아이템에서 객체 생성을 위해

DSL을 사용하는 방법에 대해 더 자세히 다뤄보겠습니다.

고전적인 빌더 패턴의 또 다른 이점은 일부 프로퍼티만 설정한 상태에서 다른 객체에 전달될 수 있어 팩토리로 사용할 수 있다는 것입니다. 다음은 일부 프로퍼티만 설정하여 기본 대화상자를 제공하는 빌더를 만든 예시입니다.

```
1   fun Context.makeDefaultDialogBuilder() =
2       AlertDialog.Builder(this)
3           .setIcon(R.drawable.ic_dialog)
4           .setTitle(R.string.dialog_title)
5           .setOnCancelListener { it.cancel() }
```

코틀린에서는 더 적합한 대안이 있습니다. 기본 객체를 만들고 copy를 사용해서 프로퍼티를 사용자화하거나 선택적 매개변수가 있는 함수를 사용하여 해당 클래스를 만드는 것입니다.

```
1   data class DialogConfig(
2       val icon: Int,
3       val title: Int,
4       val onCancelListener: (() -> Unit)?,
5       // ...
6   )
7
8   val defaultDialogConfig = DialogConfig(
9       icon = R.drawable.ic_dialog,
10      title = R.string.dialog_title,
11      onCancelListener = { it.cancel() },
12      // ...
13  )
14
15  // 또는
16
17  fun defaultDialogConfig(
18      val icon: Int = R.drawable.ic_dialog,
19      val title: Int = R.string.dialog_title,
20      val onCancelListener: (() -> Unit)? = { it.cancel() }
21  ) = DialogConfig(icon, title, onCancelListener, /*...*/)
```

두 가지 방법 모두 단위 테스트에서 널리 사용되는 것 같습니다. 두 가지 모두 고전적인 빌더 패턴을 대체할 수 있는 좋은 방법이며, 필자는 빌더 패턴을 굳이 사용할 이유는 없다고 생각합니다.

결국 고전적인 빌더 패턴이 코틀린에서 최선의 선택지인 경우는 거의 없다고 할 수 있습니다. 드물지만 다음과 같은 경우에 선택될 수 있습니다.

- 다른 언어로 작성되어 빌더 패턴이 있는 라이브러리와 코드의 일관성을 맞추기 위해
- 디폴트 인수나 DSL을 지원하지 않는 다른 언어에서 쉽게 사용할 수 있는 API를 설계할 때

위와 같은 경우가 아니라면, 디폴트 인수가 있는 기본 생성자를 사용하거나 더 나은 표기를 위해 DSL 빌더를 사용하는 것이 일반적입니다.

요약

코틀린에서는 기본 생성자를 사용해 객체를 생성하는 것이 가장 좋은 방법입니다. 코틀린에서 점층적 생성자 패턴을 더 이상 사용하지 말기 바랍니다. 그대신 더 깔끔하고, 더 유연하며, 표현력이 더 뛰어난 기본값을 사용하세요. 고전인 빌더 패턴이 적합한 경우는 거의 없습니다. 대부분은 이름 있는 인수를 사용하는 기본 생성자만으로 충분하고, 더 복잡한 객체를 생성할 때는 DSL 빌더를 사용해 정의하는 것이 좋습니다.

복잡한 객체 생성을 위해 DSL 정의를 고려하라

코틀린 기능을 활용하여 도메인 특화 언어(DSL)를 구성할 수 있습니다. DSL은 더 복잡한 객체나 객체의 계층구조를 정의해야 할 때 유용합니다. 정의하기는 쉽지 않지만 일단 완료되면 보일러플레이트 코드와 코드의 복잡성이 숨겨집니다. 그래서 개발자는 자신의 의도를 더 명확하게 표현할 수 있습니다.

코틀린 DSL은 클래식 HTML과 리액트 HTML 모두를 표현하는 데 자주 사용되는 방법입니다. 예제 코드는 다음과 같습니다.

```
1  body {
2     div {
3        a("https://kotlinlang.org") {
4           target = ATarget.blank
5              +"Main site"
6        }
7     }
8     +"Some content"
9  }
```

위에 있는 HTML DSL의 뷰

다른 플랫폼의 뷰도 DSL을 사용하여 정의할 수 있습니다. 다음은 Anko 라이브러리를 사용하여 정의된 간단한 안드로이드 뷰입니다.

```
1  verticalLayout {
2      val name = editText()
3      button("Say Hello") {
4          onClick { toast("Hello, ${name.text}!") }
5      }
6  }
```

위에 있는 안드로이드 View DSL의 뷰

데스크톱 응용프로그램도 유사합니다. 다음은 TornadoFX(JavaFX에서 구성됨)에 정의된 뷰입니다.

```
1  class HelloWorld : View() {
2      override val root = hbox {
3          label("Hello world") {
4              addClass(heading)
5          }
6
7          textfield {
8              promptText = "Enter your name"
9          }
10     }
11 }
```

위에 있는 TornadoFX DSL의 뷰

DSL은 데이터나 구성을 정의하는 데에도 자주 사용됩니다. 다음은 케이터 (Ktor)의 DSL을 사용한 API 정의입니다.

```
1  fun Routing.api() {
2      route("news") {
3          get {
4              val newsData = NewsUseCase.getAcceptedNews()
5              call.respond(newsData)
6          }
7          get("propositions") {
8              requireSecret()
9              val newsData = NewsUseCase.getPropositions()
10             call.respond(newsData)
11         }
12     }
13     // ...
14 }
```

코틀린 테스트(Kotlin Test)에 정의된 테스트 케이스 명세는 다음과 같습니다.

```
1  class MyTests : StringSpec({
2      "length는 문자열 크기가 반환되어야 한다" {
3          "hello".length shouldBe 5
4      }
5      "startsWith는 접두사를 테스트해야 한다" {
6          "world" should startWith("wor")
7      }
8  })
```

그레이들 DSL을 사용하여 그레이들 구성을 정의할 수도 있습니다.

```
1  plugins `{
2      `java-library`
3  }
4
5  dependencies {
6      api("junit:junit:4.12")
7      implementation("junit:junit:4.12")
8      testImplementation("junit:junit:4.12")
9  }
10
11 configurations {
12     implementation {
13         resolutionStrategy.failOnVersionConflict()
14     }
15 }
16
```

```
17 sourceSets {
18     main {
19         java.srcDir("src/core/java")
20     }
21 }
22
23 java {
24     sourceCompatibility = JavaVersion.VERSION_11
25     targetCompatibility = JavaVersion.VERSION_11
26 }
27
28 tasks {
29     test {
30         testLogging.showExceptions = true
31     }
32 }
```

DSL을 사용하면 복잡하고 계층적인 데이터 구조를 만드는 것이 더 쉽습니다. DSL 내부에서는 코틀린이 제공하는 모든 것을 사용할 수 있으며, 코틀린의 DSL은 그루비와 달리 완전히 타입 안전(type-safe)하므로 IDE를 통해 유용한 힌트를 얻을 수 있습니다. 코틀린 DSL을 사용해 본 경험이 있을 테지만, 활용 도를 높이기 위해 직접 정의하는 방법을 아는 것도 중요합니다.

자신만의 DSL 정의하기

자신만의 DSL을 만들려면 리시버를 가진 함수 타입의 개념을 이해하는 게 중 요합니다. 그 전에 먼저 함수 타입 자체의 개념을 간략하게 살펴보겠습니다. 함수 타입은 함수로 사용할 수 있는 객체를 나타내는 타입입니다. 예를 들어, 필터 함수는 요소를 결과에 포함시킬지 여부를 결정하는 조건자를 함수 타입 으로 받습니다.

```
1 inline fun <T> Iterable<T>.filter(
2     predicate: (T) -> Boolean
3 ): List<T> {
4     val list = arrayListOf<T>()
5     for (elem in this) {
6         if (predicate(elem)) {
7             list.add(elem)
8         }
```

```
9     }
10    return list
11 }
```

다음은 함수 타입의 몇 가지 예입니다.

- ()->Unit – Unit을 반환하는 인수가 없는 함수입니다.
- (Int)->Unit – Int를 인수로 받고 Unit을 반환하는 함수입니다.
- (Int)->Int – Int를 인수로 받고 Int를 반환하는 함수입니다.
- (Int, Int)->Int – 2개의 Int를 인수로 받고 Int를 반환하는 함수입니다.
- (Int)->()->Unit – Int를 인수로 받고 또 다른 함수를 반환하는 함수입니다. 다른 함수는 인수가 없고 Unit을 반환합니다.
- (()->Unit)->Unit – 다른 함수를 인수로 받고 Unit을 반환하는 함수입니다. 다른 함수는 인수가 없고 Unit을 반환합니다.

함수 타입의 인스턴스를 생성하는 기본 방법은 다음과 같습니다.

- 람다 표현식을 사용
- 익명 함수를 사용
- 함수 레퍼런스를 사용

예를 들어 다음 함수를 보세요.

```
1  fun plus(a: Int, b: Int) = a + b
```

다음과 같이 비슷한 종류의 함수를 생성할 수 있습니다.

```
1  val plus1: (Int, Int) -> Int = { a, b -> a + b }
2  val plus2: (Int, Int) -> Int = fun(a, b) = a + b
3  val plus3: (Int, Int) -> Int = Int::plus
```

위의 예에서는 프로퍼티 타입이 지정되었으므로 람다 표현식과 익명 함수에 담긴 인수 타입을 추론할 수 있습니다. 그러나 그 반대일 수도 있는데, 인수 타입을 지정하면 함수 타입 추론도 가능합니다.

```
1   val plus4 = { a: Int, b: Int -> a + b }
2   val plus5 = fun(a: Int, b: Int) = a + b
```

함수 타입은 함수를 나타내는 객체를 나타내기 위해 존재합니다. 익명 함수는
일반 함수와 동일해 보이지만 이름이 없습니다. 람다 표현식은 익명 함수를 더
간결하게 작성하는 방법입니다.

확장 함수를 나타내는 함수 타입도 가능할까요? 다음과 같은 확장 함수를 생
각해 봅시다.

```
1   fun Int.myPlus(other: Int) = this + other
```

이름이 없으면 익명 함수를 생성할 수 있다는 걸 앞에서 확인했습니다. 익명
확장 함수도 같은 방식으로 정의됩니다.

```
1   val myPlus = fun Int.(other: Int) = this + other
```

myPlus는 어떤 타입일까요? 리시버가 있는 함수 타입으로 확장 함수를 나타내는
특별한 타입입니다. 일반 함수 타입과 비슷해 보이지만, 인수 앞에 리시버 타
입을 추가로 지정하고 점으로 구분합니다.

```
1   val myPlus: Int.(Int) -> Int =
2       fun Int.(other: Int) = this + other
```

리시버가 있는 함수를 람다 표현식, 특히 리시버가 있는 람다 표현식을 사용하
여 정의할 수 있습니다. 람다 표현식 내에 this 키워드가 있다면 확장 리시버를
참조한다는 의미기 때문입니다.

```
1   val myPlus: Int.(Int) -> Int = { this + it }
```

리시버가 있는 익명 확장 함수 또는 람다 표현식을 사용하여 생성된 객체는 세
가지 방법으로 호출할 수 있습니다.

- 표준 객체와 마찬가지로 invoke 메서드를 사용하여 호출합니다.
- 비확장(non-extension) 함수처럼 호출합니다.
- 일반 확장 함수와 동일하게 호출합니다.

```
1  myPlus.invoke(1, 2)
2  myPlus(1, 2)
3  1.myPlus(2)
```

리시버가 있는 함수 타입의 가장 중요한 특징은 this의 참조를 변경한다는 것입니다. 클래스의 프로퍼티를 각각 정의하는 다음 예제를 봅시다.

```
1  class Dialog {
2      var title: String = ""
3      var text: String = ""
4      fun show() { /*...*/ }
5  }
6
7  fun main() {
8      val dialog = Dialog()
9      dialog.title = "My dialog"
10     dialog.text = "Some text"
11     dialog.show()
12 }
```

dialog를 반복해서 참조하는 것은 그다지 편리하지 않지만, 다음 코드와 같이 리시버가 있는 람다 표현식을 사용하면 this가 dialog를 가리키게 되어, dialog를 반복해서 적을 필요 없이 생략할 수 있습니다(리시버가 암시적으로 사용될 수 있기 때문입니다).

```
1  class Dialog {
2      var title: String = ""
3      var text: String = ""
4      fun show() { /*...*/
5      }
6  }
7
8  fun main() {
9      val dialog = Dialog()
10     val init: Dialog.() -> Unit = {
11         title = "My dialog"
12         text = "Some text"
13     }
14     init.invoke(dialog)
15     dialog.show()
16 }
```

이러한 방법으로 dialog 생성 및 표시의 모든 공통 부분을 취하고 프로퍼티 설정만 사용자에게 맡기는 함수를 정의할 수 있습니다.

```
1   class Dialog {
2       var title: String = ""
3       var text: String = ""
4       fun show() { /*...*/
5       }
6   }
7
8   fun showDialog(init: Dialog.() -> Unit) {
9       val dialog = Dialog()
10      init.invoke(dialog)
11      dialog.show()
12  }
13
14  fun main() {
15      showDialog {
16          title = "My dialog"
17          text = "Some text"
18      }
19  }
```

위 코드는 가장 간단한 DSL 중 하나입니다. 위에서 정의한 빌더 함수는 반복해서 사용할 가능성이 높으므로 apply 함수로 추출하였으며, DSL 빌더를 정의하는 대신에 apply 함수로 프로퍼티를 설정할 수 있습니다.

```
1   inline fun <T> T.apply(block: T.() -> Unit): T {
2       this.block()
3       return this
4   }
5
6   Dialog().apply {
7       title = "My dialog"
8       text = "Some text"
9   }.show()
```

리시버가 있는 함수 타입은 코틀린 DSL의 가장 기본적인 구성 요소입니다. HTML 테이블을 만들 수 있는 매우 간단한 DSL을 만들어 보겠습니다.

```
1  fun createTable(): TableBuilder = table {
2      tr {
3          for (i in 1..2) {
4              td {
5                  +"This is column $i"
6              }
7          }
8      }
9  }
```

이 DSL의 시작 부분에서 사용된 table 함수는 아무런 리시버도 없는 최상위 수준에 있으므로 최상위 함수여야 합니다. 하지만 함수의 인수 블록 내에서 사용되는 tr 함수는 table 정의 내에서만 허용되어야 합니다. 따라서 table 함수 인수는 리시버가 있는 함수가 되어야 합니다. 마찬가지로 tr 함수 인수에는 td 함수를 포함하는 리시버가 있어야 합니다.

```
1  fun table(init: TableBuilder.() -> Unit): TableBuilder {
2      // ...
3  }
4
5  class TableBuilder {
6      fun tr(init: TrBuilder.() -> Unit) { /*...*/ }
7  }
8
9  class TrBuilder {
10     fun td(init: TdBuilder.() -> Unit) { /*...*/ }
11 }
12
13 class TdBuilder
```

다음 문장은 어떻습니까?

```
1  +"This is row $i"
```

이게 뭘까요? 문자열의 단항 더하기 연산자일 뿐이며, TdBuilder 내부에서 정의해야 합니다.

```
1  class TdBuilder {
2      var text = ""
3
```

```
4       operator fun String.unaryPlus() {
5           text += this
6       }
7   }
```

DSL 정의는 이제 끝났습니다. DSL이 동작하려면 각각의 단계에 해당하는 빌더를 만들고 함수형 매개변수(아래 예에서는 init)의 함수를 사용하여 초기화해야 합니다. 그러면 빌더에 이 init 함수 인수에 지정된 모든 데이터가 포함됩니다. 인수로 들어온 데이터로 빌더를 반환하거나 다른 객체를 생성할 수 있습니다. 여기서는 빌더만 반환하겠습니다. table 함수를 정의하는 방법은 다음과 같습니다.

```
1   fun table(init: TableBuilder.() -> Unit): TableBuilder {
2       val tableBuilder = TableBuilder()
3       init.invoke(tableBuilder)
4       return tableBuilder
5   }
```

이전에 알아본 것처럼 apply 함수를 사용하여 함수를 간결하게 정의할 수 있습니다.

```
1   fun table(init: TableBuilder.() -> Unit) =
2       TableBuilder().apply(init)
```

마찬가지로 이 DSL의 다른 부분에서도 apply 함수를 사용하여 더 간결하게 만들 수 있습니다.

```
1   class TableBuilder {
2       var trs = listOf<TrBuilder>()
3
4       fun tr(init: TrBuilder.() -> Unit) {
5           trs = trs + TrBuilder().apply(init)
6       }
7   }
8
9   class TrBuilder {
10      var tds = listOf<TdBuilder>()
11
12      fun td(init: TdBuilder.() -> Unit) {
```

```
13        tds = tds + TdBuilder().apply(init)
14    }
15 }
```

지금까지 HTML 테이블을 생성하는 간단한 DSL 빌더를 살펴보았습니다. '아이템 14: 리시버를 명시적으로 참조하라'에서 설명한 대로 DslMarker를 사용하면 개선될 수 있습니다.

DSL은 언제 사용해야 할까요?

DSL을 사용하여 모든 정보를 명확하게 표현하고 구조화할 수 있습니다. 하지만 사용자들은 정보가 추후에 어떻게 사용될 것인지 알 수 없습니다. Anko, TornadoFX 또는 HTML DSL에서는 정의에 따라 뷰가 올바르게 만들어질 거라고 신뢰하지만 그 방법을 정확히 추적하기 어려운 경우가 많습니다. 좀 더 복잡한 사용법은 발견하기 어려울 수도 있습니다. DSL을 사용하면 익숙하지 않은 사람들에게 혼란을 일으킬 수도 있는데, 유지 관리까지 고려하면 더욱 그렇습니다. 또한 DSL을 어떻게 정의하느냐에 따라 성능과 개발자의 혼란이라는 측면에서 부담이 될 수 있습니다. DSL을 대신할 더 간단한 기능들이 있다면, DSL은 과한 선택입니다. 그러나 다음을 표현해야 할 때는 매우 유용합니다.

- 복잡한 데이터 구조
- 계층구조
- 엄청난 양의 데이터

DSL과 같은 구조 없이도 빌더나 생성자를 사용해 모든 것을 표현할 수 있습니다. DSL은 보일러플레이트 코드를 제거할 수 있는 방법 중 하나입니다. 반복 가능한 보일러플레이트 코드[8]가 보이고 이를 해결할 수 있는 코틀린 기능이 없다면 DSL 사용을 고려해야 합니다.

---

8 독자에게 중요한 정보를 포함하지 않는 반복 가능한 코드입니다.

요약

DSL은 언어 내의 특수 언어입니다. HTML 코드나 복잡한 구성 파일과 같은 복잡한 객체는 물론 전체 객체의 계층구조를 만드는 것이 매우 간단해집니다. 하지만 DSL을 정의하고 구현하는 것은 여간 어려운 일이 아닙니다. 따라서 매우 복잡한 객체를 생성할 때 또는 객체의 계층 구조가 복잡한 경우처럼 특별한 경우에만 사용해야 합니다. 주로 라이브러리에서 DSL을 많이 사용하고 있습니다. DSL을 만드는 것은 쉽지 않지만, 잘 정의된 DSL은 프로젝트를 훨씬 더 좋게 만들 수 있습니다.

의존성 주입을 고려하라

현대 프로그래밍에서 가장 중요한 패턴 중 하나는 의존성 주입입니다. 의존성 주입은 다른 객체에 의존하는 객체를 생성할 때, 의존성을 직접 생성하지 않도록 해 주는 기법입니다. 이 기법은 코드를 유연하고 재사용할 수 있게 만들어 주므로 중요합니다. 코틀린에서 널리 사용되는 의존성 주입 방법은 생성자 기반 의존성 주입(constructor-based dependency injection)입니다.

　생성자 기반 의존성 주입 개념은 간단합니다. 클래스가 구성해야 하는 다른 클래스의 인스턴스(이 클래스의 의존성)를 직접 생성하는 대신, 클래스의 생성자에서 의존성 타입을 지정합니다. 이렇게 하면 클래스가 자체적으로 의존성을 생성하는 대신 외부에서 의존성을 주입받게 됩니다. 이것을 제어의 역전(inversion of control)이라고 합니다. 클래스가 의존성을 생성하는 예시를 보여 드리겠습니다.

```
1  class UserService {
2      private val userRepository = DatabaseUserRepository()
3      private val emailService = MailchimpEmailService()
4
5      fun registerUser(email: String, password: String) {
6          val user = userRepository.createUser(email,password)
7          emailService.sendEmail(user.email, "Welcome!")
8      }
9  }
```

생성자 기반 의존성 주입을 사용하면 클래스의 형태는 다음과 같습니다.

```
1  class UserService(
2      private val userRepository: UserRepository,
3      private val emailService: EmailService
4  ) {
5      fun registerUser(email: String, password: String) {
```

```
6            val user = userRepository.createUser(email,password)
7            emailService.sendEmail(user.email, "Welcome!")
8        }
9    }
```

의존성 주입은 세터와 프로퍼티 위임을 통해서도 가능합니다. 하지만 생성자 기반 의존성 주입을 추천합니다. 그 이유는 테스트하기 쉬우며 의존성을 명확하게 보여 주기 때문입니다.

　의존성 주입의 장점은 다음과 같습니다.

- 의존성을 명시적으로 보여 줍니다. 클래스의 생성자를 보면 해당 클래스가 어떤 의존성을 가지는지 알 수 있습니다.
- 테스트가 더 쉬워집니다. 의존성을 쉽게 모킹하고 클래스를 격리하여 테스트를 실행할 수 있습니다.
- 코드가 더 유연해집니다. 의존성을 다른 구현체로 쉽게 교체할 수 있습니다.
- 코드의 재사용성이 높아집니다. 클래스에서 의존성을 인터페이스로 정의하면, 다른 컨텍스트에서 사용해야 할 때 인터페이스의 구현체만 변경해 해당 클래스를 재사용할 수 있습니다.

의존성 주입을 사용하면 실제 객체의 생성은 활성 객체(active object)의 외부에 위임됩니다. 의존성 주입을 하더라도 의존성을 어떻게 생성할지는 정의해야 합니다. 의존성 정의를 위해 주로 택하는 방식은 의존성 주입 프레임워크입니다. 의존성 주입 프레임워크는 의존성 생성 방법을 정의하고 의존성을 생성하는 라이브러리입니다. 다음과 같은 클래스 구조를 생각해 보세요.

```
1   interface DatabaseClient { /* ... */ }
2   class PostgresDatabaseClient : DatabaseClient { /* ... */ }
3
4   interface UserRepository { /* ... */ }
5   class DatabaseUserRepository(
6       private val databaseClient: DatabaseClient
7   ) : UserRepository { /* ... */ }
8
9   interface EmailClient { /* ... */ }
```

```
10  class MailchimpEmailClient : EmailClient { /* ... */ }
11
12  interface EmailService { /* ... */ }
13  class MailchimpEmailService(
14      private val emailClient: EmailClient
15  ) : EmailService { /* ... */ }
16
17  class UserService(
18      private val userRepository: UserRepository,
19      private val emailService: EmailService
20  ) { /* ... */ }
```

널리 사용되는 코틀린 의존성 주입 프레임워크인 Koin을 사용하면 각 의존성의 생성 방식을 정의할 수 있습니다.

```
1  val userModule = module {
2      single<DatabaseClient> { PostgresDatabaseClient() }
3      single<UserRepository> { DatabaseUserRepository(get()) }
4      single<EmailClient> { MailchimpEmailClient() }
5      single<EmailService> { MailchimpEmailService(get()) }
6      single { UserService(get(), get()) }
7  }
```

이렇게 생성된 모듈을 사용하여 의존성 주입 프레임워크를 초기화하고 시작하면, 프로젝트 전체에 정의된 의존성 인스턴스를 얻을 수 있습니다.

```
1  val userRepo: UserRepository by inject()
2  val userService: UserService = get()
```

의존성 주입 프레임워크는 다음과 같은 장점이 있습니다.

- 컴포넌트가 어떻게 생성되어야 하는지를 한 번만 정의하면 됩니다. 그 후에는 의존성을 정의하기만 하면 의존성 주입 프레임 워크에서 의존성을 생성합니다.
- 의존성을 다른 구현체로 쉽게 대체할 수 있습니다. 의존성 생성 방법에 대한 정의만 변경하면 됩니다.
- 테스트에서 의존성을 쉽게 모킹할 수 있습니다. 테스트를 위한 별도의 의존성 구현체를 제공할 수 있습니다.

- 다른 컨텍스트에서 클래스를 쉽게 재사용할 수 있습니다. 컨텍스트에 따라 서로 다른 의존성 구현체를 제공할 수 있습니다.
- 한 번 생성되면 재사용되는 의존성인 싱글톤(singleton)을 쉽게 생성할 수 있습니다.

요약

- 의존성 주입은 클래스 외부에서 의존성을 생성할 수 있게 하는 패턴입니다.
- 의존성 주입은 의존성을 명시적으로 보여 주고, 테스트를 쉽게 만들 수 있게 도와주며, 코드를 유연하게 만들고 재사용 가능하게 합니다.
- 의존성 주입 프레임워크는 의존성의 생성 방식을 정의하고 프로젝트 전체에서 의존성을 사용할 수 있게 해 줍니다.

6장

클래스 설계

클래스는 객체 지향 프로그래밍(Object-Oriented Programming, OOP) 패러다임에서 가장 중요한 추상화입니다. OOP는 코틀린에서 가장 널리 사용되는 패러다임이므로 클래스는 매우 중요합니다. 이번 장에서는 시스템 설계가 아닌 클래스 설계에 대해 설명합니다. 시스템 설계를 설명하려면 훨씬 더 많은 지면이 필요하고, 로버트 C. 마틴의 《클린 아키텍처》와 에릭 감마(Erich Gamma), 존 블리시데스(John Vlissides), 랄프 존슨(Ralph Johnson), 리처드 헬름(Richard Helm)의 《GoF의 디자인 패턴(Design Patterns)》(프로텍미디어, 2015)과 같이 이 주제에 관한 훌륭한 책이 이미 많이 있기 때문입니다. 그 대신 코틀린 클래스의 규약, 즉 코틀린 구조를 사용하는 방법과 이를 적용했을 때의 효과를 주로 살펴보겠습니다. 상속은 언제, 어떻게 사용해야 하나요? 데이터 클래스가 어떻게 사용되기를 기대하나요? 단일 메서드를 사용하는 인터페이스 대신 함수 타입을 언제 사용해야 하나요? equals 및 hashCode, compareTo의 규약은 무엇인가요? 멤버 함수 대신 확장 함수를 사용해야 하는 경우는 언제인가요? 같은 질문에 대한 답변을 살펴볼 것입니다. 코틀린 클래스의 규약을 위반하면 심각한 문제를 야기시키며, 규약을 준수하면 코드를 더 안전하고 깔끔하게 만들 수 있습니다.

아이템 36

상속보다 합성을 선호하라

상속은 강력한 기능이지만, 'is a' 관계로 객체의 계층구조를 만들기 때문에 관계가 명확하지 않으면 위험할 수 있습니다. 간단한 코드 추출 또는 재사용이 목적이라면, 상속 대신에 더 가벼운 대안인 클래스 합성을 선호해야 합니다.

간단한 동작 재사용

간단한 문제부터 시작해 보겠습니다. 비슷한 역할을 하는 두 개의 클래스가 있습니다. 두 클래스 모두 작업을 수행하기 전에 프로그레스 바를 표시하고 그 후에는 숨겨야 합니다.

```
1   class ProfileLoader {
2
3       fun load() {
4           // 프로그레스 바를 보여 준다.
5           // 프로필을 불러온다.
6           // 프로그레스 바를 숨긴다.
7       }
8   }
9
10  class ImageLoader {
11
12      fun load() {
13          // 프로그레스 바를 보여 준다.
14          // 이미지를 불러온다.
15          // 프로그레스 바를 숨긴다.
16      }
17  }
```

필자의 경험에 따르면, 개발자들은 보통 공통된 동작을 슈퍼클래스로 추출합니다.

```
1  abstract class LoaderWithProgressBar {
2
3      fun load() {
4          // 프로그레스 바를 보여 준다.
5          action()
6          // 프로그레스 바를 숨긴다.
7      }
8
9      abstract fun action()
10 }
11
12 class ProfileLoader : LoaderWithProgressBar() {
13
14     override fun action() {
15         // 프로필을 불러온다.
16     }
17 }
18
19 class ImageLoader : LoaderWithProgressBar() {
20
21     override fun action() {
22         // 이미지를 불러온다.
23     }
24 }
```

슈퍼클래스는 매우 간단한 경우에는 효과적이지만, 알아 두어야 할 중요한 단점이 있습니다.

• 하나의 클래스만 상속할 수 있습니다. 상속을 사용하여 기능을 추출하면 타입의 계층구조가 지나치게 복잡해지며, 수많은 기능을 가지고 있는 BaseXXX 클래스가 탄생하는 경우가 많습니다.
• 상속할 때 클래스에서 모든 것을 가져옵니다. 이로 인해 필요하지 않은 기능과 메서드가 있는 클래스가 생성됩니다(인터페이스 분리 원칙 위반).
• 슈퍼클래스를 사용하게 되면 코드를 이해하기 힘들어집니다. 일반적으로 개발자가 메서드를 읽고 이 메서드의 작동 방식을 이해하기 위해 슈퍼클래스로 여러 번 이동해야 한다면 좋지 못한 설계라 할 수 있습니다.

따라서 슈퍼클래스를 대체할 좋은 방법으로 합성(composition)이 제시되었습니다. 합성이란 각각의 기능을 가진 객체들을 프로퍼티로 구성하여 사용하는

것을 뜻합니다. 다음 예는 상속 대신 합성을 사용하여 문제를 해결하는 방법을
보여 줍니다.

```
1   class ProgressBar {
2       fun show() {
3           /* 프로그레스 바를 보여 준다. */
4       }
5       fun hide() {
6           /* 프로그레스 바를 숨긴다. */
7       }
8   }
9
10  class ProfileLoader {
11      val progressBar = ProgressBar()
12
13      fun load() {
14          progressBar.show()
15          // 프로필을 불러온다.
16          progressBar.hide()
17      }
18  }
19
20  class ImageLoader {
21      val progressBar = ProgressBar()
22
23      fun load() {
24          progressBar.show()
25          // 이미지를 불러온다.
26          progressBar.hide()
27      }
28  }
```

합성이 더 어렵다는 점에 유의하세요. 모든 단일 클래스에서 합성된 객체를 포
함하여 사용해야 합니다. 이런 단점 때문에 많은 개발자가 상속을 선호하고 있
습니다. 하지만 코드가 추가되는 것이 아주 쓸모가 없는 것은 아닙니다. 코드
를 읽는 사람들은 프로그레스 바가 사용되고 있으며, 어떻게 사용되는지 알 수
있습니다. 또한 개발자는 프로그레스 바를 어떻게 사용할지 직접 결정할 수 있
습니다.

　주목해야 할 또 다른 점은 여러 기능을 추출하려는 경우 합성이 더 좋다는 것
입니다. 로딩 완료 알림 기능을 다음과 같이 구현할 수 있습니다.

```kotlin
1  class ImageLoader {
2      private val progressBar = ProgressBar()
3      private val finishedAlert = FinishedAlert()
4
5      fun load() {
6          progressBar.show()
7          // 이미지를 불러온다.
8          progressBar.hide()
9          finishedAlert.show()
10     }
11 }
```

두 개 이상의 클래스를 상속할 수는 없습니다. 따라서 상속에서는 두 가지 기능을 모두 단일 슈퍼클래스에 구현해야 합니다. 기능을 계속 추가하다 보면 점점 더 복잡한 타입 계층구조가 만들어지게 됩니다. 계층구조가 복잡해지면 읽기도 어려울 뿐더러 수정하기도 쉽지 않습니다. 처음 두 가지 종류의 서브클래스에는 로딩 완료 알림이 필요하지만, 세 번째 서브클래스에는 필요 없는 기능이라면 어떻게 해야 할까요? 매개변수가 있는 생성자를 사용하는 것이 방법이 될 수 있습니다.

```kotlin
1  abstract class InternetLoader(val showAlert: Boolean) {
2
3      fun load() {
4          // 프로그레스 바를 보여 준다.
5          innerLoad()
6          // 프로그레스 바를 숨긴다.
7          if (showAlert) {
8              // 경고를 보여 준다.
9          }
10     }
11
12     abstract fun innerLoad()
13 }
14
15 class ProfileLoader : InternetLoader(showAlert = true) {
16
17     override fun innerLoad() {
18         // 프로필을 불러온다.
19     }
20 }
21
```

```
22  class ImageLoader : InternetLoader(showAlert = false) {
23
24      override fun innerLoad() {
25          // 이미지를 불러온다.
26      }
27  }
```

매개변수를 받는 것은 그다지 좋지 못한 방법입니다. 플래그(이 경우 show
Alert)에 의해 기능이 차단되는 것은 나쁜 신호입니다. 서브클래스에 불필요
한 기능을 차단할 수 없다면 문제는 더욱 복잡해집니다. 필요하지 않은 기능들
을 포함해 슈퍼클래스의 모든 것을 가져오는 것이 바로 상속의 특징이라 할 수
있습니다.

상속은 클래스의 모든 것을 가져온다

상속을 하게 되면 슈퍼클래스에서 메서드, 기대(규약), 동작과 같은 모든 것을
가져옵니다. 따라서 상속은 객체의 계층구조를 표현하기에는 좋지만 공통 부
분을 재사용하려는 경우에는 그리 좋지 않습니다. 공통 부분을 추출할 때는 필
요한 기능을 선택할 수 있으므로 합성이 더 좋습니다. 예를 들어, 우리 시스템
에서 짖고(bark) 냄새를 맡을(sniff) 수 있는 Dog를 표현하기로 결정했다고 가
정해 보겠습니다.

```
1  abstract class Dog {
2      open fun bark() {
3          /*...*/
4      }
5      open fun sniff() {
6          /*...*/
7      }
8  }
```

그렇다면 짖을 수는 있지만 냄새를 맡을 수는 없는 로봇 개를 만들어야 한다면
어떻게 될까요?

```
1  class Labrador : Dog()
2
```

```
3    class RobotDog : Dog() {
4        override fun sniff() {
5            error("Operation not supported")
6            // 정말로 그걸 원하나요?
7        }
8    }
```

RobotDog가 Dog를 상속하면 필요하지 않은 메서드도 가지게 되므로 인터페이스 분리 원칙을 위반하게 됩니다. 또한 슈퍼클래스 동작을 깨뜨리므로 리스코프 치환 원칙을 위반하게 됩니다. 반면에, Robot은 계산할 수 있으므로(즉, calculate 메서드가 있으므로) RobotDog도 Robot 클래스여야 한다면 어떻게 될까요? 코틀린에서는 다중 상속이 지원되지 않습니다.

```
1    abstract class Robot {
2        open fun calculate() {
3            /*...*/
4        }
5    }
6
7    class RobotDog : Dog(), Robot()  // 에러
```

합성을 사용하면 규칙을 위반하지도 않고 제약도 크지 않습니다. 합성을 사용할 때는 재사용할 항목을 선택합니다. 타입 계층을 표현할 때도 상속 대신 인터페이스가 더 나은 방법입니다. 인터페이스를 사용하는 편이 안전하며, 여러 개의 인터페이스를 동시에 구현할 수도 있기 때문입니다. 이제 상속의 또 다른 단점으로 예상치 못한 동작을 야기할 수 있다는 것을 살펴보겠습니다.

상속은 캡슐화를 깨뜨린다

클래스를 상속하게 되면 외부에서 사용하는 법뿐 아니라 내부 구현 방식도 함께 고려해야 하기 때문에 캡슐화가 깨지게 됩니다. 조슈아 블로크의 책《이펙티브 자바》에서 영감을 받은 예를 살펴보겠습니다. 사용하는 동안 몇 개의 요소가 추가되었는지 확인할 수 있는 세트를 만든다고 생각해 봅시다. HashSet를 상속하여 구현할 수 있습니다. 이러한 Set는 HashSet의 상속을 사용하여 생성할 수 있습니다.

```
1   class CounterSet<T> : HashSet<T>() {
2       var elementsAdded: Int = 0
3           private set
4
5       override fun add(element: T): Boolean {
6           elementsAdded++
7           return super.add(element)
8       }
9
10      override fun addAll(elements: Collection<T>): Boolean {
11          elementsAdded += elements.size
12          return super.addAll(elements)
13      }
14  }
```

하지만 예상대로 동작하지 않습니다.

```
1   val counterList = CounterSet<String>()
2   counterList.addAll(listOf("A", "B", "C"))
3   print(counterList.elementsAdded)  // 6
```

왜 그런 걸까요? 그 이유는 HashSet의 addAll이 내부에서 add 메서드를 사용하기 때문입니다. 따라서 addAll을 호출하면 add가 추가적으로 호출되어 각 요소에 대해 카운터가 두 번 증가합니다. 이 문제는 사용자 정의 addAll 함수를 제거하여 간단하게 해결할 수 있습니다.

```
1   class CounterSet<T> : HashSet<T>() {
2       var elementsAdded: Int = 0
3           private set
4
5       override fun add(element: T): Boolean {
6           elementsAdded++
7           return super.add(element)
8       }
9   }
```

그러나 위와 같은 해결책은 위험합니다. 자바 제작자가 HashSet을 최적화하기로 결정하여 addAll을 add 메서드에 의존하지 않는 방식으로 구현한다면 어떨까요? 자바가 업데이트되면 위와 같은 구현 방식은 동작하지 않게 되며, CounterSet를 사용한 다른 라이브러리 또한 동작하지 않게 될 것입니다. 자바 제작자는 이와 같은 위험성에 대해 알고 있으므로 주요 타입의 동작 방식을 변경하는 데 주의를 기울입니다. 다른 라이브러리 제작자나 대규모 프로젝트 개발자들 또한 같은 문제를 겪게 될 것입니다. 그렇다면 이 문제를 어떻게 해결할 수 있을까요? 상속 대신 합성을 사용해야 합니다.

```kotlin
class CounterSet<T> {
    private val innerSet = HashSet<T>()
    var elementsAdded: Int = 0
        private set

    fun add(element: T) {
        elementsAdded++
        innerSet.add(element)
    }

    fun addAll(elements: Collection<T>) {
        elementsAdded += elements.size
        innerSet.addAll(elements)
    }
}

val counterList = CounterSet<String>()
counterList.addAll(listOf("A", "B", "C"))
print(counterList.elementsAdded)  // 3
```

합성을 사용하면 CounterSet가 더 이상 Set가 아니기 때문에 다형성을 잃게 됩니다. 위임 패턴(delegation pattern)을 사용하면 이 문제를 해결할 수 있습니다. 위임 패턴은 클래스가 인터페이스를 구현하고, 동일한 인터페이스를 구현한 객체를 프로퍼티로 설정한 뒤, 인터페이스에 정의된 메서드에서 프로퍼티로 설정한 객체의 메서드를 호출하는 것입니다. 이러한 메서드를 전달 메서드 (forwarding method)라고 합니다. 다음 예를 살펴봅시다.

```kotlin
class CounterSet<T> : MutableSet<T> {
    private val innerSet = HashSet<T>()
    var elementsAdded: Int = 0
        private set

    override fun add(element: T): Boolean {
        elementsAdded++
        return innerSet.add(element)
```

```
9        }
10
11       override fun addAll(elements: Collection<T>): Boolean {
12           elementsAdded += elements.size
13           return innerSet.addAll(elements)
14       }
15
16       override val size: Int
17           get() = innerSet.size
18
19       override fun contains(element: T): Boolean =
20           innerSet.contains(element)
21
22       override fun containsAll(elements: Collection<T>): Boolean =
23           innerSet.containsAll(elements)
24
25       override fun isEmpty(): Boolean = innerSet.isEmpty()
26
27       override fun iterator() =
28           innerSet.iterator()
29
30       override fun clear() =
31           innerSet.clear()
32
33       override fun remove(element: T): Boolean =
34           innerSet.remove(element)
35
36       override fun removeAll(elements: Collection<T>): Boolean =
37           innerSet.removeAll(elements)
38
39       override fun retainAll(elements: Collection<T>): Boolean =
40           innerSet.retainAll(elements)
41   }
```

하지만 수많은 전달 메서드(위의 경우 9개)를 각각 구현해야 하는 불편함이 있습니다. 다행히 코틀린은 이런 문제를 해결하기 위해 인터페이스 위임 기능을 도입했습니다. 인터페이스를 객체에 위임하면 코틀린은 컴파일 중에 필요한 모든 전달 메서드를 생성합니다. 코틀린의 인터페이스 위임을 사용하면 다음과 같은 코드가 됩니다.

```
1   class CounterSet<T>(
2       private val innerSet: MutableSet<T> = mutableSetOf()
3   ) : MutableSet<T> by innerSet {
```

```
4
5       var elementsAdded: Int = 0
6           private set
7
8       override fun add(element: T): Boolean {
9           elementsAdded++
10          return innerSet.add(element)
11      }
12
13      override fun addAll(elements: Collection<T>): Boolean {
14          elementsAdded += elements.size
15          return innerSet.addAll(elements)
16      }
17  }
```

상속하기엔 위험하지만 다형성을 유지하고 싶다면 인터페이스 위임을 선택하면 됩니다. 그러나 위임은 일반적이지 않습니다. 대부분의 경우 다형성은 필요하지 않거나 대체 가능하므로 위임 없이 구현하는 것이 더 낫습니다.

상속이 캡슐화를 깨뜨리는 것을 걱정하는 경우가 많지만, 대부분의 경우 슈퍼클래스의 구현 방식은 규약으로 정해져 있으며, 서브클래스는 이에 구애받지 않고 구현할 수 있습니다(상속을 위해 메서드가 설계된 경우 일반적으로 그렇습니다). 합성 패턴을 선택하는 것은 재사용하기도 쉽고 코드를 유연하게 변경할 수 있기 때문입니다.

오버라이딩 제한

상속 용도로 설계되지 않은 클래스가 상속되는 상황을 막고 싶다면 클래스에 접근 제어자를 추가하지 않으면 됩니다. 하지만 상속을 허용해야 한다면 모든 메서드가 기본적으로 상속이 불가능하므로 클래스와 메서드에 open 제어자를 추가해야 합니다.

```
1   open class Parent {
2       fun a() {}
3       open fun b() {}
4   }
5
6   class Child : Parent() {
```

```
7        override fun a() {}   // 에러
8        override fun b() {}
9    }
```

상속용으로 설계된 메서드만 open을 사용하세요. 또한 메서드를 오버라이드할 때 모든 서브클래스에서 final 메서드로 만들 수 있다는 점을 기억하세요.

```
1    open class ProfileLoader : InternetLoader() {
2
3        final override fun load() {
4            // 프로필을 불러온다.
5        }
6    }
```

이런 방식으로 서브클래스에서 오버라이드할 수 있는 메서드 수를 제한할 수 있습니다.

요약

합성과 상속에는 몇 가지 중요한 차이점이 있습니다.

• **합성이 더 안전합니다.** 클래스가 구현되는 방식이 아니라 외부에서 관찰 가능한 동작에만 의존합니다.

• **합성이 더 유연합니다.** 상속은 하나의 클래스만 할 수 있지만 합성은 여러 클래스를 합성할 수도 있습니다. 상속받을 때는 모든 것을 가져오지만, 합성할 때는 필요한 것을 선택할 수 있습니다. 슈퍼클래스의 동작을 변경하면 모든 서브클래스의 동작도 변경됩니다. 일부 서브클래스의 동작만 변경하는 것은 어렵습니다. 합성한 클래스가 변경되면 외부의 규약이 변경된 경우에만 동작이 변경됩니다.

• **합성이 더 명확합니다.** 이는 장점이기도 하고 단점이기도 합니다. 슈퍼클래스의 메서드를 사용하면 동일한 클래스의 메서드처럼 암시적으로 사용할 수 있습니다. 이렇게 하면 힘은 덜 들겠지만 메서드가 어디에서 왔는지(동일한 클래스인지, 슈퍼클래스인지, 최상위 함수인지, 아니면 확장 함수인지) 파

악하기 힘드므로 문제를 일으킬 소지가 큽니다. 합성된 객체에 대해 메서드를 호출하면 출처가 분명합니다.

- **합성이 더 까다롭습니다.** 합성된 객체를 명시적으로 사용해야 합니다. 슈퍼클래스에 일부 기능을 추가할 때 서브클래스를 수정할 필요가 없는 경우가 많습니다. 합성에서 사용법을 변경해야 하는 경우가 더 자주 발생합니다.

- **상속은 강력한 다형성 동작을 제공합니다.** 이는 양날의 검이기도 합니다. 개를 동물처럼 대할 수 있는 점은 편리하지만, 반드시 동물이어야 한다는 제약사항을 가지고 있습니다. 동물의 모든 서브클래스는 동물 행동과 일치해야 합니다. 슈퍼클래스는 규약을 정의하고, 서브클래스는 규약을 지켜야 합니다.

상속보다 합성을 선호하는 것이 일반적인 OOP 규칙이지만 코틀린은 기본적으로 모든 클래스와 메서드를 final로 만들고 인터페이스 위임을 일급 시민으로 만들어 합성을 더욱 권장합니다.

그렇다면 상속은 언제 더 합리적일까요? 경험상으로 확실한 'is a' 관계가 있을 때 상속을 사용해야 한다는 것입니다. 즉, 상속을 사용하는 모든 클래스는 슈퍼클래스여야 합니다. 슈퍼클래스를 위해 작성된 모든 단위 테스트는 서브클래스에서도 통과해야 하며, 프로덕션 코드의 모든 사용법은 교환 가능해야 합니다 (리스코프 치환 원칙). JavaFX의 애플리케이션, 안드로이드의 `Activity`, iOS의 `UIViewController` 및 리액트의 `React.Component`처럼 뷰를 표시하기 위한 객체 지향 프레임워크가 좋은 예입니다. 항상 동일한 기능과 특성을 가진 특별한 종류의 뷰 요소를 정의하는 경우 또한 마찬가지입니다. 이런 종류의 클래스를 설계할 때 상속을 사용할 수 있다는 점을 기억하고, 상속 관계를 어떻게 정의해야 하는지 명시하도록 하세요. 또한 상속을 위해 설계되지 않은 모든 메서드는 final로 유지되어야 합니다.

데이터 묶음을 표현할 때 data 한정자를 사용하라

최근 개발자들은 두 종류의 객체만 사용하는 것을 선호합니다.

- 서비스, 컨트롤러, 리포지토리 같은 활성 객체: 이런 객체들은 Any의 기본 동작으로 충분하기 때문에 Any의 메서드를 오버라이드할 필요가 없습니다. 두 객체가 우연히 동일한 상태를 가지더라도 각 객체의 상태는 각각 독립적으로 변경된 것이므로 활성 객체는 각기 유일한 객체로 간주됩니다. 따라서 equals와 hashCode 메서드를 오버라이드할 필요가 전혀 없습니다. 객체의 내부 상태를 무방비하게 노출하면 안 되므로 toString도 오버라이드할 필요가 없습니다.

- 데이터 모델 클래스 객체: 데이터 모델 객체의 경우 data 한정자를 사용합니다. data 한정자는 toString, equals, hashCode 메서드를 오버라이드합니다. 따라서 두 객체가 같은 데이터를 가졌다면(즉, 기본 생성자의 프로퍼티 값이 같다면) 동일한 객체로 판단합니다. 그리고 toString 메서드로 클래스의 이름, 기본 생성자에 포함된 모든 프로퍼티의 이름과 값을 표시합니다. 또한 hashCode 메서드가 equals 메서드와 일관되게 동작하게 합니다. data 한정자는 또한 copy와 componentN 메서드를 구현하여 이러한 객체의 수정과 구조 분해를 편리하게 만들어 줍니다.

data 한정자가 오버라이드하는 메서드부터 간단하게 정리해 보겠습니다.

data 한정자가 오버라이드하는 메서드

data 한정자를 사용하면 다음과 같은 메서드가 생성됩니다.

- toString
- equals와 hashCode
- copy
- componentN(component1, component2 등)

이 함수들을 차례로 살펴보겠습니다.

toString은 클래스의 이름과 기본 생성자의 모든 프로퍼티의 값과 이름을 표시합니다. 로깅과 디버깅할 때 유용하게 사용할 수 있습니다.

```
1   print(player)  // Player(id=0, name=Gecko, points=9999)
```

equals는 기본 생성자의 모든 프로퍼티가 같은지 확인합니다. hashCode는 equals와 일관되게 동작합니다('아이템 43: hashCode의 규약을 준수하라' 참고).

```
1   player == Player(0, "Gecko", 9999)  // true
2   player == Player(0, "Ross", 9999)   // false
```

copy는 불변인 데이터 클래스에서 특히 유용합니다. copy는 기본적으로 기본 생성자의 프로퍼티 값이 동일한 객체를 생성하는데, 이름 있는 인수를 사용하여 일부 프로퍼티 값이 변경된 객체를 생성할 수 있습니다.

```
1   val newObj = player.copy(name = "Thor")
2   print(newObj)  // Player(id=0, name=Thor, points=9999)
```

Person 클래스에 대한 copy 메서드를 직접 작성한다면 다음과 같을 것입니다.

```
1   // 'data' 한정자로 생성된 'Person' 클래스의 'copy' 메서드는
2   // 내부적으로 아래와 같이 구현됩니다.
```

```
3    fun copy(
4        id: Int = this.id,
5        name: String = this.name,
6        points: Int = this.points
7    ) = Player(id, name, points)
```

copy 메서드는 얕은 복사를 하지만 객체가 불변일 경우 깊은 복사를 할 필요가 없으므로 문제가 되지 않습니다.

componentN 함수(component1, component2 등)를 사용하면 아래 코드와 같이 위치 기반 구조 분해가 가능합니다.

```
1    val (id, name, pts) = player
```

코틀린에서 구조 분해는 componentN 함수를 사용한 변수 정의로 변환됩니다. 그에 따라 위의 코드는 아래와 같이 컴파일됩니다.

```
1    // 컴파일 후
2    val id: Int = player.component1()
3    val name: String = player.component2()
4    val pts: Int = player.component3()
```

지금까지 data 한정자가 제공하는 기능들을 살펴보았습니다. toString, equals, hashCode, copy 메서드나 구조분해가 필요하지 않다면 data 한정자를 사용하지 마세요. 반면, 데이터 묶음을 나타내는 클래스에 이러한 기능이 필요하다면 직접 이를 구현하지 말고 data 한정자를 사용하세요.

구조 분해는 언제, 어떻게 사용해야 할까?

코틀린이 제공하는 위치 기반 프로퍼티 구조 분해에는 장단점이 있습니다. 가장 큰 장점은 원하는 방식으로 변수의 이름을 지정할 수 있다는 것입니다. componentN 함수를 사용하면 모든 것을 구조 분해할 수 있습니다. 확장 함수로 componentN 함수를 제공하는 List, Map.Entry도 마찬가지입니다.

```
1    val visited = listOf("China", "Russia", "India")
2    val (first, second, third) = visited
3    println("$first $second $third")
```

```
4   // China Russia India
5
6   val trip = mapOf(
7       "China" to "Tianjin",
8       "Russia" to "Petersburg",
9       "India" to "Rishikesh"
10  )
11  for ((country, city) in trip) {
12      println("We loved $city in $country")
13      // We loved Tianjin in China
14      // We loved Petersburg in Russia
15      // We loved Rishikesh in India
16  }
```

위치 기반 구조 분해로 인해 문제가 발생할 수도 있습니다. 데이터 클래스에서 요
소의 순서나 수가 변경되면 모든 구조 분해를 조정해야 합니다. 구조 분해를 사
용할 때 기본 생성자의 프로퍼티의 순서를 변경하면 오류가 발생하기 쉽습니다.

```
1   data class FullName(
2       val firstName: String,
3       val secondName: String,
4       val lastName: String
5   )
6
7   val elon = FullName("Elon", "Reeve", "Musk")
8   val (name, surname) = elon
9   print("It is $name $surname!")  // It is Elon Reeve!
```

구조 분해를 사용할 때는 신중해야 합니다. 데이터 클래스의 기본 생성자 프로
퍼티와 같은 이름을 할당하는 것이 좋습니다. 구조 분해의 순서가 틀렸을 경우
인텔리제이와 안드로이드 스튜디오 같은 IDE에서 경고 메시지를 보여 줄 것입
니다. 구조 분해의 경고 메시지를 오류로 격상시키면 더욱 좋습니다.

```
data class FullName(
    val firstName: String,
    val secondName: String,
    val lastName: String
)

val elon = FullName("Elon", "Reeve", "Musk")
val (firstName, lastName) = elon
print("It is $firstName $lastName!") // It is Elon Reeve!
```
Variable name 'lastName' matches the name of a different component more... (⌘F1)

첫 번째 값만 얻기 위해 구조 분해를 사용하지 마세요. 코드를 읽는 사람들이 헷갈리기 쉽습니다. 특히 람다 표현식에서 구조 분해를 사용해 값 하나만 추출할 경우 문제가 될 수 있습니다.

```
1   data class User(val name: String)
2
3   fun main() {
4       val user = User("John")
5
6       // 이렇게 하지 마세요.
7       val (name) = user
8       print(name)  // John
9
10      user.let { a -> print(a) }    // User(name=John)
11      // 이렇게 하지 마세요.
12      user.let { (a) -> print(a) }  // John
13  }
```

람다 표현식에서 인수를 둘러싼 괄호는 언어에 따라 해석하는 방식이 다르기 때문에 구조 분해로 하나의 값만 추출하는 건 결코 올바른 방법이 아닙니다.

튜플 대신 데이터 클래스 사용하기

데이터 클래스는 일반적으로 튜플보다 더 많은 것을 제공합니다. 역사적으로 코틀린에서 데이터 클래스는 튜플을 대체하는 더 나은 방법으로 여겨졌습니다.[1] 코틀린이 제공하는 튜플은 Pair와 Triple밖에 없으며, 이들 또한 데이터 클래스로 구현되었습니다.

```
1   public data class Pair<out A, out B>(
2       public val first: A,
3       public val second: B
4   ) : Serializable {
5
```

---

[1] 코틀린은 베타 버전에서도 튜플을 지원했습니다. (Int, String, String, Long)처럼 괄호와 타입으로 튜플을 정의할 수 있었습니다. 결과적으로 데이터 클래스와 같은 역할을 했지만, 가독성은 훨씬 떨어졌습니다. 이 타입 집합이 어떤 타입인지 추측할 수 있습니까? 이는 무엇이든 될 수 있습니다. 쉽게 튜플을 사용하려 할 수 있지만 데이터 클래스를 사용하는 것이 대부분 훨씬 더 낫습니다. 이것이 튜플이 제거되고 Pair와 Triple만 남은 이유입니다.

```
 6      public override fun toString(): String =
 7          "($first, $second)"
 8  }
 9
10  public data class Triple<out A, out B, out C>(
11      public val first: A,
12      public val second: B,
13      public val third: C
14  ) : Serializable {
15
16      public override fun toString(): String =
17          "($first, $second, $third)"
18  }
```

그럼에도 튜플은 다음과 같은 목적으로 유용하기 때문에 아직까지 남아 있습니다.

- 값의 이름을 즉시 지정할 때

```
1  val (description, color) = when {
2      degrees < 5 -> "cold" to Color.BLUE
3      degrees < 23 -> "mild" to Color.YELLOW
4      else -> "hot" to Color.RED
5  }
```

- 표준 라이브러리에 흔히 있는 경우로 미리 알 수 없는 aggregate(집계)를 표현할 때

```
1  val (odd, even) = numbers.partition { it % 2 == 1 }
2  val map = mapOf(1 to "San Francisco", 2 to "Amsterdam")
```

이런 특별한 경우 외에는 데이터 클래스를 사용하는 것이 좋습니다. 다음 예시를 살펴봅시다. 이름 전체를 성(lastName)과 이름(firstName)으로 분할하는 함수가 필요한 경우를 생각해 보겠습니다. 이름과 성을 Pair<String, String> 타입으로 표현할 수 있습니다.

```
1  fun String.parseName(): Pair<String, String>? {
2      val indexOfLastSpace = this.trim().lastIndexOf(' ')
3      if (indexOfLastSpace < 0) return null
4      val firstName = this.take(indexOfLastSpace)
```

```
5      val lastName = this.drop(indexOfLastSpace)
6      return Pair(firstName, lastName)
7    }
8
9    // 사용
10   val fullName = "Marcin Moskała"
11   val (firstName, lastName) = fullName.parseName() ?: return
```

하지만 Pair<String, String> 타입만 보고 이름 전체를 알아채기는 힘듭니다. 또한 값의 순서가 분명하지 않기 때문에 누군가는 성(lastName)이 먼저 온다고 생각할 수도 있습니다.

```
1    val fullName = "Marcin Moskała"
2    val (lastName, firstName) = fullName.parseName() ?: return
3    print("His name is $firstName")  // His name is Moskała
```

따라서 안전성과 가독성을 높이려면 다음과 같이 데이터 클래스를 사용해야 합니다.

```
1    data class FullName(
2        val firstName: String,
3        val lastName: String
4    )
5
6    fun String.parseName(): FullName? {
7        val indexOfLastSpace = this.trim().lastIndexOf(' ')
8        if (indexOfLastSpace < 0) return null
9        val firstName = this.take(indexOfLastSpace)
10       val lastName = this.drop(indexOfLastSpace)
11       return FullName(firstName, lastName)
12   }
13
14   // 사용
15   val fullName = "Marcin Moskała"
16   val (firstName, lastName) = fullName.parseName() ?: return
```

비용을 거의 들이지 않으면서도 함수를 다음과 같은 면에서 크게 향상시킬 수 있습니다.

• 함수의 반환 타입이 더 명확해집니다.
• 반환 타입이 더 짧아지고 전달하기 쉬워집니다.

- 사용자가 데이터 클래스에서 사용된 이름과 같은 이름으로 구조 분해할 때, 순서가 잘못되었다면 경고가 표시될 것입니다.

데이터 클래스가 더 좁은 스코프를 갖게 하고 싶다면 가시성을 제한할 수 있습니다. 하나의 파일이나 하나의 클래스 내에서 로컬 처리에 사용해야 하는 경우 비공개로 설정할 수도 있습니다. 튜플 대신 데이터 클래스를 사용하는 것이 좋습니다. 코틀린에서 클래스는 비용이 저렴한 편이므로 데이터 클래스 사용을 두려워하지 마세요.

요약

- 데이터 묶음을 표현하기 위한 클래스로 data 한정자를 사용하세요.
- 구조 분해를 사용할 때는 주의해야 하며, 구조 분해 시 변수 이름을 해당 프로퍼티 이름과 동일한 이름으로 지정하는 것이 좋습니다.
- 튜플 대신 데이터 클래스를 사용하세요. 데이터 클래스를 정의하면 비용이 거의 들지 않으면서도 코드 가독성이 향상되고 오류가 덜 발생합니다.

연산과 행동을 전달하려면 함수 타입이나 함수형 인터페이스를 사용하라

다른 언어에는 대부분 함수 타입이라는 개념이 없습니다. 그 대신 단일 메서드를 가진 인터페이스를 사용합니다. 이러한 인터페이스를 단일 추상 메서드(Single-Abstract Method, SAM)라고 합니다. 다음은 뷰를 클릭하면 어떤 동작이 발생하는지에 대한 정보를 전달하는 데 사용되는 SAM의 예입니다.

```
1   interface OnClick {
2       fun onClick(view: View)
3   }
```

함수가 SAM을 요구한다면 SAM을 구현한 객체의 인스턴스를 전달해야 합니다.[2]

```
1   fun setOnClickListener(listener: OnClick) {
2       // ...
3   }
4
5   setOnClickListener(object : OnClick {
6       override fun onClick(view: View) {
7           // ...
8       }
9   })
```

하지만 코틀린은 동작을 나타내는 인수로 두 가지 방법을 추가적으로 제공합니다.

- 함수 타입
- 함수형 인터페이스

---

2 자바 SAM이 아닌 경우: 이러한 경우에는 특별한 지원이 있으며 함수 타입을 대신 전달할 수 있습니다.

```
1   // 함수 타입 사용법
2   fun setOnClickListener(listener: (View) -> Unit) {
3       // ...
4   }
5
6   // 함수형 인터페이스 정의
7   fun interface OnClick {
8       fun onClick(view: View)
9   }
10
11  // 함수형 인터페이스 사용법
12  fun setOnClickListener(listener: OnClick) {
13      // ...
14  }
```

함수 타입과 함수형 인터페이스를 사용하면 인수를 다음과 같이 정의합니다.

• 람다 표현식 또는 익명 함수

```
1   setOnClickListener { /*...*/ }
2   setOnClickListener(fun(view) { /*...*/ })
```

• 함수 참조 또는 제한된 함수 참조

```
1   setOnClickListener(::println)
2   setOnClickListener(this::showUsers)
```

• 선언된 함수 타입이나 함수형 인터페이스를 구현하는 객체

```
1   class ClickListener : (View) -> Unit {
2       override fun invoke(view: View) {
3           // ...
4       }
5   }
6
7   setOnClickListener(ClickListener())
```

함수 타입과 함수형 인터페이스 모두 사용법은 동일하지만 함수 타입을 연산과 행동을 객체로 표현하는 표준 방법으로 간주합니다.

타입 별칭과 함께 함수 타입 사용하기

앞서 말했듯이 함수 타입은 연산과 행동을 객체로 표현하는 표준 방법입니다. 구체적인 함수 타입의 이름을 지정하고 싶다면 타입 별칭(type alias)을 사용할 수 있습니다.

```
1  typealias OnClick = (View) -> Unit
```

타입 별칭은 별명처럼 타입에 대한 또 다른 이름을 제공합니다. 누군가를 지칭할 때 이름과 별명 둘 모두 사용할 수 있는 것처럼 타입 별칭도 마찬가지입니다. 컴파일하는 동안 타입 별칭은 타입으로 대체됩니다.

타입 별칭은 제네릭일 수도 있습니다.

```
1  typealias OnClick<T> = (T) -> Unit
```

함수 타입 매개변수의 이름을 지정할 수도 있습니다. 이름을 지정하면 IDE에서 지정한 이름을 제안할 수 있게 됩니다. 매개변수를 정의할 때 타입이 길어지는 경향이 있어서 함수 타입의 매개변수는 타입 별칭과 함께 사용하는 경우가 많습니다.

```
1  typealias OnClick = (view: View) -> Unit
2
3  fun setOnClickListener(listener: OnClick) { /*...*/ }
```

함수형 인터페이스를 사용하는 이유

함수형 인터페이스는 함수 타입보다 복잡한 방법입니다. 함수형 인터페이스는 따로 정의해야 한다는 단점이 있는 반면, 다음과 같은 장점이 있습니다.

- 명명된 타입을 새롭게 정의합니다.
- 핸들러 함수의 이름은 다르게 지정될 수 있습니다(함수 타입에서 핸들러 이름은 항상 invoke입니다).
- 다른 언어와의 상호운용성이 좋습니다.

```kotlin
1  fun interface SwipeListener {
2      fun onSwipe()
3  }
4
5  fun interface FlingListener {
6      fun onFling()
7  }
8
9  fun setOnClickListener(listener: SwipeListener) {
10     // 스와이프가 발생할 때
11     listener.onSwipe()
12 }
13
14 fun main() {
15     val onSwipe = SwipeListener { println("Swiped") }
16     setOnClickListener(onSwipe)  // 출력: Swiped
17
18     val onFling = FlingListener { println("Touched") }
19     setOnClickListener(onFling)  // 에러: 타입이 맞지 않음
20 }
```

함수형 인터페이스를 구현한 다른 인터페이스는 인터페이스에 없는 함수를 추가할 수도 있습니다.

```kotlin
1  interface ElementListener<T> {
2      fun invoke(element: T)
3  }
4
5  fun interface OnClick : ElementListener<View> {
6      fun onClick(view: View)
7
8      override fun invoke(element: View) {
9          onClick(element)
10     }
11 }
```

코틀린이 아닌 다른 언어에서 사용할 클래스를 설계한다면 함수 타입보다 함수형 인터페이스가 더 나은 방법일 것입니다. 코틀린이 아닌 언어에서는 타입 별칭을 확인할 수도 없으며 이름 제안도 받을 수 없습니다. 또한 코틀린 함수 타입에서 반환 타입은 Unit이기 때문에, 자바에서도 Unit을 명시해야 하는 단점이 있습니다.

```
1   // 코틀린
2   class CalendarView() {
3       var onDateClicked: ((date: Date) -> Unit)? = null
4       var onPageChanged: OnDateClicked? = null
5   }
6
7   fun interface OnDateClicked {
8       fun onClick(date: Date)
9   }
```

```
1   // 자바
2   CalendarView c=new CalendarView();
3   c.setOnDateClicked(date->Unit.INSTANCE);
4   c.setOnPageChanged(date->{});
```

함수형 인터페이스의 또 다른 장점으로 래핑 타입이 아니라는 것을 들 수 있습니다. 함수 타입은 내부적으로는 제네릭 타입이므로 기본 타입을 사용할 수 없습니다. 자바에서 Int 타입의 매개변수가 int 대신 Integer가 된다는 뜻입니다. '아이템 47: 불필요한 객체 생성을 피하라'에 설명된 것처럼 래핑 타입으로 인해 성능에 차이가 있을 수 있습니다. 함수형 인터페이스를 사용하면 이런 문제가 발생하지 않습니다.

함수형 인터페이스를 선호하는 주요 이유는 다음과 같습니다.

• 자바와의 상호운용성
• 기본 타입에 대한 최적화
• 단순한 함수가 아닌 규약을 인터페이스로 표현하도록 도와줌

이런 목적이 아니라면 함수형 인터페이스 대신 함수 타입을 사용하세요.

여러 추상 메서드가 포함된 인터페이스를 사용하여 행동을 표현하지 말라

자바에서 코틀린으로 전환한 개발자들은 여러 개의 추상 메서드가 있는 인터페이스로 클래스의 동작을 명시하는 경우가 많습니다.

```kotlin
1   class CalendarView {
2       var listener: Listener? = null
3
4       interface Listener {
5           fun onDateClicked(date: Date)
6           fun onPageChanged(date: Date)
7       }
8   }
```

위와 같은 패턴은 자바가 함수형 인터페이스를 지원하지 않을 때 주로 사용되었습니다. 필자는 이러한 관행이 게으름의 결과라고 믿고 있습니다. API 사용자 관점에서 보면 함수 타입이나 함수형 인터페이스를 포함하는 별도의 프로퍼티로 정의하는 것이 더 좋습니다.

```kotlin
1   // 함수형 인터페이스 사용
2   class CalendarView {
3       var onDateClicked: OnDateClicked? = null
4       var onPageChanged: OnPageClicked? = null
5   }
6
7   // 함수 타입 사용
8   class CalendarView {
9       var onDateClicked: ((date: Date) -> Unit)? = null
10      var onPageChanged: ((date: Date) -> Unit)? = null
11  }
```

함수형 인터페이스와 함수 타입을 사용하면 onDateClicked와 onPageChanged의 구현체가 인터페이스와 함께 강결합되지 않아도 됩니다. 두 함수 모두 독립적으로 변경될 수 있으며, 함수 리터럴(예: 람다 표현식)을 사용하여 설정할 수 있습니다.

요약

- 동작을 표현할 땐 표준 인터페이스나 추상 클래스 대신 함수 타입이나 함수형 인터페이스를 사용하는 것이 좋습니다.
- 함수 타입이 더 자주 사용됩니다. 자주 사용되거나 너무 길어지면 타입 별칭 뒤로 숨깁니다.
- 함수형 인터페이스는 주로 자바(또는 다른 언어)와의 상호운용성을 위해, 또는 임의의 함수보다 더 넓은 역할을 하는 것처럼 좀 더 복잡한 경우에 선호됩니다.

제한된 계층구조를 표현하기 위해 sealed 클래스와 sealed 인터페이스를 사용하라

sealed 클래스와 sealed 인터페이스는 제한된 계층구조를 나타냅니다. 제한된 계층 구조는 미리 정해진 일련의 구체적인 클래스로 구성된 계층구조를 의미합니다. 대표적인 예로 Leaf 또는 Node인 BinaryTree와 Left 또는 Right인 Either가 있습니다. sealed 클래스와 sealed 인터페이스의 하위 집합은 정의된 자식 클래스만 포함합니다.

```
1  sealed interface BinaryTree
2  class Leaf(val value: Any?) : BinaryTree
3  class Node(val left: Tree, val right: Tree) : BinaryTree
4
5  sealed interface Either<out L, out R>
6  class Left<L>(val value: L) : Either<L, Nothing>
7  class Right<R>(val value: R) : Either<Nothing, R>
```

 코틀린 1.5에서 sealed 인터페이스가 도입되었습니다. 이전 버전에서는 같은 파일에서 서브클래스를 정의해야 하는 sealed 클래스를 사용해야 했습니다.

sealed 클래스는 미래에 변경될 수 있지만, 현재에는 final로 간주되는 계층구조를 나타낼 때도 사용됩니다. 지원하는 연산의 종류 또는 액터가 수락하는 메시지 종류 등을 예로 들 수 있습니다.

```
1  sealed class ValueChange<out T>
2  object Keep: ValueChange<Nothing>()
3  object SetDefault: ValueChange<Nothing>()
4  object SetEmpty: ValueChange<Nothing>()
5  class Set<out T>(val value: T): ValueChange<T>()
6
7  sealed class ManagerMessage
8  class CodeProduced(val code: String): ManagerMessage()
9  object ProductionStopped: ManagerMessage()
```

```
10
11  sealed interface AdView
12  object FacebookAd: AdView
13  object GoogleAd: AdView
14  class OwnAd(val text: String, val imgUrl: String): AdView
```

클래스에 아무런 데이터가 없다면 object 선언을 사용합니다. object 선언은 최적화라 볼 수 있는데, 객체를 사용하는 모든 곳에서 단 하나의 인스턴스만 사용하기 때문입니다. object로 선언하면 객체의 생성과 비교도 쉬워집니다.

sealed 클래스나 sealed 인터페이스가 유니온 타입(합타입(sum type) 또는 쌍대곱(coproduct))을 표현하는 코틀린의 방식, 즉 상호 배타적 집합이라고 말할 수도 있습니다. 예를 들어 Either는 Left나 Right 중 하나는 될 수 있지만 둘 다일 수는 없습니다.

sealed 클래스는 추상 클래스이지만 서브클래스에 대한 몇 가지 제약 사항이 있습니다.

- 서브클래스는 sealed 클래스가 정의된 동일한 패키지와 동일한 모듈에 정의되어야 합니다.
- 서브클래스는 로컬 객체나 익명(anonymous) 객체가 될 수 없습니다.

즉, sealed 한정자를 사용하면 서브클래스의 종류를 제한할 수 있습니다. sealed 클래스가 라이브러리나 모듈 안에 정의되어 있다면, 그 라이브러리나 모듈을 사용하는 클라이언트는 sealed 클래스의 서브클래스를 추가할 수 없습니다. 어느 누구도 로컬 클래스 또는 객체 표현식으로 sealed 클래스를 상속할 수 없습니다. 서브클래스가 제한된 계층구조를 가지게 된 것입니다.

sealed 클래스와 when 표현식

when 표현식을 사용하면 모든 분기에 대해 값을 반환해야 합니다. 대부분의 경우 모든 경우를 처리하기 위해 else 절을 지정할 수밖에 없습니다. 하지만 when 구문에서 타입이 제한된 값을 인수로 받으면, else 없이 가능한 모든 값을 분기로 처리할 수 있습니다. sealed 클래스의 가능한 하위 타입을 is로 검사하는 것이 대표적인 예입니다. 또한 인텔리제이에서 누락된 타입 추가를 제안하는 장점도 있습니다. 이 두 가지 장점 덕분에 sealed 클래스로 타입을 검사하는 건 아주 편리합니다.

```
sealed class Result<out V>
data class Success<V>(val value: V) : Result<V>()
data class Failure(val error: Throwable) : Result<Nothing>()

fun handle(response: Result<String>) {
    val text = when (response) {
        }
}
```

```
1  sealed class Response<out R>
2  class Success<R>(val value: R): Response<R>()
3  class Failure(val error: Throwable): Response<Nothing>()
4
5  fun handle(response: Response<String>) {
6      val text = when (response) {
7          is Success -> "Success with ${response.value}"
8          is Failure -> "Error"
9          // 여기서 else는 필요하지 않습니다.
10     }
11     print(text)
12 }
```

sealed 클래스를 사용하는 when 표현식에 else가 없을 때 sealed 클래스의 서브클래스가 추가되었다면, when 표현식을 사용하는 모든 곳에 새로운 타입을 추가해야 합니다. when 표현식에서 새로운 클래스를 추가하도록 강제하여 모든 값에 대한 분기를 갖게 되므로, 프로젝트 내에서는 아주 편리합니다. 하지만 라이브러리나 공유 모듈의 공개 API에 sealed 클래스가 포함되어 있을 때 하위 타입을 추가하면 하위 버전 호환이 불가능해집니다.

요약

제한된 계층구조를 제한하고 싶다면 sealed 클래스와 sealed 인터페이스가 사용되어야 합니다. sealed 한정자를 붙이면 하위 타입이 고정되어 가능한 모든 값을 안전하게 처리할 수 있습니다. 확장 함수로 새로운 메서드를 추가할 때도 용이합니다(else로 가능한 모든 경우를 처리하지 않아도 되므로). 반면 추상 클래스의 계층구조에는 새로운 클래스가 추가될 수 있습니다. 서브클래스 종류를 제한하고 싶다면 클래스에 sealed 한정자를 추가해야 합니다. 상속이 필요한 경우 주로 abstract를 사용합니다.

태그 클래스 대신 클래스 계층구조를 선호하라

대규모 프로젝트에서는 클래스의 동작 방식을 지정하는 상수 '모드(mode)'가 있는 클래스를 쉽게 찾아볼 수 있습니다. 이러한 클래스에는 작동 모드를 지정하는 태그를 포함하고 있어 '태그' 클래스라고 부릅니다. 하지만 태그 클래스의 문제점은 모드에 따른 동작이 서로 다름에도 불구하고 동일한 클래스가 모든 것을 책임진다는 것입니다. 예를 들어, 다음 코드에서는 값이 특정 기준을 충족하는지 확인하기 위해 테스트에 사용되는 클래스를 볼 수 있습니다. 간단하게 만들긴 했지만, 실제 대규모 프로젝트에도 포함되어 있는 코드입니다.[3]

```
1   class ValueMatcher<T> private constructor(
2       private val value: T? = null,
3       private val matcher: Matcher
4   ) {
5
6       fun match(value: T?) = when (matcher) {
7           Matcher.EQUAL -> value == this.value
8           Matcher.NOT_EQUAL -> value != this.value
9           Matcher.LIST_EMPTY ->
10              value is List<*> && value.isEmpty()
11          Matcher.LIST_NOT_EMPTY ->
12              value is List<*> && value.isNotEmpty()
13      }
14
15      enum class Matcher {
16          EQUAL,
17          NOT_EQUAL,
18          LIST_EMPTY,
19          LIST_NOT_EMPTY
20      }
21
22      companion object {
```

---

3   정식 버전에는 더 많은 모드가 포함되어 있습니다.

```
23        fun <T> equal(value: T) =
24            ValueMatcher<T>(
25                value = value,
26                matcher = Matcher.EQUAL
27            )
28
29        fun <T> notEqual(value: T) =
30            ValueMatcher<T>(
31                value = value,
32                matcher = Matcher.NOT_EQUAL
33            )
34
35        fun <T> emptyList() =
36            ValueMatcher<T>(
37                matcher = Matcher.LIST_EMPTY
38            )
39
40        fun <T> notEmptyList() =
41            ValueMatcher<T>(
42                matcher = Matcher.LIST_NOT_EMPTY
43            )
44    }
45 }
```

태그 클래스에는 여러 가지 단점이 있습니다.

• 단일 클래스에서 여러 모드를 처리하므로 보일러플레이트 코드가 추가됩니다.

• 모드에 따라 사용하지 않는 프로퍼티들이 있게 됩니다. 모든 모드를 처리하기 때문에 태그 클래스에는 각각의 모드를 처리할 때 필요한 것보다 더 많은 프로퍼티를 포함합니다. 특정 모드에서 사용하지 않는 프로퍼티가 다른 모드에서 필요할 수 있기 때문입니다. 예를 들어, 위의 예에서는 모드가 LIST_EMPTY 또는 LIST_NOT_EMPTY인 경우 value가 사용되지 않습니다.

• 한 가지 요소가 여러 목적을 가지고 있고 다양한 방법으로 정의된다면, 상태의 일관성 및 정확성이 보장되지 않습니다.

• 팩토리 메서드를 사용해야 하는 경우가 종종 있습니다. 그렇지 않으면 객체가 올바르게 생성되었는지 확인하기 어렵기 때문입니다.

태그 클래스 대신 코틀린에는 sealed 클래스라는 더 나은 대안이 있습니다. 단일 클래스에 여러 모드를 축적하는 대신 각각의 모드에 해당하는 클래스를 별도로 정의하고 다형성 사용을 허용하는 타입 시스템을 사용해야 합니다. 그리고 sealed 한정자를 추가하고 클래스들을 한 곳으로 모아야 합니다. sealed 클래스를 사용해 구현하면 다음과 같습니다.

```kotlin
1  sealed class ValueMatcher<T> {
2      abstract fun match(value: T): Boolean
3
4      class Equal<T>(val value: T) : ValueMatcher<T>() {
5          override fun match(value: T): Boolean =
6              value == this.value
7      }
8
9      class NotEqual<T>(val value: T) : ValueMatcher<T>() {
10         override fun match(value: T): Boolean =
11             value != this.value
12     }
13
14     class EmptyList<T>() : ValueMatcher<T>() {
15         override fun match(value: T) =
16             value is List<*> && value.isEmpty()
17     }
18
19     class NotEmptyList<T>() : ValueMatcher<T>() {
20         override fun match(value: T) =
21             value is List<*> && value.isNotEmpty()
22     }
23 }
```

각각의 클래스가 책임지는 부분이 다르므로 훨씬 더 깔끔합니다. 각 객체에는 필수 데이터만 있으며, 예상되는 매개변수를 정의할 수 있습니다. 타입 계층구조를 사용하면 태그 클래스의 모든 단점을 극복할 수 있습니다. when을 사용하여 메서드를 확장 함수로 쉽게 추가할 수도 있습니다.

```kotlin
1  fun <T> ValueMatcher<T>.reversed(): ValueMatcher<T> =
2      when (this) {
3          is EmptyList -> NotEmptyList<T>()
4          is NotEmptyList -> EmptyList<T>()
5          is Equal -> NotEqual(value)
```

```
6            is NotEqual -> Equal(value)
7        }
```

태그 클래스는 상태 패턴을 사용하는 클래스와 동일하지 않다

태그 클래스와 자주 혼동되는 인기 있는 패턴이 있습니다. 상태 패턴(state pattern)은 객체의 내부 상태가 변경될 때 객체의 동작을 변경할 수 있도록 하는 행동 소프트웨어 디자인 패턴(behavioral software design pattern)입니다. 이 패턴은 (MVC, MVP 및 MVVM 아키텍처의) 프론트엔드 컨트롤러, 프리젠터 또는 뷰 모델에서 자주 사용됩니다. 예를 들어, 사용자에게 아침 운동을 안내하는 애플리케이션을 작성한다고 가정해 보겠습니다. 모든 운동 전에는 준비 시간이 있습니다. 마지막에는 운동이 완료되었다는 화면이 나옵니다.

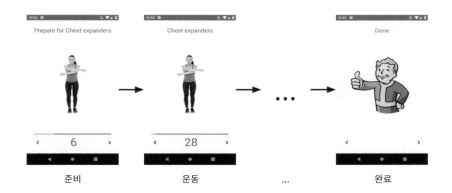

상태 패턴을 사용하면 다양한 상태를 나타내는 클래스 계층구조와 현재 상태를 나타내는 데 필요한 읽기/쓰기 프로퍼티가 있습니다.

```
1  sealed class WorkoutState
2
3  class PrepareState(
4      val exercise: Exercise
5  ) : WorkoutState()
6
7  class ExerciseState(
8      val exercise: Exercise
9  ) : WorkoutState()
10
```

```
11 object DoneState : WorkoutState()
12
13 fun List<Exercise>.toStates(): List<WorkoutState> =
14     flatMap { exercise ->
15         listOf(
16             PrepareState(exercise),
17             ExerciseState(exercise)
18         )
19     } + DoneState
20
21 class WorkoutPresenter( /*...*/) {
22     private var state: WorkoutState = states.first()
23
24     // ...
25 }
```

상태 패턴 클래스는 변경 가능한 상태를 가지고 있으며, 다른 클래스에도 상태를 유지하고 있다는 것이 가장 큰 차이점입니다. 상태 패턴을 태그 클래스로 구현할 수도 있지만, sealed 클래스를 사용하는 게 더 낫습니다. 결론적으로 상태를 가진 클래스는 더 많은 역할이 부여되며, 상태에 따라 클래스의 동작 방식이 달라집니다.

요약

코틀린에서는 태그 클래스 대신 타입 계층구조를 사용합니다. 이러한 타입 계층구조를 sealed 클래스로 표현됩니다. sealed 클래스를 상태 패턴에서도 적용할 수 있습니다. 상태 패턴을 구현할 때 태그 클래스 대신 봉인된(sealed) 계층구조를 사용하는 것처럼 상태 패턴과 봉인된 계층구조는 협력 관계입니다. 단일 뷰에서 복잡하지만 분리 가능한 상태를 구현할 때 봉인된 계층구조의 유용함을 확인할 수 있을 것입니다.

아이템 41

열거형 클래스를 사용해서 값 목록을 나타내라

선택할 수 있는 값의 개수가 정해져 있다면 주로 열거형을 사용해 값을 표시합니다. 예를 들어, 웹사이트에서 특정 결제 수단을 제공하는 경우, 다음과 같은 enum 클래스를 사용할 수 있습니다.

```
1   enum class PaymentOption {
2       CASH,
3       CARD,
4       TRANSFER
5   }
```

열거형 클래스의 원소들은 각각 열거형 클래스의 인스턴스이며, 원소별로 특정 값을 가질 수 있습니다. 원소가 같은 종류라면 가지고 있는 값은 항상 같으며, 다른 종류라면 값이 다를 수 있습니다.

```
1   import java.math.BigDecimal
2
3   enum class PaymentOption {
4       CASH,
5       CARD,
6       TRANSFER;
7
8       // enum 값에 가변 상태를 정의하지 마세요.
9       var commission: BigDecimal = BigDecimal.ZERO
10  }
11
12  fun main() {
13      val c1 = PaymentOption.CARD
14      val c2 = PaymentOption.CARD
15      print(c1 == c2)  // true,
16      // 같은 객체이므로 true입니다.
17
18      c1.commission = BigDecimal.TEN
19      print(c2.commission)  // 10
```

```
20       // c1과 c2가 같은 항목(item)을 가리키기 때문입니다.
21
22       val t = PaymentOption.TRANSFER
23       print(t.commission)  // 0,
24       // 수수료(commission)가 항목마다 개별 값이기 때문입니다.
25  }
```

열거형 클래스에서 가변 변수를 정의하면 안 됩니다. 열거형 클래스의 멤버 변수는 정적으로 관리되기 때문에 가변 변수로 정의하면 전역적인 정적 가변 상태가 되기 때문입니다('아이템 1: 가변성을 제한하라'를 보세요). 하지만 멤버 변수를 정의하면 열거형 클래스의 각 원소에 고정된 값을 할당할 수 있습니다. 기본 생성자를 사용해 고정된 값을 할당하는 방식으로 멤버 변수를 사용하는 것은 유용할 수 있습니다.

```
1   import java.math.BigDecimal
2
3   enum class PaymentOption(val commission: BigDecimal) {
4       CASH(BigDecimal.ONE),
5       CARD(BigDecimal.TEN),
6       TRANSFER(BigDecimal.ZERO)
7   }
8
9   fun main() {
10      println(PaymentOption.CARD.commission)      // 10
11      println(PaymentOption.TRANSFER.commission)  // 0
12
13      val paymentOption: PaymentOption =
14          PaymentOption.values().random()
15      println(paymentOption.commission)  // 0, 1 or 10
16  }
```

코틀린의 열거형 클래스에서는 하나의 메서드를 원소별로 다르게 구현할 수 있습니다. 다음 예제처럼 열거형 클래스에서 추상 메서드를 정의하고, 각 원소에서 추상 메서드를 오버라이드해서 구현하면 됩니다.

```
1   enum class PaymentOption {
2       CASH {
3           override fun startPayment(
4               transaction: Transaction
5           ) {
```

```
6              showCashPaymentInfo(transaction)
7          }
8      },
9      CARD {
10         override fun startPayment(
11             transaction: Transaction
12         ) {
13             moveToCardPaymentPage(transaction)
14         }
15     },
16     TRANSFER {
17         override fun startPayment(
18             transaction: Transaction
19         ) {
20             showMoneyTransferInfo()
21             setupPaymentWatcher(transaction)
22         }
23     };
24
25     abstract fun startPayment(transaction: Transaction)
26 }
```

하지만 기본 생성자 매개변수로 함수형 타입을 받는 것이 더 나은 방법입니다.

```
1  enum class PaymentOption(
2      val startPayment: (Transaction) -> Unit
3  ) {
4      CASH(::showCashPaymentInfo),
5      CARD(::moveToCardPaymentPage),
6      TRANSFER({
7          showMoneyTransferInfo()
8          setupPaymentWatcher(it)
9      })
10 }
```

확장 함수를 정의하는 것이 더욱 편리한 방법입니다. 아래 예제에서 확인할 수 있는 것처럼, when 표현식에서 열거형 값을 전부 나열하면 else를 추가할 필요가 없습니다.

```
1  enum class PaymentOption {
2      CASH,
3      CARD,
4      TRANSFER
```

```
 5  }
 6
 7  fun PaymentOption.startPayment(transaction: Transaction) {
 8      when (this) {
 9          CASH -> showCashPaymentInfo(transaction)
10          CARD -> moveToCardPaymentPage(transaction)
11          TRANSFER -> {
12              showMoneyTransferInfo()
13              setupPaymentWatcher(transaction)
14          }
15      }
16  }
```

열거형 클래스의 각 요소들이 나타내는 바는 분명하며 일관성을 유지하는 것
이 장점이라 할 수 있습니다. 열거형 클래스는 동반 객체의 values() 함수 또
는 enumValueOf라는 최상위 함수로 모든 항목을 가져올 수 있습니다. 또한 동
반 객체의 valueOf(String)나 최상위 함수인 enumValueOf(String)을 통해서
String으로부터 enum 값을 읽을 수 있습니다. 모든 열거형 클래스는 Enum<T>의
하위타입입니다.

```
 1  enum class PaymentOption {
 2      CASH,
 3      CARD,
 4      TRANSFER
 5  }
 6
 7  inline fun <reified T : Enum<T>> printEnumValues() {
 8      for (value in enumValues<T>()) {
 9          println(value)
10      }
11  }
12
13  fun main() {
14      val options = PaymentOption.values()
15      println(options.map { it.name })
16      // [CASH, CARD, TRANSFER]
17
18      val options2: Array<PaymentOption> =
19          enumValues<PaymentOption>()
20      println(options2.map { it.name })
21      // [CASH, CARD, TRANSFER]
22
```

```
23    val option: PaymentOption =
24        PaymentOption.valueOf("CARD")
25    println(option)    // CARD
26
27    val option2: PaymentOption =
28        enumValueOf<PaymentOption>("CARD")
29    println(option2)  // CARD
30
31    printEnumValues<PaymentOption>()
32    // CASH
33    // CARD
34    // TRANSFER
35 }
```

열거형 클래스의 원소들을 순회하는 것은 쉽습니다. 모든 열거형 클래스는 ordinal 프로퍼티를 갖고 있으며 Comparable 인터페이스를 구현합니다. 또한 열거형 클래스는 자동으로 toString, hashCode, equals를 구현합니다. 열거형 클래스의 직렬화(serialization)와 역직렬화(deserialization)는 간단하고(이름으로 표현됨), 효율적이며, Moshi, Gson, Jackson, Kotlinx Serialization 같은 대부분의 직렬화 라이브러리가 이를 지원합니다. 따라서 열거형 클래스는 상수들의 집합을 표현하기에 적합합니다. sealed 클래스와 비교하면 어떨까요? 열거형 클래스가 나을까요? sealed 클래스가 나을까요?

열거형 또는 sealed 클래스

'아이템 39: 제한된 계층구조를 표현하기 위해 sealed 클래스와 sealed 인터페이스를 사용하라"에서 살펴본 것처럼 sealed 클래스와 sealed 인터페이스도 값의 집합을 나타낼 수 있지만, sealed 클래스와 sealed 인터페이스에서 값의 집합을 나타내기 위해서는 모든 서브클래스가 object로 선언되어야 합니다.

```
1  sealed class PaymentOption
2  object Cash : PaymentOption()
3  object Card : PaymentOption()
4  object Transfer : PaymentOption()
```

값의 집합을 표현할 때는 enum을 사용하는 것이 좋습니다. sealed 클래스는 자동으로 직렬화하거나 역직렬화할 수 없고, 순회하기 쉽지 않으며(리플렉션을 사용하면 가능하지만), 순서도 없습니다. 하지만 sealed 클래스의 서브클래스를 object로 선언해야 하는 경우도 있습니다. 클래스는 값을 가질 수 있으므로 object를 클래스로 바꾸는 경우도 있을 수 있습니다. 이런 가능성이 조금이라도 있다면 sealed 클래스를 선택하는 것이 좋습니다. 예를 들어, 어떤 액터에 대한 메시지를 정의하는 경우, 모든 메시지가 지금은 object 선언이라 하더라도 sealed 클래스를 사용해야 합니다. 추후에 몇몇 객체들을 클래스로 변환할 가능성이 높기 때문입니다.

```kotlin
1   sealed class ManagerMessage()
2   object ProductionStarted : ManagerMessage()
3   object ProductionStopped : ManagerMessage()
4
5   // 미래에는 이런 것을 추가해야 할지도 모릅니다.
6   class Alert(val message: String) : ManagerMessage()
7
8   // 또는 존재하는 메시지에 대해 데이터를 추가해야 할 수도 있습니다.
9   class ProductionStarted(
10      val time: DateTime
11  ) : ManagerMessage()
```

메시지가 데이터를 포함해야 하는 경우라면, 열거형 클래스가 아닌 일반적인 클래스를 사용해야 합니다. 예를 들어, 결제 타입에 트랜잭션을 수행하는 데 필요한 데이터가 있다면 열거형 클래스보다 sealed 클래스가 더 좋은 방법입니다.

```kotlin
1   sealed class Payment
2
3   data class CashPayment(
4       val amount: BigDecimal,
5       val pointId: Int
6   ) : Payment()
7
8
9   data class CardPayment(
10      val amount: BigDecimal,
11      val pointId: Int
12  ) : Payment()
13
14
```

```
15  data class BankTransfer(
16      val amount: BigDecimal,
17      val pointId: Int
18  ) : Payment()
19
20  fun process(payment: Payment) {
21      when (payment) {
22          is CashPayment -> {
23              showPaymentInfo(
24                  payment.amount,
25                  payment.pointId
26              )
27          }
28          is CardPayment -> {
29              moveToCardPaiment(
30                  payment.amount,
31                  payment.orderId
32              )
33          }
34          is BankTransfer -> {
35              val transferRepo = BankTransferRepo()
36              val transferDetails = transferRepo.getDetails()
37              displayTransferInfo(
38                  payment.amount,
39                  transferDetails
40              )
41              transferRepo.setUpPaymentWathcher(
42                  payment.orderId,
43                  payment.amount,
44                  transferDetails
45              )
46          }
47      }
48  }
```

요약

- 열거형 클래스의 장점은 직렬화와 역직렬화가 기본으로 지원된다는 점입니다. 열거형 클래스에는 동반 객체 메서드인 values()와 valueOf(String)이 있습니다. 또한 enumValues(), enumValueOf(String) 함수를 사용해서 타입별로 enum 값을 가져올 수 있습니다. 열거형 클래스의 원소들에는 순서가 있으며, 원소들에 데이터를 포함시킬 수 있습니다. 열거형 클래스는 상수들의

집합을 표현하기에 적합합니다.

- 열거형 클래스는 상수들의 집합이며, sealed 클래스는 클래스의 집합입니다. 두 클래스 모두 원소의 개수가 정해져 있습니다. 클래스를 object로 선언할 수 있으므로 열거형 클래스 대신 sealed 클래스를 사용하는 경우도 있지만, sealed 클래스 대신 열거형 클래스를 사용하는 경우는 없습니다.

equals의 규약을 준수하라

코틀린의 모든 객체는 Any를 상속합니다. Any에는 규약이 확실한 메서드들이 있습니다.

- equals
- hashCode
- toString

이 규약은 주석과 공식 문서에 자세히 설명되어 있습니다. '아이템 31: 추상화 규약을 준수하라'에서 설명했듯이 규약이 있는 타입의 하위타입 또한 슈퍼타입의 규약을 준수해야 합니다. 앞서 언급한 메서드는 자바 초창기부터 정의된 것으로, 코틀린에서도 중요한 역할을 하며, 코틀린의 객체와 함수들 또한 이 메서드들의 규약을 지키고 있습니다. 이러한 규약을 위반하면 일부 객체나 함수가 제대로 동작하지 않는 경우가 많습니다. 따라서 이번 아이템과 다음 아이템에서는 Any 메서드들의 규약과 오버라이딩에 대해 설명하겠습니다. equals부터 시작합시다.

동등성

코틀린에는 두 가지 타입의 동등성이 있습니다.

- 구조적 동등성: equals 메서드 또는 == 연산자(그리고 이에 대응되는 부정 연산자 !=)로 확인합니다. a == b는 a가 널을 허용하지 않을 때 a.equals(b)로 변환되고, 널을 허용하면 a?.equals(b) ?: (b === null)로 변환됩니다.
- 참조 동등성: === 연산자(그리고 이에 대응되는 부정 연산자 !==)로 확인합니다. 객체가 동일한 경우 true를 반환합니다.

모든 클래스의 슈퍼클래스인 Any에는 equals가 구현되어 있으므로 두 객체의 동등성을 확인할 수 있습니다. 그러나 객체가 동일한 타입이 아니면 연산자로 동등성을 확인할 수 없습니다.

```
1  open class Animal
2  class Book
3  Animal() == Book()  // 에러: Animal과 Book에
4  // == 연산자를 사용할 수 없습니다
5  Animal() === Book()  // 에러: Animal과 Book에
6  // === 연산자를 사용할 수 없습니다
```

연산자로 동등성을 비교하려면 객체 타입이 동일하거나 다른 객체의 하위타입이어야 합니다.

```
1  class Cat : Animal()
2  Animal() == Cat()    // Cat이 Animal의 하위타입이기 때문에 가능합니다.
3
4  Animal() === Cat()   // Cat이 Animal의 하위타입이기 때문에 가능합니다.
5
```

두 객체의 타입이 다르면 동등성을 확인하는 것이 의미가 없기 때문입니다.

왜 equals가 필요한가?

equals는 기본적으로 참조 동등성(===)처럼 두 객체가 동일한 인스턴스인지 확인합니다. 모든 객체는 기본적으로 고유한 객체라는 전제가 있기 때문입니다.

```
1  class Name(val name: String)
2
3  val name1 = Name("Marcin")
4  val name2 = Name("Marcin")
5  val name1Ref = name1
6
7  name1 == name1      // true
8  name1 == name2      // false
9  name1 == name1Ref   // true
10
11 name1 === name1     // true
```

```
12  name1 === name2     // false
13  name1 === name1Ref   // true
```

대부분의 객체에서는 이런 식의 동등성 비교가 유용합니다. 데이터베이스 연결, 리포지터리, 또는 스레드와 같은 활성 요소에 적합합니다. 하지만 다른 방식의 동등성 비교가 필요한 경우도 있습니다. 예를 들어, 데이터 클래스는 기본 생성자 프로퍼티가 동일한지 확인하는 방식으로 동등성을 비교합니다.

```
1   data class FullName(val name: String, val surname: String)
2
3   val name1 = FullName("Marcin", "Moskała")
4   val name2 = FullName("Marcin", "Moskała")
5   val name3 = FullName("Maja", "Moskała")
6
7   name1 == name1   // true
8   name1 == name2   // true, 데이터가 동일하므로
9   name1 == name3   // false
10
11  name1 === name1  // true
12  name1 === name2  // false
13  name1 === name3  // false
```

이러한 동작은 데이터를 나타내는 클래스에 적합하므로 데이터 모델 클래스나 데이터 홀더는 data 한정자를 주로 사용합니다.

데이터 클래스 동등성은 전체 프로퍼티가 아닌 일부 프로퍼티를 비교해야 할 때에도 도움이 됩니다. 예를 들어, 캐시나 다른 불필요한 프로퍼티를 제외한 모든 프로퍼티를 비교하려는 경우입니다. 다음 예시는 날짜와 시간을 나타내는 객체로, asStringCache와 changed 프로퍼티도 추가로 가지고 있습니다. 프로퍼티가 추가되었다고 해서 equlas를 오버라이드하는 방식으로 동등성을 비교하면 안 됩니다.

```
1   class DateTime(
2       /** 1970-01-01T00:00:00Z 이후 밀리초 */
3       private var millis: Long = 0L,
4       private var timeZone: TimeZone? = null
5   ) {
6       private var asStringCache = ""
7       private var changed = false
8
```

```
9      override fun equals(other: Any?): Boolean =
10         other is DateTime &&
11             other.millis == millis &&
12             other.timeZone == timeZone
13
14     // ...
15 }
```

data 한정자를 사용하면 동일한 결과를 얻을 수 있기 때문입니다.

```
1   data class DateTime(
2       private var millis: Long = 0L,
3       private var timeZone: TimeZone? = null
4   ) {
5       private var asStringCache = ""
6       private var changed = false
7
8       // ...
9   }
```

copy를 사용할 때 기본 생성자에 정의되지 않은 프로퍼티는 복사하지 않는다는 점에 유의해야 합니다. 추가적인 프로퍼티가 객체의 핵심 기능에 영향을 미치지 않아야 copy가 제대로 동작할 수 있습니다(프로퍼티가 손실된 경우에도 객체가 올바르게 동작합니다).

기본 클래스와 데이터 클래스의 동등성이 각기 다른 방식으로 동작하기 때문에 코틀린에서는 동등성을 직접 구현할 필요가 거의 없습니다.

동등성을 직접 구현해야 하는 경우로 하나의 프로퍼티만 비교하는 것을 들 수 있습니다. 예를 들어 User 클래스는 id가 동일할 때 두 사용자가 동일하다고 가정할 수 있습니다.

```
1   class User(
2       val id: Int,
3       val name: String,
4       val surname: String
5   ) {
6       override fun equals(other: Any?): Boolean =
7           other is User && other.id == id
8
9       override fun hashCode(): Int = id
10 }
```

equals를 직접 구현하는 경우는 다음과 같습니다.

- 기본 로직과 다른 로직이 필요한 경우
- 프로퍼티의 하위집합만 비교하면 되는 경우
- 객체를 데이터 클래스로 만들고 싶지 않거나 기본 생성자에는 없는 프로퍼티를 비교해야 합니다.

equals의 규약

코틀린 라이브러리 주석에서는 equals를 다음과 같이 설명하고 있습니다(Kotlin 1.9.0 기준).

다른 객체가 이 객체와 '동일한지' 여부를 나타냅니다. equals는 다음과 같은 조건을 충족해야 합니다.

요구사항은 다음과 같습니다.

- 재귀적(reflexive): 널이 아닌 값 x에 대해서 x.equals(x)는 true를 반환해야 합니다.
- 대칭적(symmetric): 널이 아닌 값 x와 y에 대해 y.equals(x)가 true를 반환하면 x.equals(y)는 true를 반환해야 합니다.
- 전이적(transitive): 널이 아닌 값 x, y, 그리고 z에 대해 x.equals(y)가 true를 반환하고 y.equals(z)가 true를 반환하면 x.equals(z)는 true를 반환해야 합니다.
- 일관적(consistent): 널이 아닌 값 x와 y에 대해 x.equals(y)를 여러 번 호출하면 일관되게 true나 false를 반환해야 합니다. 단, equals에서 비교하는 데이터가 변경되지 않아야 합니다.
- 널과 같지 않음: 널이 아닌 값 x에 대해 x.equals(null)은 false를 반환해야 합니다.

equals, toString 및 hashCode 연산은 빠르게 처리되는 것이 일반적입니다. 공식 규약의 일부는 아니지만 두 요소를 비교하는 데 몇 초씩 걸리면 안 됩니다.

지금까지 살펴본 요구사항은 아주 중요합니다. equals의 규약은 JVM 플랫폼 초기부터 유지되어 왔기 때문에, 대부분의 객체들이 이러한 규약이 지켜질 거라 여기고 구현되었습니다. 규약에 대한 이해를 높이기 위해, 각각의 요구사항을 자세히 살펴보도록 하겠습니다.

객체 동등성은 재귀적이어야 합니다. 즉, x.equals(x)는 true를 반환합니다. 당연한 사실이라고 생각할 수 있지만, 이를 위반하는 경우도 많습니다. 예를 들어, 밀리초를 비교하고 현재 시간을 나타내는 Time 객체가 있다고 합시다.

```kotlin
1   // 이렇게 하지 마세요!
2   class Time(
3       val millisArg: Long = -1,
4       val isNow: Boolean = false
5   ) {
6       val millis: Long
7           get() =
8               if (isNow) System.currentTimeMillis()
9               else millisArg
10
11      override fun equals(other: Any?): Boolean =
12          other is Time && millis == other.millis
13  }
14
15  val now = Time(isNow = true)
16  now == now // 가끔은 true, 가끔은 false
17  List(100000) { now }.all { it == now }
18  // 대부분의 경우 false
```

비교할 때마다 객체의 데이터가 변경되므로 일관성을 위반합니다.

자기 자신과 비교할 때 불일치하는 객체가 컬렉션에 있다면, contains 메서드를 사용하더라도 객체를 찾지 못할 수 있습니다. 단위 테스트 어설션(assertion)에서도 올바르게 작동하지 않습니다.

```kotlin
1   val now1 = Time(isNow = true)
2   val now2 = Time(isNow = true)
3   assertEquals(now1, now2)
4   // 가끔 성공, 가끔 실패
```

결과가 일관되지 않으면 신뢰할 수 없습니다. 결과가 올바른지 아니면 단지 불일치의 결과인지 판단이 불가능합니다.

　　Time 클래스를 어떻게 개선해야 할까요? 객체가 현재 시간이라면(isNow = true) 일치시키고, 현재 시간이 아니라면 타임스탬프 값을 비교합니다. isNow 값에 따라 동작이 달라지므로 태그 클래스라고 할 수 있으며, '아이템 40: 태그 클래스 대신 클래스 계층구조를 선호하라'에서 설명했듯이 태그 클래스보다 sealed 클래스를 사용해 클래스를 분리하는 것이 좋습니다.

```
1  sealed class Time
2  data class TimePoint(val millis: Long) : Time()
3  object Now : Time()
```

객체 동등성은 대칭적이어야 합니다. 즉, x == y와 y == x의 결과는 항상 동일해야 합니다. 객체를 비교할 때 다른 타입의 객체도 비교할 수 있다면 이러한 규칙이 위반될 가능성이 높습니다. 다음 복소수 클래스는 Double 클래스도 비교할 수 있게 구현되었습니다.

```
1  class Complex(
2      val real: Double,
3      val imaginary: Double
4  ) {
5      // 이렇게 하지 마세요, 대칭성이 위반됩니다.
6      override fun equals(other: Any?): Boolean {
7          if (other is Double) {
8              return imaginary == 0.0 && real == other
9          }
10         return other is Complex &&
11             real == other.real &&
12             imaginary == other.imaginary
13     }
14 }
```

하지만 Double 클래스는 Complex 클래스와 비교하면 동일하지 않도록 구현되었습니다. 따라서 비교하는 순서에 따라 결과가 달라집니다.

```
1  Complex(1.0, 0.0).equals(1.0)  // true
2  1.0.equals(Complex(1.0, 0.0))  // false
```

대칭적이어야 한다는 원칙을 어기면 컬렉션의 contains 또는 단위 테스트의 어설션 결과가 기대한 대로 나오지 않게 됩니다.

```
1   val list = listOf<Any>(Complex(1.0, 0.0))
2   list.contains(1.0) // 현재 JVM에서는 이는 거짓(false)입니다.
3   // 하지만 컬렉션의 구현에 따라 다르며
4   // 동일하게 유지될 거라 믿어서는 안 됩니다.
```

대칭성이 없는 상태로 객체의 순서를 다르게 해서 비교하면 그 결과를 신뢰할 수 없게 되며, x를 y와 비교하는 것과 y를 x와 비교하는 것의 결과가 달라지게 됩니다. 객체 작성자는 동등성 비교가 대칭적이라 생각했기 때문에, 순서에 따라 비교 결과가 달라지는 것을 문서화하지 않았고 규약으로 명시하지도 않았습니다. 작성자가 추후에 리팩터링을 수행하면서 비교 순서를 변경할 가능성도 있습니다. 대칭적으로 비교하지 않는다면 정말 발견하기 어려운 오류를 유발할 수 있습니다. 따라서 equals는 항상 대칭성을 유지하도록 구현해야 합니다.

대칭성을 유지하기 위한 간단한 방법은 서로 다른 클래스 간의 비교를 허용해서는 안 된다는 것입니다. 서로 다른 클래스를 비교하는 것이 합리적인 경우는 거의 보지 못했습니다. 코틀린에서는 유사한 클래스라도 서로 동일하지 않습니다. 1은 1.0과 같지 않고, 1.0은 1.0F와 같지 않습니다. 이들은 타입이 다르며 비교할 수도 없습니다. 코틀린에서는 Any 이외의 공통 상위 클래스가 없는 두 가지 타입 사이에 == 연산자를 사용할 수 없습니다.

```
1   Complex(1.0, 0.0) == 1.0  // 에러
```

객체 동등성은 전이적이어야 합니다. 즉, 널이 아닌 참조 값 x, y 및 z에 대해 x.equals(y)가 true를 반환하고 y.equals(z)가 true를 반환하면 x.equals(z)가 true를 반환해야 함을 의미합니다. 서브타입과 비교를 허용하여 서브타입의 프로퍼티를 확인하게 되면 전이적이어야 한다는 원칙을 위반하게 됩니다. Date와 DateTime이 아래 코드처럼 정의되어 있는 경우를 확인해 봅시다.

```
1   open class Date(
2       val year: Int,
3       val month: Int,
4       val day: Int
5   ) {
6       // 이렇게 하지 마세요. 대칭적이지만 전이적이지 않음
```

```
7      override fun equals(o: Any?): Boolean = when (o) {
8          is DateTime -> this == o.date
9          is Date -> o.day == day &&
10             o.month == month &&
11             o.year == year
12         else -> false
13     }
14
15     // ...
16 }
17
18 class DateTime(
19     val date: Date,
20     val hour: Int,
21     val minute: Int,
22     val second: Int
23 ) : Date(date.year, date.month, date.day) {
24     // 이렇게 하지 마세요. 대칭적이지만 전이적이지 않음
25     override fun equals(o: Any?): Boolean = when (o) {
26         is DateTime -> o.date == date &&
27             o.hour == hour &&
28             o.minute == minute &&
29             o.second == second
30         is Date -> date == o
31         else -> false
32     }
33
34     // ...
35 }
```

DateTime 인스턴스를 비교할 때 DateTime과 Date를 비교할 때보다 더 많은 프로퍼티를 확인하고 있습니다. 따라서 날짜는 같고 시간이 달라 동일하지 않은 DateTime 인스턴스들이 날짜만 같은 Date와 동일하게 됩니다(아래 예제에서 o1, o2, o3를 확인해 보세요). 결과적으로 객체들 간 비교에서 전이성을 잃게 되었습니다.

```
1  val o1 = DateTime(Date(1992, 10, 20), 12, 30, 0)
2  val o2 = Date(1992, 10, 20)
3  val o3 = DateTime(Date(1992, 10, 20), 14, 45, 30)
4
5  o1 == o2  // true
6  o2 == o3  // true
7  o1 == o3  // false, 그래서 동등성은 전이적이지 않음
```

```
8
9   setOf(o2, o1, o3).size   // 1 or 2?
10  // 컬렉션의 구현에 따라 다름
```

대칭성 때와 달리 여기서는 상속을 사용했기 때문에 동일한 타입의 객체만 비교하게 제한하는 것이 도움이 되지 않습니다. 부모 클래스(Date)가 사용되는 부분에 자식 클래스(DateTime)를 사용하였을 때 기대한 대로 동작하지 않습니다. 즉, 리스코프 치환 원칙에 위배되므로 상속을 사용해서는 안 됩니다. 이 경우 상속 대신 합성을 사용하세요('아이템 36: 상속보다 합성을 선호하라'). 상속 대신 합성을 사용하고, 타입이 다른 두 객체를 비교하지 마세요. Date와 DateTime 모두 데이터를 저장하는 객체들이므로 다음과 같이 구현하는 것이 좋습니다.

```
1   data class Date(
2       val year: Int,
3       val month: Int,
4       val day: Int
5   )
6
7   data class DateTime(
8       val date: Date,
9       val hour: Int,
10      val minute: Int,
11      val second: Int
12  )
13
14  val o1 = DateTime(Date(1992, 10, 20), 12, 30, 0)
15  val o2 = Date(1992, 10, 20)
16  val o3 = DateTime(Date(1992, 10, 20), 14, 45, 30)
17
18  o1.equals(o2)  // false
19  o2.equals(o3)  // false
20  o1 == o3       // false
21
22  o1.date.equals(o2)  // true
23  o2.equals(o3.date)  // true
24  o1.date == o3.date  // true
```

객체 동등성은 일관되어야 합니다. 두 객체 중 하나가 수정되지 않는 한, 두 객체에 대해 호출된 메서드는 항상 동일한 결과를 반환해야 함을 의미합니다. 불변 객체의 경우 비교 결과가 항상 동일해야 합니다. 즉, equals는 순수 함수로, 입력 값과 리시버의 상태에 따라 결괏값을 반환하는 함수이며, 객체의 상태를 수정해서는 안 됩니다. 일관성을 위반하는 Time 클래스를 예시로 살펴보았습니다. 다음에 소개할 java.net.URL.equals() 또한 일관성을 위반한 것으로 잘 알려져 있습니다.

null이 아닌 객체는 null과 같아서는 안 됩니다. 널이 아닌 값 x에 대해 x.equals (null)은 false를 반환해야 합니다. null은 고유하기 때문에 null과 동일한 다른 객체가 있어서는 안 됩니다.

java.net.URL의 equals 문제

java.net.URL은 equals를 잘못 구현한 대표적인 예입니다. 두 호스트의 IP 주소로 동일한지 비교하므로 java.net.URL 객체 간의 동등성은 네트워크 작업에 따라 달라집니다. 다음 예를 살펴봅시다.

```
1   import java.net.URL
2
3   fun main() {
4       val enWiki = URL("https://en.wikipedia.org/")
5       val wiki = URL("https://wikipedia.org/")
6       println(enWiki == wiki)
7   }
```

true를 반환해야 할까요, 아니면 false를 반환해야 할까요? 규약대로라면 true 여야 하는데 상황에 따라 결과가 달라집니다. 정상적인 조건에서는 두 URL 의 IP 주소가 똑같으므로 true로 출력됩니다. 그러나 인터넷 연결이 끊어지면 false로 출력됩니다. 여러분들도 직접 확인할 수 있습니다. 네트워크 상황에 따라 비교 결과가 달라지게 되므로, 잘못 구현했다고 볼 수 있습니다.

java.net.URL.equals의 문제는 다음과 같습니다.

• 일관성이 없습니다. 예를 들어 두 URL을 비교할 때 인터넷 연결이 가능하다면 동일하다는 결과가 나오지만, 불가능한 경우 결과가 달라질 수 있습니다. 또한 URL로 확인된 IP 주소가 나중에 바뀌게 되는 경우에도 결과가 달

라지게 됩니다.

- 일반적으로 equals와 hashCode는 빠르게 처리될 거라 생각하지만 네트워크 호출로 인해 느릴 수 있습니다. URL이 목록에 있는지 확인하는 경우 처리 속도는 어떻게 될까요? 확인 작업을하는 동안 목록의 각 요소로 네트워크 호출을 하게 되어 필연적으로 속도가 느려지게 됩니다. 또한 안드로이드와 같은 일부 플랫폼에서는 메인 스레드에서의 네트워크 작업이 금지됩니다. 따라서 안드로이드에서는 목록에 URL을 추가하고 싶은 경우에도 별도의 스레드에서 처리해야 합니다.

- HTTP의 가상 호스팅에서는 IP 주소로 비교하는 것이 일관된 결과를 가져오지 않습니다. 동일한 IP 주소가 동일한 콘텐츠를 의미하지는 않습니다. 가상 호스팅을 사용하면 관련 없는 사이트가 IP 주소를 공유할 수 있습니다. 따라서 같은 서버에서 서로 관련없는 두 개의 URL을 호스팅하게 되면 동등하다는 결과가 나오게 됩니다.

안드로이드에서는 안드로이드 4.0(아이스크림 샌드위치, Ice Cream Sandwich)에서 URL의 equals가 정상 동작하도록 수정했습니다. 해당 릴리스 이후로 URL은 호스트 이름이 같을 경우에 동일하다고 판단합니다. 코틀린/JVM에서는 java.net.URL 대신 java.net.URI를 사용하는 것이 좋습니다.

equals 구현

타당한 이유가 없다면 equals를 스스로 구현하지 않는 것이 좋습니다. 대신 기본 구현이나 데이터 클래스 동등성을 사용하세요. 사용자 정의 동등성을 구현한다면 재귀성, 대칭성, 전이성, 일관성이 있는지 항상 고려하세요. equals의 일반적인 구현 방식은 다음과 같습니다.

```
1   override fun equals(other: Any?): Boolean {
2       if (this === other) return true
3       if (other !is MyClass) return false
4       return field1 == other.field1 &&
5           field2 == other.field2 &&
6           field3 == other.field3
```

```
7    }
8    // 또는
9    override fun equals(other: Any?) =
10       this === other ||
11          (other is MyClass &&
12              field1 == other.field1 &&
13              field2 == other.field2 &&
14              field3 == other.field3)
```

사용자 정의 equals가 final인 클래스를 만들면 안 되며, 서브클래스가 동등성 동작을 변경해서도 안 됩니다. 상속이 가능한 클래스에서 사용자 정의 equals 를 직접 구현하는 건 여간 어려운 일이 아닙니다. 불가능하다고 말하는 사람들 도 있습니다.[4] 데이터 클래스가 상속 불가능하게 설계된 데는 이런 연유가 있 습니다.

요약

- == 연산자는 equals로 변환되고 구조적 동등성을 확인합니다. === 연산자 는 참조 동등성을 확인합니다. 즉, 두 값이 정확히 동일한 객체인지 확인합 니다.
- 동등성의 원칙으로 재귀성, 대칭성, 전이성, 일관성이 있습니다. equals를 구현하는 경우 이 원칙을 따르는지 확인하세요.
- equals의 규약을 충족하려면 동일한 타입의 클래스만 비교해야 합니다. equals는 속도가 빨라야 하며 인터넷 연결이 필요하지 않아야 합니다. java. net.URL은 자바 표준 라이브러리에서 동등성을 잘못 구현한 대표적인 예라 고 할 수 있습니다.

---

4 조슈아 블로크의 책《이펙티브 자바》의 '아이템 10: equals는 일반 규약을 지켜 재정의하라'에서 주 장한 대로 '객체 지향 추상화의 이점을 기꺼이 포기하지 않는 한, equals 규약을 유지하면서 인스턴 스화가 가능한 클래스를 확장하고 값 컴포넌트를 추가할 수 있는 방법은 없습니다'. 필자는 그 말이 맞다고 생각하지만 그것을 증명할 수 없으므로 확정적인 진술은 피하겠습니다.

hashCode의 규약을 준수하라

Any의 hashCode 또한 오버라이드할 수 있는 메서드 중 하나입니다. 먼저 hash Code가 왜 필요한지부터 살펴보겠습니다. hashCode 함수는 해시 테이블(hash table)이라는 데이터 구조에서 사용됩니다. 해시 테이블은 컬렉션이나 알고리 즘 등 곳곳에서 사용됩니다.

해시 테이블

해시 테이블의 특징부터 살펴보겠습니다. 요소를 빠르게 추가하고 찾을 수 있 는 컬렉션이 필요하다고 해 봅시다. 이러한 컬렉션의 대표적인 예로는 세트 (set)나 맵(map)이 있으며, 둘 다 중복을 허용하지 않습니다. 따라서 요소를 추 가할 때마다 같은(equal) 요소가 있는지 먼저 확인해야 합니다.

배열이나 링크된 요소들에 기반한 컬렉션은 요소의 존재 유무를 판단하는 데 오랜 시간이 걸립니다. 리스트에 있는 모든 요소를 해당 요소와 차례대로 비교해야 하기 때문입니다. 수백만 개의 텍스트로 구성된 배열이 있고 이 중 특정 텍스트가 있는지 확인해야 한다고 해 봅시다. 확인하고 싶은 텍스트를 수 백만 개의 모든 텍스트와 일일이 비교하는 데 시간이 많이 소요될 것입니다.

이런 경우 해시 테이블이 자주 사용됩니다. 각각의 요소에 숫자를 할당할 수 있는 함수만 있으면 됩니다. 해시 함수가 바로 이런 역할을 하며, 같은 요소에 대해서 같은 값을 반환해야 합니다. 해시 함수는 다음과 같은 특징을 추가로 가지면 좋습니다.

- 빠르다.
- 서로 다른 요소라면 서로 다른 값을 반환한다(또는 적어도 충돌을 최소화할 만큼의 충분히 다양한 값을 반환한다).

해시 함수는 요소 각각에 숫자를 할당하고 이를 기반으로 여러 버킷(bucket)으로 분류합니다. 또한 해시 함수의 필수 조건에 따라 같은(equal) 요소는 항상 같은 버킷에 배치됩니다. 버킷들은 해시 테이블이라는 구조에 저장되며, 해시 테이블은 버킷의 수만큼 원소를 가진 배열입니다. 요소가 추가되면 해시 함수를 사용해서 배치될 위치를 계산한 후 해당 위치에 추가합니다. 해시 값을 계산하는 과정은 아주 빠르며, 계산된 해시 값을 배열의 인덱스로 사용해 버킷을 찾으면 되므로 원소를 추가하는 과정 또한 아주 빠릅니다. 요소를 찾을 때도 같은 방식으로 버킷을 찾은 다음, 해당 버킷 내에 같은 요소가 있는지만 확인하면 됩니다. 해시 함수는 같은(equal) 요소라면 동일한 값을 반환해야 하므로 다른 버킷을 확인할 필요가 없습니다. 이렇게 하면 요소를 찾는 데 필요한 연산 횟수가 요소의 개수를 버킷의 수로 나눈 수가 되어, 적은 비용만 들이고도 원하는 요소를 찾을 수 있습니다. 예를 들어 1,000,000개의 요소와 100,000개의 버킷이 있는 경우, 원하는 요소를 찾는 데 평균적으로 10개의 요소만 비교하면 되므로 적은 비용으로 원하는 결과를 빠르게 얻을 수 있습니다.

좀 더 구체적인 예를 살펴보겠습니다. 다음과 같은 문자열이 있고 요소를 4개의 버킷으로 나누는 해시 함수가 있습니다.

텍스트	해시 코드
"How much wood would a woodchuck chuck"	3
"Peter Piper picked a peck of pickled peppers"	2
"Betty bought a bit of butter"	1
"She sells seashells by the seashore"	2

이 숫자를 기반으로 다음과 같은 해시 테이블을 만들 수 있습니다.

인덱스	해시 테이블이 가리키는 객체
0	[]
1	["Betty bought a bit of butter"]
2	["Peter Piper picked a peck of pickled peppers", "She sells seashells by the seashore"]
3	["How much wood would a woodchuck chuck"]

특정 텍스트가 해시 테이블에 있는지 확인해야 할 때 해당 텍스트의 해시 코드를 계산합니다. 만약 그 값이 0이면 이 목록에 없는 것을 알 수 있습니다. 1 또는 3이라면 단일 텍스트와 비교하면 됩니다. 2라면 2개의 텍스트와 비교하면 됩니다.

해시 테이블은 여러 분야에서 사용됩니다. 데이터베이스, 인터넷 프로토콜, 프로그래밍 언어의 표준 라이브러리에서 사용됩니다. 코틀린/JVM에 있는 기본 세트(LinkedHashSet)와 기본 맵(LinkedHashMap) 모두 해시 테이블을 사용합니다(요소의 수보다 더 많은 버킷을 생성하는 것이 보통이므로, 해시 코드가 잘 구현되어 있다면 요소가 세트에 있는지 확인하거나 맵에 key가 있는지 확인하는 연산의 복잡도는 O(1)입니다). 코틀린에서 해시 코드를 생성하려면, hashCode 함수를 사용하면 됩니다.[5]

가변성과 관련된 문제

해시는 요소가 추가될 때만 계산합니다. 컬렉션에 포함된 요소가 변경되더라도, 변경된 요소는 다른 버킷으로 이동되지 않습니다. 따라서 요소가 변경되었을 경우 잘못된 버킷에 있을 수 있습니다. 따라서 LinkedHashSet와 Linked HashMap은 에 포함된 객체가 변경되면 기능이 제대로 작동하지 않습니다.

```
1   data class FullName(
2       var name: String,
3       var surname: String
4   )
5
6   val person = FullName("Maja", "Markiewicz")
7   val s = mutableSetOf<FullName>()
8   s.add(person)
9   person.surname = "Moskała"
10  print(person)  // FullName(name=Maja, surname=Moskała)
11  print(s.contains(person))   // false
12  print(person in s)          // false
```

---

5 종종 몇 가지 변환을 거친 후에, hashCode는 32비트 부호 있는 정수(예: 4, 294, 967, 296 버킷)인 Int를 반환합니다. 이는 하나의 요소만 포함할 수 있는 세트가 갖기엔 너무 많은 양입니다. 이를 해결하기 위해 이 숫자를 훨씬 작게 만드는 변환이 있습니다. 필요한 경우, 알고리즘은 이전 해시 테이블을 새로운 버킷을 가진 새로운 해시 테이블로 변환합니다.

```
13  print(s.first() == person)  // true
```

'아이템 1: 가변성을 제한하라'에서 이미 가변성이 위험한 이유에 대해 설명했습니다. 가변 객체는 해시 기반 데이터 구조나 객체의 프로퍼티 값을 기반으로 요소를 구성하는 데이터 구조에서는 사용하면 안 됩니다. 세트나 맵의 키로 가변 요소를 사용하지 않아야 하며, 사용하더라도 이미 컬렉션에 포함되어 있는 요소를 변경해서는 안 됩니다. 따라서 해시 테이블을 사용하는 컬렉션에서는 불변 객체를 사용해야 합니다.

해시 코드 규약

이제 hashCode가 필요한 이유를 알았으니 hashCode가 준수해야 할 규약도 떠올릴 수 있을 것입니다. hashCode의 공식 규약은 다음과 같습니다(코틀린 1.9.0 기준).

- equals 비교에 사용되는 정보가 수정되지 않는 한, 같은 객체에 대해 여러 번 hashCode 메서드를 호출하면, 일관되게 같은 정수를 반환해야 한다.
- equals() 메서드로 두 객체가 같다고 판단되면, 두 객체의 각각에서 hashCode 메서드를 호출할 경우 같은 정수가 반환되어야 한다.

첫 번째 요건은 hashCode가 일관성이 있어야 함을 의미합니다. 두 번째 요건도 중요하지만 잊고 있는 경우가 많은데, hashCode는 항상 equals와 일관성을 가져야 하며, 같은(equal) 요소들은 같은 해시 코드를 가져야 한다는 의미입니다. 이 규칙을 위반하면 내부적으로 해시 테이블을 사용하는 컬렉션에서 요소를 찾을 수 없게 될 것입니다.

```
1  class FullName(
2      var name: String,
3      var surname: String
4  ) {
5      override fun equals(other: Any?): Boolean =
6          other is FullName
7          && other.name == name
8          && other.surname == surname
```

```
9   }
10
11  val s = mutableSetOf<FullName>()
12  s.add(FullName("Marcin", "Moskała"))
13  val p = FullName("Marcin", "Moskała")
14  print(p in s)          // false
15  print(p == s.first())  // true
```

따라서 코틀린에서 equals를 오버라이드하면 hashCode도 오버라이드해야 합니다.

```
4      class FullName(
                                                        Class has 'equals()' defined but does not define 'hashCode()' more... (⌘F1)
7   ) {
8  ●↑       override fun equals(other: Any?): Boolean =
9              other is FullName
10                   && other.name == name
11                   && other.surname == surname
12  }
```

필수 요구사항은 아니지만, hashCode를 사용할 때 지켜야 하는 매우 중요한 요건이 있습니다. hashCode는 요소들을 가능한 한 널리 다양하게 분산시켜야 합니다. 각각의 서로 다른 요소들이 다른 해시 값을 가질 확률을 최대한 높여야 합니다.

같은 버킷에 요소들이 몰리는 경우를 생각해 봅시다. 해시 테이블을 사용하는 이점이 없을 것입니다. 극단적인 예로 hashCode가 항상 같은 수를 반환한다고 해 봅시다. 이렇게 되면 모든 요소가 같은 버킷에 배치됩니다. 규약을 지키더라도 실제로는 아무 쓸모가 없게 되어 버리는 것입니다. hashCode가 항상 같은 값을 반환한다면 해시 테이블을 사용하는 이점이 없습니다. 다음의 예시에서 제대로 구현된 hashCode(Proper 클래스)와 항상 0을 반환하는 hashCode(Terrible 클래스)를 비교해 볼 수 있습니다. equals가 몇 번 사용되었는지를 계산하는 카운터를 추가했습니다. 코드를 실행하면 Terrible 클래스에서 훨씬 더 많은 수의 비교 연산이 실행되는 것을 확인할 수 있습니다.

```
1   class Proper(val name: String) {
2
3       override fun equals(other: Any?): Boolean {
4           equalsCounter++
```

```
5            return other is Proper && name == other.name
6        }
7
8        override fun hashCode(): Int {
9            return name.hashCode()
10       }
11
12       companion object {
13           var equalsCounter = 0
14       }
15   }
16
17   class Terrible(val name: String) {
18       override fun equals(other: Any?): Boolean {
19           equalsCounter++
20           return other is Terrible && name == other.name
21       }
22
23       // 끔찍한 선택입니다. 이렇게 하지 마세요.
24       override fun hashCode() = 0
25
26       companion object {
27           var equalsCounter = 0
28       }
29   }
30
31   val properSet = List(10000) { Proper("$it") }.toSet()
32   println(Proper.equalsCounter)    // 0
33   val terribleSet = List(10000) { Terrible("$it") }.toSet()
34   println(Terrible.equalsCounter)  // 50116683
35
36   Proper.equalsCounter = 0
37   println(Proper("9999") in properSet)  // true
38   println(Proper.equalsCounter)         // 1
39
40   Proper.equalsCounter = 0
41   println(Proper("A") in properSet)  // false
42   println(Proper.equalsCounter)      // 0
43
44   Terrible.equalsCounter = 0
45   println(Terrible("9999") in terribleSet)  // true
46   println(Terrible.equalsCounter)           // 4324
47
48   Terrible.equalsCounter = 0
49   println(Terrible("A") in terribleSet)  // false
50   println(Terrible.equalsCounter)        // 10001
```

해시 코드 구현하기

코틀린에서 hashCode를 정의하는 경우는 equals를 커스텀하게 정의할 때뿐입니다. data 한정자를 사용하면 equals와 이에 상응하는 hashCode가 생성됩니다. equals 메서드를 재정의하지 않았다면, 특별한 이유가 없는 이상 hashCode를 재정의하지 마세요. equals를 커스텀하게 정의하는 경우에는 동일한 요소에 대해 항상 같은 값을 반환하는 hashCode를 구현하세요.

equals에서 특정 프로퍼티가 일치하는지 확인할 때 일반적으로 hashCode는 이 프로퍼티의 해시 코드를 사용해서 계산되어야 합니다. 이 많은 해시 코드를 어떻게 하나의 해시 코드로 만들 수 있을까요? 일반적인 방법은 모든 해시 코드의 값을 누적하는 것입니다. 다음 해시 코드를 더할 때마다 이전까지의 결과 값에 31을 곱해 더합니다. 반드시 31이어야 할 필요는 없지만, 31은 해시 코드를 분산시키는 목적으로 적합한 수입니다. 이 방식은 너무 자주 사용되어서 이제는 하나의 관례로 볼 수도 있습니다. data 한정자를 붙이면 위에서 설명한 방식으로 해시 코드를 생성합니다. 다음은 equals와 함께 구현한 hashCode의 구현 예입니다.

```kotlin
1   class DateTime(
2       private var millis: Long = 0L,
3       private var timeZone: TimeZone? = null
4   ) {
5       private var asStringCache = ""
6       private var changed = false
7
8       override fun equals(other: Any?): Boolean =
9           other is DateTime &&
10          other.millis == millis &&
11          other.timeZone == timeZone
12
13      override fun hashCode(): Int {
14          var result = millis.hashCode()
15          result = result * 31 + timeZone.hashCode()
16          return result
17      }
18  }
```

코틀린/JVM에서 유용한 함수 중 하나는 Objects.hash 함수로, 앞에서 설명한 것과 같은 알고리즘으로 여러 객체의 해시를 계산합니다.

```
1   override fun hashCode(): Int =
2       Objects.hash(timeZone, millis)
```

코틀린 표준 라이브러리에는 이러한 함수가 따로 없지만, 다른 플랫폼에서 필요한 경우 다음과 같은 함수를 직접 구현할 수 있습니다.

```
1   override fun hashCode(): Int =
2       hashCodeFrom(timeZone, millis)
3
4   inline fun hashCodeOf(vararg values: Any?) =
5       values.fold(0) { acc, value ->
6           (acc * 31) + value.hashCode()
7       }
```

표준 라이브러리에 이러한 함수가 없는 이유는 hashCode를 직접 구현할 일이 거의 없기 때문입니다. 예를 들어, DateTime 클래스에서 equals와 hashCode를 직접 구현하는 대신 data 한정자를 사용할 수 있습니다.

```
1   data class DateTime2(
2       private var millis: Long = 0L,
3       private var timeZone: TimeZone? = null
4   ) {
5       private var asStringCache = ""
6       private var changed = false
7   }
```

hashCode를 구현할 때 가장 중요한 규칙은 equals와 일관성을 유지해야 하며, 동일한(equal) 요소는 항상 같은 값을 반환해야 한다는 것입니다.

요약

- hashCode는 객체의 해시 코드를 계산하는 데 사용됩니다. 해시 테이블은 버킷에 요소를 배치할 때 해시 코드를 사용하므로 해당하는 요소를 빠르게 찾을 수 있습니다.

- hashCode는 equals와 일관성이 있어야 합니다. 즉, 두 객체가 동일하면 (equal) 해시 코드도 같아야 합니다. 따라서 equals를 오버라이드할 때 hashCode도 오버라이드해야 합니다.
- hashCode는 빨라야 하며, 가능한 한 요소를 광범위하게 분산시켜야 합니다.
- hashCode를 직접 구현할 일은 거의 없습니다. 만약 직접 구현해야 한다면, 코틀린/JVM의 Objects.hash 함수를 사용할 수 있습니다. 다른 플랫폼에서는 비슷한 역할을 하는 함수를 직접 구현해야 합니다.

아이템 44

compareTo의 규약을 준수하라

Any 클래스에 compareTo 메서드는 없습니다. compareTo 메서드는 수학적 비교 기호로 변환되는 코틀린의 연산자입니다.

```
1   obj1 > obj2    // obj1.compareTo(obj2) > 0으로 변환됩니다.
2   obj1 < obj2    // obj1.compareTo(obj2) < 0으로 변환됩니다.
3   obj1 >= obj2   // obj1.compareTo(obj2) >= 0으로 변환됩니다.
4   obj1 <= obj2   // obj1.compareTo(obj2) <= 0으로 변환됩니다.
```

compareTo 메서드는 Comparable<T> 인터페이스에도 있습니다. Comparable 인터페이스를 구현하거나, 매개변수 하나가 있는 compareTo 연산자 메서드가 있다면 객체에 자연스러운 순서가 있다는 것입니다. 그러한 순서는 다음과 같아야 합니다.

- 반대칭(antisymmetric). 즉, a >= b이고 b >= a이면 a == b입니다. 따라서 두 객체가 서로 일치하면, 비교를 통해 동일하다는 사실을 알 수 있습니다.
- 전이적(transitive). 즉, a >= b이고 b >= c인 경우 a >= c임을 의미합니다. 마찬가지로, a > b이고 b > c이면 a > c입니다. 전이성이 없을 때 정렬하게 되면, 정렬 알고리즘이 문자 그대로 영원히 실행될 수 있습니다.
- 관계 정립(connex). 즉, 모든 요소(a >= b 또는 b >= a) 사이에 관계가 있어야 함을 의미합니다. 코틀린은 타입 시스템으로 순서를 보장하고 있는데, compareTo가 양수, 음수, 또는 0임이 확실한 Int를 반환하기 때문입니다. 두 요소 사이에 관계가 없으면 퀵 정렬이나 삽입 정렬과 같은 기존 정렬 알고리즘을 사용할 수 없기 때문에 관계 정립은 중요합니다. 원소 사이에 관계가 없다면 위상 정렬처럼 일부 순서만 정하는 특별한 알고리즘을 사용해야 합니다.

compareTo가 필요한가요?

코틀린에서는 compareTo를 직접 구현하는 경우가 거의 없습니다. 전체 객체를 대상으로 자연스러운 순서를 정하는 것보다 경우에 따라 순서를 지정하는 것이 훨씬 편리합니다. 예를 들어, sortedBy에서 정렬의 기준이 되는 키를 제공할 수 있습니다. 따라서 아래 예에서는 사용자(User)를 성(surname)으로 정렬합니다.

```
1   class User(val name: String, val surname: String)
2
3   val names = listOf<User>(/*...*/)
4
5   val sorted = names.sortedBy { it.surname }
```

단지 키를 사용하는 것보다 더 복잡한 비교가 필요한 경우 어떻게 해야 할까요? sortedWith 함수에 비교자(comparator)를 인수로 넣으면 좀 더 복잡한 정렬 방식도 가능합니다. 비교자는 compareBy 함수를 사용하여 생성할 수 있습니다. 다음 예제에서는 User를 surname으로 먼저 비교하고, surname이 똑같은 경우 name으로 비교하는 방식으로 정렬합니다.

```
1   val sorted = names
2       .sortedWith(compareBy({ it.surname }, { it.name }))
```

물론 User가 Comparable<User>를 구현하도록 할 수도 있지만 User의 순서가 어떻게 되어야 할까요? User가 순서를 갖는 것이 바람직할까요? 자연스러운 순서를 정하기 힘들다면, Comparable 인터페이스를 구현하여 비교 가능하게 만드는 것보다 정렬할 때 방법을 지정해 주는 것이 좋습니다.

 String의 자연스러운 순서는 영숫자이므로 Comparable<String>을 구현해야 합니다. 텍스트를 영숫자 순으로 정렬해야 하는 경우가 대부분이기 때문입니다. 그러나 단점도 있습니다. 예를 들어, 비교 기호를 사용하여 두 문자열을 비교하는 건 부자연스럽습니다. 두 문자열 사이에 비교 문자가 있다면 무슨 뜻인지 이해하기 힘들 것입니다.

```
1   // 이렇게 하지 마세요!
2   print("Kotlin" > "Java")  // true
```

측정 단위, 날짜 및 시간은 모두 명확히 자연스러운 순서를 가진 객체입니다. 그러나 객체의 순서를 정하기 힘들다면 비교자를 사용하는 것이 좋습니다. 자주 사용하는 비교자가 있다면 클래스의 동반 객체에서 정의하는 것이 좋습니다.

```
1   class User(val name: String, val surname: String) {
2       // ...
3
4       companion object {
5           val DISPLAY_ORDER =
6               compareBy(User::surname, User::name)
7       }
8   }
9
10  val sorted = names.sortedWith(User.DISPLAY_ORDER)
```

compareTo 구현하기

compareTo를 직접 구현할 때 사용할 수 있는 최상위 함수가 있습니다. compareValues 함수는 비교하는 값이 두 가지밖에 없을 때 사용합니다.

```
1   class User(
2       val name: String,
3       val surname: String
4   ) : Comparable<User> {
5       override fun compareTo(other: User): Int =
6           compareValues(surname, other.surname)
7   }
```

더 많은 종류의 값을 비교하거나 선택자(selector)[6]를 사용해서 비교할 때는 compareValuesBy를 사용하세요.

---

6   선택자란 요소가 가진 특정한 값을 반환하는 함수를 뜻합니다. 여기서는 User가 가진 요소 중 정렬이 가능한(Comparable<String>) surname과 name을 반환하는 두 개의 선택자가 사용됩니다.

```
1   class User(
2       val name: String,
3       val surname: String
4   ) : Comparable<User> {
5       override fun compareTo(other: User): Int =
6           compareValuesBy(this, other,
7               { it.surname },
8               { it.name }
9           )
10  }
```

compareValuesBy 함수로 거의 모든 비교자를 생성할 수 있습니다. compareTo를 구현할 수밖에 없다면 다음을 반환해야 한다는 점을 기억하세요.

- 리시버와 다른 것(other)이 동일한 경우 0
- 리시버가 다른 것(other)보다 큰 경우 양수
- 리시버가 다른 것(other)보다 작은 경우 음수

원소의 순서가 반대칭, 전이적 및 관계 정립이라는 원칙을 지키고 있는지 확인하세요.

요약

- 자연스러운 순서가 있는 클래스는 Comparable<T>를 구현해야 합니다. 즉, compareTo 메서드가 있어야 합니다. 클래스에 자연스러운 순서가 있는지 확실하지 않은 경우 Comparable<T>를 구현하지 않는 것이 좋습니다.
- compareTo 메서드는 두 객체 중 어느 객체가 더 큰지 결정하는 데 사용됩니다. 비교 연산자(>, <, >=, <=)와 함께 사용할 수 있습니다. compareTo는 반대칭, 전이적 및 관계 정립이어야 합니다.
- compareTo를 커스텀하게 구현한다면 코틀린 표준 라이브러리의 헬퍼 메서드를 사용하는 경우가 많습니다. 두 가지 값만 비교한다면 compareValues 함수를 사용하세요. 두 가지보다 더 많은 종류의 값을 비교해야 한다면 compare ValuesBy를 사용하세요.

API의 필수적이지 않은 부분을 확장으로
추출하는 것을 고려하라

클래스에서 메서드를 정의할 때, 멤버 함수로 정의할지 확장 함수로 정의할지
결정해야 합니다.

```
1    // 멤버 함수로 정의하기
2    class Workshop(/*...*/) {
3        // ...
4
5        fun makeEvent(date: DateTime): Event =  // ...
6
7        val permalink
8            get() = "/workshop/$name"
9    }
```

```
1    // 확장 함수로 정의하기
2    class Workshop(/*...*/) {
3        // ...
4    }
5
6    fun Workshop.makeEvent(date: DateTime): Event =  // ...
7
8    val Workshop.permalink
9        get() = "/workshop/$name"
```

멤버 함수와 확장 함수는 여러 가지 측면에서 비슷합니다. 다음과 같이, 메서
드의 사용과 리플렉션을 통한 참조도 매우 비슷합니다.

```
1    fun useWorkshop(workshop: Workshop) {
2        val event = workshop.makeEvent(date)
3        val permalink = workshop.permalink
4
5        val makeEventRef = Workshop::makeEvent
6        val permalinkPropRef = Workshop::permalink
7    }
```

그러나 이 두 함수 사이에는 몇 가지 중요한 차이점이 있습니다. 각각 장단점이 있어 어느 하나가 반드시 더 낫다고 할 수 없습니다. 따라서 API의 필수적이지 않은 부분을 확장으로 추출하는 것을 검토해야 한다는 뜻이며, 반드시 해야 한다는 것은 아닙니다. 두 함수의 차이를 이해하고 어떤 방식을 선택할지 결정해야 합니다.

멤버 함수와 확장 함수의 가장 큰 차이점은 **확장 함수는 별도로 임포트해야 한다**는 것입니다. 확장 함수는 다른 패키지에 위치할 수 있습니다. 따라서 클래스에 멤버 함수를 추가하는 것이 불가능할 때 확장 함수를 사용할 수 있습니다. 데이터와 행위를 분리하도록 설계된 프로젝트에서 확장 함수는 특히나 유용합니다. 필드가 있는 프로퍼티는 클래스 안에 위치해야 하지만, 클래스의 공개 API만 활용하는 메서드라면 다른 곳에 위치할 수 있습니다.

임포트해서 사용해야 한다는 특징 덕분에 하나의 타입에 대해 동일한 이름의 확장을 여러 개 정의할 수 있습니다. 따라서 서로 다른 라이브러리가 확장 함수를 추가로 제공할 때 라이브러리 사이에 충돌이 발생하지 않습니다. 하지만 같은 이름을 가진 확장 함수가 여러 개 있는 것이 문제가 될 수 있습니다. 이런 경우 멤버 함수로 만들어서 문제를 해결할 수 있습니다(고르디우스의 매듭(Gordian knot)을 끊을 수 있습니다). 컴파일러는 항상 확장 함수보다 멤버 함수를 우선적으로 선택합니다.[7]

확장 함수는 가상 함수가 아니므로 파생 클래스에서 재정의할 수 없다는 것도 큰 차이점입니다. 확장 함수는 컴파일 시점에 정적으로 선택됩니다. 코틀린에서 가상인 멤버 요소와는 다르게 동작합니다. 상속이 가능한 클래스라면 확장 함수를 사용해서는 안 됩니다.

```
1   open class C
2   class D : C()
3
4   fun C.foo() = "c"
5   fun D.foo() = "d"
6
```

---

7 이에 대한 유일한 예외는 코틀린 표준 라이브러리의 확장에 `kotlin.internal.HidesMembers` 내부 애너테이션이 있는 경우입니다.

```
7   fun main() {
8       val d = D()
9       print(d.foo())  // d
10      val c: C = d
11      print(c.foo())  // c
12
13      print(D().foo())        // d
14      print((D() as C).foo()) // c
15  }
```

확장 함수는 컴파일하면 확장 함수의 리시버가 첫 번째 인수로 전달되기 때문에 리시버의 실제 타입은 의미가 없습니다.

```
1   fun foo(`this$receiver`: C) = "c"
2   fun foo(`this$receiver`: D) = "d"
3
4   fun main() {
5       val d = D()
6       print(foo(d))  // d
7       val c: C = d
8       print(foo(c))  // c
9
10      print(foo(D()))       // d
11      print(foo(D() as C))  // c
12  }
```

따라서 확장 함수는 클래스가 아닌 타입으로 정의됩니다. 예를 들어, 널 가능 타입 또는 제네릭 타입처럼 특수한 타입에도 확장 함수를 정의할 수 있습니다.

```
1   inline fun CharSequence?.isNullOrBlank(): Boolean {
2       contract {
3           returns(false) implies (this@isNullOrBlank != null)
4       }
5
6       return this == null || this.isBlank()
7   }
8
9   public fun Iterable<Int>.sum(): Int {
10      var sum: Int = 0
11      for (element in this) {
12          sum += element
13      }
14      return sum
15  }
```

마지막 차이점은 **확장 함수는 클래스 참조에서 멤버로 포함되지 않는다는** 것입니다. 따라서 애너테이션 프로세서는 확장 함수를 처리할 수 없으며, 애너테이션 프로세싱을 사용해 확장 함수로 처리해야 할 요소를 추출할 수 없습니다. 반면에 반드시 필요하지 않은 요소를 확장 함수로 추출하면, 애너테이션 프로세서 처리에서 제외되는 것은 장점이라 할 수 있습니다. 어차피 확장은 클래스 자체에 포함되지 않기 때문에 숨길 필요도 없습니다.

이제 멤버로 정의하는 것보다 확장으로 정의하는 것이 더 합리적인 두 가지 예를 보여 드리겠습니다. 첫 번째 예는 `Iterable` 인터페이스의 `map`이나 `filter` 같은 확장입니다. `Iterable`의 멤버 함수로 정의할 수도 있지만, 바람직한 방법은 아닙니다. 인터페이스의 핵심 동작을 정의하는 것이 아니라 순회 가능한 객체에서 사용할 수 있는 유틸리티를 정의하기 때문입니다. `map`이나 `filter` 함수가 확장 함수기 때문에 `Iterable` 인터페이스는 간결하며 이해하기 쉽습니다.

```
1   // 코틀린 표준 라이브러리
2   interface Iterable<out T> {
3       operator fun iterator(): Iterator<T>
4   }
5
6   public inline fun <T, R> Iterable<T>.map(
7       transform: (T) -> R
8   ): List<R> {
9       // ...
10  }
11
12  public inline fun <T> Iterable<T>.filter(
13      predicate: (T) -> Boolean
14  ): List<T> {
15      // ...
16  }
```

두 번째 예는 각기 다른 계층에 존재하지만 유사한 형태의 추상화 객체들을 변환하는 함수입니다. 도메인 클래스 `Product`와 데이터 레이어 클래스 `ProductJson`을 예로 들 수 있습니다. 변환 함수인 `toProduct`와 `toProductJson`을 멤버 함수로 정의할 수 있지만, 확장 함수로 정의하는 것이 더 낫습니다. 이렇게 하면 도메인 클래스를 깔끔하게 유지하고 데이터 레이어에 대한 의존성을 없앨

수 있습니다. 또한 두 변환 함수를 같은 곳에 위치시킬 수 있어 유지보수하기도 쉬워집니다.

```
1   fun ProductJson.toProduct() = Product(
2       id = this.id,
3       title = this.title,
4       imgSrc = this.img,
5       description = this.desc,
6       price = BigDecimal(this.price),
7       type = enumValueOf<ProductType>(this.type)
8   )
9
10  fun Product.toProductJson() = ProductJson(
11      id = this.id,
12      title = this.title,
13      img = this.imgSrc,
14      desc = this.description,
15      price = this.price.toString(),
16      type = this.type.name
17  )
```

요약

멤버 함수와 확장 함수의 가장 중요한 차이는 다음과 같습니다.

- 확장 함수는 임포트해야 합니다.
- 확장 함수는 가상이 아닙니다.
- 멤버 함수가 더 높은 우선순위를 가집니다.
- 확장 함수는 클래스가 아닌 타입에 정의됩니다.
- 확장 함수는 클래스 참조에서 나열되지 않습니다.

정리하면, 확장 함수의 제약이 적어 활용도가 높다고 할 수 있습니다. 하지만 확장 함수는 상속되지 않고 애너테이션 처리가 불가능하며, 실제 클래스에 존재하지 않는 것이 단점입니다. API에서 필수적인 요소는 멤버 함수로 정의하고, 부가적인 요소는 확장 함수로 추출하는 것이 바람직합니다.

멤버 확장 함수를 피하라

클래스에 정의된 확장 함수는 멤버 함수가 아닙니다. 클래스에서 확장 함수를 정의하더라도 리시버를 첫 번째 인수로 받는 함수로 처리됩니다. 내부적으로 확장 함수가 일반 함수로 컴파일되면 리시버가 첫 번째 매개변수가 됩니다. 다음 함수를 확인해 봅시다.

```
1   fun String.isPhoneNumber(): Boolean =
2       length == 7 && all { it.isDigit() }
```

컴파일되면 다음과 같은 함수가 됩니다.

```
1   fun isPhoneNumber(`$this`: String): Boolean =
2       `$this`.length == 7 && `$this`.all { it.isDigit() }
```

확장 함수를 구현하는 방법으로 멤버 확장 함수를 정의할 수도 있고 인터페이스에서 확장 함수를 선언하는 것도 가능합니다.

```
1   interface PhoneBook {
2       fun String.isPhoneNumber(): Boolean
3   }
4
5   class Fizz : PhoneBook {
6       override fun String.isPhoneNumber(): Boolean =
7           this.length == 7 && this.all { it.isDigit() }
8   }
```

하지만 멤버 확장 함수는 가급적 사용하지 않는 것이 좋습니다(DSL인 경우는 제외). 특히 가시성을 제한하는 목적으로 확장 함수를 멤버로 지정하면 안 됩니다.

```
1   class PhoneBookIncorrect {
2
```

```
3    fun verify(number: String): Boolean {
4        require(number.isPhoneNumber())
5        // ...
6    }
7
8    // 안 좋은 예입니다. 이렇게 하지 마세요.
9    fun String.isPhoneNumber(): Boolean =
10       this.length == 7 && this.all { it.isDigit() }
11 }
```

가시성을 제한하기 위한 목적으로 사용했지만 멤버 확장 함수의 가시성은 제한되지 않습니다. 오히려 확장 함수와 리시버를 모두 사용해야 하므로 불편함만 가중시키게 됩니다.

```
1    PhoneBookIncorrect().apply {
2        "1234567890".isPhoneNumber()
3    }
```

가시성을 제한하고 싶다면 확장 함수를 멤버로 지정하는 것보다 가시성 한정자를 사용해야 합니다.

```
1    class PhoneBook {
2
3        fun verify(number: String): Boolean {
4            require(number.isPhoneNumber())
5            // ...
6        }
7
8        // ...
9    }
10
11 // 확장 함수의 가시성을 제한하는 방법입니다.
12 private fun String.isPhoneNumber(): Boolean =
13     this.length == 7 && this.all { it.isDigit() }
```

클래스 상태가 필요해 멤버 함수로 정의하고 확장 함수처럼 사용하고 싶다면 인스턴스에 let을 사용하는 것이 좋습니다.

```
1    class PhoneBook(
2        private val phoneNumberVerifier: PhoneNumberVerifier
3    ) {
```

```
4
5      fun verify(number: String): Boolean {
6          require(number.let(::isPhoneNumber))
7          // ...
8      }
9
10     // ...
11
12     private fun isPhoneNumber(number: String): Boolean =
13         phoneNumberVerifier.verify(number)
14  }
```

확장 함수를 피하는 이유

멤버 확장 함수를 사용하지 않는 데는 다음과 같은 이유가 있습니다.

• 참조를 지원하지 않습니다.

```
1   val ref = String::isPhoneNumber
2   val str = "1234567890"
3   val boundedRef = str::isPhoneNumber
4
5   val refX = PhoneBookIncorrect::isPhoneNumber  // 에러
6   val book = PhoneBookIncorrect()
7   val boundedRefX = book::isPhoneNumber          // 에러
```

• 두 리시버 모두에 대한 암시적 접근은 혼란스러울 수 있습니다.

```
1   class A {
2       val a = 10
3   }
4   class B {
5       val a = 20
6       val b = 30
7
8       fun A.test() = a + b  // 40일까요? 50일까요?
9   }
```

• 확장 함수에서 리시버를 수정하거나 참조하고 있다면, 그 대상이 확장 리시버인지 디스패치 리시버(확장 함수가 정의된 클래스)인지 분명하지 않습니다.

```
1    class A {
2        // ...
3    }
4    class B {
5        // ...
6
7        fun A.update() ...  // A 또는 B를 업데이트하나요?
8    }
```

- 초급 개발자들은 멤버 확장 함수를 이해하기 어렵습니다.

금지하지 말고 피하라

멤버 확장 함수를 아예 사용하지 말라는 뜻은 아닙니다. 멤버 확장 함수를 사용해야 하는 경우는 DSL 빌더를 정의할 때입니다('아이템 34: 복잡한 객체 생성을 위해 DSL 정의를 고려하라'). 멤버 확장은 스코프 안의 일부 객체에서 호출되는 함수를 정의해야 할 때도 유용합니다. 생성 함수를 사용하여 Channel을 생성하는 멤버 함수를 예로 들 수 있습니다. TestApplicationEngine에서 엔드포인트를 호출하고 인터페이스에서 정의되는 통합 테스트 함수 또한 좋은 예입니다 (필자의 글인 '코틀린에서 테스트하기 위한 특성(Traits for testing in Kotlin)'[8] 에서 설명했듯이 이는 백엔드 통합 테스트에 사용되는 인기 있는 패턴입니다). 두 가지 예 모두 구체적인 목적을 가지고 확장 함수를 스코프 안에서 정의하고 있습니다.

```
1    class OrderUseCase(
2        // ...
3    ) {
4        // ...
5
6        private fun CoroutineScope.produceOrders() =
7            produce<Order> {
8                var page = 0
9                do {
10                   val orders = api
11                       .requestOrders(page = page++)
```

---

8 *https://kt.academy/article/traits-testing*

```
12                    .orEmpty()
13                for (order in orders) send(order)
14          } while (orders.isNotEmpty())
15      }
16 }
17
18 interface UserApiTrait {
19
20     fun TestApplicationEngine.requestRegisterUser(
21         token: String,
22         request: RegisterUserRequest
23     ): UserJson? = ...
24
25     fun TestApplicationEngine.requestGetUserSelf(
26         token: String
27     ): UserJson? = ...
28
29     // ...
30 }
```

멤버 확장 함수는 대부분의 상황에서 사용하지 않아야 하지만, 특별한 목적이 있는 경우에는 사용할 수 있습니다.

요약

요약하면, 멤버 확장을 사용해야 할 타당한 이유가 있다면 괜찮습니다. 멤버 확장 함수의 문제점을 정확히 이해하고 가급적이면 사용하지 않도록 하세요. 가시성을 제한하려면 가시성 한정자를 사용하세요. 클래스 내부에 확장 함수 를 정의한다고 해서 외부에서 사용하지 못하는 건 아니기 때문입니다.

3부

효율성

7장

비용 줄이기

요즘은 코드의 효율성(efficiency)을 예전처럼 중요하게 생각하지 않습니다. 메모리는 저렴해지고 개발자는 비싸졌다는 점에서 어느 정도 당연한 일입니다. 하지만 효율성을 간과해서는 안 됩니다. 수백만 대의 장치에서 돌아가고 있어 많은 에너지를 소모하는 애플리케이션이라고 해 봅시다. 배터리 사용을 조금만 최적화해도 소규모 도시 하나를 구동시킬 만큼의 에너지를 아낄 수 있을 것입니다. 서버와 서버 유지에 많은 비용을 지불하고 있다면, 최적화로 비용을 대폭 줄일 수도 있습니다. 소수의 요청은 잘 처리하는 애플리케이션이라 하더라도 사용자가 갑작스럽게 몰리면 확장이 불가능한 시스템이라 서비스가 불가능해질 수 있습니다. 고객들은 장애가 일어났을 때를 기억하고 있을 것입니다.

이렇듯 장기적인 관점에서 효율성은 중요하지만, 최적화가 쉬운 일은 아닙니다. 초기 단계에서 섣부르게 최적화를 적용했다가 역효과가 나기도 합니다. 하지만 특별한 노력을 들이지 않고도 효율성을 높일 수 있는 몇 가지 규칙이 있습니다. 이 규칙을 따르면 비용은 거의 들이지 않으면서도 성능은 크게 향상시킬 수 있습니다. 규칙을 지키는 것만으로 부족하다면 프로파일러를 사용해 성능에 중요한 부분들을 최적화해야 합니다. 이 단계에 이르면 어떤 것에 비용이 많이 드는지 그리고 어떻게 최적화를 시킬지에 대한 심층적인 이해가 필요하므로 최적화하기 더 어려울 것입니다.

이번 장과 다음 장에서는 성능에 관해서 다룹니다.

- 7장: 비용 줄이기 − 성능에 대한 기본적인 규칙들을 다룹니다.
- 8장: 효율적인 컬렉션 처리 − 컬렉션 처리를 중점적으로 다룹니다.

이 장에서는 저렴한 비용으로 최적화를 할 수 있는 기본적인 규칙들을 다룹니다. 또한 프로그램의 핵심 부분에서 성능을 향상시킬 수 있는 코틀린 팁도 살펴봅니다. 전반적으로 성능을 높일 수 있는 방법에 대한 이해도가 높아질 것입니다.

가독성과 성능 사이에서 트레이드오프(tradeoff)가 발생할 때, 개발자는 해당 컴포넌트에서 무엇이 더 중요한지 스스로 답할 수 있어야 합니다. 이와 관련된 몇 가지 방법을 제시할 것이지만, 보편적인 해답은 아니므로 상황을 고려해 적용해야 합니다.

불필요한 객체 생성을 피하라

객체 생성에는 언제나 비용이 따르며, 때로는 그 비용이 상당히 클 수도 있습니다. 따라서 불필요한 객체 생성을 피하는 것이 최적화하는 지름길이 될 수 있습니다. 여러 수준에서 불필요한 객체 생성을 피할 수 있습니다. 예를 들어, JVM에서는 동일한 내용의 문자열 리터럴이 여러 군데 있으면, 하나의 문자열 객체를 재사용하는 방식으로 동작합니다.[1]

```
1   val str1 = "Lorem ipsum dolor sit amet"
2   val str2 = "Lorem ipsum dolor sit amet"
3   print(str1 == str2)    // true
4   print(str1 === str2)   // true
```

Integer, Long과 같은 원시형의 래퍼 타입도 크기가 작은 경우에는 JVM에서 재사용됩니다(기본적으로 Integer는 −128에서 127까지의 수를 캐싱해 둡니다).

```
1   val i1: Int? = 1
2   val i2: Int? = 1
3   print(i1 == i2)    // true
4   print(i1 === i2)   // true, i2를 캐시에서 읽어들이기 때문입니다.
```

===은 동일한 객체임을 나타냅니다. 그러나 −128보다 작거나 127보다 큰 값을 사용한다면 다른 객체가 생성될 것이고, === 값은 false가 나올 것입니다.

```
1   val j1: Int? = 1234
2   val j2: Int? = 1234
3   print(j1 == j2)    // true
4   print(j1 === j2)   // false
```

---

1 Java Language Specification, Java SE 8 edition, 3.10.5

널 가능 타입을 사용하면 int 대신 Integer가 강제로 사용됩니다. Int를 사용하면 원시형 int로 컴파일되지만, 이를 널 가능 타입으로 만들거나 타입 인수로 사용하면 Integer로 컴파일될 것입니다. 기본 자료형은 null이 될 수 없고, 타입 인수로 사용될 수도 없기 때문입니다.

코틀린도 이와 비슷하게 동작하므로, 이렇게 할 필요가 있는지 궁금할 것입니다. 객체 생성은 비용이 많이 드는 작업일까요?

객체 생성은 비용이 많이 드는 작업인가?

무언가를 객체로 래핑하면 다음과 같은 세 가지 비용이 들어갑니다.

- 객체는 추가적인 공간을 사용합니다. 최신 64비트 JDK에서는, 객체당 12바이트의 헤더가 필요하며 8바이트의 배수로 패딩되므로 객체의 최소 크기는 16바이트입니다. 32비트 JVM에서는 Mark Word 4바이트, Class Pointer 4바이트인 헤더가 있어 8바이트가 됩니다. 객체 참조 또한 공간을 차지합니다. 일반적으로, 참조는 32비트 또는 64비트 플랫폼에서 메모리 할당 풀이 32Gb(-Xmx32G)까지는 4바이트이고, 그보다 클 경우에는 8바이트를 가집니다. 겉으로 보기에는 비용이 작은 것처럼 보이지만 누적되면 비용이 커질 수도 있습니다. 정수처럼 크기가 작은 요소도 객체로 생성하면 비용이 커집니다. Int가 원시형인 경우 4바이트를 차지하지만, 64비트 JDK에서 래핑된 타입인 경우 16바이트(헤더 다음 4바이트로 채워진)가 필요합니다. 추가적으로 참조를 위해 4바이트 또는 8바이트가 필요합니다. 결국 5~6배의 공간이 더 필요합니다.[2] 따라서 래핑된 정수 배열(Array<Int>)은 원시형 정수 배열(IntArray)보다 5배나 많은 공간을 차지하며, '아이템 58: 성능이 중요한 작업에서는 원시형 배열의 사용을 고려하라'에서 자세히 설명하겠습니다.

- 요소가 캡슐화되어 있는 경우 데이터에 접근할 때 추가적인 함수 호출이 필요합니다. 함수 호출은 아주 빠르기 때문에 비용이 적게 들지만 많은 객체

---

2 JVM 객체의 구체적인 필드 크기를 측정하려면 Java Object Layout을 사용하세요.

를 다룰 때는 이 값이 누적되어 커질 수 있습니다. 함수 호출에 드는 비용을 줄이는 방법은 '아이템 51: 함수형 타입 매개변수를 갖는 함수에 inline 한 정자를 사용하라'와 '아이템 52: 인라인 값 클래스 사용을 고려하라'에서 살펴보겠습니다.

- 객체를 생성하고, 메모리에 할당하고, 참조를 생성해야 하는 등의 작업이 필요합니다. 이러한 작업 또한 개별로 보면 비용이 적게 들지만 객체가 많은 경우 급격하게 누적될 수 있습니다. 아래 코드에서 객체 생성 비용을 확인할 수 있습니다.

```
1   class A
2
3   private val a = A()
4
5   // 벤치마크 결과: 2.698 ns/op
6   fun accessA(blackhole: Blackhole) {
7       blackhole.consume(a)
8   }
9
10  // 벤치마크 결과: 3.814 ns/op
11  fun createA(blackhole: Blackhole) {
12      blackhole.consume(A())
13  }
14
15  // 벤치마크 결과: 3828.540 ns/op
16  fun createListAccessA(blackhole: Blackhole) {
17      blackhole.consume(List(1000) { a })
18  }
19
20  // 벤치마크 결과: 5322.857 ns/op
21  fun createListCreateA(blackhole: Blackhole) {
22      blackhole.consume(List(1000) { A() })
23  }
```

객체를 제거하면, 앞에서 말한 세 가지 오버헤드를 줄일 수 있습니다. 객체를 재사용하면, 첫 번째 비용과 세 번째 비용이 들지 않습니다. 객체 생성에 비용이 드는 걸 이해하고 나면, 불필요한 객체의 수를 줄여 비용을 최소화하는 방법을 찾을 수 있습니다. 다음 몇 가지 아이템에서 객체의 수를 줄이거나 제거하는 다양한 방법을 살펴보겠습니다. 이번 아이템에서는 래핑된 타입 대신 원시형을 사용하여 클래스를 설계하는 방법을 소개하겠습니다.

원시형을 사용하라

JVM에는 숫자 혹은 문자와 같은 기본적인 요소를 표현하기 위해 내장된 특별한 타입이 있습니다. 이것을 원시형(primitive)이라고 하며, 코틀린/JVM 컴파일러는 가능한 한 내부적으로 원시형을 사용합니다. 하지만 래핑된 클래스(원시형을 포함한 객체 인스턴스)를 사용해야 하는 경우도 있습니다. 대표적인 두 가지 예는 다음과 같습니다.

1. 널 가능 타입을 사용하는 경우(원시형은 null이 될 수 없습니다.)
2. 제네릭 타입 인수로 사용하는 경우

간단하게 정리해 보면 다음과 같습니다.

코틀린 타입	자바 타입
Int	int
Int?	Integer
List<Int>	List<Integer>

앞에서 래핑된 타입 대신 원시형을 사용하면 성능을 최적화할 수 있다는 사실을 이해했을 것입니다. 하지만 이런 방식의 최적화는 코틀린/JVM와 일부 코틀린/Native 환경에서는 의미가 있지만, 코틀린/JS에서는 의미가 없습니다. 원시형과 래핑된 타입 모두 데이터를 가져오는 연산은 다른 연산에 비해 상대적으로 빠릅니다. 하지만 규모가 큰 컬렉션을 다룰 때('아이템 58: 성능이 중요한 작업에서는 원시형 배열의 사용을 고려하라'에서 논의할 것입니다) 또는 객체에 대한 연산이 엄청나게 많을 때 차이가 드러납니다. 원시형으로 변경하면 코드의 가독성이 떨어질 수 있음을 기억하세요. 따라서 **성능 최적화가 필요한 부분과 라이브러리에서만 래핑 타입을 원시형으로 만드는 것을 권장합니다.** 성능 최적화가 필요한 부분은 프로파일러를 사용해 식별할 수 있습니다.

구체적인 예를 들어 보겠습니다. 주식 스냅숏을 나타내야 하는 금융 애플리케이션을 구현한다고 상상해 봅시다. 스냅숏은 초당 두 번 업데이트가 되는 값집합이며, 다음과 같은 정보를 가지고 있습니다.

```
1   class Snapshot(
2       var afterHours: SessionDetails,
3       var preMarket: SessionDetails,
4       var regularHours: SessionDetails,
5   )
6
7   data class SessionDetails(
8       val open: Double? = null,
9       val high: Double? = null,
10      val low: Double? = null,
11      val close: Double? = null,
12      val volume: Long? = null,
13      val dollarVolume: Double? = null,
14      val trades: Int? = null,
15      val last: Double? = null,
16      val time: Int? = null,
17  )
```

수만 개의 주식을 추적하고 있고, 각 주식에 대한 스냅숏이 초당 두 번 업데이트된다면, 애플리케이션에서는 엄청나게 많은 수의 SessionDetails 인스턴스가 생성됩니다. 따라서 가비지 컬렉터에 큰 부담을 줍니다. SessionDetails에서 널 가능성을 제거하면 래핑된 타입 대신 원시형을 사용할 수 있습니다.

```
1   data class SessionDetails(
2       val open: Double = Double.NaN,
3       val high: Double = Double.NaN,
4       val low: Double = Double.NaN,
5       val close: Double = Double.NaN,
6       val volume: Long = -1L,
7       val dollarVolume: Double = Double.NaN,
8       val trades: Int = -1,
9       val last: Double = Double.NaN,
10      val time: Int = -1,
11  )
```

하지만 원시형으로 바꾸면 가독성이 떨어질 뿐만 아니라 클래스 사용이 더 어려워집니다. null이 NAN이나 -1 같은 특수한 값보다 값이 없음을 표현하기에 더 좋은 방법이기 때문입니다. 하지만 애플리케이션의 성능이 중요하다면 원시형으로 변경할 수밖에 없습니다. 널 가능성을 제거하면 객체를 더 적게 할당하고 메모리를 절약할 수 있습니다. 일반적인 환경에서는 첫 번째 버전의 `SessionDetails`는 196바이트[3]를 할당하고 10개의 객체를 생성해야 합니다. 두 번째 버전에서는 80바이트[4]만 할당하고 하나의 객체만 생성하면 됩니다. 수만 개의 객체가 생성된다면 성능에 문제를 일으킬 가능성이 높습니다.

 래핑된 객체를 원시형으로 만드는 것으로 충분하지 않다면 객체 풀(object pool)을 사용하는 것도 고려할 수 있습니다. 이 패턴의 핵심 아이디어는 가변 객체를 저장하고 재사용하는 것입니다. 하지만 객체 풀을 제대로 구현하기란 어렵고, 동기화 문제도 발생하기 쉽기 때문에 가급적이면 사용하지 않는 것이 좋습니다.

요약

이번 아이템에서는 객체 생성과 할당의 비용에 대해 배웠습니다. 또한 객체를 제거하거나, 재사용하거나, 원시형을 사용하면 비용을 줄일 수 있다는 것을 배웠습니다. 다음 아이템에서는 애플리케이션에서 불필요한 객체의 수를 줄이는 다른 방법에 대해 알아보겠습니다.

3　(옮긴이) SessionDetails 헤더 = 16, 필드 9개 = 16 × 9 = 144, 각 필드에 대한 참조 4 × 9 = 36이므로 바이트를 모두 합치면 196바이트입니다.
4　(옮긴이) SessionDetails 헤더 = 16, 필드 9개 = 8 × 7 + 4 × 2 = 64이므로 바이트를 모두 합치면 80바이트입니다.

객체 선언 사용을 고려하라

인스턴스에 따라 상태가 달라지지 않는 클래스인 경우 이를 객체 선언(object declaration)으로 변환하여 싱글톤으로 정의할 수 있습니다. 생성자를 따로 정의하지 않고 class 대신 object 키워드를 사용하면 됩니다. 싱글톤 객체를 참조할 때는 객체 선언의 이름을 사용합니다.

```kotlin
1   object Singleton {
2       fun doSomething() {
3           // ...
4       }
5   }
6
7   fun main() {
8       val obj = Singleton
9       obj.doSomething()
10
11      Singleton.doSomething()
12  }
```

객체 선언은 생성되는 객체의 수를 제한하는 데 유용합니다. 이벤트나 마커처럼 자주 생성되는 클래스를 객체 선언으로 대체하는 것이 좋습니다. 객체 선언을 하면 인스턴스가 단 하나만 존재하게 됩니다.

```kotlin
1   sealed class ValueChange<out T>
2   data object Keep : ValueChange<Nothing>()
3   data object SetDefault : ValueChange<Nothing>()
4   data object SetEmpty : ValueChange<Nothing>()
5   data class Set<out T>(val value: T) : ValueChange<T>()
6
7
8   sealed class ManagerMessage
9   data class CodeProduced(val code: String) : ManagerMessage()
10  data object ProductionStopped : ManagerMessage()
```

```
11
12
13  sealed interface AdView
14  data object FacebookAd : AdView
15  data object GoogleAd : AdView
16  data class OwnAd(val text: String,val imgUrl: String):AdView
```

다음 예제 코드의 DeleteAll처럼 클래스에 제네릭 타입이 있다면 객체 선언하기 어렵습니다.

```
1  sealed interface StoreMessage<T>
2  data class Save<T>(val data: T) : StoreMessage<T>
3  data class DeleteAll<T> : StoreMessage<T>
```

이럴 때는 **공변 Nothing 객체**(covariant Nothing object)[5] 패턴을 사용하면 됩니다. 상위타입 클래스의 제네릭 타입을 공변으로 설정해야 합니다(따라서 StoreMessage 선언에서 T 옆에 out 한정자를 사용함). 그런 다음, 객체 선언의 타입 인수로 Nothing을 사용해야 합니다.

```
1  sealed interface StoreMessage<out T>
2  data class Save<T>(val data: T) : StoreMessage<T>
3  data object DeleteAll : StoreMessage<Nothing>
```

Nothing은 코틀린에서 모든 타입의 하위타입이고, StoreMessage의 T는 공변이므로 StoreMessage<Nothing>은 모든 StoreMessage<T> 타입의 하위타입입니다. 따라서 DeleteAll은 T가 무엇이든지 상관없이 StoreMessage<T>의 하위타입이 됩니다.

```
1  val deleteAllInt: StoreMessage<Int> = DeleteAll
2  val deleteAllString: StoreMessage<String> = DeleteAll
```

코틀린 표준 라이브러리를 포함해 다양한 라이브러리에서 공변 Nothing 객체 패턴을 사용합니다. 예를 들어, EmptyList는 List<Nothing>의 하위타입인 객체 선언입니다. 따라서 EmptyList는 모든 List<T>의 하위타입이 되며, 비어 있는

---

5 《코틀린 아카데미: 고급편》에서 자세히 정의하고 설명합니다.

리스트를 나타내는 단 하나의 객체가 됩니다.

```
1  internal object EmptyList : List<Nothing> {
2      // ...
3  }
4
5  val emptyListInt: List<Int> = EmptyList
6  val emptyListString: List<String> = EmptyList
```

요약

- 인스턴스에 따라 상태가 달라지지 않는 클래스를 싱글톤으로 정의하려면 객체 선언으로 전환하세요.
- 공변 Nothing 객체 패턴을 사용하여 제네릭 타입 매개변수가 있는 클래스를 객체 선언으로 전환하세요.

가능하면 캐싱을 사용하라

캐싱(caching)은 반드시 알고 있어야 하는 성능 최적화 방법입니다. 캐싱은 여러 수준에서 다양한 방법으로 사용됩니다. 컴퓨터에는 CPU 캐시와 디스크 캐시가 있습니다. 브라우저에는 웹 페이지에 대한 캐시가 있습니다. 네트워크 제공자는 여러 종류의 데이터에 대한 캐시를 갖고 있습니다. JVM에는 애플리케이션의 속도를 향상시키기 위한 여러 종류의 캐시가 있습니다. 개발자들 또한 백엔드와 안드로이드 애플리케이션에서 커스텀한 캐시를 정의합니다. 캐싱의 효과는 정말 뛰어나므로, 어디에서나 볼 수 있습니다. 애플리케이션 성능을 향상시킬 수 있는 가장 좋은 방법이 캐싱이라고 해도 과언이 아닙니다.

 캐싱의 기본 아이디어는 간단합니다. 캐시는 데이터에 빠르게 접근할 수 있도록, 저장된 데이터를 따로 복사합니다. 대표적인 예를 보여 드리겠습니다. 웹 애플리케이션에서 아이디로 사용자를 가져오는 경우입니다. 다음과 같은 방법으로 구현할 수 있습니다.

```
1   class WebUserRepository(
2       val userClient: UserClient
3   ) : UserRepository {
4       override suspend fun getUser(id: Int): User =
5           userClient.fetchUser(id)
6   }
```

하지만 사용자를 조회할 때마다 매번 네트워크 요청을 보내고 응답을 기다려야 하는 단점이 있습니다. 이전 요청의 결과를 저장해서 특정 아이디의 사용자를 조회할 때마다 네트워크 요청을 보낼 필요가 없게 만들면 성능을 향상시킬 수 있습니다. 맵을 통해서 다음과 같이 구현할 수 있습니다.

```
1   class CachedWebUserRepository(
2       val userClient: UserClient
3   ) : UserRepository {
4       private val users = ConcurrentHashMap<Int, User>()
5
6       override suspend fun getUser(id: Int): User =
7           users.getOrPut(id) { userClient.fetchUser(id) }
8   }
```

위 코드는 캐시를 간단하게 구현한 예입니다. 위의 맵은 여분의 메모리를 나타내는데, 맵을 삭제하더라도 데이터가 실제로 손실되지는 않으며, 리포지터리가 다시 데이터를 가져오기만 하면 됩니다. 또한 네트워크 요청을 보낼 필요가 없기 때문에 캐시를 통해 데이터에 빠르게 접근할 수 있음을 알 수 있습니다. 그러나 캐시에는 두 가지 문제가 있습니다. 첫째, 캐시한 데이터가 변경되면, 캐시가 가지고 있는 데이터가 더 이상 유효하지 않습니다. 예를 들어, 만약 사용자를 캐시했는데 사용자의 이름이 변경되면 캐시에 있는 데이터는 무용지물이 됩니다. 캐싱 라이브러리(Caffeine 또는 Ehcache)를 사용하면 특정 레코드의 유효 기간을 지정하여 캐시를 주기적으로 갱신할 수 있습니다. 예를 들어, 사용자 레코드의 유효 기간을 1분으로 설정할 수 있습니다. 지정한 시간이 지나면 사용자 정보를 다시 가져와야 합니다. 백엔드 애플리케이션에서 자주 변경되지 않는 데이터를 가져오는 경우 유용하게 사용할 수 있습니다. 다음은 백엔드에서 캐시를 사용하는 전형적인 예입니다.

```
1   class CachedWebUserRepository(
2       val userClient: UserClient
3   ) : UserRepository {
4
5       private val users = Caffeine.newBuilder()
6           .expireAfterWrite(1, TimeUnit.MINUTES)
7           .buildSuspending<Int, User>()
8
9       override suspend fun getUser(id: Int): User =
10          users.get(id) { userClient.fetchUser(id) }
11  }
```

안드로이드에서는 캐시의 유효 시간을 설정하는 경우가 별로 없습니다. 안드로이드에서 캐시를 사용하는 경우는 데이터베이스 연결이나 설정 같이 변경되지 않는 데이터, 그리고 애플리케이션 내에서 사용하고 있어 직접 캐시를 업데이트할 수 있는 데이터입니다.

```
1   private val connections =
2       ConcurrentHashMap<String, Connection>()
3
4   fun getConnection(host: String) =
5       connections.getOrPut(host) { createConnection(host) }
```

캐싱의 두 번째 문제는, 성능을 얻기 위해서는 메모리를 낭비할 수밖에 없다는 것입니다. 너무 많은 데이터를 캐싱하면 메모리가 부족해질 수 있습니다. 하지만 메모리 문제를 해결할 방법이 여러 가지 있습니다. 하나는 사용 빈도가 낮은 캐시 데이터를 만료시키거나(쓰기 후 만료), 캐시 크기를 제한하는 것입니다. 가장 좋은 방법은 캐시에 소프트 참조(soft reference)나 약한 참조(weak reference)를 사용하는 것입니다. 이에 대해 알아보겠습니다.

코틀린에서 변수가 값을 참조하는 것을 강한 참조(strong reference)라고 합니다. 가비지 컬렉터는 강한 참조 중인 값을 정리할 수 없습니다. JVM에서는 강한 참조 대신 두 가지 종류의 참조 방법 또한 제공하고 있습니다.

- 가비지 컬렉터는 약한 참조로 된 값을 정리할 수 있습니다. 따라서 약한 참조 중인 값에 강한 참조가 없는 경우 값을 정리합니다.
- 소프트 참조를 사용하더라도, 다른 참조 방식과 마찬가지로 가비지 컬렉터에 의해 값이 정리될 수 있지만, 대부분의 JVM 구현체에서는 메모리가 부족하지 않는 한 이 값을 정리하지 않습니다.

캐시 때문에 메모리가 낭비될 수 있다면 소프트 참조 캐시를 사용하면 됩니다. 소프트 참조 캐시는 메모리가 충분할 때는 캐시 데이터를 정리하지 않지만, 메모리가 부족할 때는 데이터를 정리해 메모리를 확보합니다.

```
1   class CachedWebUserRepository(
2       val userClient: UserClient
3   ) : UserRepository {
4
5       private val users = Caffeine.newBuilder()
6           .maximumSize(10_000)
```

```
7          // 해당 크기에 도달하면 사용이 적은 값이 제거됩니다.
8          .expireAfterAccess(10, TimeUnit.MINUTES)
9          // 값이 10분간 사용되지 않는 경우 제거됩니다.
10         .softValues()  // 소프트 참조를 사용합니다.
11         .buildSuspending<Int, User>()
12
13     override suspend fun getUser(id: Int): User =
14         users.get(id) { userClient.fetchUser(id) }
15 }
```

요약

• 캐시를 사용해 데이터 접근 속도를 높이고 무거운 요청(웹이나 파일 시스템 요청 등)의 수를 줄이세요.

• 캐시 라이브러리의 도움을 받아 위험 부담 없이 다양한 기능을 갖춘 캐시를 사용하세요.

• 캐시에 유효 기간을 지정하여 잘못된 데이터를 방지하고 캐시 크기를 줄이도록 하세요.

• 캐시 크기를 줄이고 소프트 참조를 적용하여 메모리가 부족한 상황을 방지하세요.

아이템 50

재사용 가능한 객체를 추출하라

무거운 연산을 외부 스코프로 옮겨 재사용하는 방식은 성능 최적화를 위해 아주 효과적인 방법입니다. 예를 들어, 다음 예제는 최댓값과 동일한 값의 개수를 계산하는 함수입니다.

```
1   fun <T : Comparable<T>> Iterable<T>.countMax(): Int =
2       count { it == this.maxOrNull() }
```

가장 오랜 시간이 걸리는 연산(max)을 countMax 함수 내부로 추출하면 성능을 개선할 수 있습니다.

```
1   fun <T : Comparable<T>> Iterable<T>.countMax(): Int {
2       val max = this.maxOrNull()
3       return count { it == max }
4   }
```

반복할 때마다 리시버의 가장 큰 요소를 찾지 않아도 되기 때문에 성능이 향상될 수 있습니다. 확장 리시버(여기서는 this, 즉 Iterable<T>를 가리킴)가 maxOrNull을 호출하고 있으므로, 반복할 때도 max 값은 항상 동일하다는 점이 강조되어 가독성 또한 높아지게 됩니다.

불필요한 계산 과정이 없도록 외부 스코프로 값을 추출하는 것 또한 중요한 최적화 방법입니다. 당연한 말이지만, 쉽게 실천에 옮길 수 있는 것은 아닙니다. 문자열에 유효한 IP 주소가 포함되어 있는지 확인하기 위해 정규 표현식이 포함된 함수를 살펴봅시다.

```
1   fun String.isValidIpAddress(): Boolean {
2       return this.matches(
3           ("\\A(?:(?:25[0-5]|2[0-4][0-9]|" +
4           "[01]?[0-9][0-9]?)\\.){3}(?:25[0-5]|2[0-4][0-9]|" +
```

```
5           "[01]?[0-9][0-9]?)\\z").toRegex()
6       )
7   }
8
9   // 사용
10  print("5.173.80.254".isValidIpAddress())  // true
```

위 함수는 호출될 때마다 Regex 객체를 새로 생성하고 있습니다. 정규식 패턴 객체를 생성하는 건 아주 복잡한 연산이므로 부하를 줄 수 있는 연산입니다. 이러한 이유로, 이 함수는 성능이 제한된 환경에서 반복적으로 사용하기에 적합하지 않습니다. 최상위 수준에서 정규식을 정의하면 성능 문제를 해결할 수 있습니다.

```
1   private val IS_VALID_IP_REGEX = "\\A(?:(?:25[0-5]|2[0-4]" +
2       "[0-9]|[01]?[0-9][0-9]?)\\.){3}(?:25[0-5]|2[0-4][0-9]|"+
3       "[01]?[0-9][0-9]?)\\z".toRegex()
4
5   fun String.isValidIpAddress(): Boolean =
6       matches(IS_VALID_IP_REGEX)
```

정규식을 사용하는 함수와 정규식 패턴 객체, 정규식을 사용하지 않는 다른 함수가 같은 파일에 있으며, 정규식 패턴 객체를 필요한 순간에 생성하고 싶다면 초기화를 지연시키면 됩니다.

```
1   private val IS_VALID_IP_REGEX by lazy {
2       ("\\A(?:(?:25[0-5]|2[0-4][0-9]|[01]?[0-9][0-9]?)\\.){3}"+
3       "(?:25[0-5]|2[0-4][0-9]|[01]?[0-9][0-9]?)\\z").toRegex()
4   }
```

클래스에서도 프로퍼티를 lazy로 지정하는 경우가 많습니다.

지연 초기화

무거운 클래스라면 생성을 지연하는 것이 좋습니다. 예를 들어, 클래스 A에 포함되어 있는 B, C, D가 모두 무거운 인스턴스라고 생각해 봅시다. A 클래스를 생성하면 B, C, D가 먼저 생성되어야 하기 때문에 아주 오랜 시간이 걸릴 것입니다.

```
1  class A {
2      val b = B()
3      val c = C()
4      val d = D()
5
6      // ...
7  }
```

무거운 객체들의 초기화를 지연시키면 성능을 향상시킬 수 있습니다.

```
1  class A {
2      val b by lazy { B() }
3      val c by lazy { C() }
4      val d by lazy { D() }
5
6      // ...
7  }
```

lazy가 지정된 객체는 필요한 순간에 초기화됩니다. 따라서 객체를 한꺼번에 생성하지 않게 되어, 객체 생성에 드는 부하가 분산되게 됩니다.

요약

- 외부 스코프로 객체를 추출하면 불필요하게 연산을 반복하지 않게 되어 성능을 향상시킬 수 있습니다.
- 지연 초기화를 사용하면 클래스 초기화 중에 무거운 객체 생성을 방지할 수 있습니다.

함수형 타입 매개변수를 갖는 함수에 inline 한정자를 사용하라

코틀린 표준 라이브러리의 거의 모든 고차 함수들은 inline 한정자를 사용하고 있습니다.

```
1   public inline fun repeat(times: Int, action: (Int) -> Unit) {
2       for (index in 0 until times) {
3           action(index)
4       }
5   }
6
7   public inline fun <T, R> Iterable<T>.map(
8       transform: (T) -> R
9   ): List<R> {
10      return mapTo(
11          ArrayList<R>(collectionSizeOrDefault(10)),
12          transform
13      )
14  }
15
16  public inline fun <T> Iterable<T>.filter(
17      predicate: (T) -> Boolean
18  ): List<T> {
19      return filterTo(ArrayList<T>(), predicate)
20  }
```

inline 한정자를 사용하면, 컴파일할 때 함수 호출부가 함수의 본문으로 대체됩니다. repeat를 호출할 때 입력한 인수 또한 함수 본문으로 대체됩니다. 따라서 다음과 같은 repeat 함수 호출은

```
1   repeat(10) {
2       print(it)
3   }
```

컴파일 중에 다음 코드로 대체됩니다.

```
1   for (index in 0 until 10) {
2       print(index)
3   }
```

함수가 일반적으로 실행되는 과정과 완전히 다르다고 할 수 있습니다. 일반 함수를 실행할 때는 함수의 본문으로 점프하고, 본문의 모든 명령문을 실행한 다음, 다시 함수가 호출된 곳으로 점프합니다. 함수 호출부를 함수의 본문으로 대체하는 것과는 상당히 다른 동작입니다.

inline 한정자를 사용하면 다음과 같은 장점들이 있습니다.

1. 타입 인수가 구체화될(reified) 수 있습니다.
2. 함수형 매개변수가 있는 함수는 인라인화되었을 때 더 빠릅니다.
3. 비지역 반환(non-local return)이 허용됩니다.

하지만 inline 한정자 또한 비용이 발생합니다. inline 한정자의 장점과 비용을 알아봅시다.

타입 인수가 구체화될 수 있다

자바의 예전 버전에서는 제네릭이라는 개념이 없었습니다. 제네릭은 2004년 자바 J2SE 5.0 버전에 추가되었지만, JVM 바이트 코드에는 아직까지도 반영되지 않았습니다. 따라서 컴파일하면 제네릭 타입이 사라지게 됩니다. 예를 들어, List<Int>는 List로 컴파일됩니다. 따라서 객체가 List<Int>처럼 구체적인 타입인지 확인할 수 없으며, 단지 List인지만 확인할 수 있을 뿐입니다.

```
1   any is List<Int>  // 에러
2   any is List<*>    // 에러 없음
```

```
if(any is List<Int>) {
Cannot check for instance of erased type: List<Int>
```

타입 인수 또한 마찬가지입니다.

```
1  fun <T> printTypeName() {
2      print(T::class.simpleName)  // 에러
3  }
```

함수를 인라인으로 만들면 이런 문제가 발생하지 않습니다. 함수 호출부가 함수의 본문으로 대체되므로, reified 한정자를 사용하면 타입 매개변수를 실제 타입 인수로 대체할 수 있습니다.

```
1  inline fun <reified T> printTypeName() {
2      print(T::class.simpleName)
3  }
4
5  // 사용
6  printTypeName<Int>()     // Int
7  printTypeName<Char>()    // Char
8  printTypeName<String>()  // String
```

컴파일하면 printTypeName 호출부가 본문으로 대체되고, 타입 매개변수 또한 실제 타입 인수로 대체됩니다.

```
1  print(Int::class.simpleName)     // Int
2  print(Char::class.simpleName)    // Char
3  print(String::class.simpleName)  // String
```

reified는 유용한 한정자입니다. 예를 들어, 표준 라이브러리의 filterIsInstance에서 특정 타입의 요소를 필터링하는 데 사용됩니다.

```
1  class Worker
2  class Manager
3
4  val employees: List<Any> =
5      listOf(Worker(), Manager(), Worker())
6
7  val workers: List<Worker> =
8      employees.filterIsInstance<Worker>()
```

다양한 라이브러리와 유틸 함수에서도 reified 한정자를 사용합니다. 다음 예는 Gson 라이브러리를 사용해 fromJsonOrNull을 구현한 것입니다. 또한 Koin

라이브러리가 reified 한정자가 있는 함수를 사용해 의존성 주입과 모듈 선언을 간략히 만든 코드도 보여 주고 있습니다.

```
1    inline fun <reified T : Any> String.fromJsonOrNull(): T? =
2        try {
3            gson.fromJson(json, T::class.java)
4        } catch (e: JsonSyntaxException) {
5            null
6        }
7
8    // 사용
9    val user: User? = userAsText.fromJsonOrNull()
10
11    // Koin 모듈 선언
12   val myModule = module {
13       single { Controller(get()) }  // get은 구체화됩니다.
14       single { BusinessService() }
15   }
16
17    // Koin 주입
18   val service: BusinessService by inject()
19    // inject는 구체화됩니다.
```

함수형 매개변수가 있는 함수는 인라인화되었을 때 더 빠르다

좀 더 구체적으로 설명하면, 모든 함수는 인라인화되었을 때 더 빠릅니다. 실행 시에 점프하거나 백스택(back-stack)을 추적할 필요가 없기 때문입니다. 따라서 표준 라이브러리는 성능을 위해 규모가 작은 함수들을 인라인화했습니다.

```
1    inline fun print(message: Any?) {
2        System.out.print(message)
3    }
```

하지만 함수형 매개변수가 없다면 성능 차이는 거의 나지 않습니다. 함수형 매개변수가 없는 함수를 인라인화하면 인텔리제이는 다음과 같은 경고를 보여 줍니다.

```
91   inline fun printThree() {
```
Expected performance impact of inlining 'public inline fun printThree(): Unit defined in org.kotlinacademy in file InlineRepeatBenchmark.kt' is insignificant. Inlining works best for functions with parameters of functional types

함수형 매개변수를 가진 함수가 인라인화되었을 때 왜 특별히 빠른지 이해하려면 함수를 객체로 다룰 때 어떤 문제가 발생하는지 알아야 합니다. 함수 리터럴로 정의된 함수 객체는 반드시 어딘가에 저장되어야 합니다. 코틀린/JS에서는 간단합니다. 자바스크립트가 함수를 일급 시민으로 취급하므로, 함수형 매개변수가 전달되면 함수 또는 함수 참조로 처리됩니다. 코틀린/JVM에서는 익명 JVM 클래스나 일반 클래스를 사용해 객체를 생성해야 합니다. 따라서 다음과 같이 람다 표현식은 클래스로 컴파일될 것입니다.

```
1   // 코틀린
2   val lambda: () -> Unit = {
3       // 코드
4   }
5
6   // JVM에서 컴파일될 때의 코드
7   Function0<Unit> lambda = new Function0<Unit>() {
8       public Unit invoke() {
9           // 코드
10      }
11  };
```

위 코드에서 확인할 수 있는 함수 타입은 JVM에서 인자가 없는 함수 타입으로 컴파일되므로 Function0 타입으로 변환됩니다. 인수의 개수에 따라 함수는 Function1, Function2, Function3 등으로 컴파일됩니다.

- () -> Unit은 Function0<Unit>으로 컴파일됩니다.
- () -> Int는 Function0<Int>로 컴파일됩니다.
- (Int) -> Int는 Function1<Int, Int>로 컴파일됩니다.
- (Int, Int) -> Int는 Function2<Int, Int, Int>로 컴파일됩니다.

코틀린 컴파일러는 함수를 위와 같은 인터페이스에 맞춰 생성합니다. 함수를 정의한 인터페이스는 컴파일 중에 생성되기 때문에 명시적으로 사용할 수 없지만, 함수 타입을 사용하는 건 가능합니다. 함수 타입이 단지 인터페이스일 뿐이라는 사실을 다양한 방식으로 활용할 수 있습니다. 예를 들어, 다음과 같이 함수 타입을 구현할 수 있습니다.

```
1  class OnClickListener : () -> Unit {
2      override fun invoke() {
3          // ...
4      }
5  }
```

'아이템 47: 불필요한 객체 생성을 피하라'에서 살펴본 것처럼 함수의 본문을 객체로 래핑하면 코드 속도가 느려집니다. 따라서 다음 예제의 첫 번째 함수가 성능이 더 좋습니다.

```
1   inline fun repeat(times: Int, action: (Int) -> Unit) {
2       for (index in 0 until times) {
3           action(index)
4       }
5   }
6
7   fun noinlineRepeat(times: Int, action: (Int) -> Unit) {
8       for (index in 0 until times) {
9           action(index)
10      }
11  }
```

눈에 보이는 차이가 실제로는 중요하지 않다고 생각할 수 있습니다. 하지만 테스트를 통해 둘 간의 차이를 확실하게 알 수 있습니다.

```
1   @Benchmark
2   // 평균 189ms 소요
3   fun nothingInline(blackhole: Blackhole) {
4       repeat(100_000_000) {
5           blackhole.consume(it)
6       }
7   }
8
9   @Benchmark
10  // 평균 447ms 소요
11  fun nothingNoninline(blackhole: Blackhole) {
12      noinlineRepeat(100_000_000) {
13          blackhole.consume(it)
14      }
15  }
```

필자의 컴퓨터에서 첫 번째 함수는 평균 189ms가 걸렸으며, 두 번째 함수는 447ms가 걸렸습니다. 첫 번째 함수는 consume 함수를 반복적으로 호출하면 되지만, 두 번째 함수는 인수로 들어온 함수 때문에 매번 객체를 가져온 뒤 consume 함수를 호출하게 됩니다. 결국 함수 객체를 추가로 사용하는 것이 문제라고 볼 수 있습니다('아이템 47: 불필요한 객체 생성을 피하라').

좀 더 전형적인 예를 들어 보겠습니다. 5,000개의 제품이 있고, 구매한 상품들의 가격을 합산해야 한다고 해 봅시다. 간단하게 다음과 같이 수행할 수 있습니다.

```
1   users.filter { it.bought }.sumByDouble { it.price }
```

필자의 컴퓨터에서 이를 계산하는 데 평균 38ms가 걸렸습니다. 만약 filter와 sumByDouble 함수가 인라인 함수가 아니라면 어떨까요? 필자의 컴퓨터에서는 평균 42ms가 걸렸습니다. 크게 차이가 나지 않는다고 생각할 수 있지만, 컬렉션 처리에서 위 메서드를 호출할 때마다 10%의 성능 차이가 있는 것입니다.

함수 리터럴에서 지역 변수를 캡처하고 있다면 인라인 함수와 그렇지 않은 함수의 성능 차이가 확연하게 보이게 됩니다. 캡처된 값은 객체로 래핑되기 때문에, 객체를 통해 값을 얻을 수 있습니다.

예를 들어, 다음 코드를 살펴보겠습니다.

```
1   var l = 1L
2   noinlineRepeat(100_000_000) {
3       l += it
4   }
```

인라인이 아닌 람다 내부에서 지역 변수를 직접 사용할 수 없습니다. 따라서 인라인이 아닌 함수의 지역 변수 a는 컴파일할 때 참조 객체로 래핑됩니다.

```
1   val a = Ref.LongRef()
2   a.element = 1L
3   noinlineRepeat(100_000_000) {
4       a.element = a.element + it
5   }
```

함수 리터럴로 생성된 함수가 호출될 때마다 참조 객체를 사용하기 때문에 성능에 확연한 차이가 생기게 됩니다. 예를 들어, 함수 내부에서 a를 두 번 사용하므로 추가 객체가 2 * 100,000,000번 사용될 것입니다. 다음 두 함수를 실행한 결과를 보면 차이를 알 수 있습니다.

```
1   @Benchmark
2   // 평균 30ms 소요
3   fun nothingInline(blackhole: Blackhole) {
4       var l = 0L
5       repeat(100_000_000) {
6           l += it
7       }
8       blackhole.consume(l)
9   }
10
11  @Benchmark
12  // 평균 274ms 소요
13  fun nothingNoninline(blackhole: Blackhole) {
14      var l = 0L
15      noinlineRepeat(100_000_000) {
16          l += it
17      }
18      blackhole.consume(l)
19  }
```

필자의 컴퓨터에서 첫 번째 함수는 30ms가 걸렸고, 두 번째 함수는 274ms가 걸렸습니다. 함수가 객체이고 지역 변수 또한 래핑해야 하기 때문에 성능이 느려진 것입니다. 함수가 객체가 되면 실행될 때마다 부하가 누적되어 성능이 크게 저하되어 버립니다. 함수형 타입 매개변수가 있는 유틸리티 함수는 인라인으로 만드는 것이 좋습니다. 특히 컬렉션 처리처럼 함수형 타입 매개변수가 있는 유틸리티 함수를 정의하는 경우 반드시 인라인으로 정의하세요. 표준 라이브러리의 함수형 타입 매개변수가 있는 확장 함수 대부분이 inline으로 정의된 건 성능 향상을 고려했기 때문입니다.

비지역 반환이 허용된다

이전에 정의한 noinlineRepeat는 제어 구조와 매우 유사합니다. if 표현식, for 반복문과 비교해 봅시다.

```
1   if (value != null) {
2       print(value)
3   }
4
5   for (i in 1..10) {
6       print(i)
7   }
8
9   noinlineRepeat(10) {
10      print(it)
11  }
```

if 표현식, for 반복문과의 차이점은 반환이 허용되지 않는다는 것입니다.

```
1   fun main() {
2       noinlineRepeat(10) {
3           print(it)
4           return  // 에러: 허용되지 않습니다.
5       }
6   }
```

함수 리터럴이 컴파일된 곳이 다를 수 있기 때문에 반환이 허용되지 않습니다. 코드가 다른 클래스에 위치한다면 main에서 반환할 수 없습니다. 그러나 함수 리터럴이 인라인화되어 있다면 코드가 어차피 main 함수 내에 위치하게 되므로 반환이 가능합니다.

```
1   fun main() {
2       repeat(10) {
3           print(it)
4           return  // 문제 없음
5       }
6   }
```

따라서 인라인 함수는 다른 제어 구조와 비슷하게 동작합니다.

```
1    fun getSomeMoney(): Money? {
2        repeat(100) {
3            val money = searchForMoney()
4            if (money != null) return money
5        }
6        return null
7    }
```

inline 한정자의 비용

inline은 유용하지만, 비용도 들고 한계점도 있어 아무때나 사용할 수는 없습니다. 이를 검토해 봅시다.

인라인 함수는 제한된 가시성을 가진 요소를 사용할 수 없습니다. private 또는 internal 제어자가 있는 함수나 프로퍼티를 public inline 함수에서 사용할 수 없습니다. public 또는 internal인 inline 함수에서 private 프로퍼티를 사용할 수도 없습니다.

```
1    internal inline fun read() {
2        val reader = Reader()  // 에러
3        // ...
4    }
5
6    private class Reader {
7        // ...
8    }
```

인라인 함수로 세부 사항을 숨길 수 없으므로, 클래스 내부에서는 인라인 함수를 거의 사용하지 않습니다. 인라인 함수가 대부분 유틸리티 함수인 이유도 바로 이 때문입니다.

인라인 함수는 재귀적으로 사용할 수 없습니다. 재귀적으로 사용할 경우 호출부가 무한히 대체될 수 있습니다. 재귀적으로 순환 호출하게 되는 경우가 특히나 위험한데, 인텔리제이에서 에러 처리도 하지 않기 때문입니다.

```
1    inline fun a() {
2        b()
3    }
4    inline fun b() {
```

```
5      c()
6  }
7  inline fun c() {
8      a()
9  }
```

인라인 함수는 코드의 규모를 증가시킵니다. 3을 반복적으로 출력하는 경우를 떠올려 봅시다. 다음과 같이 함수를 정의할 수 있습니다.

```
1  inline fun printThree() {
2      print(3)
3  }
```

3을 세 번 출력하고 싶어서 다음과 같은 함수를 만들었습니다.

```
1  inline fun threePrintThree() {
2      printThree()
3      printThree()
4      printThree()
5  }
```

3을 더 많이 출력하고 싶어 아래와 같은 함수도 만들었습니다.

```
1  inline fun threeThreePrintThree() {
2      threePrintThree()
3      threePrintThree()
4      threePrintThree()
5  }
6
7  inline fun threeThreeThreePrintThree() {
8      threeThreePrintThree()
9      threeThreePrintThree()
10      threeThreePrintThree()
11  }
```

이들은 모두 어떻게 컴파일될까요? 처음 두 함수는 읽기 쉬운 형태로 컴파일됩니다.

```
1  inline fun printThree() {
2      print(3)
3  }
4
```

```
5   inline fun threePrintThree() {
6       print(3)
7       print(3)
8       print(3)
9   }
```

이후의 함수를 컴파일하면 다음과 같은 형태가 됩니다.

```
1   inline fun threeThreePrintThree() {
2       print(3)
3       print(3)
4       print(3)
5       print(3)
6       print(3)
7       print(3)
8       print(3)
9       print(3)
10      print(3)
11  }
12
13  inline fun threeThreeThreePrintThree() {
14      print(3)
15      print(3)
16      print(3)
17      print(3)
18      print(3)
19      print(3)
20      print(3)
21      print(3)
22      print(3)
23      print(3)
24      print(3)
25      print(3)
26      print(3)
27      print(3)
28      print(3)
29      print(3)
30      print(3)
31      print(3)
32      print(3)
33      print(3)
34      print(3)
35      print(3)
36      print(3)
37      print(3)
```

```
38      print(3)
39      print(3)
40      print(3)
41 }
```

위 예제와 같은 상황이 일어날 경우는 적지만, 인라인 함수의 문제점을 잘 보여 주고 있습니다. 인라인 함수를 남용하면 코드의 규모가 빠르게 증가합니다. 실제 프로젝트에서 이런 문제를 겪어본 적이 있습니다. 인라인 함수가 인라인 함수를 호출하게 되면 코드 규모가 기하급수적으로 증가할 위험이 있습니다.

crossinline과 noinline

함수를 인라인화하고 싶지만, 인수로 들어온 일부 함수를 인라인화할 수 없는 경우가 있습니다. 이러한 경우 다음과 같은 한정자를 사용할 수 있습니다.

- crossinline: 인수로 들어온 함수가 인라인이어야 하지만, 비지역 반환은 허용하지 않습니다. 비지역 반환이 허용되지 않는 스코프에서 crossinline 제어자가 있는 함수를 사용하기 위함입니다. 인라인이 아닌 람다에서 cross line 제어자가 있는 함수를 사용하는 경우를 예로 들 수 있습니다.
- noinline: 인수로 들어온 함수가 인라인 함수가 되면 안 됩니다. 주로 인라인이 아닌 함수의 인수로 noinline 제어자가 있는 함수를 넣기 위한 목적으로 사용합니다.

```
1  inline fun requestNewToken(
2      hasToken: Boolean,
3      crossinline onRefresh: () -> Unit,
4      noinline onGenerate: () -> Unit
5  ) {
6      if (hasToken) {
7          httpCall("get-token", onGenerate)
8          // 인라인화되지 않는 함수의 인수로 함수를 전달하려면
9          // noinline을 사용해야 합니다.
10     } else {
11         httpCall("refresh-token") {
12             onRefresh()
```

```
13                  // 비지역 반환이 허용되지 않는 컨텍스트에서
14                  // 인라인 함수를 사용하려면 crossinline을 사용해야 합니다.
15                  onGenerate()
16          }
17      }
18 }
19
20 fun httpCall(url: String, callback: () -> Unit) {
21      /*...*/
22 }
```

필요하다면 인텔리제이가 한정자를 제안하므로 crossline과 noinline을 반드시 기억할 필요는 없습니다.

```
17  inline fun requestNewToken(
18      hasToken: Boolean,
19      onRefresh: ()->Unit,
20      onGenerate: ()->Unit
21  ) {
22      if (hasToken) {
23          httpCall("get-token", onGenerate)
24      } else {
25          httpCall("refresh-token") {
26              onRefresh()
                 onGenera  ()
```
Can't inline 'onRefresh' here: it may contain non-local returns. Add 'crossinline' modifier to parameter declaration 'onRefresh'
```
29      }
```

요약

인라인 함수를 사용하는 경우는 다음과 같습니다.

- print 같은 매우 빈번하게 사용되는 함수
- filterIsInstance와 같이 타입 인수로 구체화된 타입을 전달해야 하는 함수
- 함수형 타입 매개변수가 있는 최상위 함수를 정의할 때, 특히 컬렉션 처리 함수(map, filter, flatMap, joinToString 등), 스코프 함수(also, apply, let 등), 최상위 유틸리티 함수(repeat, run, with 등)와 같은 헬퍼 함수를 정의할 때

인라인 함수를 사용하여 API를 정의하는 경우는 거의 없으며, 인라인 함수가 다른 인라인 함수를 호출할 경우에는 주의해야 합니다.

아이템 52

인라인 값 클래스 사용을 고려하라

함수만 인라인화될 수 있는 것이 아닙니다. 단일 값을 보유하는 객체도 인라인 화될 수 있습니다. 클래스를 인라인화하려면 읽기 전용 기본 생성자 프로퍼티, value 한정자 및 JvmInline 애너테이션이 있어야 합니다.

```
1    @JvmInline
2    value class Name(private val value: String) {
3        // ...
4    }
```

> ✅ 값 클래스(value class)를 도입하려는 자바의 계획으로 인해 코틀린 1.5에 값 클래스가 도입되었습니다. 그전에는(코틀린 1.3부터) inline 한정자를 사용하여 비슷한 결과를 얻을 수 있었습니다.

인라인 값 클래스는 가능하다면 보유한 값으로 대체됩니다.

```
1    // 코드
2    val name: Name = Name("Marcin")
3
4    // 컴파일하는 동안 다음과 같이 대체됩니다.
5    val name: String = "Marcin"
```

인라인 값 클래스의 메서드는 정적 메서드가 됩니다.

```
1    @JvmInline
2    value class Name(private val value: String) {
3        // ...
4
5        fun greet() {
6            print("Hello, I am $value")
7        }
8    }
9
```

```
10  // 코드
11  val name: Name = Name("Marcin")
12  name.greet()
13
14  // 컴파일하는 동안 다음과 같이 대체됩니다.
15  val name: String = "Marcin"
16  Name.`greet-impl`(name)
```

인라인 값 클래스를 사용하면 성능 오버헤드 없이 타입(예: 위 예의 String) 래퍼를 만들 수 있습니다('아이템 47: 불필요한 객체 생성을 피하라'). 인라인 값 클래스의 일반적인 세 가지 용도는 다음과 같습니다.

- 측정 단위를 나타냅니다.
- 값을 다른 목적으로 사용하는 걸 방지합니다.
- 메모리 사용을 최적화합니다.

하나씩 살펴보도록 하겠습니다.

측정 단위를 표시하라

타이머를 설정하기 위해 메서드를 사용해야 한다고 상상해 보세요.

```
1  interface Timer {
2      fun callAfter(time: Int, callback: () -> Unit)
3  }
```

여기서 time은 무엇일까요? 밀리초, 초 또는 분 단위의 시간일 수 있습니다. 단위가 불분명하기 때문에 실수하기 쉬우며, 심각한 결과를 초래할 수 있습니다. 화성 대기권에 진입한 화성 기후 궤도선(Mars Climate Orbiter)이 바로 그 예입니다. 궤도선을 제어하는 데 사용된 소프트웨어를 외부 업체에서 개발하였는데, NASA가 예상한 것과는 다른 측정 단위를 사용했기 때문입니다. NASA는 뉴턴 초(N·s) 단위로 결과가 출력될 거라 예상했지만, 파운드-포스 초(lbf·s) 단위로 결과가 출력되었습니다. 총 임무 비용은 3억 2,760만 달러였으며, 완벽한 실패로 끝이 나 버렸습니다. 단위를 헷갈린 것만으로도 엄청난 비용이 들 수 있습니다.

매개변수 이름에 단위를 명시하는 방법이 자주 사용됩니다.

```
1   interface Timer {
2       fun callAfter(timeMillis: Int, callback: () -> Unit)
3   }
```

이 방법도 좋지만 실수할 여지가 아직까지 남아 있습니다. 예를 들어, 함수를 호출할 때 프로퍼티 이름이 표시되지 않는 경우가 많습니다. 반환 타입에서 시간 단위를 표시하기 쉽지 않다는 것도 문제입니다. 아래 예의 decideAboutTime은 시간을 반환하는 함수지만 단위를 표시하지 않습니다. 단위가 무엇인지 모르기 때문에 시간을 올바르게 설정하지 못할 가능성이 큽니다.

```
1   interface User {
2       fun decideAboutTime(): Int
3       fun wakeUp()
4   }
5
6   interface Timer {
7       fun callAfter(timeMillis: Int, callback: () -> Unit)
8   }
9
10  fun setUpUserWakeUpUser(user: User, timer: Timer) {
11      val time: Int = user.decideAboutTime()
12      timer.callAfter(time) {
13          user.wakeUp()
14      }
15  }
```

함수 이름을 decideAboutTimeMillis로 지정하면 반환할 시간의 단위를 표시할 수 있습니다. 하지만 필요하지 않을 때도 세부 정보를 알려 주게 되므로 그다지 좋은 방법은 아닙니다. 게다가 함수 이름에만 표시되었을 뿐 시간 단위가 실제로 일치하는지 확인해야 하므로 문제를 완벽히 해결한 것도 아닙니다.

더 좋은 방법은 인라인 값 클래스를 사용하여 타입을 잘못 사용하지 않도록 엄격한 타입을 도입하는 것입니다.

```
1   @JvmInline
2   value class Minutes(val minutes: Int) {
3       fun toMillis(): Millis = Millis(minutes * 60 * 1000)
4       // ...
```

```
5    }
6
7    @JvmInline
8    value class Millis(val milliseconds: Int) {
9        // ...
10   }
11
12   interface User {
13       fun decideAboutTime(): Minutes
14       fun wakeUp()
15   }
16
17   interface Timer {
18       fun callAfter(timeMillis: Millis, callback: () -> Unit)
19   }
20
21   fun setUpUserWakeUpUser(user: User, timer: Timer) {
22       val time: Minutes = user.decideAboutTime()
23       timer.callAfter(time) {  // 에러: 타입 불일치
24           user.wakeUp()
25       }
26   }
```

인라인 값 클래스가 있으면 자연스럽게 올바른 타입을 사용하게 됩니다.

```
1    fun setUpUserWakeUpUser(user: User, timer: Timer) {
2        val time = user.decideAboutTime()
3        timer.callAfter(time.toMillis()) {
4            user.wakeUp()
5        }
6    }
```

인라인 값 클래스는 측정 기준 단위를 표현할 때 특히 유용합니다. 예를 들어, 프론트엔드에서는 픽셀, 밀리미터, dp 등과 같은 다양한 단위를 사용하는 경우가 많습니다. DSL과 비슷한 방식으로 확장 프로퍼티를 정의하여 객체를 만들 수 있습니다(인라인으로 만들 수도 있습니다).

```
1    inline val Int.min
2        get() = Minutes(this)
3
4    inline val Int.ms
5        get() = Millis(this)
6
7    val timeMin: Minutes = 10.min
```

표준 라이브러리의 Duration 클래스는 인라인 값 클래스이며, DSL과 비슷한 확장 프로퍼티를 가지고 있어 시간을 표시할 때 유용하게 사용됩니다.

```
1   val time: Duration = 10.minutes
```

값 오용으로부터 보호하라

대규모 프로젝트에서는 원시형을 잘못 사용하는 경우를 방지하기 위해 래퍼 클래스를 주로 사용합니다. 예를 들어, 고유한 ID를 가진 학생이 고유한 클래스 ID를 가진 대학에 지원서를 넣는 상황을 떠올려 봅시다. 학생 ID와 클래스 ID 모두 원시형인 문자열로 표현되기 때문에 헷갈리기 쉽습니다. 따라서 다양한 종류의 ID를 각각 래퍼로 정의해야 하며, 성능 오버헤드를 피하기 위해 인라인 값 클래스로 만들어야 합니다.

```
1   @JvmInline
2   value class StudentId(val value: String)
3
4   @JvmInline
5   value class ClassId(val value: String)
6
7   data class Student(val id: StudentId, val classId: ClassId)
```

메모리 사용을 최적화하라

'아이템 47: 불필요한 객체 생성을 피하라'에서 배운 것처럼, 래핑된 타입 대신 원시형을 사용하는 것은 최적화의 한 방법입니다. 하지만 최적화를 위해 원시형으로 바꾸게 되면 작업하기가 어려워집니다. 인라인 값 클래스를 사용해 원시형을 래핑하면 두 마리 토끼를 다 잡을 수 있습니다.

```
1   @JvmInline
2   value class OptionalDouble(val value: Double) {
3
4       fun isUndefined() = value.isNaN()
5
6       companion object {
7           const val UNDEFINED_VALUE = Double.NaN
```

```
8           val Undefined = OptionalDouble(UNDEFINED_VALUE)
9       }
10  }
```

인라인 값 클래스와 인터페이스

인라인 값 클래스도 인터페이스를 구현할 수 있습니다. 위에서 소개한 예제의 인라인 값 클래스가 인터페이스를 구현하면 타입 변환을 방지할 수 있습니다.

```
1   interface TimeUnit {
2       val millis: Long
3   }
4
5   @JvmInline
6   value class Minutes(val minutes: Long) : TimeUnit {
7       override val millis: Long get() = minutes * 60 * 1000
8       // ...
9   }
10
11  @JvmInline
12  value class Millis(val milliseconds: Long) : TimeUnit {
13      override val millis: Long get() = milliseconds
14  }
15
16  // 내부 타입은 TimeUnit
17  fun setUpTimer(time: TimeUnit) {
18      val millis = time.millis
19      // ...
20  }
21
22  setUpTimer(Minutes(123))
23  setUpTimer(Millis(456789))
```

하지만 객체가 인터페이스로 사용되면 인라인되지 않습니다. 인터페이스 타입임을 알리기 위해 인라인 값 클래스가 객체로 만들어져야 하므로, 위 예제에서 인라인으로 지정한 효과가 전혀 없게 됩니다. 즉, **인터페이스로 제공된 인라인 값 클래스는 인라인화되지 않습니다.**

널 가능 타입인 매개변수에 인라인 값 클래스가 인수로 들어오는 경우 또한 인라인화되지 않습니다. 다음 예에서는 매개변수 타입으로 Millis를 사용하는 경우 Long으로 대체됩니다. 하지만 Millis?가 사용되는 경우 Long은 null이 될 수 없으므로 대체할 수 없습니다. 하지만 Millis의 데이터가 String처럼 원시형이 아니라면 널 여부에 따라 인라인화가 결정되지 않습니다.

```
1   @JvmInline
2   value class Millis(val milliseconds: Long) {
3       val millis: Long get() = milliseconds
4   }
5
6   // 내부 타입은 @Nullable Millis
7   fun setUpTimer(time: Millis?) {
8       val millis = time?.millis
9       // ...
10  }
11
12  // 내부 타입은 long
13  fun setUpTimer(time: Millis) {
14      val millis = time.millis
15      // ...
16  }
17
18  fun main() {
19      setUpTimer(Millis(456789))
20  }
```

타입 별칭

코틀린의 타입 별칭을 사용하면 타입에 대한 다른 이름을 만들 수 있습니다.

```
1   typealias NewName = Int
2
3   val n: NewName = 10
```

타입에 별칭을 붙이면 긴 이름을 가지며 반복적으로 사용되는 타입을 간단하게 처리할 수 있습니다. 자주 사용되는 함수 타입의 별칭을 지정하는 것이 좋은 예입니다.

```
1   typealias ClickListener =
2       (view: View, event: Event) -> Unit
3
```

```
4   class View {
5       fun addClickListener(listener: ClickListener) {}
6       fun removeClickListener(listener: ClickListener) {}
7       // ...
8   }
```

하지만 타입 별칭을 붙인다고 해서 타입을 잘못 사용하는 상황을 방지할 수는 없습니다. 타입 별칭은 타입에 단지 새로운 이름을 추가할 뿐입니다. Int를 Millis와 Seconds로 명명한다고 해서 타입 시스템에 영향을 주는 것은 아닙니다.

```
1   typealias Seconds = Int
2   typealias Millis = Int
3
4   fun getTime(): Millis = 10
5   fun setUpTimer(time: Seconds) {}
6
7   fun main() {
8       val seconds: Seconds = 10
9       val millis: Millis = seconds   // 컴파일 에러가 발생하지 않습니다.
10
11      setUpTimer(getTime())
12  }
```

타입 별칭을 사용하지 않았을 때 어떤 것이 문제인지 찾기가 더 쉬울 것입니다. 그렇기 때문에 타입 별칭을 이런 식으로 사용해서는 안 됩니다. 측정 단위를 나타내려면 매개변수 이름이나 클래스를 사용하세요. 이름은 타입 별칭보다 저렴하며, 클래스는 타입 별칭보다 더 안전합니다. 인라인 값 클래스를 사용하면 저렴한 비용과 안전성 모두를 충족할 수 있습니다.

요약

인라인 값 클래스를 사용하면 성능 오버헤드 없이 타입을 래핑할 수 있습니다. 또한 타입 시스템을 사용하므로 값을 잘못 사용하는 경우를 방지하여 안전성을 높입니다. 의미가 불분명한 타입(예: Int 또는 String)을 사용하는 경우, 특히 측정 단위가 다를 수 있는 타입인 경우 인라인 값 클래스로 래핑하는 것을 고려하세요.

더 이상 사용하지 않는 객체 참조를 삭제하라

메모리를 자동으로 관리해 주는 언어를 사용하는 프로그래머들은 객체에 할당된 메모리를 해제하는 것에 별로 신경 쓰지 않습니다. 예를 들어, 자바에서는 가비지 컬렉터(GC)가 메모리를 정리합니다. 하지만 메모리 관리하는 법을 잊게 되면 메모리 누수로 이어지고, 경우에 따라서는 OutOfMemoryError(메모리 부족 오류)가 발생할 수 있습니다. 가장 중요한 규칙은 '더 이상 사용되지 않는 객체에 대한 참조가 있으면 안 된다'는 것입니다. 메모리를 많이 차지하는 객체가 있거나 객체 인스턴스가 대량 생성될 경우 특히 유념해야 하는 규칙입니다.

안드로이드에서 초보자들이 자주 하는 실수가 있습니다. 안드로이드 기능 대부분에서 Activity 참조를 필요로 하기 때문에 동반 객체 또는 최상위 프로퍼티에 액티비티를 참조하는 경우가 많습니다.

```kotlin
1  class MainActivity : Activity() {
2
3      override fun onCreate(savedInstanceState: Bundle?) {
4          super.onCreate(savedInstanceState)
5          // ...
6          activity = this
7      }
8
9      // ...
10
11     companion object {
12         // 이렇게 하지 마세요! 엄청난 메모리 누수입니다.
13         var activity: MainActivity? = null
14     }
15 }
```

동반 객체가 Activity를 참조하고 있으면, 애플리케이션 실행 중에는 가비지 컬렉터가 Activity에 할당된 메모리를 해제하지 않습니다. Activity는 무거운 객체이므로 메모리 누수가 발생할 가능성이 높습니다. 리소스를 정적으로 저장하지 않는 것이 가장 좋은 방법입니다. **리소스를 정적으로 저장하기보다는 의존성을 적절하게 관리하세요.** 그리고 객체 내부에서 다른 객체를 참조하고 있을 경우 메모리 누수가 발생할 수 있다는 점을 명심해야 합니다.

아래 예제를 보면, 외부에 있는 MainActivity 객체를 참조하여 캡처하는 람다 함수로 인해 메모리 누수가 발생할 수 있습니다.

```
1   class MainActivity : Activity() {
2
3       override fun onCreate(savedInstanceState: Bundle?) {
4           super.onCreate(savedInstanceState)
5           // ...
6
7           // 조심하세요. 'this'에 대한 참조가 누수될 수 있습니다.
8           logError = {
9               Log.e(
10                  this::class.simpleName,
11                  it.message
12              )
13          }
14      }
15
16      // ...
17
18      companion object {
19          // 이렇게 하지 마세요. 메모리 누수입니다.
20          var logError: ((Throwable) -> Unit)? = null
21      }
22  }
```

하지만 간단해 보이는 코드에서도 메모리 누수가 발생할 수 있습니다. 아래의 스택 구현을 보세요.[6]

```
1   class Stack {
2       private var elements: Array<Any?> =
3           arrayOfNulls(DEFAULT_INITIAL_CAPACITY)
4       private var size = 0
5
```

---

6 조슈아 블로크의 《이펙티브 자바》를 참고한 예제입니다.

```
6        fun push(e: Any) {
7            ensureCapacity()
8            elements[size++] = e
9        }
10
11       fun pop(): Any? {
12           if (size == 0) {
13               throw EmptyStackException()
14           }
15           return elements[--size]
16       }
17
18       private fun ensureCapacity() {
19           if (elements.size == size) {
20               elements = elements.copyOf(2 * size + 1)
21           }
22       }
23
24       companion object {
25           private const val DEFAULT_INITIAL_CAPACITY = 16
26       }
27   }
```

어디서 메모리 누수가 발생하고 있는지 잠깐 생각해 보세요.

팝(pop) 연산에서 메모리 누수가 발생하고 있습니다. 왜냐하면 스택의 크기만 줄이고 배열에 할당된 요소를 해제하지 않고 있기 때문입니다. 스택에 1,000개의 요소가 있고, 그것들을 하나씩 팝해서 스택 사이즈가 1이 될 때까지 거의 다 팝했다고 가정해 봅시다. 스택에서 단 하나의 요소에만 접근할 수 있기 때문에, 저장하고 있는 요소의 개수도 한 개가 되어야 합니다. 하지만 스택은 여전히 1,000개의 요소를 가지고 있어, 가비지 컬렉터가 제거할 수 없는 상황입니다. 스택에 남아 있는 요소들이 메모리를 낭비하고 있기 때문에 메모리 누수가 발생합니다. 메모리 누수가 계속되면, OutOfMemoryError(메모리 부족 오류)가 발생할 수 있습니다. 어떻게 수정하면 될까요? 더 이상 필요하지 않은 객체를 null로 설정하면 됩니다.

```
1    fun pop(): Any? {
2        if (size == 0)
3            throw EmptyStackException()
```

```
4      val elem = elements[--size]
5      elements[size] = null
6      return elem
7  }
```

더 이상 필요하지 않는 값들이 무엇인지 확인하고 해제해야 한다는 규칙은 거의 모든 클래스에 적용됩니다. 또 다른 예로, mutableLazy 프로퍼티 위임이 필요하다고 해 봅시다. lazy처럼 동작하지만, 프로퍼티 상태를 변경할 수 있는 차이가 있습니다. mutableLazy를 다음과 같이 구현할 수 있습니다.

```
1  fun <T> mutableLazy(
2      initializer: () -> T
3  ): ReadWriteProperty<Any?, T> =
4      MutableLazy(initializer)
5
6  private class MutableLazy<T>(
7      val initializer: () -> T
8  ) : ReadWriteProperty<Any?, T> {
9
10     private var value: T? = null
11     private var initialized = false
12
13     override fun getValue(
14         thisRef: Any?,
15         property: KProperty<*>
16     ): T {
17         synchronized(this) {
18             if (!initialized) {
19                 value = initializer()
20                 initialized = true
21             }
22             return value as T
23         }
24     }
25
26     override fun setValue(
27         thisRef: Any?,
28         property: KProperty<*>,
29         value: T
30     ) {
31         synchronized(this) {
32             this.value = value
33             initialized = true
```

```
34          }
35      }
36 }
37
38 // 사용
39 var game: Game? by mutableLazy { readGameFromSave() }
40
41 fun setUpActions() {
42     startNewGameButton.setOnClickListener {
43         game = makeNewGame()
44         startGame()
45     }
46     resumeGameButton.setOnClickListener {
47         startGame()
48     }
49 }
```

위에서 구현한 mutableLazy는 제대로 동작하긴 하지만, 한 가지 문제점이 있습니다. initiailzer를 사용하고 정리하지 않고 있습니다. MutableLazy 인스턴스가 사용되고 있다면 initializer는 사용되지 않음에도 불구하고 해제되지 않는다는 뜻입니다. 다음은 MutableLazy의 구현을 개선할 수 있는 방법입니다.

```
1  fun <T> mutableLazy(
2      initializer: () -> T
3  ): ReadWriteProperty<Any?, T> =
4      MutableLazy(initializer)
5
6  private class MutableLazy<T>(
7      var initializer: (() -> T)?
8  ) : ReadWriteProperty<Any?, T> {
9
10     private var value: T? = null
11
12     override fun getValue(
13         thisRef: Any?,
14         property: KProperty<*>
15     ): T {
16         synchronized(this) {
17             val initializer = initializer
18             if (initializer != null) {
19                 value = initializer()
20                 this.initializer = null
21             }
```

```
22          return value as T
23        }
24    }
25
26    override fun setValue(
27        thisRef: Any?,
28        property: KProperty<*>,
29        value: T
30    ) {
31        synchronized(this) {
32            this.value = value
33            this.initializer = null
34        }
35    }
36 }
```

초기자(initializer) 값을 null로 설정하면, 이전 값은 가비지 컬렉터에 의해 회수될 수 있습니다.

객체를 해제하는 것이 최적화에 많은 도움이 될까요? 글쎄요, 잘 모르겠습니다. 람다 표현식으로 무엇을 캡처하는지에 따라 다를 것입니다. 대부분의 경우 최적화에 큰 영향을 주지 않겠지만, 어떤 경우에는 메모리 누수를 초래할 수 있습니다. 따라서 불필요한 참조가 있다면 null로 대체하는 것이 좋습니다. Stack과 MutableLazy처럼 범용적으로 사용되는 도구라면 더더욱 이 원칙을 지켜야 합니다. 도구를 제작할 때, 특히 라이브러리를 제작한다면 최적화에 더욱 더 신경을 써야 합니다. 코틀린 표준 라이브러리를 예로 들면, 지연 위임을 구현한 세 가지 방법 모두 초기자를 사용한 뒤 null로 설정하고 있습니다.

```
1  private class SynchronizedLazyImpl<out T>(
2      initializer: () -> T, lock: Any? = null
3  ) : Lazy<T>, Serializable {
4      private var initializer: (() -> T)? = initializer
5      private var _value: Any? = UNINITIALIZED_VALUE
6      private val lock = lock ?: this
7
8      override val value: T
9          get() {
10             val _v1 = _value
11             if (_v1 !== UNINITIALIZED_VALUE) {
12                 @Suppress("UNCHECKED_CAST")
13                 return _v1 as T
```

```
14                }
15
16            return synchronized(lock) {
17                val _v2 = _value
18                if (_v2 !== UNINITIALIZED_VALUE) {
19                    @Suppress("UNCHECKED_CAST") (_v2 as T)
20                } else {
21                    val typedValue = initializer!!()
22                    _value = typedValue
23                    initializer = null
24                    typedValue
25                }
26            }
27        }
28
29    override fun isInitialized(): Boolean =
30        _value !== UNINITIALIZED_VALUE
31
32    override fun toString(): String =
33        if (isInitialized()) value.toString()
34        else "Lazy value not initialized yet."
35
36    private fun writeReplace(): Any =
37        InitializedLazyImpl(value)
38 }
```

할당된 메모리를 가급적 빨리 해제하려면 변수의 스코프를 더 좁은 스코프로 정의하고 캡처하지 않는 것이 좋습니다('아이템 4: 변수의 스코프를 최소화하라'). 함수(또는 람다 표현식) 내의 변수는 함수가 완료된 경우(또는 이 변수가 더 이상 필요하지 않게 된 경우) 가비지 컬렉터가 수집합니다. 프로퍼티에 할당된 값은 가비지 컬렉터가 인스턴스를 회수할 때 같이 회수됩니다. 최상위 또는 object 프로퍼티가 무거운 객체를 참조하면 안 됩니다. 가비지 컬렉터는 여기서 참조한 객체들에 할당된 메모리를 회수할 수 없기 때문입니다.

또한 뷰를 약하게 참조하는 것이 좋습니다. 이는 안드로이드에서 자주 사용되는 트릭입니다. 약하게 참조된 객체는 가비지 컬렉터에 의해 회수될 수 있기 때문에, 사용하지 않는 것이 확인되면 곧바로 회수가 가능합니다. 약한 참조를 하게 되면 더 이상 보여지지 않는 뷰에 대한 참조를 직접 처리하지 않아도 됩니다.

```
1   class BaseActivity: Activity() {
2       private val errorDialog = WeakReference<Dialog?>(null)
3
4       // ...
5   }
```

메모리 누수를 예측하기란 어려우며, 애플리케이션 전체에 문제가 발생할 때
까지 모르고 있을 확률이 높습니다. 힙-프로파일러(heap profiler)처럼 특수한
도구를 사용하면 메모리 누수를 탐지할 수 있습니다. 데이터 누수를 탐지하는
데 도움이 되는 라이브러리도 있습니다. 안드로이드의 LeakCanary 라이브러리
를 예로 들 수 있는데, 메모리 누수가 감지될 때마다 개발자에게 알림을 보냅
니다.

8장

효율적인 컬렉션 처리

컬렉션은 프로그래밍에서 가장 중요한 개념 중 하나입니다. iOS에서 가장 중요한 뷰 요소 중 하나인 UICollectionView는 컬렉션을 나타내도록 설계되었습니다. 마찬가지로 안드로이드에서는 RecyclerView나 ListView가 없는 애플리케이션을 상상하기 어렵습니다. 예를 들어, 뉴스 포털을 만든다면 뉴스 목록이 있을 것입니다. 그뿐만 아니라 작성자 목록과 태그 목록도 필요할 것입니다. 또는 온라인 쇼핑몰을 만든다고 합시다. 상품 목록부터 시작하여, 상품에는 가장 관련 있는 카테고리 목록과 여러 가지 다른 비슷한 상품 목록이 있을 것입니다. 사용자가 무언가를 구매하는 경우 그들은 아마도 상품과 가격의 컬렉션을 가진 장바구니를 사용할 것입니다. 구매를 확정할 때는 배송 옵션 목록과 결제 수단 목록을 보여 줘야 할 것입니다. 프로그래밍에서 컬렉션은 어디든지 있습니다! 여러분들의 애플리케이션에서도 다양한 종류의 컬렉션이 사용된 것을 확인할 수 있을 것입니다.

프로그래밍 언어에도 마찬가지로 수많은 종류의 컬렉션이 있습니다. 대부분의 최신 언어에는 몇 가지 컬렉션 리터럴(collection literal)이 있습니다.

```
1   // 파이썬
2   primes = [2, 3, 5, 7, 13]
3   // 스위프트
4   let primes = [2, 3, 5, 7, 13]
```

컬렉션 처리는 함수형 프로그래밍 언어에서 가장 중요한 기능 중 하나였습니다. 리스프(Lisp) 프로그래밍 언어[1]의 이름은 '리스트 처리(list processing)'를 의미합니다. 대부분의 최신 언어들은 컬렉션 처리를 잘 지원합니다. 코틀린 또한 컬렉션 처리를 다양한 방법으로 지원하고 있는 언어 중 하나입니다. 다음 컬렉션 처리에 대한 예를 살펴봅시다.

```
1   val visibleNews = mutableListOf<News>()
2   for (n in news) {
3       if (n.visible) {
4           visibleNews.add(n)
5       }
6   }
7
8   Collections.sort(visibleNews,
9       { n1, n2 -> n2.publishedAt - n1.publishedAt })
10  val newsItemAdapters = mutableListOf<NewsItemAdapter>()
11  for (n in visibleNews) {
12      newsItemAdapters.add(NewsItemAdapter(n))
13  }
```

코틀린에서는 다음과 같이 바꿀 수 있습니다.

```
1   val newsItemAdapters = news
2       .filter { it.visible }
3       .sortedByDescending { it.publishedAt }
4       .map(::NewsItemAdapter)
```

위 표기법은 길이도 더 짧고 읽기도 더 쉽습니다. 각 단계별로 목록을 각기 다른 연산으로 처리하고 변환하고 있습니다. 다음 그림은 위의 처리를 시각화한 것입니다.

---

1 리스프는 오늘날에도 여전히 널리 사용되고 있는 가장 오래된 프로그래밍 언어 중 하나입니다. 종종 모든 함수형 프로그래밍 언어의 아버지라고 불리기도 합니다. 오늘날 가장 잘 알려진 리스프의 범용적인 방언은 클로저(Clojure), 커먼 리스프(Common Lisp) 및 스킴(Scheme)입니다.

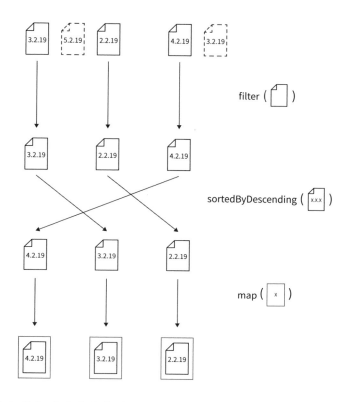

앞에서 소개한 처리 방법의 성능은 비슷하지만, 그리 간단한 문제가 아닙니다. 코틀린이 갖추고 있는 컬렉션 처리 메서드의 종류가 다양하기 때문에, 서로 다른 컬렉션 처리 방식으로 같은 결과를 낼 수 있습니다. 아래 예제의 컬렉션 처리 함수들은 결과는 같지만 성능은 다릅니다.

```
1   fun productsListProcessing(): String =
2   clientsList
3       .filter { it.adult }
4       .flatMap { it.products }
5       .filter { it.bought }
6       .map { it.price }
7       .filterNotNull()
8       .map { "$$it" }
9       .joinToString(separator = " + ")
10
11  fun productsSequenceProcessing(): String =
12      clientsList.asSequence()
13          .filter { it.adult }
```

```
14          .flatMap { it.products.asSequence() }
15          .filter { it.bought }
16          .mapNotNull { it.price }
17          .joinToString(separator = " + ") { "$$it" }
```

컬렉션 처리를 최적화하는 것은 문제를 푸는 것 그 이상의 일입니다. 컬렉션 처리를 어떻게 하느냐에 따라 대규모 시스템의 성능은 달라지게 됩니다. 컨설턴트로서 수많은 프로젝트를 검토한 결과, 모든 프로젝트가 곳곳에서 컬렉션 처리를 하고 있는 걸 볼 수 있었습니다. 따라서 컬렉션 처리를 쉽게 봐서는 안 됩니다.

다행히도 컬렉션 처리를 최적화하는 방법은 그렇게 어렵지 않습니다. 몇 가지 규칙들이 있고 기억해야 할 사항들도 있지만, 누구나 쉽게 익히고 적용할 수 있습니다. 컬렉션 처리 최적화가 우리가 이번 장에서 배울 내용입니다.

처리 단계가 둘 이상인 대규모 컬렉션의 경우 시퀀스를 선호하라

사람들은 종종 Iterable과 Sequence의 차이점을 간과합니다. Iterable과 Sequence
의 정의가 거의 비슷하기 때문에 벌어진 일입니다.

```
1   interface Iterable<out T> {
2       operator fun iterator(): Iterator<T>
3   }
4
5   interface Sequence<out T> {
6       operator fun iterator(): Iterator<T>
7   }
```

사실상 두 인터페이스의 유일한 차이는 이름이라고 말할 수 있습니다. 하지만
Iterable과 Sequence는 완전히 다른 용도로 사용되고 있으므로 두 객체의 처리
방식 또한 완전히 다릅니다. Sequence의 연산은 지연되므로 Sequence의 중간
함수는 연산을 수행하지 않습니다. 그 대신, 이전 Sequence에 해당 연산이 추가
된 새 Sequence를 반환합니다. Sequence의 모든 연산은 toList() 또는 count()
와 같은 최종 연산에서 실행됩니다. 반면 Iterable을 처리할 때는 모든 단계에
서 List와 같은 컬렉션을 반환합니다.

```
1   public inline fun <T> Iterable<T>.filter(
2       predicate: (T) -> Boolean
3   ): List<T> {
4       return filterTo(ArrayList<T>(), predicate)
5   }
6
7   public fun <T> Sequence<T>.filter(
8       predicate: (T) -> Boolean
9   ): Sequence<T> {
10      return FilteringSequence(this, true, predicate)
11  }
```

결론적으로 컬렉션 처리 연산은 컬렉션이 실제로 필요할 때 실행된다고 할 수 있습니다. Sequence 처리 함수는 최종 연산이 수행될 때까지 호출되지 않습니다. 예를 들어, Sequence의 경우 filter는 중간 연산이므로 실행되지 않습니다. 그 대신 Sequence에 새로운 처리 단계를 추가합니다. 추가된 모든 중간 연산은 toList 또는 sum과 같은 최종 연산 단계에서 수행됩니다.

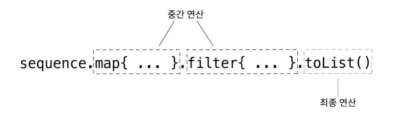

```
1   val list = listOf(1, 2, 3)
2   val listFiltered = list
3       .filter { print("f$it "); it % 2 == 1 }
4   // f1 f2 f3
5   println(listFiltered)  // [1, 3]
6
7   val seq = sequenceOf(1, 2, 3)
8   val filtered = seq.filter { print("f$it "); it % 2 == 1 }
9   println(filtered)  // FilteringSequence@...
10
11  val asList = filtered.toList()
12   // f1 f2 f3
13  println(asList)  // [1, 3]
```

코틀린에서 Sequence가 지연된다는 점에는 몇 가지 중요한 이점이 있습니다.

- 자연스러운 작업 순서를 유지합니다.
- 최소한의 작업만 수행합니다.
- 무한할 수 있습니다.
- 모든 단계에서 컬렉션을 만들 필요가 없습니다.

그 장점을 하나씩 이야기해 보겠습니다.

순서가 중요하다

Iterable과 Sequence는 처리되는 방식이 달라 작업 순서 또한 다릅니다. Sequence 처리는 첫 번째 요소를 가져와 모든 작업을 적용한 후 다음 요소를 가져오는 식으로 진행됩니다. 이것을 요소별(element-by-element) 순서 또는 지연 처리 순서(lazy order)라고 부릅니다. Iterable 처리에서는 첫 번째 작업을 수행하여 전체 컬렉션에 적용한 후 다음 작업으로 이동합니다. 이것을 단계별(step-by-step) 순서 또는 즉시 처리 순서(eager order)라고 부릅니다.

```
1  listOf(1, 2, 3)
2      .filter { print("F$it, "); it % 2 == 1 }
3      .map { print("M$it, "); it * 2 }
4      .forEach { print("E$it, ") }
5  // 출력: F1, F2, F3, M1, M3, E2, E6,
6
7  sequenceOf(1, 2, 3)
8      .filter { print("F$it, "); it % 2 == 1 }
9      .map { print("M$it, "); it * 2 }
10     .forEach { print("E$it, ") }
11 // 출력: F1, M1, E2, F2, F3, M3, E6,
```

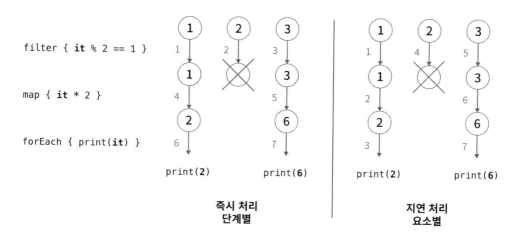

컬렉션 처리 함수 없이 이러한 작업을 구현하고 그 대신 반복문과 조건문을 사용했다면 Sequence 처리에서와 같이 요소별 순서를 갖게 됩니다.

```
1  for (e in listOf(1, 2, 3)) {
2      print("F$e, ")
3      if (e % 2 == 1) {
4          print("M$e, ")
5          val mapped = e * 2
6          print("E$mapped, ")
7      }
8  }
9  // 출력: F1, M1, E2, F2, F3, M3, E6,
```

따라서 Sequence 처리에 사용되는 요소별 순서가 더 자연스럽습니다. 또한 Sequence 처리는 반복문 및 조건문 구조에 맞게 최적화가 가능하므로 저수준의 컴파일러에서 최적화할 수 있는 여지가 많습니다. 컴파일러가 Sequence의 성능을 높일 날이 곧 올 거라 믿습니다.

시퀀스는 최소한의 작업만 수행한다

결과를 생성하기 위해 모든 단계에서 전체 컬렉션을 처리할 필요가 없는 경우가 많습니다. 수백만 개의 요소가 포함된 컬렉션이 있는데, 처리가 끝난 뒤 처음 10개만 가져오는 상황을 떠올려 봅시다. 10개를 제외한 다른 요소들은 처리하지 않아도 상관없습니다. 10개를 제외한 다른 요소들은 처리하지 않아도 상관없습니다. Iterable 처리에는 중간 연산이라는 개념이 없으므로 모든 작업에서 처리 완료된 컬렉션이 반환됩니다. Sequence는 그럴 필요가 없으므로 최소한의 작업만 수행하여 결과를 도출합니다.

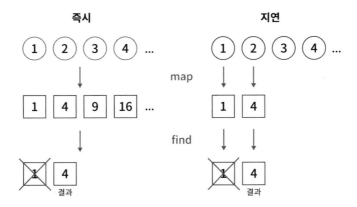

다음 예를 살펴보세요. 몇 가지 처리 단계 후에 find로 처리를 종료합니다.

```
1   (1..10)
2       .filter { print("F$it, "); it % 2 == 1 }
3       .map { print("M$it, "); it * 2 }
4       .find { it > 5 }
5   // 출력: F1, F2, F3, F4, F5, F6, F7, F8, F9, F10,
6   // M1, M3, M5, M7, M9,
7
8   (1..10).asSequence()
9       .filter { print("F$it, "); it % 2 == 1 }
10      .map { print("M$it, "); it * 2 }
11      .find { it > 5 }
12  // 출력: F1, M1, F2, F3, M3,
```

따라서 몇 가지 중간 연산이 있고 최종 연산을 모든 요소에 대해 수행할 필요가 없다면 Sequence를 사용하는 것이 성능상 유리할 가능성이 높으며 실제로도 그렇습니다. 모든 요소를 처리할 필요가 없는 작업의 예로는 first, find, take, any, all, none 또는 indexOf가 있습니다.

시퀀스는 무한할 수 있다

시퀀스는 필요할 때마다 요소 하나씩 처리되기 때문에 무한 시퀀스를 가질 수 있습니다. 무한 시퀀스를 생성하는 일반적인 방법은 generateSequence 또는 sequence와 같은 시퀀스 제너레이터를 사용하는 것입니다.

generateSequence의 매개변수는 시퀀스의 첫 번째 요소, 그리고 다음 요소가 무엇인지 계산하는 함수 두 가지입니다.

```
1   generateSequence(1) { it + 1 }
2       .map { it * 2 }
3       .take(10)
4       .forEach { print("$it, ") }
5   // 출력: 2, 4, 6, 8, 10, 12, 14, 16, 18, 20,
```

sequence는 요청 시 다음 숫자를 생성하는 중단 함수(suspending function)(코루틴²)를 사용합니다. 다음 숫자를 요청할 때마다 시퀀스 빌더는 yield를 사용하여 값이 산출될 때까지 실행됩니다. 실행이 끝나면 다음 요청이 올 때까지 실행이 중지됩니다. 다음은 무한한 피보나치 수 목록입니다.

```
1   import java.math.BigDecimal
2
3   val fibonacci: Sequence<BigDecimal> = sequence {
4       var current = 1.toBigDecimal()
5       var prev = 1.toBigDecimal()
6       yield(prev)
7       while (true) {
8           yield(current)
9           val temp = prev
10          prev = current
11          current += temp
12      }
13  }
14
15  fun main() {
16      print(fibonacci.take(10).toList())
17      // [1, 1, 2, 3, 5, 8, 13, 21, 34, 55]
18  }
```

무한 시퀀스를 사용할 때는 반드시 생성할 요소의 수를 정해야 합니다. 무한 반복하는 건 불가능한 일입니다.

```
1   print(fibonacci.toList()) // 영원히 실행됩니다.
```

따라서 take와 같은 연산을 사용하여 생성할 요소 수를 제한하거나 first, find 또는 indexOf와 같은 모든 요소가 필요하지 않은 최종 연산을 사용해야 합니다. 어차피 이런 최종 연산들은 모든 요소를 처리할 필요가 없기 때문에 시퀀스에서 사용하는 것이 더 효율적입니다.

무한한 시퀀스에서 any, all 및 none을 사용하면 안 됩니다. any는 true를 반환하거나 영원히 실행될 수 있습니다. 마찬가지로 all과 none은 false만 반환할 수 있습니다.

---

2   이는 병렬/동시 코루틴과 반대되는 순차적 코루틴입니다. 스레드를 변경하지는 않지만 일시 중단 함수의 기능을 사용하여 함수 중간에 중지하고 필요할 때마다 다시 시작합니다.

시퀀스는 모든 처리 단계에서 컬렉션을 생성하지 않는다

표준 컬렉션 처리 함수는 모든 단계에서 새 컬렉션을 반환합니다. 대부분 List 입니다. 모든 단계에서 컬렉션을 생성하기 때문에 언제든지 사용할 수 있다는 장점이 있지만, 비용이 커질 수도 있습니다. 중간 연산의 컬렉션 또한 새로 생성해야 하며, 결과 데이터를 채워야 합니다.

```
1   numbers
2       .filter { it % 10 == 0 }   // 여기서 1개의 컬렉션
3       .map { it * 2 }            // 여기서 1개의 컬렉션
4       .sum()
5   // 내부적으로 총 2개의 컬렉션이 생성됩니다.
6
7   numbers
8       .asSequence()
9       .filter { it % 10 == 0 }
10      .map { it * 2 }
11      .sum()
12  // 컬렉션이 생성되지 않습니다.
```

요소 개수가 많은 컬렉션 또는 무거운 객체를 가지고 있는 컬렉션에서 문제가 발생할 가능성이 높습니다. 가장 쉬운 예로 파일 읽기를 들어 보겠습니다. 파일의 용량이 기가바이트일 수도 있으므로 모든 처리 단계에서 컬렉션의 모든 데이터를 할당하는 것은 엄청난 메모리 낭비가 될 수 있습니다. 따라서 파일을 처리할 때는 기본적으로 시퀀스를 사용하고 있습니다.

예를 들어 시카고 시의 범죄를 분석해 보겠습니다. 다른 많은 도시와 마찬가지로 시카고는 2001년 이후 그곳에서 발생한 범죄에 대한 전체 데이터베이스를 인터넷을 통해 공유합니다.[3] 현재 이 데이터셋의 용량은 1.53GB가 넘습니다. 범죄 설명에 마리화나가 포함된 범죄들이 얼마나 되는지 알아보는 과제가 주어졌다고 합시다. 컬렉션 처리를 간단하게 구현하면 다음과 같은 코드가 됩니다(readLines는 List<String>을 반환함).

---

3 이 데이터베이스는 *data.cityofchicago.org*에서 찾을 수 있습니다.

```
1   // 안 좋은 방법입니다.
2   // 큰 파일을 처리하기 위해 컬렉션을 사용하지 마세요.
3   File("ChicagoCrimes.csv").readLines()
4       .drop(1)  // 열에 대한 설명 삭제
5       .mapNotNull { it.split(",").getOrNull(6) }
6       // 설명을 찾습니다.
7       .filter { "CANNABIS" in it }
8       .count()
9       .let(::println)
```

필자의 컴퓨터에서는 OutOfMemoryError가 발생하였습니다.

Exception   in   thread   "main"
java.lang.OutOfMemoryError: Java heap space

당연한 일입니다. 컬렉션을 생성한 뒤 3개의 중간 연산이 있으므로, 생성되는 컬렉션의 개수는 4개가 됩니다. filter를 제외한 나머지 중간 연산의 결과로 나오는 컬렉션은 1.53GB 크기의 데이터 파일 대부분을 포함하고 있으므로 총 4.59GB 이상을 소비합니다. 엄청나게 메모리를 낭비하고 있습니다. 따라서 시퀀스로 구현하는 것이 바람직하며, useLines 함수를 사용해 한 줄씩 처리해야 합니다.

```
1   File("ChicagoCrimes.csv").useLines { lines ->
2   // lines의 타입은 Sequence<String>입니다.
3       lines.drop(1)  // 열에 대한 설명 삭제
4           .mapNotNull { it.split(",").getOrNull(6) }
5           // 설명을 찾습니다.
6           .filter { "CANNABIS" in it }
7           .count()
8           .let { println(it) }  // 318185
9   }
```

필자의 컴퓨터에서는 8.3초가 걸렸습니다. Iterable과 Sequence의 효율성을 비교하기 위해 또 다른 실험을 수행했습니다. 필요하지 않은 열을 삭제하여 데이터 세트 크기를 줄였습니다. 따라서 범죄 수는 똑같지만 크기가 728MB에 불과한 CrimeData.csv 파일을 얻었습니다. 똑같은 방법으로 파일을 처리했습니다. 컬렉션 처리를 사용했을 때는 약 13초가 걸렸습니다. 시퀀스를 사용했을

때는 약 4.5초가 걸렸습니다. 보다시피, 거대한 파일을 다룰 때 시퀀스를 사용하면 메모리뿐만 아니라 성능에도 좋습니다.

컬렉션 처리 비용의 상당 부분은 새로운 컬렉션을 생성하는 데 듭니다. map을 사용할 때와 같이 새 컬렉션의 크기를 미리 알면 이 비용이 더 작아지고, filter를 사용할 때처럼 새 컬렉션의 크기를 미리 알지 못하면 비용은 더 커집니다. 코틀린은 ArrayList를 기본 List로 사용하는데, 내부에서 사용하는 배열의 크기가 요소의 수보다 작으면 배열을 복사하게 되므로 생성할 리스트의 크기를 아는 것이 중요합니다(이 복사 작업이 이루어질 때마다 내부 용량의 절반만큼 증가합니다). 시퀀스 처리는 toList, toSet 등으로 끝나는 경우에만 컬렉션을 생성합니다. 그러나 시퀀스의 toList는 새 컬렉션의 크기를 미리 알 수 없습니다.

컬렉션을 생성하고 데이터로 채우는 것은 컬렉션 처리 비용의 상당 부분을 차지합니다. 따라서 대규모 컬렉션을 처리할 때 중간 연산이 두 개 이상이라면 시퀀스를 사용하는 것이 낫습니다.

대규모 컬렉션이란 요소의 개수가 많은 컬렉션 그리고 요소의 크기가 커서 무거운 컬렉션 모두를 의미합니다. 수만 개의 요소가 포함된 정수 목록일 수도 있습니다. 또한 길이가 너무 길어서 용량이 메가바이트 단위인 문자열 몇 개만 포함된 목록일 수도 있습니다. 이러한 상황은 일반적인 상황은 아니지만 가끔 발생합니다.

처리 단계는 단지 컬렉션 처리를 위한 함수 하나를 호출한다는 의미가 아닙니다. 따라서 다음 두 함수를 비교해 봅시다.

```kotlin
1  fun singleStepListProcessing(): List<Product> {
2      return productsList.filter { it.bought }
3  }
4
5  fun singleStepSequenceProcessing(): List<Product> {
6      return productsList.asSequence()
7          .filter { it.bought }
8          .toList()
9  }
```

성능에는 거의 차이가 없다는 것을 알 수 있습니다(실제로 filter 함수가 인라 인이기 때문에 간단한 목록 처리가 더 빠릅니다). 하지만 대규모의 컬렉션에 두 개 이상의 처리 단계가 있을 때 그 차이가 두드러집니다. 상품 5,000개를 가 진 대규모 컬렉션을 두 단계 및 세 단계로 처리하여 성능을 비교해 보겠습니다.

```
1   fun twoStepListProcessing(): List<Double> {
2       return productsList
3           .filter { it.bought }
4           .map { it.price }
5   }
6
7   fun twoStepSequenceProcessing(): List<Double> {
8       return productsList.asSequence()
9           .filter { it.bought }
10          .map { it.price }
11          .toList()
12  }
13
14  fun threeStepListProcessing(): Double {
15      return productsList
16          .filter { it.bought }
17          .map { it.price }
18          .average()
19  }
20
21  fun threeStepSequenceProcessing(): Double {
22      return productsList.asSequence()
23          .filter { it.bought }
24          .map { it.price }
25          .average()
26  }
```

MacBook Pro(Retina, 15인치, Late 2013)[4]에서 productsList의 제품 5,000개를 처리한 평균 결과는 다음과 같습니다.

```
1   twoStepListProcessing                         81 095 ns
2   twoStepSequenceProcessing                     55 685 ns
3   twoStepListProcessingAndAcumulate             83 307 ns
4   twoStepSequenceProcessingAndAcumulate          6 928 ns
```

---

4 Processor 2.6GHz Intel Core i7, Memory 16GB 1600MHz DDR3

성능 향상이 어느 정도 될지 예측하는 건 어렵습니다. 다만 관찰해 본 결과, 최소 2,000개 요소를 가진 컬렉션을 두 개 이상의 단계로 처리할 때 약 20~40% 정도 성능이 향상될 거라 예상할 수 있습니다.

시퀀스가 더 빠르지 않을 때는 언제인가?

전체 컬렉션의 모든 요소에 대해 연산해야 한다면 시퀀스를 사용해도 효과가 없습니다. 예를 들면, 코틀린 표준 라이브러리의 sorted가 있습니다(현재는 이 것이 유일한 예입니다). sorted의 구현은 최적화되어 있습니다. 즉, Sequence를 List에 누적(accumulate)한 다음, 자바 표준 라이브러리의 정렬을 사용합니다. 하지만 Sequence의 누적 연산이 Collection의 누적 연산보다 오래 걸립니다(그러나 Iterable이 Collection이나 배열이 아닌 경우에도 누적이 필요하므로 차이가 크지 않습니다).

Sequence에 sorted와 같은 메서드가 있다는 사실은 논란의 여지가 있습니다. 시퀀스의 sorted 메서드는 다음(next) 요소를 계산하기 위해 모든 요소가 필요합니다. 따라서 첫 번째 요소를 가져올 때만 지연 연산이 시행되며, 이때 모든 요소를 가져와야 하므로 무한 시퀀스로 만드는 건 불가능합니다. 이 함수는 워낙 인기 있는 함수이고 사용하기도 편리하므로 시퀀스에도 추가되었지만, 코틀린 개발자라면 sorted의 결점으로 인해 무한 시퀀스에서는 사용하지 못한다는 것을 알고 있어야 합니다.

```
1   generateSequence(0) { it + 1 }.take(10).sorted().toList()
2   // [0, 1, 2, 3, 4, 5, 6, 7, 8, 9]
3   generateSequence(0) { it + 1 }.sorted().take(10).toList()
4   // 시간이 무한히 걸림. 반환되지 않습니다.
```

sorted는 Sequence보다 Collection에서 빠른 몇 안 되는 연산입니다. 그럼에도 sorted를 호출하기 전에 (컬렉션 전체를 처리하는) 중간 연산을 먼저 넣는 방식으로 시퀀스를 만들면 Collection보다 성능이 뛰어날 수 있습니다.

```
1   productsList.asSequence()
2       .filter { it.bought }
3       .map { it.price }
```

```
4       .sorted()
5       .take(10)
6       .sum()
```

자바 스트림은 어떤가?

자바 8에서는 컬렉션 처리를 허용하는 스트림을 도입했습니다. 자바 스트림은
코틀린 시퀀스와 형태와 동작 모두 비슷합니다.

```
1   productsList.asSequence()
2       .filter { it.bought }
3       .map { it.price }
4       .average()
5
6   productsList.stream()
7       .filter { it.bought }
8       .mapToDouble { it.price }
9       .average()
10      .orElse(0.0)
```

자바 8 스트림은 지연 스트림이며, 마지막(최종) 처리 단계에서 연산을 수행합
니다. 자바 스트림과 코틀린 시퀀스의 세 가지 큰 차이점은 다음과 같습니다.

- 코틀린 시퀀스에는 더 많은 처리 기능이 있으며(확장 함수로 정의되기 때문
  에), 일반적으로 사용하기가 더 쉽습니다(자바 스트림이 이미 사용 중일 때
  코틀린 시퀀스가 설계되었기 때문입니다. 자바에서는 collect(Collectors.
  toList())를 사용하지만 코틀린에서는 toList()로 간단하게 사용할 수 있습
  니다.
- 병렬 함수를 사용하면 자바 스트림 처리를 병렬로 처리할 수 있습니다. 다
  중 코어가 있는 시스템(요즘에는 일반적임)에서 성능을 크게 향상시킬 수
  있습니다. 하지만 자바 스트림 병렬 처리에 위험 요소가 있으므로 조심해서
  사용해야 합니다.[5]

---

5 문제는 그들이 사용하는 공통 조인-포크(join-fork) 스레드 풀에서 발생하는데, 이는 한 프로세스가
다른 프로세스를 차단할 수 있음을 의미합니다. 단일 요소 처리가 다른 요소를 차단할 수 있다는 사
실에도 문제가 있습니다. 자세한 내용은 *kt.academy/l/java8-streams-problem*에서 확인하세요.

- 코틀린 시퀀스는 일반 모듈, 코틀린/JVM, 코틀린/JS, 코틀린/Native 모듈에서 사용할 수 있습니다. 자바 스트림은 코틀린/JVM에서만 사용할 수 있으며, JVM 버전이 8 이상인 경우에만 사용할 수 있습니다.

병렬 모드를 제외하고 생각하면 자바 스트림이 더 효율적인지 코틀린 시퀀스가 더 효율적인지 말하기가 어렵습니다. 병렬 모드로 처리할 때 효과를 볼 수 있는 고강도의 연산을 제외하면 자바 스트림을 사용할 이유가 별로 없습니다. 오히려 코틀린 표준 라이브러리에 포함된 시퀀스를 사용하여 다른 종류의 플랫폼 또는 공통 모듈에서 사용할 수 있게 만드는 편이 낫습니다.

코틀린 시퀀스 디버깅

코틀린 시퀀스와 자바 스트림 모두 단계별로 요소가 어떻게 변환되는지 알 수 있도록 디버깅 기능을 지원하고 있습니다. 자바 스트림의 경우 'Java Stream Debugger'라는 플러그인이 필요합니다. 코틀린 시퀀스에는 'Kotlin Sequence Debugger'라는 플러그인이 필요했지만 현재 디버깅 기능은 코틀린 플러그인으로 통합되었습니다. 다음은 단계별 시퀀스 처리를 보여 주는 화면입니다.

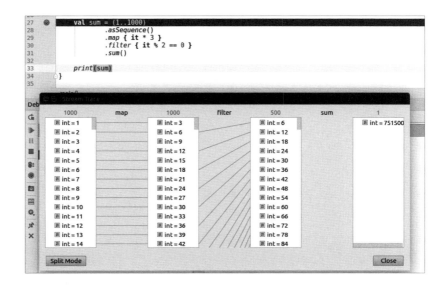

요약

컬렉션 처리와 시퀀스 처리는 메서드의 형태와 기능이 비슷하지만, 큰 차이점이 있습니다. 시퀀스 처리가 더 어렵습니다. 데이터를 보통 컬렉션에 저장하는 경우가 많기 때문에 컬렉션을 시퀀스로 변환했다가 처리가 끝나고 나면 다시 컬렉션으로 변환하는 경우가 많기 때문입니다. 시퀀스는 지연되기 때문에 몇 가지 중요한 이점이 있습니다.

- 자연스러운 작업 순서를 유지합니다.
- 최소한의 작업만 수행합니다.
- 무한할 수 있습니다.
- 모든 단계에서 컬렉션을 만들 필요가 없습니다.

대규모의 컬렉션을 두 개 이상의 단계로 처리할 경우 시퀀스를 사용하는 것이 더 낫습니다. 시퀀스에는 단계별로 요소가 어떻게 처리되는지 보여 주는 자체 디버거도 있습니다. 시퀀스는 컬렉션 처리를 대체하기 위해 만들어진 것이 아니므로 적합한 상황에서 사용해야 합니다. 적합하게 사용된 경우 성능도 향상시킬 수 있으며 메모리 낭비도 줄어들게 됩니다.

요소들을 맵으로 묶는 것을 고려하라

요소의 수가 많은 집합에서 키(key)로 요소를 찾아야 할 때가 많습니다. 다음 과 같은 경우를 예로 들 수 있습니다.

- 하나 이상의 파일에서 로드된 설정들을 저장하는 클래스
- 다운로드된 데이터를 저장하는 네트워크 리포지토리
- 인메모리 리포지토리(테스트를 위해 사용되는 리포지토리)

이런 종류의 데이터는 사용자, 아이디, 설정 등을 목록으로 가지고 있습니다. 데이터를 가져오는 형태가 주로 리스트가 될 것이므로, 메모리에도 리스트로 저장하고 싶을 것입니다.

```kotlin
1  class ConfigurationRepository(
2      private val configurations: List<Configuration>
3  ) {
4      fun getByName(name: String) = configurations
5          .firstOrNull { it.name == name }
6  }
7
8  class NetworkUserRepo(
9      private val userService: UserService
10 ) : UserRepo {
11
12     private var users: List<User>? = null
13
14     suspend fun loadUsers() {
15         users = userService.getUsers()
16     }
17
18     override fun getUser(id: UserId): User? = users
19         ?.firstOrNull { it.id == id }
20 }
21
```

```
22  class InMemoryUserRepo : UserRepo {
23
24      private val users: MutableList<User> = mutableListOf()
25
26      override fun getUser(id: UserId): User? = users
27          .firstOrNull { it.id == id }
28
29      fun addUser(user: User) {
30          user.add(user)
31      }
32  }
```

맵 사용하기

하지만 리스트로 저장하는 것은 가장 좋은 방법이 아닙니다. 로딩된 데이터를 어떻게 사용하고 있는지 생각해 보세요. 요소의 식별자 혹은 이름으로 요소에 접근할 때가 많습니다(이는 데이터베이스에서 고유 키(unique key)를 가지도록 설계하는 방식과 관련이 있습니다). 리스트에서 요소를 찾는 것은 선형 복잡도(O(n), 여기서 n은 리스트의 크기, 더 구체적으로 보면, 평균적으로 리스트에서 요소를 찾기 위해 n/2번의 비교를 거친다는 의미)를 갖습니다. 리스트의 규모가 큰 경우 문제가 될 수 있습니다. 요소를 찾을 때마다 리스트에 있는 다른 요소들과 비교해야 하기 때문입니다. List 대신 Map을 사용하는 것이 훨씬 더 좋습니다. 코틀린은 기본으로 해시맵(LinkedHashMap)을 사용합니다. '아이템 43 hashCode의 규약을 준수하라'에서 살펴본 것처럼 요소를 찾을 때 해시맵은 훨씬 더 나은 성능을 제공합니다. JVM에서 요소는 단 한 번의 비교만으로 찾을 수 있는데, 사용되는 해시 맵의 크기가 맵 자체의 크기에 맞게 조정되기 때문입니다(이는 hashCode 함수가 적절하게 구현된 경우에 가능합니다).

다음 예제는 InMemoryRepo를 리스트 대신 맵을 사용해 구현한 것입니다.

```
1  class InMemoryUserRepo : UserRepo {
2      private val users: MutableMap<UserId, User> =
3          mutableMapOf()
4
5      override fun getUser(id: UserId): User? = users[id]
6
7      fun addUser(user: User) {
```

```
8          user.put(user.id, user)
9      }
10 }
```

대부분의 다른 작업, 예컨대 데이터를 수정하거나 반복하는 등의 작업(아마도 filter, map, flatMap, sorted, sum 같은 컬렉션 처리 메서드를 사용할 것입니다)은 표준 맵과 리스트에서 성능이 거의 동일하지만, 키를 사용하여 요소를 찾으면 훨씬 더 빠릅니다.

요소를 키로 엮기

리스트를 맵으로 혹은 그 반대로 어떻게 변환할지가 중요합니다. associate 메서드를 사용하면 순회 가능한 객체를 맵으로 변경할 수 있습니다. 이 메서드는 각 요소에 대해 키-값(key-value) 쌍을 생성합니다.

```
1  data class User(val id: Int, val name: String)
2
3  val users = listOf(User(1, "Michal"), User(2, "Marek"))
4
5  val nameById: Map<Int, String> =
6      users.associate { it.id to it.name }
7  println(byId)  // {1=Michal, 2=Marek}
```

associate 메서드의 형태는 여러 가지가 있습니다. 필자가 가장 좋아하는 메서드는 associateBy입니다. 기존 요소를 값으로 지정하고, 어떤 것을 키로 할 것인지 정하면 됩니다.

```
1  val byId: Map<Int, User> = users.associateBy { it.id }
2  println(byId)
3  // {1=User(id=1, name=Michal),
4  // 2=User(id=2, name=Marek)}
5
6  val byName: Map<String,User> = users.associateBy { it.name }
7  println(byName)
8  // {Michal=User(id=1, name=Michal),
9  // Marek=User(id=2, name=Marek)}
```

맵의 키는 고유해야 하므로, 중복된 키는 제거된다는 점에 유의하세요. 이게 바로 요소를 엮을 때는 반드시 고유한 식별자를 사용해야 하는 이유입니다(고유하지 않은 기준으로 그룹화하려면 groupBy 함수를 사용하세요).

맵을 리스트로 변환하려면 다음과 같이 맵의 values 프로퍼티를 사용할 수 있습니다.

```
1  fun main() {
2      val users = listOf(User(1, "Michal"), User(2, "Michal"))
3      val byId = users.associateBy { it.id }
4      println(byId.values)
5      // [User(id=1, name=Michal), User(id=2, name=Michal)]
6  }
```

요소들을 키와 연관지어 맵으로 만들게 되면 코드의 성능을 향상시킬 수 있습니다. 요소를 자주 접근해야 한다면 반드시 맵으로 만드는 것이 좋습니다. 예를 들어, 처음 로딩한 데이터를 맵으로 만들어 저장하면 ConfigurationRepository와 NetworkUserRepo의 성능을 향상시킬 수 있습니다.

```
1  class ConfigurationRepository(
2      configurations: List<Configuration>
3  ) {
4      private val configurations: Map<String, Configuration> =
5          configurations.associateBy { it.name }
6
7      fun getByName(name: String) = configurations[name]
8  }
9
10 class NetworkUserRepo(
11     private val userService: UserService
12 ) : UserRepo {
13
14     private var users: Map<UserId, User>? = null
15
16     suspend fun loadUsers() {
17         users = userService.getUsers()
18             .associateBy { it.id }
19     }
20
21     override fun getUser(id: UserId): User? = users?.get(id)
22 }
```

맵을 사용하게 변경하면 설정과 사용자를 즉시 찾을 수 있게 됩니다. 원하는 만큼 조회해도 성능에 문제가 되지 않습니다. 물론 키와 연관지어 요소를 맵으로 만드는 것도 비용이 들긴 하지만, 리스트에서 요소를 찾는 것과 마찬가지로 선형 복잡도를 갖는 작업입니다.

좀 더 복잡한 연산을 처리할 때도 맵으로 만들면 효과를 볼 수 있습니다. 예를 들어, 하나의 서비스에서 기사 목록을 가져오고, 다른 서비스에서 저자 정보를 가져와 각 기사를 저자와 엮어야 한다고 가정해 봅시다. 다음과 같이 단순하게 구현할 수 있습니다.

```kotlin
1  fun produceArticlesWithAuthors(
2      articles: List<Article>,
3      authors: List<Author>
4  ): List<ArticleWithAuthor> {
5      return articles.map { article ->
6          val author = authors
7              .first { it.id == article.authorId }
8          ArticleWithAuthor(article, author)
9      }
10 }
```

위 함수의 복잡도는 O(n * m)으로, n은 기사의 수이고 m은 저자의 수입니다. 각 기사의 저자를 찾아야 하며, 이 작업이 선형 복잡도를 갖기 때문입니다. 저자를 맵으로 엮어서 이 코드의 성능을 향상시킬 수 있습니다.

```kotlin
1  fun produceArticlesWithAuthors(
2      articles: List<Article>,
3      authors: List<Author>
4  ): List<ArticleWithAuthor> {
5      val authorsById = authors.associateBy { it.id }
6      return articles.map { article ->
7          val author = authorsById[article.authorId]
8          ArticleWithAuthor(article, author)
9      }
10 }
```

위 함수의 복잡도는 O(n + m)입니다. 저자 목록을 id를 키로 하여 맵으로 만들 때 복잡도가 O(n)이며, 기사 목록을 순회하며 기사-저자 쌍을 만들 때 복잡도가

O(m)이기 때문입니다. 저자를 찾는 연산은 매우 빠릅니다. 만약 기사와 저자의 수가 적지 않다면 성능 개선에 큰 효과를 볼 수 있습니다.

요약

- 요소를 키로 찾아야 한다면 List보다는 Map을 사용하세요.
- 리스트를 맵으로 변경하려면 associate 또는 associateBy를 사용하세요.
- 키를 기준으로 요소를 맵으로 만들면 요소를 조회하는 시간이 줄어들어 코드 성능을 향상시키는 데 큰 도움을 줍니다.

groupBy 대신 groupingBy 사용을 고려하라

필자는 사람들이 컬렉션 처리에서 그룹화할 수 있다는 사실을 놓치고 있는 걸 발견했습니다. 그룹화가 필요한 경우는 다음과 같습니다.

- 사용자 목록을 기반으로 도시의 사용자 수를 계산할 때
- 플레이어 목록을 기반으로 각 팀이 받은 점수를 찾을 때
- 옵션 목록을 기반으로 각 카테고리에서 가장 적합한 옵션을 찾을 때

반복 가능한 요소를 그룹화하는 방법에는 두 가지가 있습니다. 첫 번째 방법은 적용하기 쉽고, 두 번째 방법은 더 빠른 처리가 가능합니다. 두 가지 모두에 대해 논의해 보겠습니다.

groupBy

그룹화하는 가장 쉬운 방법은 groupBy 함수를 사용해 Map<K, List<V>>를 반환하는 것입니다. 여기서 V는 원본 컬렉션의 요소 유형이고, K는 매핑하려는 유형입니다. 따라서 문자열 타입의 ID로 사용자 목록을 그룹화하면 Map<String, List<User>>를 반환합니다. 즉, groupBy는 컬렉션을 여러 개의 작은 컬렉션으로 나눕니다(각 고유 키에 대해 하나씩). groupBy를 사용해 앞에서 말한 세 가지 경우를 구현하는 방법은 다음과 같습니다.

```
1  // 도시의 사용자 수를 계산합니다.
2  val usersCount: Map<City, Int> = users
3      .groupBy { it.city }
4      .mapValues { (_, users) -> users.size }
5
6  // 각 팀이 받은 점수를 찾습니다.
7  val pointsPerTeam: Map<Team, Int> = players
```

```
8          .groupBy { it.team }
9          .mapValues { (_, players) ->
10             players.sumOf { it.points }
11         }
12
13  // 각 카테고리에서 가장 적합한 옵션을 찾습니다.
14  val bestFormatPerQuality: Map<Quality, Resolution> =
15      formats.groupBy { it.quality }
16          .mapValues { (_, formats) ->
17              formats.maxByOrNull { it.resolution }!!
18              // 이 컬렉션이 비어 있지 않기 때문에
19              // !!를 사용해도 괜찮습니다.
20          }
```

위 코드들은 정말 좋은 방법입니다. groupBy를 사용하면 Map이 결과로 반환되어, Map이 제공하는 다양한 메서드를 사용할 수 있습니다. 따라서 groupBy는 컬렉션 처리의 중간 연산으로 적합합니다.

groupingBy

반면 코드에서 성능이 중요한 부분을 처리하는 경우에는 groupBy가 최선의 선택이 아닙니다. 각 카테고리에 대한 컬렉션을 생성하는 데 시간이 걸리기 때문입니다. 특히 그룹 크기를 미리 알 수 없을 경우 시간이 더 걸립니다. 이런 경우 groupBy 대신 추가 작업을 수행하지 않는 groupingBy 함수를 사용할 수 있습니다. 반복 가능한 객체를 리시버로 하고 키 선택기를 인수로 제공하기만 하면 됩니다.

```
1   public inline fun <T, K> Iterable<T>.groupingBy(
2       crossinline keySelector: (T) -> K
3   ): Grouping<T, K> {
4       return object : Grouping<T, K> {
5           override fun sourceIterator(): Iterator<T> =
6               this@groupingBy.iterator()
7           override fun keyOf(element: T): K =
8               keySelector(element)
9       }
10  }
```

groupingBy 함수가 반환하는 Grouping은 키와 요소 목록이 매핑된 맵과 비슷해 보이지만, 지원되는 연산은 훨씬 적습니다. 하지만 groupingBy가 최적화에 도움을 줄 수 있으므로 옵션을 분석해 보겠습니다.

첫 번째 문제(도시별 사용자 수 계산)는 쉽게 해결할 수 있습니다. 코틀린 표준 라이브러리에는 이미 각 도시의 사용자 수에 대한 map을 쉽게 제공하는 eachCount 함수가 있습니다.

```
1   val usersCount = users.groupingBy { it.city }
2       .eachCount()
```

각 팀이 받은 점수를 찾는 것은 조금 더 어렵습니다. Iterable의 fold와 유사한 fold 함수를 사용할 수 있지만 각 고유 키에 대해 별도의 누산기(accumulator)가 있습니다. 따라서 팀당 포인트 수를 계산하는 것은 컬렉션의 포인트 수를 계산하는 것과 매우 유사합니다.

```
1   val pointsPerTeam = players
2       .groupingBy { it.team }
3       .fold(0) { acc, elem -> acc + elem.points }
```

그룹마다 요소들의 합을 계산하는 작업은 함수로 추출하는 것이 좋습니다. 여기서는 eachSumBy로 정의하겠습니다.

```
1   fun <T, K> Grouping<T, K>.eachSumBy(
2       selector: (T) -> Int
3   ): Map<K, Int> =
4       fold(0) { acc, elem -> acc + selector(elem) }
5
6   val pointsPerTeam = players
7       .groupingBy { it.team }
8       .eachSumBy { it.points }
```

마지막 문제의 난관은 그룹에서 가장 큰 요소를 찾는 것입니다. fold를 사용할 수도 있지만 이를 위해서는 '0'에 해당하는 값이 필요합니다. 하지만 포맷에는 '0'에 해당하는 값이 없습니다. 그 대신, 첫 번째 요소부터 시작하는 reduce를 사용할 수 있습니다. reduce의 람다식에는 fold와 달리 그룹의 키를 참조하는 매개변수도 있습니다(다음 예에서는 사용하지 않으므로 _로 처리합니다).

```
1   val bestFormatPerQuality = formats
2       .groupingBy { it.quality }
3       .reduce { _, acc, elem ->
4           if (acc.resolution > elem.resolution) acc else elem
5       }
```

이제 두 번째 문제에서도 reduce를 사용할 수 있음을 알았을 것입니다. 그리고 fold보다 reduce를 사용하는 것이 더 효율적입니다. 단지 문제를 풀기 위한 두 가지 방법을 모두 제시하고 싶었을 뿐입니다.

여기서도 확장 함수로 추출할 수 있습니다.

```
1   // 누산기의 selector를 그대로 유지한 상태로 최적화합니다.
2   inline fun <T, K> Grouping<T, K>.eachMaxBy(
3       selector: (T) -> Int
4   ): Map<K, T> =
5       reduce { _, acc, elem ->
6           if (selector(acc) > selector(elem)) acc else elem
7       }
8
9   val bestFormatPerQuality = formats
10      .groupingBy { it.quality }
11      .eachMaxBy { it.resolution }
```

마지막으로 표준 라이브러리의 Grouping에 정의된 함수 aggregate는 fold 및 reduce와 유사합니다. 각 키의 모든 요소를 반복하고 집계합니다. aggregate는 4개의 매개변수를 가지고 있습니다. 현재 요소의 키, 누산기(널 가능하며 지금까지 연산을 모은 결과로 첫 번째 실행될 때 null이 됩니다), 요소의 참조, 그리고 요소가 키의 첫 번째 요소인지를 나타내는 boolean이 포함됩니다. 다음은 마지막 문제에 대한 aggregate를 사용한 예입니다.

```
1   val bestFormatPerQuality = formats
2       .groupingBy { it.quality }
3       .aggregate { _, acc: VideoFormat?, elem: VideoFormat, _ ->
4           when {
5               acc == null -> elem
6               acc.resolution > elem.resolution -> acc
7               else -> elem
8           }
9       }
```

요약

컬렉션 처리 함수 중 groupBy 함수는 사용하기 편리한데다 Map을 반환하기 때문에 쓸모가 많습니다. groupBy 대신 사용하는 groupingBy는 성능은 더 좋지만 사용하기는 더 어려우며, eachCount, fold, reduce, aggregate 함수를 제공합니다. eachSumBy 또는 eachMaxBy처럼 Grouping 객체에 확장 함수를 정의할 수도 있습니다.

연산 횟수를 제한하라

컬렉션 처리 메서드는 비용이 듭니다. 표준 컬렉션 처리에 드는 비용은 다음과
같습니다.

- 요소들을 추가적으로 순회해야 합니다.
- 연산을 위해 내부적으로 새로운 컬렉션을 생성합니다.

시퀀스 처리에 대한 비용은 다음과 같습니다.

- 전체 시퀀스를 래핑하는 또 다른 객체가 필요합니다.
- 람다 표현식을 생성합니다.[6]

컬렉션의 규모가 작을 때는 이러한 비용이 얼마 되지 않지만, 요소의 수가 많아
져 컬렉션 크기가 커질 경우 비용 또한 비례해서 커질 수 있습니다. 비용을 줄
이는 대표적인 방법으로 복합 연산을 사용하는 것을 들 수 있습니다. 예를 들
어 널이 아닌 것을 필터링해서 널 불가능 타입으로 캐스팅하는 대신에 filter
NotNull을 사용할 수 있습니다. 매핑하고 나서 널을 필터링하는 대신 mapNot
Null을 사용할 수 있습니다.

```
1   class Student(val name: String?)
2
3   // 작동은 합니다.
4   fun List<Student>.getNames(): List<String> = this
5       .map { it.name }
6       .filter { it != null }
7       .map { it!! }
8
9   // 더 좋은 방법입니다.
```

6 연산이 시퀀스 객체로 전달되므로 인라인화될 수 없습니다. 따라서 람다 표현식을 객체로 생성해야
합니다.

```
10  fun List<Student>.getNames(): List<String> = this
11      .map { it.name }
12      .filterNotNull()
13
14  // 가장 좋은 방법입니다.
15  fun List<Student>.getNames(): List<String> = this
16      .mapNotNull { it.name }
```

하지만 복합 함수를 쓰는 것이 더 낫다는 사실을 알고 있어도, 컬렉션 처리에 어떤 복합 함수가 있는지 알기 어렵습니다. 따라서 컬렉션 처리 함수에는 어떤 것들이 있는지 미리 알아 두는 것이 좋습니다. 그리고 IDE가 경고 메시지를 통해 좀 더 나은 대안을 제안하기도 합니다.

```
19          fun makePassingStudentsListText(): String = studentsRepository
20              .getStudents()
21              .filter { it.pointsInSemester > 15 && it.result >= 50 }
22              .sortedWith(compareBy({ it.surname }, { it.name }))
23              .map { "${it.name} ${it.surname}, ${it.result}" }
24              .joinToString(separator = "\n")
```
Call chain on collection type may be simplified more... (⌘F1)

하지만 IDE의 도움만으로는 부족할 때가 많기 때문에 어떤 컬렉션 처리 함수들을 사용할 수 있는지 알고 있어야 합니다. 다음 표에서는 컬렉션 처리 함수를 여러 번 호출하는 대신 복합 함수로 간단하게 처리할 수 있는 방법을 소개하고 있습니다.

다음 방법 대신에	다음 방법을 사용하세요.
.filter { it != null } .map { it!! }	.filterNotNull()
.map { <Transformation> } .filterNotNull()	.mapNotNull { <Transformation> }
.map { <Transformation> } .joinToString()	.joinToString { <Transformation> }
.filter { <Predicate 1> } .filter { <Predicate 2> }	.filter { <Predicate 1> && <Predicate 2> }
.filter { it is Type } .map { it as Type }	.filterisinstance<Type>()

`.sortedBy { <Key 2> }` `.sortedBy { <Key 1> }`	`.sortedWith( compareBy({ <Key 1> }, { <Key 2> }))`
`listOf ( ... )` `.filterNotNull()`	`listOfNotNull( ... )`

`.withindex()`
`.filter { (index, elem) ->`
`<Predicate using index> }`
`.map { it.value }`
	`.filterindexed { index, elem ->`
	`<Predicate using index> }`
	
	`(map, forEach, reduce, fold도 유사합니다.)`

요약

대부분의 컬렉션 처리 과정은 컬렉션 전체를 순회하며, 중간 연산의 결과로 컬렉션을 생성합니다. 복합 연산을 하는 컬렉션 처리 함수를 사용하면 중간 연산을 없애고 비용을 줄일 수 있습니다.

성능이 중요한 작업에서는 원시형 배열의 사용을 고려하라

코틀린에서 원시형을 직접 선언할 수는 없지만, 래퍼 타입은 내부적으로 최적화되어 원시형으로 바뀌게 됩니다. '아이템 47: 불필요한 객체 생성을 피하라'에서 강조한 최적화 방법입니다. 원시형에는 다음과 같은 특징이 있습니다

- 가볍습니다. 원시형이 아닌 객체는 메모리가 추가적으로 필요합니다.
- 빠릅니다. 접근자(accessor)를 통해 값을 조회하는 것은 비용이 들며, 객체를 생성하는 것 또한 비용이 듭니다.

따라서 데이터의 규모가 큰 경우 원시형으로 대체하면 최적화가 이뤄지게 됩니다. 하지만 List나 Set를 포함한 코틀린 컬렉션은 제네릭입니다. 제네릭 타입에 원시형 타입을 넣을 수 없으므로 래핑 타입을 사용해야 합니다. 표준 컬렉션은 다양한 기능을 제공하고 있으므로 대부분의 경우는 래핑 타입을 사용하는 것이 좋습니다. 그러나 코드의 성능이 중요한 부분에서는 메모리 측면에서 더 가볍고 더 효율적인 IntArray 또는 LongArray와 같은 원시형 배열을 사용하는 것이 좋습니다.

코틀린 타입	자바 타입
Int	int
List<Int>	List<Integer>
Array<Int>	Integer[]
IntArray	int[]

원시형 배열로 바꾸면 메모리를 얼마나 아낄 수 있을까요? 코틀린/JVM에서 1,000,000개의 정수를 저장할 때 IntArray 또는 List<Int> 중 어떤 것을 선택하는 것이 좋을까요? 일반적인 시스템에서 IntArray는 4,000,016바이트를 할당

하는 반면, List<Int>는 5배 더 많은 20,000,040바이트를 할당한다는 것을 알
수 있습니다. 메모리를 적게 써야 하는 상황이면 원시형 배열을 사용하세요.

```kotlin
import jdk.nashorn.internal.ir.debug.ObjectSizeCalculator
.getObjectSize

fun main() {
    val ints = List(1_000_000) { it }
    val array: Array<Int> = ints.toTypedArray()
    val intArray: IntArray = ints.toIntArray()
    println(getObjectSize(ints))     // 20 000 040
    println(getObjectSize(array))    // 20 000 016
    println(getObjectSize(intArray)) //  4 000 016
}
```

성능에도 차이가 있습니다. 컬렉션이 1,000,000개의 숫자를 가지고 있을 때, 래
핑 타입이 있는 List 대신 원시형 배열을 사용하면 평균 처리 속도를 약 25%
개선할 수 있습니다.

```kotlin
open class InlineFilterBenchmark {

    lateinit var list: List<Int>
    lateinit var array: IntArray

    @Setup
    fun init() {
        list = List(1_000_000) { it }
        array = IntArray(1_000_000) { it }
    }

    @Benchmark
    // 평균적으로 1 260 593 ns
    fun averageOnIntList(): Double {
        return list.average()
    }

    @Benchmark
    // 평균적으로 868 509 ns
    fun averageOnIntArray(): Double {
        return array.average()
    }
}
```

따라서 성능이 중요한 경우에 원시형 또는 원시형 배열을 사용하여 최적화를 이룰 수 있습니다. 더 적은 메모리를 할당하고 처리 속도도 더 빠릅니다. 하지만 대부분의 경우는 원시형 배열과 래핑 타입 리스트의 성능이 크게 차이 나지 않습니다. List가 훨씬 더 직관적이고 편리하므로 웬만하면 List를 사용하세요. 성능을 최적화해야 한다면 래핑 타입 List를 원시형 배열로 대체하는 방법을 생각해야 합니다.

요약

일반적인 경우에는 배열보다 List 또는 Set를 사용하는 게 좋습니다. 래핑 타입을 가진 컬렉션의 규모가 크다면 원시형 배열을 사용해서 성능을 높이고 메모리를 적게 사용할 수 있습니다. 게임 또는 고급 그래픽 처리를 위한 라이브러리를 제작하는 개발자들은 특히나 원시형 배열을 사용해야 하는 경우가 많을 것입니다.

가변 컬렉션 사용을 고려하라

불변 컬렉션 대신 가변 컬렉션을 사용할 때의 가장 큰 장점은 성능이 더 빠르다는 것입니다. 불변 컬렉션에 요소를 추가하게 되면 새로운 컬렉션을 생성하고, 기존 요소들을 전부 추가한 뒤, 마지막에 인수로 들어온 요소를 추가합니다. 코틀린 1.2를 기준으로 표준 라이브러리는 불변 컬렉션에 요소를 추가하는 함수를 다음과 같이 구현하였습니다.

```
1  operator fun <T> Iterable<T>.plus(element: T): List<T> {
2      if (this is Collection) return this.plus(element)
3      val result = ArrayList<T>()
4      result.addAll(this)
5      result.add(element)
6      return result
7  }
```

대규모의 컬렉션에 요소를 추가할 경우, 모든 요소를 새로운 컬렉션에 추가하게 되면 성능이 떨어지게 됩니다. 따라서 성능을 높이려면 가변 컬렉션을 사용하는 것이 좋으며, 특히 요소를 추가할 때 큰 효과가 있습니다. 다만, '아이템 1: 가변성을 제한하라'에서 살펴본 것처럼 불변 컬렉션을 사용하는 것이 안전성 측면에서 좋습니다. 하지만 지역 변수는 동기화나 캡슐화(encapsulation)로 인한 문제가 발생할 가능성이 적기 때문에 굳이 가변성을 제한하지 않아도 됩니다. 따라서 지역 처리(local processing)에서는 가변 컬렉션을 사용하는 것이 더 합리적입니다. 표준 라이브러리도 성능을 높이기 위해 모든 컬렉션 처리 함수의 내부에서 가변 컬렉션을 사용하여 구현했습니다.

```
1  inline fun <T, R> Iterable<T>.map(
2      transform: (T) -> R
3  ): List<R> {
```

```
4      val size =
5          if (this is Collection<*>) this.size else 10
6      val destination = ArrayList<R>(size)
7      for (item in this)
8          destination.add(transform(item))
9      return destination
10 }
```

가변 컬렉션 대신 불변 컬렉션을 사용하여 구현하면 다음과 같은 코드가 됩니다.

```
1  // map은 이렇게 구현되어 있지 않습니다.
2  inline fun <T, R> Iterable<T>.map(
3      transform: (T) -> R
4  ): List<R> {
5      var destination = listOf<R>()
6      for (item in this)
7          destination += transform(item)
8      return destination
9  }
```

요약

요소를 추가하는 연산은 가변 컬렉션이 더 빠르지만, 불변 컬렉션은 가변성을 제한하여 안전성을 높일 수 있는 장점이 있습니다. 하지만 지역 스코프에서는 가변성을 제한할 필요가 없기 때문에 가변 컬렉션을 사용하는 것이 좋습니다. 특히 유틸 함수 같은 경우 요소가 여러 번 추가될 수 있어 가변 컬렉션이 더 낫습니다.

아이템 60

적절한 컬렉션 타입을 사용하라

List, Set 그리고 Map은 인터페이스로 표시됩니다. 각각의 인터페이스별로 특정한 규약이 있습니다.

- List는 순서가 지정된 요소 모음을 나타냅니다. 동일한 요소가 여러 번 나타날 수 있습니다. List의 요소는 인덱스(요소의 위치를 반영하는 0부터 시작하는 정수)를 통해 조회할 수 있습니다.
- Set는 컬렉션을 이루는 요소들이 고유한 값을 가집니다.
- Map은 키-값 쌍 집합을 나타냅니다. 각 키는 고유해야 하며, 정확히 하나의 값을 가리켜야 합니다.

위와 같은 규약이 있더라도 각각의 컬렉션을 다양한 방식으로 구현할 수 있습니다. 각각의 구현 방식을 비교하면 다음과 같은 차이점이 있습니다.

- 연산의 효율성에 영향을 미치는 내부 데이터 구조
- 컬렉션의 가변성 여부. 변경 가능하다면 스레드 안전한지 여부

코틀린에서 사용하는 대부분의 컬렉션은 내부적으로 변경 가능하므로 스레드 안전하지 않습니다. 스레드 안전하지 않은 컬렉션이 바로 이번에 다룰 주제입니다. 스레드 안전 컬렉션은 '아이템 2: 임계 영역을 제거하라'에서 논의했습니다.

애플리케이션 성능이 중요하다면 내부적으로 사용하는 데이터 구조가 무엇인지 검토해야 합니다. 몇몇 중요한 컬렉션 타입을 살펴보고, 컬렉션들의 성능에 대해 알아보겠습니다.

배열 기반 리스트

코틀린의 List는 내부적으로 배열을 사용해서 구현되었습니다. 따라서 List는 배열을 래핑한 것으로 볼 수 있으며, 배열은 일정한 크기의 메모리 공간을 배열의 크기만큼 연속으로 메모리에 할당한 것입니다(즉, 배열의 크기가 n이고, 요소의 크기가 m이라면 m만큼의 메모리 단위를 n개로 연속해서 배치한 것입니다). 배열을 사용하여 구현된 List는 실제 가지고 있는 요소의 개수와 배열의 크기를 알고 있습니다. 요소의 개수가 배열의 크기와 똑같아지면 배열은 더 큰 규모의 배열로 교체됩니다. ArrayList가 규모를 늘리는 방식은 이전 배열의 크기에 특정 인수(JVM ArrayList는 1.5)를 곱한 크기로 새로운 배열을 만드는 것입니다. ArrayList가 작아지는 방식은 배열의 크기는 그대로 둔 채, 제외된 요소를 null로 대체하는 것입니다.

  ArrayList의 작동 방식을 이해하고 나면 각각의 연산을 수행할 때 시간이 얼마나 오래 걸릴 지 예상할 수 있으며, 작업의 복잡도 또한 계산할 수 있습니다.

- 인덱스로 요소를 조회하는 건 결국 내부 배열의 요소에 접근하는 것이므로 아주 빠르게 처리됩니다(O(1)).
- 내부 배열의 공간에 여유가 있으면 요소를 추가하는 연산도 아주 빠릅니다(O(1)). 내부 배열에 요소를 추가하기만 하면 되기 때문입니다. 공간이 충분하지 않다면 내부 배열을 복사해야 합니다. 그냥 조회하는 것보다 CPU에 부하를 주긴 하지만, 여전히 작업 복잡도는 선형(O(n))입니다. 따라서 ArrayList를 초기화할 때 예상되는 요소 개수만큼 크기를 지정하는 것이 좋습니다.
- List의 끝이 아닌 위치에 요소를 추가하는 것은 모든 요소를 오른쪽으로 이동해야 하기 때문에 선형 연산(O(n))입니다.
- 인덱스로 요소를 변경하는 것은 내부 배열에서 해당 요소를 변경하기만 하면 되기 때문에 시간 복잡도가 상수(O(1))가 됩니다.
- List 끝에서 요소를 제거하는 것은 매우 빠릅니다(O(1)). 내부 배열에서 마지막 요소를 제거하면 되기 때문입니다.

- List의 끝이 아닌 위치에서 요소를 제거하는 것은 모든 요소를 왼쪽으로 이동해야 하기 때문에 선형 연산(O(n))입니다.
- 값으로 요소를 검색하면 배열을 순회하며 하나씩 확인해야 하므로 선형 연산(O(n))입니다.

덱

덱(deque, 보통 "덱(deck)"으로 발음됨)은 'double ended queue'를 의미합니다. 양방향으로 요소를 추가하거나 제거할 수 있는 큐(queue)을 나타냅니다. 코틀린은 ArrayDeque으로 덱을 제공하고 있으며, ArrayDeque은 MutableList <E> 인터페이스를 구현하고 있습니다. 동작은 ArrayList와 유사하지만, 내부 배열이 원형 배열이라는 차이점이 있습니다. 따라서 컬렉션의 첫 번째 요소가 배열의 시작점이 아닐 수 있으며, head라는 별도의 프로퍼티를 두어 컬렉션의 첫 번째 요소를 참조합니다. 따라서 내부 배열의 공간에 여유가 있는 경우 시작 부분이나 끝 부분에 요소를 추가 또는 제거는 배열에 요소를 추가하고 head만 변경하면 되기 때문에 시간 복잡도가 상수(O(1))가 됩니다. 하지만 배열이 가득 차게 되면 새로운 배열을 만들어 전체 요소들을 이동시켜야 하기 때문에 선형 복잡도를 가집니다.

스택(stack)이나 FILO(선입후출)를 구현할 때 ArrayList를 사용하는 것이 좋습니다. FIFO(선입선출)와 같은 큐을 구현해야 하는 경우 ArrayDeque가 좋은 선택입니다.

덱은 요소를 리스트의 양방향에서 추가하고 제거할 일이 많을 때 사용하면 좋은 자료구조입니다. 큐나 스택을 구현할 때도 사용할 수 있습니다.

```
1   class InvoiceService {
2       private val invoices = ArrayDeque<Invoice>()
3
4       fun addInvoice(invoice: Invoice) = synchronized(this) {
5           invoices.addLast(invoice)
6       }
7
8       fun processInvoices() = synchronized(this) {
9           while (invoices.isNotEmpty()) {
```

```
10              val invoice = invoices.removeFirst()
11              // ...
12          }
13      }
14 }
```

 선입선출 큐를 구현하기 위해 동기화되고 스레드 안전한 코틀린 코루틴 라이브러리의 Channel을 가장 자주 사용합니다.

연결 리스트

배열을 사용하는 리스트 대신 연결 리스트(linked list)를 사용할 수 있습니다. 연결 리스트는 노드로 구성된 데이터 구조이며, 각각의 노드는 값과 다음 노드에 대한 참조로 구성됩니다. 리스트의 마지막 노드는 null을 참조합니다. 리스트는 첫 번째 노드를 조회할 수 있도록 참조하고 있습니다. 다음은 연결 리스트의 단순화된 구현입니다.

```
1  class LinkedList<T> : List<T> {
2      private val head: Node<T>? = null
3
4
5      private class Node<T>(
6          val value: T,
7          var next: Node<T>?
8      )
9
10     // ...
11 }
```

연결 리스트의 가장 큰 장점은 위치와 관계없이 요소를 추가하거나 제거하는 연산의 시간 복잡도가 상수(O(1))라는 것입니다. 단지 참조하는 대상만 변경하면 되기 때문입니다. 요소를 추가하는 연산은 항상 빠르며, 리스트의 초기 크기를 설정할 필요도 없습니다. 연결 리스트의 가장 큰 단점은 특정 인덱스로 요소를 조회하는 연산의 시간 복잡도가 선형(O(n))이라는 점입니다. 요소의 시작점부터 인덱스에 해당하는 요소까지 리스트를 순회할 수밖에 없기 때문입니다. 요소를 추가 또는 제거하는 연산을 수행할 때 요소들을 이동시키지 않아도 되지만, 인덱스에 해당하는 위치를 찾기 위해 리스트를 순회해야 하므로 결국 선형 복잡도(O(n))를 갖게 됩니다. 연결 리스트는 값과 함께 다음 요소를 참조해야 하기 때문에 공간을 두 배 차지합니다. 연결 리스트가 요소 검색, 요소 변경, 리스트 순회를 수행할 때 걸리는 시간 복잡도는 배열 리스트와 똑같이 선형(O(n))입니다.

코틀린 라이브러리에는 LinkedList가 없습니다. JVM 언어라면 자바 표준 라이브러리에서 LinkedList를 제공하고 있기 때문에, 위치에 상관없이 요소를 추가하고 제거할 필요가 있을 때 사용하면 좋습니다. 하지만 LinkedList는 거의 사용되지 않습니다. 대부분의 경우 배열 기반 리스트나 덱을 사용하는 편이 더 낫습니다. 하지만 Set나 Map 같은 기본 데이터 구조는 해시 테이블의 키를 기준으로 요소들을 배치할 때 같은 키를 가진 요소들을 연결 리스트로 저장하고 있습니다.

해시 테이블

우리는 이미 '아이템 43: hashCode의 규약을 준수하라'에서 해시 테이블을 논의했습니다. 컬렉션에서 값을 빠르게 조회할 때 해시 테이블을 사용합니다. Set와 Map은 고유한 요소를 가지고 있어야 하므로 내부적으로 해시 테이블을 사용합니다.

해시 테이블의 기본 형태에서는 요소의 순서가 유지됩니다. 요소의 순서를 유지하기 위해 코틀린의 Set와 Map에서는 해시 테이블과 연결 리스트를 사용하고 있습니다. 실제 클래스의 이름은 LinkedHashMap과 LinkedHashSet입니다. 해시 테이블의 각 요소는 LinkedList의 노드입니다. 따라서 Set와 Map에는 순서와 관련된 규약이 없음에도, 코틀린의 Set와 Map은 요소가 추가된 순서를 알 수 있습니다.

Set나 Map에서 요소의 순서가 중요하지 않다면 연결 리스트를 사용하지 않아도 됩니다. 연결 리스트를 만들고 유지하는 데 비용이 많이 들기 때문에, 연결 리스트를 사용하지 않으면 메모리가 절약되고 처리 속도도 빨라집니다. HashSet 또는 HashMap 클래스나 hashSetOf 또는 hashMapOf 함수를 사용하여 이러한 컬렉션을 만들 수 있습니다.

```
1   fun deserialize(input: ByteReadPacket): LeadersMessage {
2       val size = input.readInt()
3       val leaders = HashMap<City, User>(size)
4       repeat(size) {
5           val city = deserializeCity(input)
6           val user = deserializeUser(input)
7           leaders[city] = user
8       }
9       return LeadersMessage(leaders)
10  }
```

HashSet 또는 HashMap은 실제 가지고 있는 요소의 수보다 더 큰 해시 테이블을 가지고 있습니다. 따라서 키로 요소를 조회하는 연산의 시간 복잡도는 상수(O(1))입니다. 해시 테이블의 크기를 조정해야 하는 선형 연산(O(n))이 아닌 이상 요소 추가는 상수 시간 연산(O(1))입니다. 요소를 제거하는 연산의 시간 복잡도 또한 상수(O(1))입니다. 컬렉션을 순회하는 연산은 해시 테이블의 모든 요소를 순회해야 하기 때문에 선형 시간 복잡도(O(n))를 가집니다.

정렬된 이진 트리

컴퓨터 과학에는 다양한 종류의 트리 기반 데이터 구조가 있지만, 코틀린에서 가장 중요한 트리 구조는 정렬된 이진 트리입니다. 정렬된 이진 트리는 각 노드가 최대 2개의 자식을 갖고, 각 노드가 왼쪽 하위 트리의 모든 값보다 크고 오른쪽 하위 트리의 모든 값보다 작은 값을 갖는 트리입니다. 다음은 정렬된 이진 트리를 간단하게 구현한 것입니다.

```
1   class BinaryTree<T : Comparable<T>> {
2       private val root: Node<T>? = null
3
4       private class Node<T>(
5           val value: T,
6           var left: Node<T>?,
7           var right: Node<T>?
8       )
9
10      // ...
11  }
```

코틀린에서는 sortedSetOf 및 sortedMapOf 함수를 사용하여 정렬된 세트 또는 정렬된 맵을 만들 수 있습니다. 요소를 특정 순서로 유지해야 하는 컬렉션이 필요할 때 사용할 수 있습니다.

```kotlin
val sortedSet = sortedSetOf(5, 1, 3, 2, 4)
println(sortedSet)  // [1, 2, 3, 4, 5]

val sortedMap = sortedMapOf(
    5 to "five",
    1 to "one",
    3 to "three",
    2 to "two",
    4 to "four"
)
println(sortedMap)  // {1=one, 2=two, 3=three, 4=four, 5=five}
```

정렬된 세트와 정렬된 맵에서 요소를 조회하는 연산의 시간 복잡도는 로그 O(log n)이므로, 배열 리스트보다 좋지만 해시 테이블보다는 나쁩니다. 요소를 추가하고 제거하는 연산 또한 요소의 위치를 먼저 찾아야 하기 때문에 시간 복잡도가 로그 O(log n)입니다. 트리를 순회하는 것은 트리를 순서대로 순회해야 하므로 선형 시간 복잡도(O(n))를 가집니다.

```kotlin
class ArticlesListAdapter {
    private val articles = sortedSetOf(ARTICLES_COMPARATOR)

    fun add(article: Article) {
        articles.add(article)
        redrawView()
    }

    private fun redrawView() {
        // ...
    }

    companion object {
        val ARTICLES_COMPARATOR: Comparator<Article> =
            compareByDescending { it.publishedDate }
    }
}
```

요약

이번 아이템에서는 코틀린에서 가장 많이 사용되는 컬렉션 타입과 데이터 구조에 대해 논의했으며, 각각 고유한 장점과 단점이 있다는 것을 배웠습니다. 컬렉션에 따라 연산의 시간 복잡도가 다르다는 사실을 유념해야 하며, 특히나 대규모의 컬렉션에서 시간 복잡도가 중요합니다. 대규모의 컬렉션을 처리해야 하는 경우, 어떤 컬렉션이 가장 적합할지 검토해 보고 결정해야 합니다.

용어

일부 기술 용어는 잘 이해되지 않아 설명이 필요합니다. 특히 특정 용어가 다른 유사한 용어와 혼동되는 경우 문제가 될 수 있습니다. 그런 이유로 이 장에서는 이 책에서 사용된 몇 가지 중요한 용어와 자주 혼동되는 용어를 소개하고자 합니다.

함수 vs 메서드

코틀린에서 기본 함수는 fun 키워드로 시작하며, 다음과 같이 정의할 수 있습니다.

- 최상위 수준에서 (최상위 함수)
- 클래스 내 (멤버 함수)
- 함수 내 (지역 함수)

다음은 몇 가지 예입니다.

```
1   fun double(i: Int) = i * 2          // 최상위 함수
2
3   class A {
4       fun triple(i: Int) = i * 3      // 멤버 함수
5
6       fun twelveTimes(i: Int): Int {  // 멤버 함수
7           fun fourTimes() =           // 지역 함수
8               double(double(i))
9           return triple(fourTimes())
10      }
11  }
```

또한 함수 리터럴을 사용하여 익명 함수를 정의할 수 있습니다.

```
1   val double = fun(i: Int) = i * 2  // 익명 함수
2   val triple = { i: Int -> i * 3 }  // 람다 표현식
3   // 이는 익명 함수에 대한 더 짧은 표기법입니다.
```

메서드(method)는 클래스와 연관된 함수입니다. 멤버 함수(클래스에 정의된 함수)는 자신이 정의된 클래스와 연관되어 있으므로 메서드입니다. 메서드를 호출하려면 클래스의 인스턴스가 있어야 하며, 메서드를 직접 참조하려면 클래스 이름을 사용해야 합니다. 아래 예에서 doubled는 멤버이자 메서드입니다. 모든 메서드는 함수이므로 doubled 또한 함수입니다.

```
1   class IntWrapper(val i: Int) {
2       fun doubled(): IntWrapper = IntWrapper(i * 2)
3   }
4
5   // 사용법
6   val wrapper = IntWrapper(10)
7   val doubledWrapper = wrapper.doubled()
8
9   val doubledReference = IntWrapper::doubled
```

확장 함수는 타입과 연관된 함수이므로 메서드이기도 합니다. 아래 예시에서는 확장 함수이자 메서드인 tripled를 볼 수 있습니다.

```
1   fun IntWrapper.tripled() = IntWrapper(i * 3)
2
3   // 사용
4   val wrapper = IntWrapper(10)
5   val tripledWrapper = wrapper.tripled()
6
7   val tripledReference = IntWrapper::tripled
```

확장 vs 멤버

멤버(member)는 클래스에 정의된 요소입니다. 다음 예에서는 4개의 멤버, 즉 name, surname, fullName 프로퍼티와 withSurname 메서드가 선언됩니다.

```
1   class User(
2       val name: String,
3       val surname: String
4   ) {
5       val fullName: String
6           get() = "$name $surname"
7
8       fun withSurname(surname: String) =
9           User(this.name, surname)
10  }
```

확장(extension)은 클래스 외부에서 정의하지만, 멤버 함수와 동일한 방식으로 호출됩니다. 아래 예에는 2개의 확장, 즉 officialFullName 확장 프로퍼티와 withName 확장 함수가 있습니다.

```
1   val User.officialFullName: String
2       get() = "$surname, $name"
3
4   fun User.withName(name: String) =
5       User(name, this.surname)
```

매개변수 vs 인수

매개변수(parameter)는 함수를 선언할 때 정의한 변수 이름이며, 인수(argument)는 함수에 전달되는 매개변수의 실제 값입니다. 다음 예를 보세요. 여기서 randomStr 선언의 length는 매개변수이며, 함수를 호출할 때 사용한 10은 인수입니다.

```
1   fun randomStr(length: Int): String {  // length는 매개변수입니다.
2       // ....
3   }
4
5   randomString(10)       // 10은 인수입니다.
6   randomString(10 + 20)  // 30은 인수입니다.
```

제네릭 타입 또한 비슷한 방식으로 처리됩니다. 타입 매개변수는 타입을 제네릭으로 선언한 매개변수입니다. 타입 인수는 제네릭을 대체하는 실제 타입입니다. 다음 예를 보세요. printName 선언의 T는 타입 매개변수이며, 이 함수 호출의 String은 타입 인수입니다.

```
1    inline fun <reified T> printName() {  // T는 타입 매개변수입니다.
2        print(T::class.simpleName)
3    }
4
5    fun main() {
6        printName<String>()  // String은 타입 인수입니다.
7    }
```

기본 생성자 vs 보조 생성자

생성자는 객체를 생성하기 위해 호출되는 특별한 유형의 함수[1]입니다. 코틀린에서는 생성자를 객체를 생성하는 함수처럼 취급합니다. 생성자는 클래스 내부에서 선언합니다.

```
1    class SomeObject {
2        val text: String
3
4        constructor(text: String) {
5            this.text = text
6            print("Creating object")
7        }
8    }
```

객체를 생성할 때 생성자는 반드시 필요하므로 기본 생성자(primary constructor)가 존재합니다. 기본 생성자는 클래스 이름 바로 뒤에 정의되는 생성자이며, 프로퍼티를 초기화하는 데 사용할 수 있는 매개변수를 가지고 있습니다.

```
1    class SomeObject(text: String) {
2        val text: String = text
3
4        init {
5            print("Creating object")
6        }
7    }
```

---

1 공식적으로는 서브루틴이지만 생성자는 코틀린의 함수처럼 취급되며 생성자 참조는 함수 타입을 구현합니다.

기본 생성자의 매개변수는 초기화하고자 하는 프로퍼티와 똑같은 경우가 대부분이므로, 기본 생성자에 프로퍼티를 정의하여 코드 길이를 줄일 수 있습니다.

```
1   class SomeObject(val text: String) {
2       init {
3           print("Creating object")
4       }
5   }
```

생성자가 더 필요하다면 **보조 생성자**(secondary constructor)를 사용해야 합니다. 이 생성자는 this 키워드를 사용하여 기본 생성자를 호출합니다.

```
1   class SomeObject(val text: String) {
2       constructor(date: Date) : this(date.toString())
3
4       init {
5           print("Creating object")
6       }
7   }
```

하지만 코틀린에서 보조 생성자가 필요한 경우는 거의 없습니다. 기본 생성자 인수의 디폴트 인수만 지정하는 것으로도 다양한 형태의 생성자를 만들 수 있기 때문입니다('아이템 33: 이름 있는 선택적 인수를 갖는 기본 생성자 사용을 고려하라'에 자세히 설명되어 있습니다). 또는 자기 자신이 아닌 다른 객체를 생성하는 팩토리 메서드를 사용할 수 있습니다('아이템 32: 보조 생성자 대신 팩토리 함수를 고려하라'에 자세히 설명되어 있습니다). JvmOverloads 애너테이션을 사용하면 기본 생성자만으로도 자바에서 사용할 수 있는 다양한 종류의 생성자를 제공할 수 있습니다. JvmOverloads 애너테이션을 사용하면 컴파일러가 매개변수의 기본값에 기반하여 다양한 형태의 함수들을 생성합니다.

```
1   class SomeObject @JvmOverloads constructor(
2       val text: String = ""
3   ) {
4       init {
5           print("Creating object")
6       }
7   }
```

찾아보기